中国传统 经典与解释
CLASSIC & INTERPRETATION

经典与解释

中国传统 经典与解释

入其國，其教可知也……其
爲人也：溫柔敦厚而不愚，則深
於《詩》者也；疏通知遠而不
誣，則深於《書》者也；廣博易
良而不奢，則深於《樂》者也；
潔靜精微而不賊，則深於《易》
者也；恭儉莊敬而不煩，則深於
《禮》者也；屬辭比事而不亂，
則深於《春秋》者也。

——《禮記·經解》

中国传统 经典与解释

CLASSIC & INTERPRETATION

经典与解释

古学纵横

刘小枫 陈少明●主编

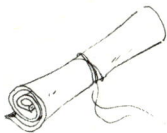

諸子學述

羅　焌●著　羅書慎●點校

華東師範大學出版社

上海六点文化传播有限公司　策划

古典教育基金·蒲衣子资助项目

缘　起

　　晚清以降,西学入华,华夏道术分崩离析,我国学术和教育经历了史无前例的大变局——晚近十余年"奋不顾身"的现代化使得华夏学术和大学教育显得更为面目不清。整顿大学文科、重新铺展学术的基本格局,已然成为深化改革开放的重大学术课题乃至新时代的艰巨使命——太平之世必有文治。

　　问题是,如何整顿和重新铺展?

　　现代西学入华以来,我们要么不断竞相追逐西方"显学"(种种现代学说),要么与西方"魔怪"搏斗。令人深省的是,即便发扬自家传统的种种当代儒学论说,几乎无不依傍种种西方现代论说——从康德哲学出发又或依照韦伯社会理论重新解释儒家传统,一度被看作最精彩的儒学"新解",与西方学术晚近两百年来用种种现代"学说"瓦解自家古典传统别无二致——如今,这一局面因与西方后现代学术接轨而变得更为触目惊心。

　　与西方学人一样,现代之后的中国学人不得不在两条道路、两种"命运"面前作出自己的选择:要么跟从种种"后现代主义"以比现代精神更为彻底的解构方式破碎大道,要么切实回归古典学问——倘若选择后者,势必首先质疑并革除我们自"五四"以来养成的凡事以现代观点衡量古典的新传统。

如何重新获得已然丢失的古典传统,关系到中国学术未来的基本取向和大学教育的基本品质。现代中国学术的视域基于现代西学,由于对古典西学缺乏深入细致的理解,数代中国学人虽不乏开创华夏学术新气象的心愿和意气,却缺乏现代之后的学术底气和见识根底。因此,积极开拓对西学古典传统的深入理解,当是未来学术的基本方略——只有在此基础上,我们重读自家的历代经典时才会有心胸坦荡、心底踏实的学术底气,从而展开广阔、深邃的学术新气象。

晚近西方学界方兴未艾的"古典政治哲学"表明,西方学界和大学教育正在踏上回归古典学问之路——取向虽然是古典的,其生存感觉却是现代之后的。"古典政治哲学"绝非一种学说或"主义式的"论说,换言之,不是我们曾经经历过的任何"显学"一类的东西,更非所谓"新的方法论",而是一种基本的学问方向:悉心绎读经典大书,凭靠古典智慧来养育自己的心性。如此学问方向基于万世不绝的古典心性:既然是一种心性,古典学问唤起或寻找的便只会是有如此心性的学人,并激励"我们"自觉杜绝种种"盲目而热烈"的"后"学或"新"说(尼采语),挽回被现代文教体系的学科划分搞得支离破碎的学问大体,进而在我们的大学中寻回自身的地盘……在近两百年来的西方、近百年来的中国,古典心性流离失所,已然失去了自己的家园——学堂。

继"西方传统:经典与解释"系列我们推出"中国传统:经典与解释"系列,首先要表明:在现代之后的学术语境中重新收拾我们自家的传统经典,乃中国学术新气象的根底所在;其次要表明:我们志在承接清代学人的学术统绪,进一步推进百年学人的积累——如今我们能否取得世纪性的学术成就,端赖于我们是否能够在现代之后的学术语境中重新拥有自己古传的历代经典。中国古代学术以绎读经典为核心和传统,历代硕儒"囊括大典,网罗众家,删裁繁诬,刊改漏失"的学术抱负和"皓首穷经"的敬业精神,在今天需要我们从自身的语境出发重新发扬光大。

本系列不拘形式——或点校、注释尚为善本的古书,或重新绎读(疏解)历代典籍,或汇编百年来的研究成果以文集方式追踪某个专题……唯一谢绝的是中西比较之论或种种现代—后现代"主义"解释学或文化研究一类高论。

古人云:"有志者事竟成焉"。

刘小枫　陈少明
2005 年 10 月於中山大学哲学系

羅焌(庶丹)先生像

目　錄

上編　總論(一名子學概論)

上編　總論

第一章　諸子釋名

子者,男子之通稱也。義見論語學而篇馬融注,孟子趙岐題辭。古人著述,常以某子自稱。巷伯作詩,自稱孟子,詩小雅巷伯篇,毛傳序云:"巷伯,刺幽王也。"案巷伯,奄官,宮內門巷之長。子輿撰經,自稱曾子,孝經爲曾子所撰,見史記仲尼弟子列傳及孝經緯鉤命訣。其明徵矣。子又爲稱所尊敬之詞。義見詩大車篇鄭箋。故古者門弟子稱其師曰子,論語學而篇皇疏云:"子是有德之稱,古者稱師爲子也。"亦曰夫子,汪中述學云:"夫者,人所指名也。以夫配子,取足成詞耳。"此說可通。至引左傳正義,謂身爲大夫乃稱夫子。疑未是。古者稱父,妻稱夫,亦曰夫子,不必盡爲大夫也。或表其氏曰某子,或加子於氏上曰子某子。如仲弓、子游、子夏等之撰論語,從鄭玄論語序。而稱仲尼但曰子,或曰夫子,或曰孔子。公羊壽之著春秋傳,而稱其師說曰魯子,莊三年傳。曰子沈子,隱十一年傳,何休解詁:"沈子稱子冠氏上者,著其爲師也。不但言子曰者,避孔子也。其不冠子者,他師也。"曰子女子,閔元年傳。曰子公羊子,桓六年傳。曰子司馬子,莊三十年傳。曰子北宮子,哀四年傳。是也。然亦有同時同輩之人而稱以夫子者。若孔子之稱蘧伯玉、公叔文子，皆見論語憲問篇。子貢之稱原思，史記仲尼弟子傳，又莊子讓王篇作先生。莊子之稱惠施。徐無鬼篇。有冠姓氏於子上者，若孟子之稱告子、時子，皆見公孫丑篇。許子、夷子。滕文公上篇。有加名字於子上者，若左氏記冉有事稱有子，春秋哀十一年傳。孟子論匡章事稱章子。離婁下篇。有稱子某子者，若仲弓稱桑扈曰子桑伯子，論語雍也篇朱注。吳王孫頟稱范蠡曰子范子。國語越語下。至於後進之稱先進，若孟子稱楊朱、墨翟，亦曰楊子、墨子，盡心上篇。荀子稱宋鈃亦曰子宋子，正論篇。呂子稱列禦寇亦曰子列子。呂氏春秋不二篇。雖道不同而未嘗不子之也。先秦以前，作者百家，不皆親自撰述，多由門人後學錄其言行，綴緝成書。故其書中，稱子、稱夫子、稱某子、稱子某子，唐劉禹錫作文，自稱子劉子。宋家頤著書一卷，自號子家子。非古也。或稱氏，或稱名，或稱字，參見錯出，而書名則多稱曰某子也。

　　諸者，非一之詞。禮記檀弓下篇正義。茲稱諸子，對於羣經、諸史而言，非周禮地官之所謂諸子，亦非夏官所屬之諸子也。地官司徒職云：「諸子之地，封疆方二百里。」此對諸公、諸侯、諸伯、諸男言也。夏官序官諸子鄭注云：「諸子，主公卿、大夫、士之子者，或曰庶子。」諸子之一名詞，蓋行於漢初大收篇籍之時，諸子書之名稱，多定自劉向之敘錄。戰國策敘錄云：「中書本號或曰國策、或曰國事、或曰短長、或曰事語、或曰長書、或曰修書。臣向以為戰國時游士，輔所用之國，為之策謀，宜為戰國策。」又高誘云：「淮南王安著書，號曰鴻烈，劉向校定，名之淮南。」是子書之名，皆劉氏所定也。今就史志考之，其名亦不一律。凡子上標氏，如管子、莊子、漆雕子、王孫子者，其通例也。有連名氏或字者，如孫卿子、鄒奭子、公孫尼子、公孫龍子。有以年老名者，如老子、老萊子、老成子。有以所服名者，如鶡冠子。有以所居名者，如鬼谷子。漢志無，隋、唐志有。有冠以國名者，如齊孫子、顏注云：「名臏」。魏公子。名無忌。有以其官名者，如關尹子、青史子。有僅署姓名或字者，如伊尹、子思、隋、唐志云：子思子。李克、鄧析、隋、唐志云：鄧析子。伍子胥、公子牟。有署國名、官名及名字者，如周史大弢、漢志舊本大作六，誤。今從沈濤說校正。宋司星子韋。有不稱子而稱氏、稱公、稱君、稱生、稱先生者，如農家之宰氏、趙氏、王氏，陰陽家之南公、杜文公，名家之黃公、毛公，法家之商君，儒家之平原君，朱建也，非趙勝。陰陽家之公檮生，名家之成公生，姓成公。雜家之伯象先生。有稱子、稱氏、而又名以春秋者，如儒家之晏子春秋、李氏春秋、虞氏春秋，雜家之呂氏春秋。有以書之大義題名，或冠以氏者，如儒家之内業、讕言、周政、周法，陰陽家之鄒子終始，兵家之吳孫子兵法。其他曰神農、曰黃帝、曰顓頊、曰堯舜、曰大禹、曰孔甲、曰湯盤庚、曰天乙，凡託名於古帝王者，要皆諸子一類之書也。然此但舉先秦諸子而言。漢魏以降，諸子著書，皆自秉筆，輒題別號，以示瑰琦。若晉葛洪之抱朴子，内外八卷，道家。梁蕭繹之金樓子，六卷，雜家。唐張志和之玄真子、一卷，道。林慎思之伸蒙子，三卷，儒。宋曾慥之至遊子，二卷，道。明劉基之郁離子，二卷，雜。清湯鵬之浮邱子，十二卷，雜。名雖類乎古書，義實乖於前例，姑置勿論可也。其餘如鴻烈、法言、昌言、新論、中論、申鑒、論衡等名，皆仿内業、讕言之例，雖不名子，亦子書也。

第二章　諸子部居

　　隋書經籍志曰："古者，史官既司典籍，蓋有目錄以爲綱紀。體制湮滅，不復可知。孔子删書，別爲之序，各陳作者所由。韓、毛二詩，亦皆相類。_{謂二詩皆有序。}漢時，劉向別錄，劉歆七略，剖析條流，各有其部。推尋事迹，疑則古之制也。自是之後，不能辨其流別，但記書名而已。博覽之士，疾其渾漫，故王儉作七志，阮孝緒作七錄，並皆別行，大體雖準向、歆，而遠不逮矣。"今案向、歆父子，先後承詔，校讎祕府羣書，分別部居，著爲七略，故有輯略，有六藝略，有諸子略，有詩賦略，有兵書略，有術數略，_{又作數術。}有方技略。輯略一篇，即六篇之總最。班固殆以此篇之文，分綴六篇之後，故漢書藝文志雖本七略，實止六略耳。_{志末總計云："大凡書六略三十八種，五百九十六家，萬三千二百六十九卷。"}以六略言，則一爲六藝略，二爲諸子略矣。晉荀勖因魏中經，更著新簿，總括羣書，分爲甲、乙、丙、丁四部。古諸子家，列乙部中。宋王儉別撰七志，而諸子志仍居第二。至梁阮孝緒博采家藏，參校官

簿，更爲七錄，以王氏經典志中之史記雜傳，別爲記傳錄第二，又
以班志之兵書略、王志之軍書志併入諸子，爲子兵錄第三。其意
本諸荀勖中經簿，惟以史傳列子兵錄前，爲小異耳。至隋志經
籍，始分經、史、子、集四部。唐志遂以甲部爲經，乙部爲史，丙部
爲子，丁部爲集。而經、史、子、集之部居，幾成定論。清倪燦明史藝
文志序云："四部之名，至唐而始定，曰甲部，經典小學諸書；曰乙部，史家編年紀傳等
類；曰丙部，諸子百家在焉；曰丁部，騷賦別集係焉。下逮于宋，亦沿其制。"宋、明
暨清，四部分類，大體悉從隋、唐。蓋自阮錄以來，古諸子家，始
由乙部降居丙部矣。附歷代書錄分合異同表於下：

漢書 藝文志	晉荀勖 中經簿	宋王儉 七志	梁阮孝緒 七錄	隋書 經籍志	舊唐書 經籍志
(一)六藝略 志云："序六藝爲九種。"案即易、書、詩、禮、樂、春秋、論語、孝經、小學九種，凡史記故事，皆附入春秋家。 (二)諸子略 (三)詩賦略 (四)兵書略 (五)方技略 (六)術數略	一曰甲部 紀六藝及小學等書。 二曰乙部 有古諸子家、近世諸子家、兵書、兵家術數。 三曰丙部 有史記舊事、皇覽簿雜事。 四曰丁部 有詩賦圖贊、汲冢書。	一曰經典志 紀六藝小學、史記雜傳。 二曰諸子志 紀今古諸子。 三曰文翰志 紀詩賦。 四曰軍書志 紀兵書。 五曰陰陽志 紀陰陽圖緯。 六曰術藝志 紀方技。 七曰圖譜志 紀地域及圖書，其道佛互見，合九條。	一曰經典錄 紀六藝。 二曰記傳錄 紀史傳。 三曰子兵錄 紀子書、兵書。 四曰文集錄 紀詩賦。 五曰技術錄 紀數術。 以上皆內篇。 六曰佛法錄 七曰仙道錄 以上二錄爲外篇。	一經部 二史部 三子部 四集部 　附道經、佛經。	一甲部經錄 二乙部史錄 三丙部子錄 四丁部集錄

附記：別錄、七略，今皆亡失。後儒輯佚，殘闕不完。故以漢志爲主。中經簿及
七志、七錄皆佚。上表采自隋志，惟七錄參以阮氏七錄序目耳。阮錄見弘明集卷
三。

第三章　諸子家數

　　家數二字，始見於墨子。墨子尚同下篇云：“天下爲家數也甚多。”十家九流，昉於七略，班志因之，未可據爲定論也。春秋戰國之際，百家爭鳴，諸子之言，紛然殽亂。後世因其所持之說，從而名之曰，此某家也，此某家者流也。當時曷嘗自立此名乎？劉向以前，分別諸子學派者，有五說焉。

　　（一）莊子天下篇，歷敘周代之爲道術者。首爲墨翟、禽滑釐，禽爲墨之弟子，則皆墨家也。次爲宋鈃、尹文，漢志載小說家宋子十八篇，名家尹文子一篇，則二子蓋形名而兼小說家也。次爲彭蒙、田駢、慎到，漢志田子列道家，慎子列法家，惟無彭蒙書。據莊子云：“田駢學於彭蒙。”則三子者乃由道而流爲法者也。次爲關尹、老聃皆道家，次爲莊周，則道家之別派也。又次爲惠施，附以桓團、公孫龍辯者之徒，皆名家也。漢志名家無桓團。成玄英莊子疏云：“桓團、公孫龍並趙人，皆辯士，客遊平原君之家。”案桓團即列子仲尼篇之韓檀，雙聲兼疊韻字，故相通轉。且天下篇首有云：“道術之在詩、書、禮、

樂者，鄒魯之士縉紳先生，多能明之。”其指儒家之孔學而言，殆
無疑義。然則莊子所陳，凡十四子，實止儒、墨、小說、名、法、道
六家而已。

（二）荀子非十二子篇，韓詩外傳四僅非十子，無子思、孟子，此必爲韓
嬰刪定。王應麟謂荀子非子思、孟子，蓋其門人韓非、李斯所增。其說非也。以諸
子之學爲姦言邪說。一爲它囂、魏牟。它囂事實待考，魏公子牟
有書四篇，列於道家，荀子謂其“縱情性，安恣睢，禽獸之行，不足
以合文通治”。則囂、牟二子殆道家楊朱一派也。二爲陳仲、史
鰌。陳仲子，匡章稱其廉，史鰌即史魚，孔子稱其直，見孟子滕文公
下篇、論語衛靈公篇。而荀子則謂其“忍情性，綦谿利跂，王氏先謙曰：
“綦谿猶言極深。利與離同，離世獨立，故曰離跂。”苟以分異人爲高，不足
以合大眾，明大分”。近人謂陳仲、史鰌，蓋墨家、道家二派相兼之
學，其說似也。劉師培國學發微說。三爲墨翟、宋鈃。宋子書，志列
小說家，蓋亦通墨家兼愛之學者。荀子謂其“不知壹天下、建國
家之權稱，上功用、大儉約，而僈差等。王念孫曰：“上與尚同，大亦尚也，
僈讀爲曼，廣雅：曼，無也。”不足以容辨異、縣君臣。”是二子皆墨家者
流也。四爲慎到、田駢。荀子謂其“尚法而無法，不循而好作，從
王念孫說改正。上則取聽於上，下則取從於俗，王念孫云：“取聽、取從，言
能使上下皆聽從也。”終日言成文典，反紃察之，則倜然無所歸宿，楊倞
注云：“紃與循同。倜然，疏遠貌。宿，止也。”不可以經國定分”。此則皆由
道家入法家，所謂老、莊之後流爲申、韓也。五爲惠施、鄧析，二
子皆名家也。荀子謂其“不法先王，不是禮義，而好治怪說，玩琦
辭，甚察而不急，急原作惠，從王念孫說改。辯而無用，多事而寡功，不
可以爲治綱紀”。故荀子正名一篇，多駁正亂名之說也。六爲子
思、孟軻，今世猶認爲儒家鉅子者。而荀子則曰“略法先王而不
知其統，猶然而材劇志大，聞見雜博。案往舊造說，謂之五行，說
詳後文第十二章。其僻違而無類，王念孫云：“類，法也。”幽隱而無說，閉

約而無解。楊注云：“約，結也。解，說也。謂其言幽隱閉結，而不能自解說。”案語助詞，猶乃也。飾其辭而祇敬之曰：此真先君子謂孔子。之言也。子思唱之，孟軻和之，世俗之溝猶瞀儒，嚾嚾然不知其非也。郝懿行云：“溝、猶、瞀、儒四字疊韻，其義則皆謂愚蒙也。嚾者，呼也，其義當爲喧嘩。”遂受而傳之，以爲仲尼、子游，郭嵩燾云：“子游必子弓之誤。”爲茲厚於後世。俞樾云：“厚，重也，謂因此而後得重於後世也。”是則子思、孟軻之罪也”。案荀卿學出孔門，而誹及思、孟者，蓋以思、孟偏於尊德性，荀卿偏於道問學。派別稍分，爭議以起。清四庫全書提要云：“子思、孟子後來論定爲聖賢耳。其在當時亦卿之曹偶，是猶朱、陸之相非，不足訝也。”案此說極通。至其對於仲尼、子弓，則又推崇備至。荀子之言曰：“若夫總方略，齊言行，壹統類，而羣天下之英傑，而告之以大古，教之以至順；奧窔之間，簟席之上，斂然聖王之文章具焉，佛然平世之俗起焉；斂然，具集貌。佛然，興起貌。六說者不能入也，十二子者不能親也。無置錐之地，而王公不能與之爭名；在一大夫之位，則一君不能獨畜，一國不能獨容；成名況乎諸侯，王氏集解云：“成與盛通。況，古作兄，滋也，益也。”莫不願得以爲臣。是聖人之不得勢者也，仲尼、子弓是也。”楊倞曰：“子弓，仲弓也。”案冉雍字仲弓，孔子弟子，以德行著名。論語曰：“雍也，可使南面。”即子弓也。吳萊曰：“子弓之爲仲弓，猶子路之爲季路。”其說是也。綜計荀子所非者六說，十二子；所法者仲尼、子弓二子。以十家九流衡之，亦止道、墨、小說、法、名、儒六家而已。

　　（三）呂子漢志稱呂氏春秋，許慎說文引稱呂不韋書，唐宋類書引或從司馬遷語，稱呂覽。今據史記呂不韋傳論及劉向新序雜事五引，稱呂子。不二篇曰：“老耽貴柔，耽、聃，古字通。孔子貴仁，尸子廣澤篇仁作公。伊川程子曰：“公近仁。”又曰：“仁之道，要之祇消道一公字。公是仁之理，不可將公便喚做仁。公而以人體之，故爲仁……朱子曰：“仁是愛底道理，公是仁底道理。故公則仁，仁則愛。公卻是仁發處，無公則仁行不得。”然則孔子貴仁即貴公，特宋儒析之至精耳。墨翟貴廉，尸子廉作兼。二義皆通。關尹貴清，子列子貴虛，陳駢貴齊，即田駢。田、陳古字通。尸子云：“田子貴均。”陽朱貴己，即楊朱。陽、楊古字通。**孫臏貴勢**，**王廖貴先，兒良貴後**。高誘注云："孫臏，楚人，爲齊臣，作謀八十九篇。勢，權勢也。王廖謀兵事，貴先建策也。兒良作兵謀，貴後。"賈誼過秦論云："吳起、孫臏、帶佗、兒良、王廖、田忌、廉頗、趙奢之朋制其兵。"王念孫據易林考知兒良爲魏將，王廖爲秦將。**此十人者，皆天下之豪士也。**十一字從畢校本補。呂子雖非歷述諸子學派，然所舉僅道、儒、墨、兵四家，而不及名、法。此足見呂子去取之意矣。尸子廣釋篇載孔、墨、田、列四子，又有"皇子貴衷"、"料子貴別囿"二句。說詳下文第十二章。

（四）**漢淮南王劉安書**即淮南子。要略篇末論周秦學術之所由生。一曰**太公**之謀，次曰**周公**之政，次曰**孔子**儒者之學，次曰**墨子**之業，次曰**管子**之書，次曰**晏子**之諫，次曰縱橫修短，次曰**申子**刑名之書，次曰**商鞅**之法，而終之以安所自著**劉氏**之書。據此所稱，惟道、儒、墨、名、法、縱橫六家。漢志列**淮南**內二十一篇於雜家，乃從七略所定，亦止七家耳。

（五）**史記自序述太史公**遷父司馬談。論六家要指。曰："易大傳曰：'天下一致而百慮，同歸而殊塗。'夫陰陽、儒、墨、名、法、道德，此務爲治者也，案，此爲比字之誤。比猶皆也。淮南氾論云："百家殊業而皆務於治。"高注云："業，事也。以治爲要也。"直所從言之異路，有省不省耳。案，直猶特也。省，明察也。嘗竊觀陰陽之術，大祥而眾忌諱，案，大猶尚也。祥，吉凶之先見者也。漢書作詳，非。使人拘而多畏；然其序四時之大順，不可失也。儒者博而寡要，勞而少功，是以其事難盡從；然其序君臣父子之禮，列夫婦長幼之別，不可易也。墨者儉而難遵，是以其事不可偏循；然其彊本節用，不可廢也。法家嚴而少恩；然其正君臣上下之分，不可改矣。名家使人儉而善失真；李慈銘曰："儉，讀爲檢。名家每以繩墨檢察人，使各約束於禮而不得肆。故曰使人檢而善失真。"然其正名實，不可不察也。道家使人精神專一，動合無形，贍足萬物。其爲術也，因陰陽之大順，采儒、墨之善，撮名、法之要，與時遷移，應物變化，立俗施事，無所不宜，指約而易操，事少而功多。儒者則不然。以爲人主天下之儀表也，主倡而臣和，主先而臣隨。如此，則主勞而臣逸。至於大道之要，去健羨，絀聰明，釋此而任術。夫神大用則竭，形大勞則敝。形神騷動，欲與天地長久，非所聞也。案上六節，蓋古人之言而太史公述之。以下六節則太史公之說明語也。夫陰陽四時、八位、十二度、二十四節各有教令，順之者昌，逆之者不死則亡。未必然也，故曰‘使人拘而多畏’。夫春生、夏長，秋收、冬藏，此天道之大經也，弗順則無以爲天下綱紀，故曰‘四時之大順，不可失也’。夫儒者以六藝爲法，六藝經傳以千萬數，累世不能通其學，當年不能究其禮，故曰‘博而寡要，勞而少功’。若夫列君臣父子之禮，序夫婦長幼之別，雖百家弗能易也。墨者亦尚堯舜，道言其德行曰：道言，謂稱道人言。曾子立事篇云：“道言而飾，其辭虛也。”‘堂高三尺，土階三等，茅茨不翦，采椽不刮。食土簋，啜土刑，糲粱之食，藜藿之羹。夏日葛衣，冬日鹿裘。’其送死，桐棺三寸，舉音不盡其哀。教喪禮，必以此爲萬民之率。使天下法若此，則尊卑無別也。夫世異時移，事業不必同，故曰‘儉而難遵’。要曰彊本節用，則人給家足之道也。此墨子之所長，雖百家弗能廢也。法家不別親疏，不殊貴賤，一斷於法，則親親尊尊之恩絕矣。可以行一時之計，而不可長用也，故曰‘嚴而少恩’。若尊主卑臣，明分職，不得相踰越，雖百家弗能改也。名家苛察繳繞，案猶糾纏也。使人不得反其意，專決於名而失人情，故曰‘使人儉而善失真’。莊子天下篇謂辯者能勝人之口不能服人之心。又謂惠施以反人爲實，而欲以勝人爲名。若夫控名責實，參伍不失，案，控，引也。參，參錯也。伍，交互也。此不可不察也。道家無爲，又曰無不爲，其實易行，其辭難知。其術以虛無爲本，以因循爲用。無成勢，無常形，故能究萬物之情。不爲物先，不爲物後，故能爲萬物主。有法無法，因時爲業；有度無度，因物與舍。王念孫曰：“舍，居也。”故曰‘聖人不朽，漢書遷傳朽作巧，注云：“無機巧之心。”

但順時也。"時變是守。虛者道之常也，因者君之綱'也。羣臣并
至，使各自明也。其實中其聲者謂之端，案，端，正也。實不中其聲
者謂之窾。音款，空也。窾言不聽，姦乃不生，賢不肖自分，黑白乃
形。在所欲用耳，何事不成。乃合大道，混混冥冥，光耀天下，復
反無名。凡人所生者神也，所託者形也。神大用則竭，形大勞則
敝，形神離則死。死者不可復生，離者不可復反，遷傳作合。故聖
人重之。由是觀之，神者生之本也，形者生之具也。不先定其
神，而曰：'我有以治天下'，何由哉？"案太史談學天官於唐都，受
易於楊何，習道論於黃子。故其論次六家，首陰陽而終以道德。
案，道家當云道德家，云道家者省文耳。莊、荀、呂、淮南敘諸子，皆無陰陽家，史談首
陰陽，重其家學耳。此司馬氏專家之學也。諸子分家，始於史談，故
備述其論云。

　　班固因劉氏七略，別諸子爲十家，曰儒、曰道、曰陰陽、曰法、
曰名、曰墨、曰縱橫、曰雜、曰農、曰小說。乃又曰："諸子十家，其
可觀者九家而已。"九家亦曰九流，張衡所謂"劉向父子領校祕
書，閱定九流"是也。後漢書張衡傳。十家中所去之一家，說者皆以
爲小說。北齊劉晝九流篇已去小說家。今考班氏雖以小說爲小道，而
其敘小說家引孔子曰："雖小道必有可觀者焉。"是小說亦有可
觀；其不可觀者，似非小說。嘗以隋志較之，則所去者爲陰陽家
言也。自隋以後，歷代史志子部，皆無陰陽。蓋古陰陽家書，無
一完存。漢志陰陽二十一家三百六十九篇，今無一完書。後有作者，皆併
入天文、曆數、五行三類中矣。惟阮氏七錄敘諸子流別，全依漢
志，且以兵家列入諸子，與呂子道、儒、墨、兵四家並論，意正相
同，足徵卓識。唐、宋三志，尚沿隋書。舊唐書經籍志、新唐書藝文志、宋
史藝文志。明志藝文，以名、法、墨、縱橫諸家，寥寥無幾，總附雜
家。清修四庫全書，亦踵其謬。十家之學，遂無從識其流別矣。
列隋志以前諸子家數異同表於下。

莊子天下篇	荀子非十二子篇	呂子不二篇	淮南子要略篇	司馬談論六家	漢志諸子略	阮孝緒子兵錄	隋志子部
一墨翟禽滑釐 二宋鈃尹文 三彭蒙田駢慎到 四關尹老聃 五莊周 六惠施 附： 桓團公孫龍 案莊子又稱鄒魯之士	一它囂魏牟 二陳仲史鰌 三墨翟宋鈃 四慎到田駢 五惠施鄧析 六子思孟軻 （以上六說十二子荀所非者） 七仲尼子弓 （以上二子荀所法者）	一老耽 二孔子 三墨翟 四關尹 五子列子 六陳駢 七陽朱 八孫臏 九王廖 十兒良	一太公 二周公 三孔子 四墨子 五管子 六晏子 七縱橫修短之說 八申子 九商鞅 十劉氏	一陰陽家 二儒家 三墨家 四名家 五法家 六道德家	一儒家 二道家 三陰陽家 四法家 五名家 六墨家 七縱橫家 八雜家 九農家 十小說家	一儒部 二道部 三陰陽部 四法部 五名部 六墨部 七縱橫部 八雜部 九農部 十小說部 十一兵部 七錄敘云："兵書既少,不足別錄,今附於子末,總以子兵爲稱。"	一儒 二道 三法 四名 五墨 六縱橫 七雜 八農 九小說 十兵 十一天文 十二曆數 十三五行 十四醫方 志云："漢書有諸子、兵書、數術、方技之略,今合而敘之爲十四種,謂之子部。"

第四章　諸子書之真僞及存佚

　　孟子有言："盡信書則不如無書。"盡心章下。故孟子之學，雖長於詩、書，本趙岐孟子題辭。而血流漂杵，不信武成。盡心章下。民靡孑遺，不信雲漢。萬章章上。此王充論衡書虛、語增、儒增、藝增諸篇所由作也。王氏之言曰："世信虛妄之書，以爲載於竹帛上者，皆賢聖所傳，無不然之事，故信而是之，諷而讀之。睹真是之傳，與虛妄之書相違，則並謂短書不可信用。夫幽冥之實尚可知，沉隱之情尚可定，顯文露書，是非易見。籠總並傳，非實事，用精不專，無思於是也。夫世間傳書諸子之語，多欲立奇造異，作驚目之論，以駭世俗之人，爲譎詭之書，以著殊異之名。……傳書之言，多失其實。世俗之人，不能定也。"書虛篇。然則辯古說之真妄者，孟子發其端，王充暢其緒。至唐劉知幾爲史通，有疑古、惑經二篇。清崔述著考信錄，竟謂戰國、秦、漢之書皆不可信矣。今考諸子學說，自前漢劉氏父子作別錄、七略，已辯及子書之真僞。班志所述，惟儒、墨、名、法、陰陽、縱橫六家之書，未嘗獻疑。若道家之太公二百三十七篇，則注云：“或有近世又以爲太公術者所增加也。”文子九篇，則注云：“似依託者也。”黃帝君臣十篇，雜黃帝五十八篇，力牧二十二篇，則皆以爲六國時人所作。雜家之大禹三十七篇，則注云：“其文似後世語。”農家之神農二十篇，則注云：“六國時諸子託之神農。”小說家之伊尹說二十七篇，師曠二篇，則皆注云：“其言淺薄，似因託也。”鬻子說十九篇，則注云：“後世所加。”天乙三篇，黃帝說四十篇，則皆以爲依託。此之辯析真僞無可致疑。惟其所謂增加者，必古人原有遺書，而後人爲之補集而附益之。如爾雅釋詁之作於周公，而後有仲尼所增，子夏所足，叔孫通所益，梁文所補，是也。陸德明經典序錄。其所謂依託者，必古人有此學說，而後人傳之口耳而著錄之。如孔子春秋之說，口授子夏，子夏亦口傳與公羊高，又四傳至漢景帝時，公羊壽乃共弟子胡毋子都著於竹帛，公羊傳序疏。是也。前清末葉，習訓詁學者，奉爾雅爲聖經；習今文學者，守公羊爲寶典。獨至諸子之出於依託或增加者，則羣斥爲僞書。清人姚際恆仿明宋濂諸子辨，作古今僞書考，近人又有續姚之僞書考者。是知二五而不知一十者也。考之周秦子書，惟老子五千言，孫子十三篇，似少後人攙入之說。呂不韋輯智略士而作春秋，決非後人僞造之書。其他諸子百家，如管、晏、孟、荀、墨、莊諸書，並非一人自著，大抵皆其後學之所增中依託也。後之讀者，但須詳考其增加或依託之時代，又明辯其學說之適用與否，以定其可信不可信耳。烏得決心疑古，概以僞書二字抹殺之乎？六國時人，多依託三皇五帝之言，漢初士人，或增加周秦諸子之說，劉、班皆爲之著錄者，以其近古而學說必有所受也。今述諸子之學，不得盡疑其書爲僞，亦不敢盡信其書爲真；但取時代之近古，學說之適今者，用爲講習之資而已。故凡唐以前人所增加或依託者，如今本鬻子、亢倉子諸書，皆予甄錄，而蕭梁時之尉繚子，魏、晉時之列子，自無容疑議矣。清儒所輯之佚書，如孫星衍之尸子，黃奭之李子法經，曾國荃之曾子家語，孫詒讓之墨家諸子鉤沉，以及馬國翰之玉函叢書子部，嚴可均之全上古三代文，所據皆唐以前書，所存多子之精義，尤不能目爲僞書也。茲本斯義，列周秦諸子書目表於後。首道家者，以其起原先於諸子；終雜家者，以其學說通於九流；增入兵家，則用晉荀勗、梁阮孝緒之例也。

　　周秦諸子書目表（今無存書者不錄，惟近人輯有佚文者錄之）：

諸子名稱	道家	
	伊尹	太公
漢書藝文志	五十一篇,注云:"湯相。"又小說家伊尹説二十七篇,注云:"其語淺薄,似依託也。"案此引注云,皆班固自注。後並同。	二百三十七篇。謀八十一篇,言七十一篇,兵八十五篇。注云:"呂望爲周師尚父,本有道者。或有近世又以爲太公術者所加也。"
隋書經籍志	亡。	無。兵家有太公六韜五卷,太公陰謀一卷,太公陰符鈐錄一卷,太公金匱一卷。太公兵法二卷,又六卷。案道家無者,蓋從七略列太公於兵權謀也。文選王文憲集序注引七略曰:"太公金版玉匱雖近世之文,然多善者。"
唐書經籍志	亡。	無。兵書類有太公陰謀三卷,太公金匱二卷,太公六韜六卷。
現時存佚	清歷城馬氏國翰玉函山房輯佚書子編伊尹書一卷。烏程嚴氏可均輯上古三代文中,伊尹文十一節。今人寧鄉錢維驥有輯本,未刊。	嚴輯太公書二卷,政語、四輔、六韜合一卷,陰謀、金匱、兵法合一卷。嚴氏云:"今所行六韜六卷,是宋元豐間删定,凡六篇,見存,不錄,錄其佚文。"案,今所行六韜,有清儒孫星衍校本,在平津館叢書內,黃奭輯本在漢學堂叢書內。
考證	宋王應麟漢志考證云:"漢志於兵權謀省伊尹太公而入道家。蓋戰國權謀之士,著書而託之伊尹也。"今考馬、嚴二氏所輯,皆本周書、尸子、呂子、韓嬰、劉向之書。是爲先秦所依託也。	清沈欽韓漢書疏證:秦策:"蘇秦得太公陰符之謀。"齊世家:"後世之言兵及周之陰權皆宗太公爲本謀。"是太公之書尚矣。志云謀,即太公陰謀。言,即太公金匱,凡善言書諸金版。兵,即太公兵法,說苑指武篇引太公兵法最其先,亦管子書中所本耳。

辛甲	鬻子	筦子顏注曰：“筦，讀與管同。”
二十九篇。注云：“紂臣，七十五諫而去。周封之。”	二十二篇。注云：“名熊，爲周師。自文王以下問焉，周封爲楚祖。”又小說家鬻子說十九篇。	八十六篇。注云：“名夷吾，相齊桓公，九合諸侯，不以兵車也。”今案史記列傳正義引七略云：“筦子十八篇，在法家。”隋、唐志皆從七略。
亡。	一卷。小說家無。	無。法家有管子十九卷。
亡。	無。小說家有鬻子一卷。新唐書藝文志仍歸入道家，而小說家無。	無。法家有管子十八卷。
馬輯辛甲書一卷，附考三條。	存一卷，凡十四篇。嚴輯佚文十四節。近人湘潭葉德輝亦有輯本二卷，刊觀古堂叢書中。案明嘉靖間刊子匯以鬻子爲首，列於儒家，未詳所據。	存尹知章注本二十四卷，凡七十六篇。清戴望校正本。今人湘鄉顏昌嶢有校釋本，未刊。
案馬輯，本左氏傳及韓子，皆可信據。	沈欽韓曰：“鬻子，唐宋著錄皆以冠道家。”葉夢得云：“今一卷止十四篇，本唐永徽中逢行珪所獻，庾仲容子鈔、馬總意林並云六篇，其所載與行珪本不倫，恐行珪或有附益。”案，今十四篇標題甲乙，數目雜亂不可曉，又短僂不成章。而列子三引鬻子，賈誼書述鬻子七章，皆今書所無。今本其糟粕耳。	嚴可均曰：“人皆謂此書多言管子後事，蓋後人附益者多。余不謂然。先秦諸子，皆門弟子或賓客或子孫撰定，不必手著。”

老子	文子
老子鄰氏經傳四篇。注云："姓李名耳,鄰氏傳其學。"又老子傅氏經說三十七篇。注云："述老子學。"又老子徐氏經說六篇。注云："字少季,臨淮人,傳老子。"又劉向說老子四篇。今案,四書皆亡。	九篇。注云："老子弟子,與孔子並時。而稱周平王問,似依託者也。"馬氏通考引周氏涉筆曰:"其稱周平王者,是楚平王,序者以爲周平王,非也。"
老子道德經二卷,周柱下史李耳撰,漢文帝時河上公注。今案,此注本尚存,乃唐以前人偽託,非漢注也。	十二卷。注云："梁七錄十卷。"亡。
老子二卷,案所錄自漢至唐。注者四十八家,不具載。	十二卷。
存王弼注本二卷八十一章。古今注者數百家,今人以桐城馬其昶之老子故爲較簡明,長沙楊樹達之老子古義爲最精確。	存二卷。凡十二篇。宋杜道堅撰文子纘義十二卷。有通行本。
	唐柳宗元辨文子略曰:"其旨意皆本老子,然考其書蓋駁書也,不知人之增益之歟?或者衆爲聚斂以成其書歟?然觀其往往有可立者,又頗惜之。今取其似是者,又頗爲發其意,藏於家。"今案文選曹植表引文子二語,又任昉彈事及策秀才文注並引文子張湛注,則此書之出於魏晉以前,無可疑矣。

關尹子	莊子
九篇。注云："名喜，爲關吏。老子過關，喜去吏而從之。"案莊子天下篇釋文："或云：尹喜，字公度。"	五十二篇。注云："名周，宋人。"
亡。	二十卷。梁漆園吏莊周撰。又三十卷，目一卷，晉太傅主簿郭象注。
亡。	十卷。郭象注。
存一卷。分一字、二柱、三極、四符、五鑒、六匕、七釜、八籌、九藥九篇。	存郭象注本十卷，凡三十三篇。此書注者甚多。清儒長沙王先謙莊子集解最簡明，湘陰郭慶藩莊子集釋亦詳確。
案，此書南宋時出於永嘉孫定家。宋濂諸子辨疑即定之所爲。清四庫提要以爲唐、五代間方士所爲。義或然也。	宋蘇軾莊子祠堂記略曰："盜跖、漁父直詆孔子，讓王、說劍皆淺陋不入於道，宜去此四篇。以寓言篇之終，合於列禦寇篇之首爲一章。"後儒多從蘇說者。今案此四篇，郭象、司馬彪皆有注釋，即係偽書，亦晉以前人所附益也，況有史記之說，足以證其非偽乎？

列子	老成子	長盧子
八篇。注云："名圄寇，先莊子，莊子稱之。"案，圄、禦古音同字通。	十八篇。廣韻十四清引世本曰："宋有大夫老成方。列子有考成子。"案列子釋文老作考。	九篇。注云："楚人。"案，列子盧亦作盧，古字通用。
八卷。鄭之隱人列禦寇撰。東晉光祿勳張湛注。	亡。	亡。
八卷。張湛注。案，唐殷敬順有列子釋文。	亡。	亡。
存八卷，凡八篇。張湛注。四部叢刊景北宋本。汪繼培有列子注校本。秦恩復有覆宋本列子，盧重元注。	列子周穆王篇有老成子學幻一章。	列子天瑞篇有長盧子論天地亦壞語。
柳宗元辨列子云："其書亦多增竄，非其實。"高似孫子略云："是書出於後人薈萃而成。"清四庫提要則信為秦以前書。姚際恆則謂，戰國時本有其書，或莊子之徒依託為之者，但自著無多，其餘盡後人所附益也。錢大昕養新錄疑列子為晉人依託。近人陸懋德著哲學史，謂列子書中多道家古說，決非秦以後人所能偽造。		

公子牟	田子	老萊子	黔婁子
四篇。注云："魏之公子也。先莊子，莊子稱之。"案，據莊子秋水篇文，牟與莊子同時。	二十五篇。注云："名駢，齊人，遊稷下，號'天口駢'。"	十六篇。老子列傳云：十五篇。注云："楚人，與孔子同時。"	四篇。注云："齊隱士，守道不詘，威王下之。"
亡。	亡。	亡。	亡。
亡。	亡。	亡。	亡。
馬輯一卷，凡四節。	馬輯一卷，凡三節，又附錄七條。	馬輯一卷，凡四節，又附錄五條。	馬輯一卷，凡二節，附考一條。

鶡冠子	黃帝	鄭長者
一篇。注云："楚人，居深山，以鶡爲冠。"王闓運讀鶡冠子曰："道家鶡冠子一篇，縱橫家龐煖二篇。隋志道家有鶡冠三卷，無龐煖書，而篇卷適相合。隋以前誤合之，凡龐子言，皆宜入煖書。"	黃帝四經四篇，黃帝銘六篇，黃帝君臣十篇。注云："起六國時，與老子相似也。"雜黃帝五十八篇，注云："六國時賢者所作。"	一篇。注云："六國時，先韓子，韓子稱之。"
三卷。	亡。	亡。
三卷。	亡。	亡。
存三卷。凡十九篇。宋陸佃注。四部叢刊翻宋本。	嚴輯上古文，黃帝道言六條，政語二條，巾几銘、金人銘二條，其他十餘條。	馬輯一卷，據韓子外儲說。
四庫提要云："漢志鶡冠子一篇，隋志以下皆作三卷，或後來有所附益。自六朝至唐，劉勰最號知文，韓愈最號知道，二子皆稱美之。柳宗元則以爲鄙淺。"	案班志，蓋以黃帝之書皆六國時人所作，故次錄於此。劉勰所謂"上古遺語，戰代所記"者是也。參觀農家神農考證。	

楊子<u>名朱</u>。案<u>朱子語類</u>云：“楊朱之學，出於老子。”<u>陳澧</u>云：“楊朱是老子弟子。見<u>莊子</u>寓言篇、<u>列子</u>黄帝篇。”今補列入道家。	亢倉子<u>唐王士元</u>云：“莊子作<u>庚桑子</u>。<u>太史公</u>、<u>列子</u>作<u>亢倉子</u>。”
無書。	無書。
無。	無。
無。	無。<u>新唐書藝文志</u>始有<u>王士元亢倉子</u>二卷。注云：“天寶元年，詔號<u>亢倉子</u>爲洞靈真經，然<u>亢倉子</u>求之不獲。<u>襄陽</u>處士<u>王士元</u>取諸子文義類者補其亡。”
存一卷，即<u>列子楊朱篇</u>，可分爲一十七章。	存一卷，凡九篇。
	案，此書明係<u>唐</u>人依託。<u>四庫提要</u>云：“其書雖雜采諸子之詞，而聯絡貫通，亦殊有理致，非他偽書之比。”

儒家		
晏子	子思	曾子
八篇。注云:"名嬰,諡平仲,相齊景公。善與人交。有列傳。"案,史記管晏列傳正義引七略曰:"晏子春秋七篇,在儒家。"	二十三篇。注云:"名伋,孔子孫,爲魯繆公師。"	十八篇。注云:"名參,孔子弟子。"
晏子春秋七卷。意林云:"晏子八卷。"	子思子七卷。	二卷,且一卷。
同上。新唐志亦同。宋史藝文志儒家類,晏子春秋十二卷。	子思子八卷。案,新唐書志、宋史志皆云七卷。	二卷。
存七卷,凡內外八篇,總二百十五章。清儒平江蘇輿晏子春秋校本,最善。案,文獻通考從唐柳宗元之說,入晏子於墨家。清四庫全書入晏子於史部傳記類。	定海黃以周有輯本。	存十篇。在大戴禮記中,儀徵阮元有注釋本。湘鄉曾國荃、東湖王定安編輯曾子家語六卷,分爲十八篇,尚詳備。
孫星衍序略曰:"晏子八篇,見藝文志,後人以篇爲卷,又合外上下二篇爲一,則爲七卷,見七略及隋、唐志。宋時析爲十二卷,見崇文總目。實是劉向校本,非僞書也。晏子名春秋,疑其文出於齊之春秋。墨死,其賓客集其行事成書。雖無年月,尚仍舊名。凡稱子書,多非自著,無足怪者。"	案隋唐志,皆以曾子列於子思子前,惟漢志諸書,有不拘時代先後者,如列子先莊子,慎子先申子,而莊、申之書,皆在列、慎之前,是也。	

漆雕子	宓子 顏注曰:"宓,讀與伏同。"	景子	世子	魏文侯	李克
十三篇。注云:"孔子弟子漆雕啟後。"	十六篇。注云:"名不齊,字子賤,孔子弟子。"	三篇。注云:"說宓子語,似其弟子。"	二十一篇。注云:"名碩,陳人也,七十子之弟子。"	六篇。案魏文侯,子夏弟子。	七篇。注云:"子夏弟子,爲魏文侯相。"
亡。	亡。	亡。	亡。	亡。	亡。
亡。	亡。	亡。	亡。	亡。	亡。
馬輯一卷,凡四條,附錄七條。	馬輯一卷,凡六篇,又一條。	馬輯一卷,凡二節。	馬輯一卷,凡二節。	馬輯一卷,凡二十四節。	馬輯一卷,凡七節。
	胡蘊玉曰:"馬輯景子二則,皆記宓子事,當爲宓子書。"今從胡說併入宓子。				

公孫尼子	孟子案宋元祐中,孟子已列入經部,而宋史藝文志仍列子部儒家,與漢、隋諸志同。今從之。	孫卿子即荀卿子,謝墉曰:"荀、孫音同字通。"
二十八篇。注云:"七十子之弟子。"	十一篇。注云:"名軻,鄒人,子思弟子,有列傳。"案,今孟子七篇,此蓋合外書四篇計之,故十一篇。	三十三篇。王應麟曰:"當作三十二篇。"班自注云:"名況,趙人,爲齊稷下祭酒,有列傳。"
一卷。注云:"尼似孔子弟子。"	十四卷,趙岐注。又七卷,鄭玄注。又七卷,劉熙注。	十二卷。
一卷。	同隋志。	十二卷。宋志云:"楊倞注荀子,黎錞校勘荀子,皆二十卷。"案書名荀子,爲唐楊倞氏所訂。
馬輯一卷。又洪頤煊輯本,在問經堂叢書中。	存趙岐注本十四卷。江都焦氏循孟子正義三十卷,最詳贍。外書四篇,有晉綦毋邃注、宋劉放注、熙時子注三本,在各叢書中。	存楊倞注本二十卷,凡三十二篇。長沙王氏先謙荀子集解最善。
案馬輯有樂記、緇衣二篇。(緇衣爲子思子作,非公孫尼書。)又據他書所引凡十三節,多據唐以前書,可信也。	趙岐曰:"孟子著書七篇,又有外書四篇:性善辨、文說、孝經、爲政。其文不能弘深,不與內篇相似,似非孟子本真,後世依放而託之者也。"	

內業案，此書名，非人名，猶王孫子一曰巧心，淮南子原名鴻烈。惟此書不知作者姓氏，故題書名。	周史大弢案大，舊誤作六，今從沈濤說校正。	甯越
十五篇。注云："不知作書者。"	六篇，注云："惠襄之間。"或曰："顯王時。"或曰："孔子問焉。"案據莊子，當以最後或說爲是。	一篇。注云："中牟人，爲周威王師。"案，王當作公。見馬輯甯子。
亡。	亡。	亡。
亡。	亡。	亡。
馬輯一卷。	莊子則陽篇有仲尼問於太史大弢一節。	馬輯甯子一卷，並附錄三條。
案馬輯，係取管子第四十九內業篇文，依漢志分爲十五篇。其書皆發明大道之蘊。蓋古有成書，而管子述之。		

王孫子	公孫固	董子
一篇。注云："一曰巧心。"馬國翰云："巧心蓋其書之別稱。如揚子之法言，文中子之中說矣。"	一篇。注云："十八章。齊閔王失國，問之，固因陳古今成敗也。"史記十二諸侯年表論云："公孫固、韓非之徒，各往往捃摭春秋之文以著書。"	一篇。注云："名無心，難墨子。"今案，墨疑纏之缺誤。見馬輯董子。
梁有王孫子一卷，亡。	亡。	一卷。注云："戰國時董無心撰。"
亡。	亡。	二卷，董無心撰。新志一卷，宋志無。晁氏云："董子一卷，皇朝吳祕注。"
馬輯一卷，凡五節。嚴輯本未見。	荀子強國篇引公孫子曰一節，凡二百八十言，論楚子發克蔡辭賞事，注云："公孫子，齊相也。"案與馬、班所說正合。其爲公孫固書無疑。	馬輯一卷，凡四條。
嚴可均云："王孫，姓也，不知其名，從北堂書鈔等書采出。僅得五事，繹其言，蓋七十子之後，言治道者。"（鐵橋漫稿）		

徐子	魯仲連子	虞氏春秋
四十二篇，注云："宋外黄人。"	十四篇。	十五篇。注云："虞卿也。"史記本傳云："虞卿不得意，乃著書，上采春秋，下觀近世，曰節義、稱號、揣摩、政謀，凡八篇。以刺譏國家得失，世傳之曰虞氏春秋。"
亡。	魯連子五卷。錄一卷。注云："齊人，不仕，稱爲先生。"	亡。
亡。	魯連子五卷，新志一卷，宋志五卷，以後無著錄。	亡。
馬輯一篇。	馬輯一卷，凡六篇，又二十五節。嚴輯魯連子三十節。	馬輯一卷，凡二篇。

墨家

尹佚嚴可均云："佚一作逸，亦稱史佚，周初太史，事武王、成王、康王，與太公、周公、召公總謂之四聖。"	田俅子馬氏驌云："田鳩，蓋即田俅子。"（見繹史卷一百三）高誘云："田鳩，齊人，學墨子術。"（見呂子首時篇注）
二篇。注云："周臣。在成、康時也。"	三篇。注云："先韓子。"馬國翰云："韓子外儲說右上篇引田鳩說。班注言先韓子，亦以鳩、俅爲一人也。"
亡。	梁有田俅子一卷。亡。
亡。	亡。
馬輯史佚書一卷，凡九條。嚴輯尹逸文凡七條。	馬輯一卷，凡十節，又附錄二節。孫氏詒讓輯十一條。案孫輯墨家言，皆附墨子閒詁後，下並同。

隨巢子	胡非子	墨子
六篇。注云："墨翟弟子。"	三篇。注云："墨翟弟子。"	七十一篇。注云："名翟，爲宋大夫。在孔子後。"
一卷。注云："巢似墨翟弟子。"孫詒讓云："據此，則氏隨，名巢。"	一卷。注云："非似墨翟弟子。"案，據廣韻十一模，及通志氏族略，則胡非爲陳胡公後公子非之苗裔，乃複姓也。此注以非爲名，則胡爲氏矣。劉子九流篇作胡俳。	十五卷，且一卷。
無。新唐志一卷。以後無著錄。	一卷。新唐志一卷。以後無著錄。	十五卷。
馬輯一卷。又孫輯一卷，較詳實。	馬輯一卷。又孫輯本同。	存十五卷，凡五十三篇，内闕十八篇。清儒長沙曹耀湘墨子箋十五卷，甚精。瑞安孫詒讓墨子閒詁十九卷，考證甚詳。今人多校釋此書者，皆可參考。

名家				
纏子	鄧析	尹文子	公孫龍子	惠子
無書。案廣韻二仙云："纏又姓。"漢書藝文志有纏子著書。疑今本漢志有脫簡。	二篇。注云："鄭人，與子產並時。"	一篇。注云："說齊宣王，先公孫龍。"師古曰："劉向云，與宋鈃俱遊稷下。"	十四篇。注云："趙人。"	一篇。注云："名施，與莊子並時。"
無。	鄧析子一卷。注："析，鄭大夫。"	二卷。	亡。	亡。
無。案意林云："纏子一卷。"	同隋志。新唐志二卷。	同上。	三卷。新唐志同，又陳嗣古注一卷，賈大隱注一卷。	亡。
馬輯一卷，又孫輯本同。	存一卷，分無厚、轉辭二篇。嚴可均有校補本。中國學會影印鄧析一〇五種合帙二本。	存一卷，分大道上下二篇。清蕭山汪繼培校輯本，在湖海樓叢書中。今人長沙王時潤亦有校本。	存三卷，凡六篇，宋謝希深注，清嚴可均校道藏本，又王時潤校本。	馬輯一卷，凡十四節。
	晁公武郡齋讀書志曰："析書訐而刻，真其言也。其間時剿取他書，頗駁雜不倫，豈後人附益之歟?"			

法家			
毛公	李子	商君	申子
九篇。注云："趙人，與公孫龍等並遊平原君趙勝家。"	三十二篇。注云："名悝，相魏文侯，富國强兵。"	二十九篇。注云："名鞅，姬姓，衞後也，相秦孝公，有列傳。"	六篇。注云："名不害，京人，相韓昭侯。終其身，諸侯不敢侵韓。"顏注云："京，河南京縣。"
亡。	亡。	商君書五卷。注云："秦相衞鞅撰。"	注云："梁有申子三卷，韓相申不害撰。"亡。
亡。	亡。	商子五卷，注云："商鞅撰。"	三卷。新唐志同。宋志亡。
史記魏公子列傳有毛公、薛公勸公子歸救魏一節。	黃奭輯李子法經六篇，嚴輯李悝文三節。	存五卷，凡二十六篇。嚴可均校輯本，又王時潤集解本，吳縣朱師轍解詁本，均詳確。	馬輯一卷，凡二十四節。嚴輯申子十三節。王時潤有輯申子逸文一卷，較詳。
顏師古曰："劉向別錄云：論堅白異同，以爲可以治天下。此蓋史記所云藏於博徒者。"	案馬輯儒家李氏春秋引呂子勿躬篇李子曰一節，全係法家言，非儒家言也。今移爲李悝書。		

慎子	韓子
四十二篇。注云:"名到,先申、韓,申、韓稱之。"案史記孟荀列傳云:"慎到著十二論。"集解曰:"今慎子,劉向所定,有四十二篇。"今據意林所云十二卷,疑漢志衍一四字也。	五十五篇。注云:"名韭,韓諸公子。使秦,李斯害而殺之。"
十卷。注云:"戰國時處士慎到撰。"	二十卷,且一卷。
十卷。注云:"慎到撰,滕輔注。"馬氏意林云:"慎子十二卷。名到,學本黃、老,滕輔注。"今案隋志集部注,有晉太學博士滕輔集五卷,亡,則滕氏晉人也。	二十卷。案韓非之書,自漢至宋,諸史志皆稱韓子,惟晁公武讀書志題曰韓非子。
存一卷,凡五篇。嚴可均從羣書治要寫出七篇,有滕輔注。多知忠、君臣二篇。其威德篇多出二百五十三字。又錢熙祚亦有校本,附輯佚文,在守山閣叢書中。近日中國學會景印慎子三種合帙三本。	存二十卷,凡五十五篇。清長沙王先慎集解本,尚詳明。
四庫提要云:"此書漢志作四十二篇。隋、唐志作十卷,崇文總目作三十七篇。書錄解題則稱麻沙刻本纔五篇,固非全書也。此本雖亦分五篇,而文多删削,又非陳振孫之所見。蓋明人捃拾殘剩重爲編次也。"今案錢氏校輯本,較此本爲詳確。	章炳麟曰:"周秦解故之書,今多亡佚,諸子尤甚。韓子獨有解老、喻老二篇。後有說老子者,宜據韓子爲大傳,而疏通證明之,賢於王弼遠矣。韓子他篇多言術,由其所習不純。然解老、喻老未嘗雜以異說,蓋其所得深矣。"

兵家		
吳孫子	公孫鞅案荀子議兵篇云：“秦之衛鞅，世之所謂善用兵者也。”故鞅之書又入於兵家。	吳起
兵法八十二篇。顏注云：“孫武也，臣於闔廬。”史記本傳云：“十三篇。”	二十七篇。案此即法家之商君書，但少二篇耳。題名不同者，以諸子爲劉向所校，兵書爲任宏所校也。	四十八篇，史記本傳云：“吳起兵法，世多有，故弗論。”韓子五蠹篇亦云：“藏孫、吳之書者，家有之。”
孫子兵法二卷。注云：“吳將孫武撰，魏武帝注。梁三卷。”	無。法家有商君書五卷。	吳起兵法一卷，賈詡注。案賈詡，魏太尉，有鈔孫子兵法一卷，見隋志。
孫子兵法十三卷。孫武撰，魏武帝注。	無。法家有商子五卷。	無。新唐志云：“賈詡注吳子兵法一卷。”注云：“吳起。”宋志云：“吳起吳子三卷。”
存一卷，凡十三篇。清儒孫星衍校孫子十家注十三卷，尚詳備。	存五卷，二十六篇，見法家。	存一卷，凡六篇，景宋鈔本作二卷，在四部叢刊内。又孫星衍校平津館叢書本。
清文登畢以珣曰：“孫武先作十三篇，以干闔廬，既見，相與問答，又成若干篇，皆在漢志八十二篇之内也。”	章學誠云：“商君開塞、耕戰諸篇，可互見於兵書之權謀條，即裁篇別出之法也。”	宋晁公武讀書志作三卷，稱唐陸希聲類次爲之。據晁說，則此書其唐人所依託歟？

范蠡	大夫種	李子
二篇。注云："越王勾踐臣也。"	二篇。注云："與范蠡俱事勾踐。"	十篇。沈欽韓云："疑李悝。"今案沈說是。李悝能富國強兵，必有兵法。此十篇，當即由法家李子三十二篇中別出。孫卿賦十篇，即出於孫卿子三十二篇中，其明徵也。
亡。	亡。	無。
亡。	亡。	無。
宋王應麟云："後漢書甘延壽傳注，左傳桓五年疏，文選潘安仁賦注，並引范蠡兵法。"據王考證，則此書唐世猶存，今僅存此三事。嚴輯范蠡文亦三篇。	沈欽韓云："吳越春秋大夫種言滅吳者有九術，越絕書同，史記作七術。"今案種之言行，采輯可成二篇。	參看法家李子。

龐煖	兒良
二篇。案縱橫家亦有龐煖二篇，本一書也，因校書者非一人，故重出耳。後倣此。	一篇。師古曰："六國時人也。"王念孫云："蓋魏將。"
無。	亡。
無。	亡。
參看道家鶡冠子。	呂子不二篇云："兒良貴後。"高注云："兒良作兵謀貴後。"淮南要略篇云："兵略者，操持後之論。"注云："持後者，不敢爲主而爲客也。"兒良貴後之意蓋同此。

| 繇敘王應麟云：“即由余。李筌太白陰經云：‘秦由余有陣圖。’”今案，王說是也。周秦以前，人名、地名、物名，每多音近字異者，猶今人各譯遠西人名，不能同文也。白六帖卷五十五，引繇敘作由余，其明證矣。 |
| 二篇。案雜家載由余三篇。二、三不同，未知孰誤，其爲一書則無疑也。說見前公孫鞅下。 |
| 無。 |
| 無。 |
| 見雜家由余。 |
| |

農家		
尉繚	神農	野老
三十一篇。案雜家尉繚子二十九篇，較此少二篇，亦一書兩載者也。	二十篇。注云："六國時諸子疾時怠於農業，道耕農事，託之神農。"顏注引劉向別錄云："疑李悝及商君所說。"	十七篇。注云："六國時，在齊楚間。"應劭曰："年老居田野，相民耕種，故號野老。"案，相，導也，
魏武帝兵法下注云："梁有尉繚子兵書一卷。"案雜家類有尉繚子五卷。注云："梁並錄六卷。尉繚，梁惠王時人。"	亡。	亡。
無。宋志有尉繚子五卷。注云："戰國時人。"案新、舊唐志雜家皆列尉繚子六卷，而兵家無之。宋志但著錄於兵家，而雜家無之，其爲一書明矣。	亡。	亡。
存一卷，凡二十四篇。案此書原本無卷數，今四庫書兵家分爲五卷者，乃依隋志雜家目錄分之，今仍從漢志例，兩家並載。	馬輯神農書一卷，凡六篇，又佚文四條。嚴輯炎帝神農文七則。	馬輯野老書一卷，凡四篇。王時潤有集解本。
案，此書持論正而用法嚴，即係依託，亦在蕭梁以前。宋儒張載，少喜談兵，曾注尉繚子一卷。惜今未見傳本耳。	嚴可均云："倉頡造字，在黃帝時，前此未有文字。神農之言，皆後人追錄。晁錯引神農之教，顯是六國時語。即六韜及筦子、文子所載，亦不過謂神農之法，相傳如是。豈謂神農手撰之文哉？"	案馬輯上農、任地、辯土、審時四篇，全從呂子士容論中抽出，據馬驌繹史之說也。是否野老原書，不可知。然爲周秦間之農家言，則絕無可疑矣。

宰氏
十七篇。注云：“不知何世。”葉德輝云：“史記貨殖傳集解，案范子曰：‘計然者，葵丘濮上人，姓辛氏，字文子，其先晉國之公子也。嘗南遊於越，范蠡師事之。’元和姓纂十五海宰氏下，引范蠡傳云：‘陶朱公師事計然，姓宰氏，字文子，葵丘濮上人。’據此，則唐人所見史記集解本，是作宰氏，宰氏即計然。故農家別無計然書。注云：‘不知何世’，蓋班所見，乃後人述宰氏之學者，非計然本書也。”
亡。
亡。新唐志，范子計然十五卷。注云：“范蠡問，計然答。”案，計然即宰氏之別號，又作計研，又作計硯，又作計倪，又作坘研，（見梁玉繩古今人表考）皆聲近相轉耳。或云：姓計，名然。或云：所計而然，故稱計然。或云：計然爲書名。皆非也。
馬輯范子計然三卷。
馬國翰云：“通志氏族略宰氏注引范蠡傳，蠡師事計然。姓宰氏，字文子。漢志農家宰氏十七篇，即計然也。賈思勰齊民要術卷三嘗引之。是北魏時其書尚存。隋志偶未及載耳。今輯三卷，其下卷於物之出處，皆用郡縣，後人羼入者有之。”

陰陽家					
陶朱公	宋司星子韋	鄒子	鄒子終始	南公	容成子
無書。兵家有范蠡二篇,已見前。	三篇。注云:"景公之史。"	四十九篇。注云:"名衍,齊人,爲燕昭王師,居稷下,號'談天衍'。"	五十六篇。	三十一篇。注云:"六國時。"史記項羽本紀:"楚南公曰:楚雖三戶,亡秦必楚。"	十四篇。
注云:"梁有陶朱公養魚法一卷。"亡。	亡。案隋志以後皆無陰陽一家。	亡。	亡。	亡。	亡。
養魚經一卷,注云:"范蠡撰。"新唐志同。	亡。	亡。	亡。	亡。	亡。
馬輯一卷	馬輯一卷,附錄二條。	馬輯一卷。	馬輯一卷。(附鄒子後)	今僅存"楚雖三戶,亡秦必楚"二語,見上。	王應麟云:"呂子勿躬篇,容成作歷。莊子則陽篇容成氏曰:'除日無歲,無内無外。'"
案馬氏所輯,本於賈思勰齊民要術養魚篇,則此經亦北魏以前之書也。					

縱橫家

蘇子案即今之鬼谷子，蘇秦所依託也。

三十一篇。注云："名秦，有列傳。"案列傳："蘇秦於是得周書陰符，伏而讀之。期年，以出揣摩。"集解云："戰國策曰：得太公陰符之謀，伏而讀之，簡練以爲揣摩，期年揣摩成。鬼谷子有揣摩篇也。"漢書杜周傳贊注："服虔曰：抵音坻，陒音義，謂罪敗而復抨彈之。蘇秦書有此法。"師古曰："陒與巇同，音巇，亦險也。鬼谷子有抵巇篇也。"史記蘇秦傳索引引樂壹注，鬼谷子書云："蘇秦欲神秘其道，故假名鬼谷。"是蘇子即今鬼谷子。

鬼谷子三卷，注云："皇甫謐注。"鬼谷子，周世隱於鬼谷。

鬼谷子二卷，蘇秦撰。又三卷，樂壹注。又三卷，尹知章注。宋志鬼谷子三卷。馬總意林云：鬼谷子五卷。（樂氏注，名壹）總案其書云："周時有豪士隱者居鬼谷，自號鬼谷先生，無鄉里族姓名。注云：此蘇秦作書記之也。鬼之言遠，猶司馬相如假亡是公云爾。"

存鬼谷子一卷。凡十九篇，江都秦恩復校。梁陶弘景注鬼谷子一卷。近人王時潤亦有校本。案馬國翰采史記、國策輯蘇子一卷，蓋不信舊說鬼谷子即蘇秦書也。

四庫提要云："隋志稱皇甫謐注，則爲魏、晉以前書，固無疑耳。"

張子	龐煖	闕子
十篇。注云："名儀，有列傳。"	二篇。注云："爲燕將。"案即兵家之龐煖二篇。	一篇。馬國翰云："後漢書獻帝紀注引風俗通曰：'闕，姓也，承闕黨童子之後也。縱橫家有闕子著書。'文選注、太平禦覽或引作闚子，誤也。"今案劉子九流篇縱橫者有闕子，唐袁孝政注云："闕子名子我，是齊人善用兵者也。"考齊有闞止，字子我，見左襄六年、十四年傳。袁注蓋本此。而不知闕爲闞之誤也。
亡。	無。	無。鬼谷子下注云："梁有補闕子十卷，元帝撰。"亡。
亡。	無。	補闕子十卷，梁元帝撰。新唐志同。
案依馬氏輯蘇子之例，可采史記、國策輯張子一卷。	今與道家鶡冠子併爲一書。	馬輯一卷，凡六節。
	說見道家鶡冠子。	馬氏云："宋景公使弓工爲弓及宋之愚人得燕石二事，酈道元水經注引之，似是原書。此外四節，未知出於原書抑爲梁元所補。然詞義頗古，決非唐以後人所能擬也。"

小說家			
伊尹說	鬻子說	青史子	師曠
二十七篇。注云："其語淺薄，似依託也。"案此疑即道家伊尹五十一篇中別出者也。	十九篇。注云："後世所加。"案據隋、唐志所載互異，疑與道家鬻子同一書。	五十七篇。注云："古史官記事也。"	六篇。注云："見春秋，其言淺薄，不與此同，似因託也。"又兵陰陽家有師曠八篇。注云："晉平公臣。"案此六篇蓋即出於八篇中也。
無。	無。道家有鬻子一卷。	注云："梁有青史子一卷。"亡。	亡。
無。	一卷。案道家無鬻子，故新唐志道家有，小說家無。	亡。	亡。
嚴可均云："呂子本味篇載伊尹說湯以至味。此疑即小說家伊尹說之一篇，孟子伊尹以割烹要湯，謂此篇也。"	存，見道家。	馬輯一卷。	案左傳、國語、呂子、韓子、淮南子、說苑、新序載師曠言行甚多，輯錄可爲一卷。

宋子	宋玉子	燕丹子
十八篇。注云："孫卿道宋子，其言黃老意。"馬國翰云："周宋鈃撰，鈃，宋人。莊子、荀子並言其人。孟子作宋牼。莊子、韓子作宋榮子，要是一人也。"	無。惟詩賦家有宋玉賦十六篇。	無。孫星衍云："裴駰注史記燕世家引劉向別錄云：'督亢膏腴之地。'史記刺客傳司馬貞索隱引劉向云：'丹，燕王喜之太子。'則劉氏七略有此書，不可以藝文志不載而疑其後出。"
亡。	注云："梁有宋玉子一卷，錄一卷，楚大夫宋玉撰。"亡。別集類有楚大夫宋玉集三卷。	一卷。注云："丹，燕王喜太子。"案，此注即用劉向敘錄之語。
亡。	無。新唐志別集類有楚宋玉集二卷。	三卷。注云："燕太子撰。"案撰字非是，說見下。新唐志但注燕太子三字，是矣。
馬輯一卷，附錄三條，今補二條。又案荀子正論篇子宋子曰"明見侮之不辱，使人不鬥"至篇末共二節，皆駁宋子學說者，宜補入附錄。	嚴輯宋玉文十三篇。	存三卷。凡三篇，孫星衍校集本。
案馬輯皆本孟、荀、莊、韓四子，必可信據。	案古賦固長於諷諭，而宋賦實類諧優。梁錄入之小說家，亦甚當也。	孫序略云："古之愛士者，率有傳書，由身沒之後，賓客記錄遺事，報其知遇。如管子、晏子、呂氏春秋，皆不必其人自著。則此書題燕太子撰者，舊唐書之誣，亦不得以此疑其偽也。其書長於敘事，嫻於詞令，審是先秦古書。亦略與左氏、國策相似。學在縱橫、小說之間。"

雜家

孔甲盤盂

二十六篇。注云："黃帝之史。"或曰："夏帝孔甲。"似皆非。文選陸佐公銘注引七略曰："盤盂書者，其傳言孔甲爲之。孔甲，黃帝之史也。書盤盂中爲誡法，或於鼎，名曰銘。"史記武安侯傳："蚡學盤盂諸書。"集解應劭曰："黃帝史孔甲所作銘也，凡二十六篇。書盤盂中所爲法戒。諸書，諸子文書也。"孟康曰："孔甲盤盂二十六篇，雜家書，兼儒、墨、名、法。"

亡。

亡。

嚴輯黃帝文内，銘二節，戒二節。據劉歆、應劭所云，則黃帝銘盤盂以爲戒，皆其史官孔甲所作。二銘、二戒，其盤盂書之遺文乎？

大禼顏注云：“禼，古禹字。”案說文禹，古文作禼，即此字。今刻本作㐀，誤。	伍子胥	由余案即兵家之繇敘。由、繇，余、敘，音同字通。
三十七篇，注云：“傳言禹所作，其文似後世語。”	八篇。注云：“名員，春秋時爲吳將，忠直遇讒死。”案兵技巧家有伍子胥十篇。此少二篇，疑即一書也。	三篇。注云：“戎人，秦穆公聘以爲大夫。”
亡。	無。	無。
亡。	無。	無。
嚴輯夏禹文一卷，凡八節。有法、農、陰陽諸家之說。	案史記及春秋三傳、國語、越絕書、吳越春秋、呂子、韓子、說苑、論衡載伍子胥言行甚詳，仿前人編纂管、晏之例，可補輯伍子八篇。	馬輯由余書一卷，凡三節。
案所輯出於周書、尚書大傳、鷁子、墨子、淮南子、賈誼書，皆由後人追錄，其似後世語，宜也。	清洪頤煊曰：“今本越絕書篇次錯亂。以末篇證之，本八篇，太伯第一、荊平第二、吳第三、計倪第四、請糴第五、九術第六、兵法第七、陳恆第八。與雜家伍子胥篇數正同。”今案越絕書云：“一說子胥作。”史記孫吳列傳正義引七錄云：“越絕十六卷，或云伍子胥撰。”洪說本於阮錄，亦可信也。	案馬輯采自史記秦紀、韓子十過篇、賈誼新書禮篇、劉向說苑反質篇，皆可信據。

尉繚子	尸子	呂氏春秋案今依劉向新序引,省稱呂子
二十九篇。注云:"六國時。"顏注云:"尉姓,繚名也。"劉向別錄云:"繚爲商君學。"案即兵家之尉繚。但少二篇耳。	二十篇。注云:"名佼,魯人,秦相商鞅師之。鞅死,佼逃入蜀。"王先謙云:"魯乃晉之訛。"今案史記孟荀傳云:"楚有尸子。"疑此魯字乃楚字音近之訛。	二十六篇。注云:"秦相呂不韋輯智略士作。"
五卷。注云:"梁並錄六卷。尉繚,梁惠王時人。"	二十卷,目一卷。注云:"梁十九卷。秦相衛鞅上客尸佼撰。"其九篇亡,魏黃初中續。	二十六卷。注云:"秦相呂不韋撰,高誘注。"
六卷。	二十卷。注云:"尸佼撰。"新唐志同。宋時全書已亡。	同隋志。
存一卷,二十四篇,見兵家。	存二卷,蕭山汪繼培輯校本;又陽湖孫星衍輯本;又震澤任兆麟輯本,分三卷,在心齋十種中。	存二十六卷,凡百六十篇,後漢高誘注。清鎮洋畢沅輯校本,未善。余舊著呂子集釋已成十餘卷。
沈欽韓云:"案梁惠王問者,當在兵形埶家。始皇本紀大梁人尉繚來說秦王,其計以散財物賂諸侯強臣,不過三十萬金,則諸侯可盡。初學記引尉繚子曰:'天子宅千畝,諸侯百畝,大夫以下里舍九畝。'御覽卷六八四引尉繚子曰:'天子玄冠玄纓,諸侯素冠素纓,大夫以下練冠。'並類雜家言。"案此皆逸篇之文。		

第五章　諸子學之研究

　　學字之本義爲覺悟，以覺悟所未知也。說文教部敎字解。白虎通義辟雍篇。學又訓效，後覺者必效先覺之所爲，乃可以明善而復其初也。本論語集注，詳見番禺陳澧東塾讀書記二。清儒段氏玉裁之論學曰："學記曰：'學然後知不足，教然後知困。知不足，然後能自反也；知困，然後能自強也，故曰教學相長也。兌命曰：學學半。其此之謂乎？'按知不足所謂覺悟也。兌命上學字謂教，言教人乃益己學之半。教人謂之學者，學所以自覺，下之效也；教所以覺人，上之施也。古統謂之學也。"說文解字敎字注。然則學字含有自覺、覺人二義。故凡讀書行事以求覺悟者，皆謂之學。子路曰："有民人焉，有社稷焉，何必讀書，然後爲學？"論語先進篇。可見孔門之學，原在讀書。孟子述孔子之言曰："我學不厭而教不倦也。"公孫丑上篇。論語則云："抑爲之不厭，誨人不倦。"述而篇。是孔子之學，實重行爲。墨子南遊，載書甚多，是未嘗一日廢書者。貴義篇。乃又曰："士雖有學，而行爲本焉。"修身篇。荀子曰："學惡乎始？惡乎終？曰：其數則始乎誦經，終乎讀禮；其義則始乎爲士，終乎爲聖人。"_{勸學篇}是荀、墨論學，亦以讀書與爲之別爲二端。讀書屬知，爲之屬行，二者皆學之事也。_{朱子語類卷十一云："讀書便是事。}老子曰："吾言甚易知，甚易行；天下莫能知，莫能行。"_{第七十章。}漢司馬遷論道家則云："其實易行，其辭難知。"_{史記太史公自序。}劉向校孫卿書上言云："觀孫卿之書，其陳王道甚易行。"近儒王氏闓運論學亦云："行道非難，知道爲難。"_{湘綺樓全書王志卷一答問。}今之學者，首重求知，亦仁者先難之意也。求知之術，夫豈一端，然欲效先覺之所爲，以覺悟所未知，經史而外，必求之於子書。讀書則必窮其源，此即所謂研究法也。清儒休寧戴氏震之言曰："天下有義理之源，有考覈之源，有文章之源，吾於三者皆庶得其源。"_{段玉裁編戴東原年譜後語錄。}後之承用戴說者，遂分爲義理、考證、詞章三系。伊川程子曰："古之學者一，今之學者三。異端不與焉。一曰文章之學，二曰訓詁之學，三曰儒者之學。欲趨道，非儒者之學不可。"案儒者之學，即義理之學。戴說本此。今述諸子之學，亦當循此三者，惟研究諸子文章者，則不備述。朱子曰："貫穿百氏及經史，乃所以辨驗是非，明此義理，豈特欲使文辭不陋而已。義理既明，又能力行不倦，則其存諸中者，必也光明四達，何施不可？發而爲言，以宣其心志，當自發越不凡，可愛可傳矣。今執筆以習研鑽華采之文，務悅人者，外而已，可恥也矣。"故但就考證、義理二者分析言之。

考證學　此學自漢至今，莫盛於清。蓋清代士夫鑒於文字之獄，不敢放言高論，乃殫精於經籍，上施下效，靡然成風。溯源兩漢，辨析今古，經學之盛，超軼唐、宋。又以古諸子書，關聯經傳，可以佐證事實，可以校訂脫訛，可以旁通音訓。故乾、嘉以還學者，皆留意子書，用爲治經之助。然當時治諸子學者，亦止輯佚、校勘、解故三派，要之皆考證學也。

一、輯佚　自秦燒詩、書、百家語後，劉漢代興，大收篇籍，諸子傳説，皆充祕府。向、歆所校，備載漢志，當日固皆有存書也。每值移都易姓，輒罹兵燹。試考諸史經藝各志所著錄，求諸今日，十亡八九，周秦諸子爲尤甚焉。清儒以治經之法，旁及諸子，捃摭遺佚，裒然成帙。此種輯佚之學，蓋起自漢初，而盛於魏晉。如漢武帝時，河間獻王劉德，與毛生等，共采周官諸子言樂事者，以作樂記。見漢志。東晉元帝時，豫章内史枚賾奏上孔傳古文尚書，多采集傳記所引書語，陸德明釋文、惠棟古文尚書考。其最著者也。至於子書，若魏王肅之注孔子家語，晉張湛之注列子，唐逢行珪之注鬻子，王士元之補亢倉子，宋孫定家所出之關尹子，見前書目表。大都依託前哲，綴緝舊文，特以己意貫穿成章，復不述所自出，故後人羣目爲僞書耳。若夫清代之輯佚者，皆仿宋王應麟詩考、漢制考、周易鄭注之例，但引原文，具載出處，並附校語，訂其舛訛。如孫星衍之孔子集語，汪繼培之輯尸子，黃以周之輯子思子，餘不勝舉。嚴可均之輯上古三代文，中有秦前諸子，約十餘種。馬國翰之輯佚書子編，秦以前子書共四十一種。所據皆唐、宋以前之書，所存多純粹以精之語。諸子百家之道術，賴以存十一於千百，使後之學者，得考見其崖略焉。其拾遺補闕之功，亦云偉矣。然欲執此以爲諸子學在是，宜爲章學誠氏之所譏歟！文史通義博約中篇略云：“王伯厚氏搜羅摘抉，實能討先儒所未備，然王氏諸書，謂之纂輯可也；謂之著述，則不可也。謂之學者求知之功力，可也；謂之成家之學術，則未可也。（中略）今之俗儒，且憾不見孔子未修之春秋，又憾戴公得商頌而不存七篇之闕目。以謂高情勝致，至相讚歎。充其僻見，且似孔子删修，不如王伯厚之善搜遺逸焉。蓋逐於時趨，而誤以攣續補苴，爲足盡天下之能事也。幸而生後世也，如生秦火未毁以前，典籍具存，無事補輯，彼將無所用其學矣。”

二、校勘　校勘之學，原出孔門。呂子察傳篇云：“子夏之晉，過衛。有讀史記者曰：案此衛之史記。‘晉師三豕涉河。’意林引作渡河。子夏曰：‘非也，是己亥也。夫己與三相近，豕與亥相似。’

案說文古文己作己。古文亥爲乑，與古文家同。至於晉而問之，則曰：'晉師己亥涉河也。'案此問之晉史也。辭多類非而是，多類是而非。是非之經，不可不分。此聖人之所愼也。"是則讀書必逐字校對，亦孔氏之家法。漢儒本以說經，蓋自杜子春始。河南緱氏杜子春，永平之初，年且九十，家於南山。鄭衆、賈逵往受業焉。詳見賈公彥序周禮廢興。杜治周禮，每曰："字當爲某"，即校字之權輿也。段玉裁周禮漢讀考云："凡易字之例，於其音之同部或相近而易之，曰'讀爲'。其音無關涉而改易字之誤，則曰'當爲'。或音可相關而義絕無關者，定爲聲之誤，則亦曰'當爲'"。自後諟正文字，遂爲治經之要。後人又以斯法遍及羣書。以上本近儒俞樾之說。近儒瑞安孫氏詒讓，論校書之法曰："綜論厥善，大抵以舊刊精校爲據，依而究其微指，通其大例，精研博考，不參成見。其諟正文字譌舛，或求之於本書，或旁證之它籍及援引之類書，而以聲類通轉爲之錧鍵。故能發疑正讀，奄若合符。及其蔽也，則或穿穴形聲，捃摭新異，憑肊改易，以是爲非。乾嘉大師，惟王氏父子郅爲精博。高郵王念孫及子引之。凡舉一義，皆確鑿不刊。其餘諸家，得失間出。然其稽核異同，啟發隱滯，咸足餉遺來學，沾溉不窮。"札迻自序。斯論至約而精。今依所論，別爲三端，並舉略例於下。

　　（甲）以舊刊精校爲據　　例如莊子天下篇："猶有家衆技也。"明刻世德堂本如此。孫氏詒讓校曰："案有家當從成本作百家。成本，謂宋本唐成玄英莊子疏。上文云'百家之學'，下文云'百家往而不反'，是其證。"札迻卷五。此以宋本校正明本，又以本書證之者也。又如韓子初見秦篇："乃使其臣張孟談，於是乃潛於行而出。"宋乾道刊本如此。張文虎校云："戰國秦策、呂氏春秋、淮南子，潛下皆無於字。"孫氏校曰："案潛下明刻本無於字，此誤衍也。明本，謂萬曆十年趙用賢翻刻宋本。十過篇云：'張孟談曰，臣請試潛行而出。'潛下亦無於字。戰國策秦策一載此事亦作'潛行而出'。"札迻卷七。此以明本校正宋本，而又證之本書及他籍者也。戴震嘗云："宋本不皆善，有由宋本而誤者。"其説是已。見段編東原年譜後。

　　（乙）以他籍援引爲據　例如老子四十五章："大成若缺，其用不弊。一作敝。大盈若沖，案沖讀爲盅。説文云："盅，器虛也。"其用不窮。大直若屈，大巧若拙，大辯若訥。"唐傅奕校本，屈作詘。孫氏校曰："韓詩外傳九引老子，屈亦作詘，與傅本正同。'大巧若拙'句，在'大辯若訥'下，又有'其用不屈'四字。案，詘，曲也。屈，窮也。以上文'其用不弊'、'其用不窮'二句例之，則有者是也。韓所據者，猶是先秦、西漢古本，故獨完備，魏晉以後本皆脱此句矣。"札迻卷四。此據前漢人書所引，又證以本書文例，而校補脱文者也。又如荀子禮論篇："故有天下者事十世。"楊倞注云："十當爲七，穀梁傳作'天子七廟'。"王氏先謙集解云："案大戴記、史記十皆作七。"孫氏校云："禮記王制孔疏引聖證論，孫卿云：'有天下者事七世。'則王肅所見本七字尚不誤。"札迻卷六。此則楊、王二氏但引他書爲證，而孫氏則據他書之徵引此文者，以校正其誤字。蓋但據他書，或有學説之異同，不若他書徵引此文者之可據也。然古人引書，率多以意點竄，未可盡信。要在博考明辨，以定從違，不宜擅改舊籍也。

　　（丙）以本書文法爲據　例如老子三十一章："夫佳兵者不祥之器，物或惡之，故有道者不處。"陸德明釋文云："佳，格牙反，善也。河上，飾也。"王念孫校曰："善、飾二訓，皆於義未安。古所謂兵者，皆指五兵而言，故曰兵者不祥之器。見下文。若自用兵者言之，則但可謂之不祥，而不可謂之不祥之器矣。今案佳字當作唯字之誤也。唯，古唯字也。唯兵爲不祥之器，故有道者不處。上言夫唯，下言故，文義正相承也。八章云：'夫唯不爭，故無尤。'十五章云：'夫唯不可識，故強爲之容。'又云：'夫唯不盈，

故能蔽不新成。'二十二章云：'夫唯不爭，故天下莫能與之爭。'
皆其證也。古鐘鼎文唯字作隹，石鼓文亦然。又夏竦古文四聲
韻載道德經唯字作隹。據此則今本作唯者，皆後人所改。此隹
字若不誤爲佳，則後人亦必改爲唯矣。"讀書雜志餘編上。此則不據
精校之本，不據援引之書，但例以本書文法訂正其誤，而實精確
不可移易。近人李慈銘、陶方琦、馬敍倫校定老子此章，以意增損，不足據。高
郵王氏考證之學，軼羣絕倫，此特一鱗半爪耳。繼而起者首推瑞
安孫氏，故本節引用孫説獨多云。

　　上述輯、校二端，一則掇拾叢殘，一則匡正俗謬，使後之學
者，由此以尋求墜緒，刊落野文，皆有功於藝林者也。是以近世
學人，猶盛稱清代漢學家，具有科學精神，且自循其軌轍日進無
已。乃當時江都焦循則謂"摭拾之學爲拾骨學，校勘之學爲本子
學。"焦氏理堂家訓。殆亦促後人之深造，毋徒以此爲止境歟？此段
玉裁氏所以嘆校書之難也。見經韻樓集與諸同志書。略云："校書之難，非
照本改字不訛不漏之難也，定其是非之難。是非有二：曰底本之是非，曰立説之是
非。故校經之法，必以賈還賈，以孔還孔，以陸還陸，以鄭還鄭，各得其底本而後判其
義理之是非。不先正注疏釋文之底本，則多誣古人；不斷其立説之是非，則多誤今
人。"今案研究子書，亦當用此法。

　　三、解故　故即古也，古言古事皆謂之故。解而釋之，即所
謂訓詁之學也。漢志有毛詩故訓傳，隋志有賈逵春秋左氏解詁、
何林春秋公羊解詁。故訓即詁訓，解詁即解故耳。古人文字，本
記當時語言，但以傳之久遠，時地變遷，讀者遂不能盡通其意。
賴有爾雅、説文、方言、廣雅諸書，可以識古今之異言，通方俗之
殊語。二語本郭璞爾雅注。訓詁之學，由斯而倡。今人欲讀古書，不
能不假途於此。綜其方術，亦有三端，即説文家所謂形、聲、義者
是也。

　　（甲）古字　中國文字，代有變更。秦以前書，皆作古籀。

秦、漢寫以篆、隸。魏晉以來，始用楷書。雖展轉迻錄，亦常有變體之古文奇字存乎其中。讀者非通古籀，不能遍觀而盡識也。墨子尚賢中篇：“又率天下之民，以詬天侮鬼，賤傲萬民。”王氏念孫校云：“賤當為賊，傲當為殺。説文敊字本作戕，殺字古文作杀，二形相似，戕誤為戕，又誤為傲耳。墨子多古字，後人不識，故傳寫多誤。魯問篇‘賊戕百姓’，太平御覽七十七引賊戕作賊殺，是其明證也。”讀書雜志卷七。莊子應帝王篇：“汝又何帠以治天下，感予之心為。”釋文，帠，徐音藝。司馬云：法也。一本作𤓚，崔本作為。孫氏詒讓校云：“帠，字書所無，疑當為叚。説文又部，叚或作㕤，古今文叚字或為㕤，見薛尚功鐘鼎款識晉姜鼎。今案又見吳大澂説文古籀補。故隸變作帠。𦥑變為臼，㐅變為巾。此亦古字之僅存者。何叚猶言何藉也。崔撰本作為，於文複贅，非也。”札迻卷五。以上二例，皆以古籀文字考證古書者也。若據今言之，則漢隸亦為古字，學者亦不可不知。例如韓詩外傳卷九云：“楚有善相人者，所言無遺美。”趙懷玉校云：呂氏春秋貴當篇、新序雜事五，美皆作策。孫氏詒讓云：“案美當作筴，與策字同。漢隸策字多作莢。案詳見隸辨。與美形近而誤。”札迻卷二。案美為策字之誤，已有確證無疑；但策字何以誤作美，則非曾習漢隸者不能明其所以然也。至若説文小篆已有專科，不俟言矣。

　　（乙）古音　孫氏所謂“以聲類通轉為之錧鍵”者，即指古音之雙聲疊韻互相通用而言。例如荀子儒效篇：“不知隆禮義而殺詩書。”孫氏校云：“殺當讀為述。中庸‘親親之殺’，墨子非儒篇作‘親親有術’。殺、術、述，並從術得聲，古通用。”札迻卷六。又如莊子人間世篇：“而強以仁義繩墨之言，術暴人之前者，是以人惡有其美也。”孫氏校云：“術與述古字通。禮記祭義篇鄭注云：‘術當為述，聲之誤也。’”札迻卷五。又如荀子正論篇云：“風俗之美，男女自不取於途，而百姓羞拾遺。”孫氏校云：“取當讀為聚，古字

通用。易萃、釋文，聚，荀本作取。男女不聚於途，即謂異路而行
也。”今案殺、術、述皆從術得聲，聚從取得聲，聲同者字通，此古
書中之同聲通用者也。又如莊子應帝王篇：“執斄之狗來藉。”釋
文云：“斄音來。”李音貍。崔云：“藉，繫也。”成疏云：“狗以執捉
狐貍，每遭繫頸。”孫氏校云：“李音、成釋，是也。斄、貍音近字
通。天地篇又作‘執留之狗成思’。思當爲累之誤。成累謂見繫累也。
釋文云：‘留，本又作獟，一本作貍，成本作貍。’案獟亦即貍也。
山海經南山經‘其音如留牛’，郭注引莊子曰：‘執犛之狗。’則晉
時本又有作犛者。斄、犛、貍、留並一聲之轉。山海經借留爲犛，
猶莊子借斄、留爲貍也。”今案斄、犛與貍爲同部疊韻字，犛、留與
貍爲同紐雙聲字，故得互相通轉也。又案説文：“鼶，竹鼠也。”莊
子蓋借斄、留、犛爲鼶。執鼶之狗，猶呂子士容篇云取鼠之狗也。
舊釋狐貍，疑誤。

　　古音之學，前清顧、江、段、王諸家，依據羣經諸子有韻之文，
分別部居，至爲精確。嘗考周秦諸子，惟老子全書多用韻語。管
子弟子職、内業二篇，荀子賦及成相二篇，韓子揚榷一篇，則全篇
皆韻文。其餘諸子，每篇中不過數節或數句而已。然全章用韻
者亦多有之，錄莊子逍遙遊篇末一章爲例如下。詳見江有誥氏音學
十書中之先秦韻讀。

　　　　惠子謂莊子曰：“吾有大樹，人謂之樗。韻。其大本擁腫
　　而不中繩墨，其小枝卷曲而不中規矩。韻。立之塗，韻。匠
　　者不顧。韻。今子之言大而無用，衆所同去韻。也。”莊子
　　曰：“子獨不見貍狌乎？案貍狌，野貓也。卑身而伏，以候敖者。
　　韻。古音讀如渚。東西跳梁，不辟高下。韻。古音讀如虎。中於機
　　辟，死於網罟。韻。今夫斄牛，其大若垂天之雲，此能爲大
　　矣，而不能執鼠。韻。今子有大樹，患其無用，何不樹之於無

何有之鄉，廣莫之野？韻。古音讀如序。彷徨乎無爲其側，逍遙乎寢臥其下。韻。不夭斤斧，韻。物無害者。韻。無所可用，安所困苦韻。哉！"

讀此一章，知古人論辯之文，亦用韻語。特非以古音讀之，不覺其爲有韻之文耳。梁蕭統乃謂老、莊、管、孟，不以能文爲本，不亦誣乎？互詳後文十一章。

朱子云："字畫、音韻，是經中淺事。故先儒得其大者，多不留意。然不知此等處不理會，卻枉費了無限辭說牽補，而卒不得其本義，亦甚害事也。"文集答楊元範書。然則欲知古書之本義，即於字畫、音韻必須注意。至近日學者，言古字，則上溯商朝龜甲之契；如上虞羅振玉之殷墟書契考釋等。言古韻，則證以周代金石之文。如海寧王國維之兩周金石文韻讀。他如孫詒讓之名原，略摭金文、龜甲文、石鼓文與說文互勘，以尋古文大小篆沿革之大例。章炳麟之文始。其旁轉、次旁轉諸例，不盡可據。此皆專門之業，亦於子學有關。並蓄兼收，各從所好，可也。

（丙）古義　古人著作，皆用當時通行文字，非若後世文人，故以艱深文淺陋也。惟歷時既久，言文變遷，今人讀之，殊難索解，故昔人嘗有以今義釋古義者。例如尚書堯典篇："允釐百工，庶績咸熙。"史記五帝本紀用此二語，改爲"信飭百官，眾功皆興"。其中七字，皆以訓詁代原文。此即漢志所謂"古文讀應爾雅，故解古今語而可知也。"又如列子黃帝篇："華胥氏之國，在弇州之西，臺州之北，不知斯齊國幾千萬里。"斯齊二字難解。注者據爾雅釋言文解之曰："斯，離也；齊，中也。"如此乃文從字順矣。歐陽詢藝文類聚卷十引列子此文，斯作距。蓋不知斯離之古義，而以意改之也。又如列子天瑞篇："子列子居鄭圃，國不足，將嫁於衛。"案嫁字本義爲女適人。見說文。列子非女子，何以云嫁？

考爾雅釋詁云:"嫁,往也。"揚子方言云:"嫁、逝、徂、適,往也。自家而出謂之嫁,猶女出爲嫁也。逝,秦、晉語也。徂,齊語也。適,宋、魯語也。往,凡語也。"列子書以嫁爲往,蓋用當時方言,則嫁疑爲鄭、衛語也。

　　上節所述考證學,不過略示用功之方法,實則周秦諸子之書,前清及近世學者多已精校詳釋,著有成書。其通校諸子者,如王念孫讀書雜志、俞樾諸子平議、孫詒讓札迻、陶鴻慶讀諸子札記等。其專校一子之文字者,如宋翔鳳管子識誤、畢沅老子考異、梁玉繩呂子校補、任大椿列子釋文考異等。其校釋一家之全書者,如焦循孟子正義、王先謙荀子集解、孫詒讓墨子閒詁、郭慶藩莊子集釋等。諸書所著,蓋兼輯校訓詁之長。學者但博觀而約取之,足資應用,不必虛抛心力,專事考證也。

　　義理學　後漢徐幹中論治學篇云:"凡學者,大義爲先,物名爲後,大義舉而物名隨之。然鄙儒之博學也,務於物名,詳於器械,考於詁訓,摘其章句,而不能統其大義之所極。此無異乎女史誦詩、内豎傳令也。故使學者勞思慮而不知道,費日月而無成功。故君子必擇師焉。"徐氏所謂大義爲先,物名爲後,誠深知治學之本原矣。務於物名,則今之考證學也;統其大義,則今之義理學也。以今日治學方法驗之,非先考證其物名,不能徑通其義理。宋儒伊川程子曰:"凡看文字,須先曉其文義,然後可求其意。未有文義不曉,而見意者也。"朱子亦言:"本之注疏以通其訓詁,參之釋文以正其音讀。然後會之於諸老先生之説,以發其精微。"文集論語訓蒙口義序。此指讀經而言,讀子書亦不外是。義理之學,盛於趙宋,惟朱子號集大成。今類集朱子所説,別爲三端,略述如下。然研究義理之法,不止於此。但就今日學者易犯之弊,述之而已。

　　一、不執己見　朱子論讀書法云:"看文字須是虛心,莫先立己意，少刻多錯了。"語類卷十一。下並同。又云："以書觀書，以物觀物，不可先立己見。"又云："橫渠云：'濯去舊見以來新意。'此說甚當。若不濯去舊見，何處得新意來？今學者有二種病：一是主私意，一是舊有先入之説。雖欲擺脱，亦被他自來相尋。"又云："看文字先有意見，恐只是私意。謂如粗厲者觀書，必以勇果強毅爲主；柔善者觀書，必以慈祥寬厚爲主。書中何所不有？"據以上諸説，知研究子書者，當就各家之學説，平心靜氣，尋求各家之本意。不可信先入之説，而爲正學異端之爭；不可執一己之私，而爲強人就我之論。如蘇轍之以儒、釋證老子、釋德清之以佛學解老、莊，近人楊文會之以佛説解老、孟、莊、列諸子。近世學者所謂客觀研究法，即此意也。然此亦但謂讀書者不可先斷以己意耳，若讀至確有見解時，仍當據理以評論其當否也。朱子又云："讀書理會道理，只是將勤苦捱將去，不解得不成。文王猶勤，而況寡德乎？今世上有一般議論，成就後生懶惰。如云不敢輕議前輩，不敢妄立論之類，皆中怠惰者之意。前輩固不敢妄議，然論其行事之是非何害？固不可鑿空立論，然讀書有疑、有所見，自不容不立論。其不立論者，只是讀書不到疑處耳。將精義諸家説相比並，求其是，便自有合辨處。"語類卷十一。

　　二、不求隱怪　孔子曰："索隱行怪，後世有述焉，吾弗爲之矣。"禮記中庸篇。朱子云："讀書當平心以觀之。大抵看書不可穿鑿。看從分明處，不可尋從隱僻處。聖賢之言，多是與人説話。若是嶢崎，卻教當時如何曉？"語類卷十一。下同。又云："今來學者，一般是專要作文字用，一般是要説得新奇，人説得不如我説得較好。此學者之大病。"韓退之原道亦云："甚矣，人之好怪也。不求其端，不訊其末，惟怪之欲聞。"近日稱述國故者，多好爲詭異之談。説者自夸爲務去陳言，聽者亦詫爲未經人道。例如謂："老聃畏孔徒之殺身，故遠遁於函谷；屈平思美人而不得，故殉情於汨羅。”不獨羌無故實，言不雅馴，實與研究學問之法毫無關係。蓋讀書所以窮理，不必專爲非常異義可怪之論也。

三、不加附會　朱子云：“大凡讀書不要般涉，但溫尋舊底不妨，不可將新底來攪。”語類卷十一。下同。又云：“凡讀書先須曉得他的言詞了，然後看其說於理當否。當於理則是，背於理則非。今人多是心下先有個意思了，卻將他人說話來說自家底意思。其有不合者，則硬穿鑿之使合。”語類卷十一。此即學者所斥爲穿鑿附會之說也。漢儒説經，時有此弊。其最可笑者，莫如王莽時張邯説符命云：“易言‘伏戎於莽，升其高陵，三歲不興。’莽，皇帝之名。升，謂劉伯升。高陵謂高陵侯子翟義也。言劉升、翟義爲伏戎之兵於新皇帝，世猶殄滅不興也。”漢書王莽傳下。如此附會新説，強鑿使合，夫人知其謬妄。然近世學人，亦未能免此。或以最新之名詞比合古義，或以最近之思想衡量古人。於是管子之軌里連鄉，即爲自治；墨子之兼愛天志，即是耶教；萬物皆種，即莊子之進化論；名家者流，即西人之邏輯學。平心論之，但可謂爲古今東西心理之偶同，不能認爲吻合無間。如必勉強附會，適足喪失其研究國學之精神，不若“但尋舊底，不攪新底”之爲愈也。至若近人，説經，則謂詩云“西方美人”，即今日之美國人；説子，則謂墨者鉅子之鉅，即耶穌之十字架。其附會更無足譏矣。宋儒橫渠張子曰：“義理之學，亦須深沉方有造，非淺易輕浮之可得也。”故以上三端，乃研究義理學者應持之態度。至研究法之若何分析，亦有三端，附述於下。

第一　分時代研究　有通敘歷代者，如明儒孫奇逢之理學宗傳，清儒萬斯同之儒林宗派，近人黃嗣東之道學淵源錄。有兼綜兩代者，如清儒全祖望補定之宋元學案，近人所編之周秦諸子學説。有專序一代者，如明儒黃宗義之明儒學案，清儒陳澧之漢儒通義、唐鑒之國朝學案小識。此研究法可以考見歷代學術之源流，及某一時代學説之影響，近世研究學術史者多用此法。

　　第二　分家數研究　有汎論諸家者，如梁劉勰文心雕龍之諸子篇，北齊劉晝新論之九流篇，及近人所著之諸子學略説，_{章炳}麟。九流學派略説_{孫雄師鄭}。等。他如莊子天下篇，淮南子要略篇，史公論六家，_{班志諸子略}，已見各章，不復述。有通論一家者，如近人所著之儒家哲學，中國古代名學論略，_{陳蓬天}。中國法學史等。有專論一人者，如近人所著之老莊哲學，荀子哲學，_{陳登元}。墨子學案_{梁啟超}。等。此三種研究法，以專論一人者爲能究其精微，以通論一家者爲有益於實用。汎論諸家者，不過略示從入之門徑而已。

　　第三　分學理研究　此研究法源於禮記四十九篇。其後如班固之白虎通義、王充之論衡，略承其緒。近世章炳麟之國故論衡，陳鐘凡之諸子通誼等，則評論百家之學派者也。清儒戴震之孟子字義疏證，焦循之論語通釋，則專論一人或一家之學説者也。諸書所述，大都取各家中最精要之學理，分類條辨，縱橫貫通，以求其真理之所在，然非熟讀諸子家言，不能取之左右皆逢其源也。

　　本書之編制，原擬兼用上述三種研究法。惟因漢魏以降，九流殘缺，_{名、墨諸家漢後無傳。}故時代止限於先秦。魏晉以降，二氏_{謂佛法、仙道。}混淆，故學理惟取之諸子。_{如論名學，則證以因明；論性理，則證以八識，不必盡與諸子合也。}至於分家研究，説在中編。凡各家事略之可考者，學説之適用者，皆詳述之，冀爲研究者之一助云。

第六章　諸子之淵源

　　自來論諸子學所自出者，以莊子天下篇及班志諸子略爲最明確。莊子之言略曰："天下大亂，聖賢不明，道德不一，天下多得一察王念孫云："謂察其一端，而不知其全體。"焉以自好。……是故內聖外王之道，闇而不明，鬱而不發。天下之人，各爲其所欲焉，以自爲方。悲夫！百家往而不反，必不合矣。後世之學者，不幸不見天地之純，古人之大體，道術將爲天下裂。不侈於後世，不靡於萬物，不暉於度數，以繩墨自矯，而備世之急。古之道術有在於是者，墨翟、禽滑釐聞其風而說之。……不累於俗，不飾於物，不苟_{當爲苟}於人，不忮於衆，願天下之安寧以活民命。人我之養，畢足而止，以此白心。古之道術有在於是者，宋鈃、尹文聞其風而悅之。……公而不當，_{同黨。}易_{平也。}而無私，決然無主，_{謂自視缺然，無所偏主。}趣物而不兩，不顧於慮，不謀於知，於物無擇，與之俱往。古之道術有在於是者，彭蒙、田駢、慎到聞其風而悅之。……以本爲精，以物爲粗，以有積爲不足，澹然獨與神明居。

古之道術有在於是者，關尹、老聃聞其風而悅之。……芴漠無形，變化無常。死與生與？天地並與？神明往與？芒乎何之？忽乎何適？萬物畢羅，莫足以歸。古之道術有在於是者，莊周聞其風而悅之。……"所謂聞風，與孟子所云"聞伯夷之風"、"聞柳下惠之風"義同。特古之爲道術者，未嘗舉其名氏。以意度之，大氐如道家之伊尹、太公，墨家之尹佚、史角耳。若再窮其源，則據孟子書末章所序，可由孔子至太公望、散宜生、文王，及伊尹、萊朱、即仲虺。商湯，以上溯大禹、皋陶、堯、舜。唐虞以前，書缺有間，不足徵矣。是諸子之學，無不出自古人之遺傳，惟授受師承，不盡可考。要之皆聞風興起，私淑諸人者也。莊子又云："古之所謂道術者，果惡乎在？曰，無乎不在。……其明而在數度者，舊法世傳之史，尚多有之。其在於詩、書、禮、樂者，鄒魯之士、搢紳先生多能明之。"曰史、曰士、曰搢紳先生，皆古代官吏之異名。詳後第十章。然則古之道術，惟在官之卿士大夫及其子弟，得以見而知之；農、工、商之子恆爲農、工、商，無所謂學問也，如有欲學者，必以官吏爲師，曲禮所謂"宦學正義云："宦謂學仕宦之事。學謂習學六藝。"事師"者是已。漢書藝文志采劉氏七略之説云：某家者流出於某官。清儒章學誠、龔自珍、汪中輩則謂古代學術出於史官。文雖不同，實與莊子所云出於古之道術者，其義一也。

　　漢志略云："儒家者流，蓋出於司徒之官。……道家者流，蓋出於史官。……陰陽家者流，蓋出於羲和之官。……法家者流，蓋出於理官。……名家者流，蓋出於禮官。……墨家者流，蓋出於清廟之守。……縱橫家者流，蓋出於行人之官。……雜家者流，蓋出於議官。……農家者流，蓋出於農稷之官。……小説家者流，蓋出於稗官。……"章氏學誠引申漢志之義曰："古者政教不分，官師合一。有官斯有法，故法具於官；有官斯有書，故官守其書；有書斯有學，故師傳其學；有學斯有業，故弟子習其業。

官、守、學、業皆出於一，而天下以同文爲治，故私門無著述文
字。"又曰："劉歆七略，班固删其輯略而存其六。今可見者惟總
計部目之後，條辨流别數語耳。即此數語窺之，劉歆蓋深明乎古
人官師合一之道，而有以知乎私門初無著述之故也。何則？其
敘六藝而後次及諸子百家，必云某家者流蓋出古者某官之掌，其
流而爲某氏之學，其失而爲某某之弊。其云某官之掌，即法具於
官、官守其書之義也。其云流而爲某家之學，即官司失職而師弟
傳業之義也。其云失而爲某某之弊，即孟子所謂生心害政、發政
害事。辨而别之，蓋欲庶幾於知言之學者也。"校讎通義原道篇。章
氏以後，若龔自珍之古史鈎沉論二，章炳麟之諸子略説，劉師培
之古學出於史官論，又補論，又古學出於官守論，皆推闡班志之
意。論證詳確，無可致疑。惟清儒長沙曹氏耀湘不信劉歆諸子
本於官守之説。墨子箋後評議其説云："劉歆之敘諸子，必推本於古之官守，則
迂疏而鮮通。至謂墨家出於清廟之守，尤爲無稽之妄説，無可采取。"近日學者亦
持此義。余意劉歆之説必有所授，且與莊子所謂道術在於舊史
者相同，故仍從漢志之説云。

　　隋書經籍志敘諸子之起原，亦本漢志出於官守之説。惟其
説稍異，如謂"儒家是周官太宰九兩中之儒，道家近於九兩中之
師，法家是周官之司寇、司刑，名家是周官宗伯，辨其名物之類，
墨家本出於清廟之守，則周官之宗伯肆師，是其職也，縱橫家是
周官之掌交，雜家蓋出史官之職，農家是地官之司稼，小説是周
官之誦訓及訓方氏。"無陰陽家。今考各官所掌，與諸家學術固有
相類似者，然謂某家即出於周禮某官，未足徵信。何則？諸子略
中之伊尹、太公、辛甲、鬻子、尹佚，不能謂其學説出於周公晚年
所制之周禮也。王國維云："有周一代，禮制實自周公定之。"見觀堂集林卷十殷
周制度論。近人有言："諸子之學發源甚遠，非專出於周代之官。"
柳詒徵論近人講諸子學者之失。其説是矣。嘗考漢志所云，出於某官，

不必盡爲周禮六官之屬，如<u>黃帝</u>之時已有史官、<u>許慎說文敘</u>曰："<u>黃帝</u>之史倉頡。"又<u>司馬遷</u>、<u>班固</u>皆云："<u>倉頡</u>，黃帝之史官。"議官、<u>管子桓公問篇</u>云："<u>黃帝立明臺之議者，上觀於賢也。</u>"是當時必有議官，如漢議郎之職。理官及司徒、司馬、羲和之官。理一作李，古音同字通。<u>管子大匡篇</u>云："<u>黃帝使祝融</u>爲司徒，<u>大封爲司馬，后土爲李</u>。漢書胡建傳引<u>黃帝李法</u>。案即理官所司之法也。又<u>漢書律歷志</u>云："<u>黃帝使羲和占日，常儀占月</u>。"<u>唐虞</u>因之，復有后稷及典三禮之秩宗。詳見<u>尚書</u>。至<u>周</u>時始有行人之官。<u>周禮秋官</u>有大行人、小行人。<u>夏書</u>謂之道人，見<u>左氏襄十四年傳注</u>。惟稗官及清廟之守，其職掌於古無徵。故<u>荀悅漢紀</u>述諸子源流，全本<u>班志</u>，惟小說家者流，不言出於稗官。<u>前漢紀卷二十五</u>。按稗當讀爲俳。<u>隋志</u>則以"<u>周官</u>誦訓，掌道方志以詔觀事，道方慝以詔辟忌，以知地俗，訓方氏，掌道四方之政事，與其上下之志，誦四方之傳道"，即爲街談巷語之小說，義或然也。至以"<u>周官</u>宗伯掌建邦之天神、地祇、人鬼之禮，肆師掌立國祀及兆中、廟中之禁令"，爲即清廟之守，似有未確。欲知古清廟之守，當<u>周禮</u>之何官，須先考知清廟之制度。今案清廟即<u>周</u>之明堂。就廟之清靜言，則曰清廟；就堂之高明言，則曰明堂。二者異名而同一實。<u>蔡邕明堂月令論</u>曰："取其宗祀之貌則曰清廟，取其正室之貌則曰太廟，取其尊宗則曰太室，取其堂則曰明堂，取其四門之學則曰太學，取其四面周水圓如璧則曰辟雍。異名而同事，其實一也。"明堂之制始於<u>神農</u>，<u>黃帝</u>時又謂之合宮，<u>唐堯</u>謂之天府，一作五府。<u>虞</u>、<u>舜</u>謂之總章，<u>夏后氏</u>曰世室，案即太室。世、太古字通。<u>殷</u>人曰重屋，<u>周</u>人曰明堂，亦曰清廟。本<u>惠氏棟明堂大道錄</u>，引證極詳實。凡禘祭、宗祀、朝覲、耕耤、養老、尊賢、饗射、獻俘、治曆、望氣、告朔、布政，皆行於其中。故<u>蔡邕</u>以清廟、明堂爲大敎之宮。數語皆本<u>大道錄</u>。然則清廟之守，即守清廟明堂之官。<u>漢紀</u>作清廟之官。尋<u>周官</u>之相當者，惟有天府一職。<u>惠氏棟</u>曰："<u>唐虞</u>之天府，同於<u>周</u>之明堂。<u>周官</u>有天府，乃明堂掌陳寶之官，取法於<u>唐虞</u>也。"見<u>大道錄</u>。其說是矣。<u>周禮春官</u>

天府職云：“天府，掌祖廟之守藏與其禁令。……凡官府鄉州及都鄙之治中，受而藏之，以詔王察羣吏之治。”治中義見十章。孫氏詒讓周禮正義曰：“此官兼爲典法、文籍受藏之府，與司會、太史、内史爲官聯也。鄉大夫云：‘鄉老及鄉大夫羣吏，獻賢能之書於王。王拜受之，登於天府，内史貳之。’大司寇云：‘凡邦之大盟約，涖其盟書，而登之於天府。太史、内史、司會及六官，皆受其貳而藏之。’又小司寇，大比登民數及訟獄之中，皆登於天府。司勛注謂功書亦藏於天府。則凡王國之大典法，其正本咸藏之此官，而六官及大史、内史、司會所藏者，皆其副貳，則其圖籍之富可知。”據惠説，則天府之官，取法唐虞，即爲後世清廟之守。據孫説，則天府之藏，富於圖籍，必爲古來道術所存。其流而爲墨家之學，固其宜也。且即漢志所述墨家之源，分析言之。其（一）曰：“茅屋采椽，是以貴儉”者，大戴禮記云：“明堂者，古有之也，以茅蓋屋。”盛德篇。左氏春秋傳云：“清廟茅屋……昭其儉也。”桓二年傳。淮南子云：“古者明堂之制……土事不文，木工不斲……堂大足以周旋理文，靜潔足以享上帝、禮鬼神，以示民知儉節。”本經篇。司馬談述墨者言堯舜之德行曰：“堂高三尺，土階三等，茅茨不剪，采椽不刮。”此墨家貴儉之本於清廟制度者也。其（二）曰：“養三老五更，是以兼愛”者，蔡邕月令章句云：“更當爲叟字之誤也。三老，國老也。五叟，庶老也。三老三人。五叟五人。”案諸説不同，惟此較確。班固白虎通鄉射篇論養老之義曰：“王者父事三老、兄事五更者何？欲陳孝弟之德以示天下也。”禮記祭義云：“禮三老於明堂，所以教諸侯之孝也；禮五更於太學，所以教諸侯之弟也。”據陳立白虎通疏證校正。大戴禮政穆篇云：“大學，明堂之東序。”蔡邕明堂月令論及詩靈臺篇正義引。小戴記王制篇，歷敘虞、夏、殷、周養國老、庶老於太學之禮。鄭玄注文王世子篇云：“三老五更，天子以父兄養之，示天下之孝悌也。”是古之王者，於清廟明堂之内，以事父之禮事三老,以事兄之禮事五更。墨家效之,欲以王者偶一舉行之禮,普及於平民,所以流於愛無差等也。其(三)曰:"選士大射是以上賢"者,清儒金氏鶚禮説云:"大射之事有四。其一曰試諸侯之貢士。禮記射義云:'古者天子之制,諸侯歲獻貢士於天子,天子試之於射宮。'射宮即太學東序也。射義又云:'天子將祭,必先習射於澤,澤者所以擇士也。已射於澤,然後射於射宮。'鄭注云:'澤,宮名也。士,謂諸侯所貢士也。'案射宮在明堂之左,澤宮當亦在明堂圜水之内,故得澤名。詩振鷺毛傳云:'雍,澤也。'案即辟雍澤宮。射於澤宮,亦是大射。當使大臣臨之,天子不親往也。至射於射宮,天子乃親視之,貴德尊士之義也。"此説適足申明清廟明堂選士大射是以尚賢之義。其(四)曰:"宗祀嚴父,是以右鬼"者,漢紀鬼下有神字。嚴,猶尊敬也。詩周頌序曰:"清廟,祀文王也。周公既成洛邑,朝諸侯,率以祀文王焉。"孝經曰:"孝莫大於嚴父,嚴父莫大於配天。則周公其人也。昔者周公郊祀后稷以配天,宗祀文王於明堂以配上帝。是以四海之内,各以其職來助祭。"聖治章。是宗祀嚴父,即行於清廟明堂之中。禮記祭法云:"有虞氏祖顓頊而宗堯,夏后氏祖顓頊而宗禹,殷人祖契而宗湯,周人祖文王而宗武王。"鄭注云:"祭五帝五神於明堂曰祖宗。祖宗,通言爾。"墨家本此意,故欲以神道設教而服天下也。其(五)曰:"順四時而行,是以非命"者,蔡邕明堂月令論曰:"因天時,制人事。天子發號施令,祀神授職,每月異禮,故謂之月令。所以順陰陽,奉四時,效氣物,行王政也。成法具備,各時月藏之明堂,所以示承祖考神明,不敢媟黷之義。故以明堂冠月令。"惠氏棟大道錄曰:"明堂月令,順時行政。故陰陽和,年穀豐,太平洽。不順時令謂之反令。"反令二字,見蔡邕月令問答。是順四時而行,即謂明堂月令。其所以合乎非命者,當以墨子非命論與明堂月令比而觀之。非命下篇云:"今雖毋在乎

王公大人。毋，語詞。藉若信有命而致行之，則必怠乎聽獄治政
矣，卿大夫必怠乎治官府矣，農夫必怠乎耕稼樹藝矣，婦人必怠
乎紡績織紝矣。王公大人怠乎聽獄治政，卿大夫怠乎治官府，則
我以爲天下必亂矣。農夫怠乎耕稼樹藝，婦人怠乎紡績織紝，則
我以爲天下衣食之財，將必不足矣。"墨子嘗以命與力對言。蓋
信有命者必怠倦於其職務，不信有命者必努力於所當爲。然欲
使一國之人，皆努力而不怠倦，則必有法令爲之制限。明堂月令
所定，凡天子、諸侯、公、卿、大夫，每月各有應行之政事，以及入
學官而舞樂，命田畯以勸農，省婦事以勸蠶，易關市以來商，命工
師以效功，皆當於一定之時月行之。詳見呂子十二月紀。故自天子
至於庶人，皆能順月令以行事，則天下必治，衣食必足，人力可以
勝天命矣。此所以通於非命之說也。其（六）曰："以孝視天下，
是以上同"者，漢紀視作示，上作尙，皆古字通。禮記樂記云："祀乎明堂
而民知孝。"又祭義云："祀乎明堂，所以教諸侯之孝也。"孟子曰：
"夏曰校，殷曰序，周曰庠，學則三代共之，皆所以明人倫也。人
倫明於上，小民親於下。"滕文公章上。三代之大學，即明堂之東
序。上明人倫，則小民同乎其上。此以孝示天下，是以上同之義
也。以上六項，僅據劉、班之說疏通而證明之。尚有一事，足證
墨家出於清廟之守者，呂子當染篇云："魯惠公使宰讓請郊廟之
禮於天子。桓王使史角往。梁玉繩云："桓當作平，惠公卒於平王四十八
年，與桓王不相接。竹書："請禮在平王四十二年。"惠公止之。其後在於魯，
墨子學焉。"案郊祀后稷以配天，宗祀文王於明堂以配上帝，本周
公所制之禮。魯至惠公時，此禮蓋已失傳。故使人請於宗周。
史角習知郊廟之禮，非曾學於清廟之府，即曾居此清廟之官。故
墨子得從史角之後人，受其家學也。近人有言："古時政治、學
術、宗教，合於一途，其法咸備於明堂。有周一代之學說，即由此
而生。"劉師培說。見國粹報學篇第十四期。其說近是。惟云："墨家之

學，即宗祀之典。"較之班志所述，僅得六端之一。蓋於清廟、明堂異名同實之制，尚未詳考耳。其餘溯子學之原始者，或曰："道家爲百家所從出"；江瑔讀子卮言。或曰："戰國諸子，其源皆出於六藝"；文史通義詩教上篇。或曰："諸子者，禮教之支與流裔也"。陳鐘凡諸子通誼原始篇。其説皆持之有故，言之成理。但可臚爲博聞，供研究子學者之參考，未可即據爲諸子淵源所自出也。近人有謂諸子之學，皆原本於黄帝者。姑無論黄帝之書，多出後人依託，若溯淵源所自，則中國萬事萬物，皆可推本於萬能之軒轅黄帝，豈獨十家九流之學乎！

第七章　諸子之興廢

　　諸子起原,已詳前述。至其興廢之原因,自來不一其説。兹述古今學者之論,略平議之。

　　淮南子要略篇云:"文王之時,紂爲天子,賦斂無度,殺戮無止,康梁沉湎,案康,強也。康梁即強梁。宮中成市。作爲砲格之刑,格本作烙。從王念孫説改。高誘云:"格,以銅爲之,布火其下,以人置上,人爛,墮火而死。"刳諫者,剔孕婦。天下同心而苦之。文王四世累善,修德行義,處岐周之間,地方不過百里,天下二分歸之。文王欲以卑弱制強暴,以爲天下去殘除賊而成王道,故太公之謀生焉。文王業之而不卒。武王繼文王之業,用太公之謀,悉索薄賦,躬擐甲胄,以伐無道而討不義。誓師牧野,以踐天子之位。天下未定,海内未輯。武王欲昭文王之令德,使夷狄各以其賄來貢。遼遠未能至,故治三年之喪,殯文王於兩楹之間,以俟遠方。武王立三年而崩。成王在襁褓之中,未能用事。管叔、蔡叔輔公子禄父,高誘云:"紂之兄子。"一云即武庚。而欲爲亂。周公繼文王之業,持天子之政，以股肱周室，輔翼<u>成王</u>。懼争道之不塞，臣下之危上也，故縱馬<u>華山</u>，放牛<u>桃林</u>，敗鼓折枹，搢笏而朝，以寧静王室，鎮撫諸侯。<u>成王</u>既壯，能從政事。<u>周公</u>受封於魯，以此移風易俗。<u>孔子</u>修<u>成</u>、<u>康</u>之道，述<u>周公</u>之訓，以教七十子，使服其衣冠，修其篇籍。故儒者之學_{謂<u>周公</u>、<u>孔子</u>。}生焉。<u>墨子</u>學儒者之業，受<u>孔子</u>之術，以爲其禮煩擾而不悅，_{注：悅，簡易也。}厚葬靡財而貧民，久服傷生而害事，故背周道而用<u>夏</u>政。<u>禹</u>之時天下大水，<u>禹</u>身執虆臿以爲民先。易河而道九歧，鑿江而通九路，辟五湖而定東海。當此之時，燒不暇撌，濡不給扢，_{注：撌，排去也。扢，拭也。}死陵者葬陵，死澤者葬澤。故節財、薄葬、閒服生焉。_{閒讀爲簡。}<u>齊桓公</u>之時，天子卑弱，諸侯力征，南夷北狄，交伐<u>中國</u>，<u>中國</u>之不絕如線。<u>齊</u>國之地，東負海而北鄣河，_{鄣，猶阻也。}地狹田少，而民多智巧。<u>桓公</u>憂<u>中國</u>之患，苦夷狄之亂，欲以存亡繼絕，崇天子之位，廣<u>文武</u>之業。故<u>管子</u>之書生焉。<u>齊景公</u>内好聲色，外好狗馬，射獵忘歸。好色無辨，作爲路寢之臺。族鑄大鐘，_{注：族，聚也。}撞之庭下，郊雉皆呴。一朝用三千鍾贛。_{注：鍾，十斛也。贛，賜也。}<u>梁丘據</u>、<u>子家噲</u>導於左右。故<u>晏子</u>之諫生焉。晚世之時，六國諸侯，谿異谷别，水絕山隔，各自治其境内，守其分地，握其權柄，擅其政令。下無方伯，上無天子，力征爭權，勝者爲右。恃連與、約重致，_{致讀爲質。}剖信符，結遠援，以守其國家，持其社稷。故縱横修短之說_{古本無之說二字。}生焉。<u>申子</u>者，<u>韓昭釐</u>之佐。<u>韓</u>，<u>晉</u>别國也，地墩_{碻同。不肥美也。}民險，而介於大國之間。<u>晉</u>國之故禮_{謂法制。}未滅，<u>韓</u>國之新法重出；先君之令未收，後君之令又下。新故相反，前後相繆，百官背亂，不知所用。故刑名之書生焉。<u>秦</u>國之俗，貪狼_{狼，荒也。}強力，寡義而趨利，可威以刑而不可化以善，可勸以賞而不可厲以名。被險而帶河，四塞以爲固，地利形便，畜積殷富。<u>孝公</u>欲以虎狼之勢而吞諸侯。故<u>商鞅</u>之法生焉。若<u>劉</u>氏

之書，注：淮南王自謂也。觀天地之象，通古今之論，權事而立制，度
形而施宜。原道德之心，合三王之風，以儲與眾容之意。崵冶廣大
也。玄眇深微也。之中，精搖摩攬，棄其畛挈。注：楚人謂精進爲精搖，謂
澤濁爲畛挈也。斟其淑靜，以統天下，理萬物，應變化，通殊類。非
循一跡之路，守一隅之指，拘系牽連於物，而不與俗推移也。故
置之尋常而不塞，充實。布之天下而不窕。空虛。”今案淮南子所
云，惟“周公繼文王之業”，“孔子修成、康之道、述周公之訓”，“墨
子學孔子之術”，爲述其淵源所自。其他如太公之謀，管子之書，
晏子之諫，縱橫修短之說，申子刑名之書，商鞅之法，皆謂其受當
時政治學術之影響而後發生。至劉向校諸子時，蓋猶承用是說。
漢志云：“諸子十家，其可觀者九家而已。皆起於王道既微，諸侯
力政，時君世主好惡殊方。是以九家之術蜂出並作，各引一端，
崇其所善，以此馳說，取合諸侯。其言雖殊，闢猶水火相滅，亦相
生也。仁之與義，敬之與和，相反而相成也。”

　　近人胡適據劉、班之說，遂謂先秦諸子學派之勃興，皆由於
春秋戰國時政治不良之結果。然亦尚有其他之原因也。最近學
者發明甚多，爲摘其要略，述之於下。

　　（一）王官失職　古代學術，皆出於王官。庶人非在官者，
無從受業。蓋古時書籍，甚少副本，傳寫不易。韓起爲晉世卿，
及聘魯，觀書於太史氏，始見易象、春秋，左傳昭二年。當時得書之
難如此。自官司失職，如欒、郤、胥、原、狐、續、慶、伯杜預云：此八
姓，晉之舊族。之降在皂隸，左傳昭三年叔向語。摯乾、繚缺、叔武、陽襄
之遠適異邦。論語微子篇。世族多降爲平民，道術始傳於草野。
國政既非一統，私學遂分百家。此其一。

　　（二）私家講學　前此教育爲學官掌之，舍官府外無學問。
自官學之制漸衰，而私家講學之風盛。如孔子設教洙泗之間，子
夏設教西河之上。均見禮記檀弓篇。蘇秦、張儀學於鬼谷，韓非、李

斯俱事苟卿。均見史記。曾子舍於沈猶氏，嘗從門徒七十人。孟子
離婁下篇及趙注。澹臺滅明南遊至江，從弟子三百人。史記列傳。墨
子弟子禽滑釐等三百人，又有服役者百八十人。墨子公輸篇、淮南子
泰族篇。孟子遊於諸侯，後車數十乘，從者數百人。許行自楚之
滕，其徒數十人。滕文公下篇。惠子過孟諸，從車百乘。淮南子齊俗
篇。而惟孔門之賢人七十，弟子三千，稱極盛焉。學者受師之
業，或僅得其一體，或別成爲一家。一人倡之，千夫和之。學風
安得而不盛？此其二。

　　（三）書籍傳播　古代書籍，掌於史官。官失其守，而後公
家書籍始流播於民間。如孔子求得黃帝玄孫帝魁之書迄秦穆
公，凡三千三百三十篇，乃删以一百篇爲尚書，十八篇爲中候。
史記伯夷傳索隱引書緯。又孔子使子夏等十四人求周史記，得百二十
四國寶書，以作春秋。公羊傳隱公第一疏引春秋緯。又西藏書於周室，
繙十二經，六經六緯，一說魯十二公之春秋經。以說老聃。莊子天道篇。蘇
秦發書，陳篋數十。戰國策秦策。惠施多方，其書五車。莊子天下篇。
墨子南遊於衛，關中載書甚多。墨子貴義篇。畢沅云：“關中，車笐中也。”
可見當時私人收藏之富，足供學者研究之資。此其三。

　　（四）著述自由　古者官守學業，皆出於一，天下以同文爲
治，故私門無著述，即管子任法篇所謂“官無私論，士無私議，民
無私說”也。自官師分而教法不合一，才智之士，各以己所知能，
私相傳習。本章學誠說。如老子著道德五千言以授關尹，孫子爲
兵法十三篇以干闔廬。皆見史記。孔子作春秋以授子夏，又授曾
子業，使作孝經。見史記世家。孟子與公孫丑、萬章之徒，撰其法
度之言，著書七篇。鄒衍作怪迂之變，終始、大聖之篇十餘萬言。
見孟子題辭及史記列傳。呂不韋集智略之士，而著八覽、六論、十二
紀。韓非著孤憤、五蠹之書而傳至於秦。皆見史記本傳。當時思想
之精進，著作之自由，可概見矣。此其四。

（五）養士競爭　列國並立互競，各務延攬人才，以謀富強，以樹聲望。如秦孝公，齊威王、宣王、梁惠王，燕昭王，乃至孟嘗、平原、春申、信陵四公子，咸以禮賢下士相尚，門下食客號三千人。而齊之稷下，常聚文學遊說之士至數百千人，且賜列第爲上大夫，不治而議論。因智識之交易，而有鄒氏之談天、雕龍；因利祿之使然，而有蘇秦之引錐刺股。是則史公所謂"各言治亂，以乾世主"，孟荀列傳。班氏所謂"以此馳說，取合諸侯"者也。此其五。

（六）社會變遷　周秦時代，爲自古未有之變局，故發生自古未有之學派。蓋當時社會變遷之影響，刺戟人心，仁智之士，慨然求所以解決安定之方，以應社會之需要。有爲拯救現世之社會而倡一學派者，如墨子所云："國家昏亂，則語之尚賢、上同；國家貧，則語之節用、節葬；國家喜音沉湎，則語之非樂、非命；國家淫僻無禮，則語之尊天、事鬼；國家務奪侵陵，則語之兼愛、非攻。"墨子魯問篇。是也。有欲施及將來之社會，而倡一學派者，如孔子曰："吾修詩書，正禮樂，將以治天下，遺來世；非但修一身，治魯國而已。"列子仲尼篇。孟子曰："人則孝，出則悌，守先王之道，以待後世之學者。"孟子滕文公下篇。皆是也。蓋百家之學，多隨社會風尚而爲轉移，其志在於救當世。惟儒家孔、孟之學，其志在於救來世，此其所以度越諸子歟？以上六項參用梁啟超、陸懋德二氏之說。

以上六端，皆述諸子學之所由興。茲述其所由廢者四端如下。

（一）學說不適　凡一學說之倡，必適合乎人人之心理，而後信從者眾，流傳者永；否則如朝旦之飆，子午之濤，不俟須臾悉歸恬靜矣。莊子論墨子曰："其生也勤，其死也薄，其道大觳，使人憂，使人悲，其行難爲也。恐其不可以爲聖人之道，反天下之心，天下不堪。墨子雖獨能任，奈天下何？”又論田子、慎子曰：
“豪傑相與笑之曰:慎到之道，非生人之行，而至死人之理，適得
怪焉。田駢亦然。”又論桓團、公孫龍辨者之徒曰:“飾人之心，易
人之意;能勝人之口，不能服人之心。辨者之囿也。”又論惠施
曰:“遍爲萬物說，說而不休，多而無已。猶以爲寡，益之以怪。
以反人爲實，而欲以勝人爲名。是以與眾不適也。”皆見天下篇。
是則墨學之衰，實以其行難爲，使人不堪，不盡因孟子之距、荀子
之非也。田駢、慎到，由道德而變爲刑名;公孫、惠子，由名理而
流於詭辨。其所持論，皆與常人之心理不能適合。此名、墨二
家，所以後世無傳歟？

　　（二）民智未開　三代以前，其舊教則多神也，其舊學則五
行也。習俗移人，久則難變。直至老子集道家之大成，始著一
書。舉當世所奉之天神、地祇、人鬼、與夫五行之生克代謝，及所
謂天定勝人者，一一廓清而辭闢之。然周秦時人，猶有迷信神怪
及災異之說者。蓋老學深遠，非蚩蚩之氓所能喻也。老子曰:“吾言
甚易知，甚易行。天下莫能知，莫能行。”墨氏明鬼，本神道設教之意，適合
民情。然非命以勸勤，節葬以示儉，復與時人奢惰之習不能相
容。迨其後，老氏之說變爲神仙，墨氏之徒流爲任俠，此二家之
學，所由浸失其真也。孔子曰:“仁者見之謂之仁，知者見之謂之
知，百姓日用而不知，故君子之道鮮矣。”易繫辭上。又曰:“中庸之
爲德也，其至矣乎! 民鮮能久矣。”論語雍也篇。斯之謂歟!

　　（三）書籍喪失　昔人多謂秦始皇用李斯言，燒詩、書、百家
語，則諸子當亦在劫灰之中。以今考之，未必然也。漢王充論衡
書解篇云:“秦雖無道，不燔諸子。諸子尺書，文篇具在，可觀讀
以正說，可采掇以示後人。”趙岐孟子題辭云:“孟子既沒之後，大
道遂絀。逮至亡秦，焚滅經術，坑戮儒生，孟子徒黨盡矣。其書
號爲諸子，故篇籍得不泯絕。”梁劉勰文心雕龍諸子篇云:“暨於

暴秦烈火，勢炎昆岡。而煙燎之毒，不及諸子。"唐逢行珪鬻子敘
云："遭秦暴亂，書記略盡，鬻子雖不與焚燒，編帙由此殘缺。"據
上四說，子書未遭秦焚。故漢興，徵求遺書，諸子皆充祕府。然
考漢志凡諸子百八十九家，四千三百二十四篇，持與隋志相校，
存者不過十之二三。其所以喪失之原因，隋志已詳敘之曰："董
卓之亂，獻帝西遷，圖書縑帛，軍人皆取爲帷囊。所收而西，猶七
十餘載。兩京大亂，掃地皆盡。魏氏代漢，采掇遺亡，藏在祕書
中外三閣。惠、懷之亂，京華蕩覆。渠閣文籍，靡有孑遺。東晉
之初，漸更鳩聚。齊末兵火，延燒祕閣，經籍遺散。梁武敦悅詩
書，下化其上，四境之内，家有文史。元帝克平侯景，收文德之書
及公私經籍，歸於江陵，大凡七萬餘卷。周師入郢，咸自焚之。"
然則兵燹之禍，實爲書籍之浩劫。書既鮮存，宜其學說之歇
絕也。

　　（四）君主專制　秦始皇時，丞相李斯上言：私學非議造謗，
請諸有文學、詩、書、百家語者，蠲除之。漢武帝時，丞相衛綰奏
所舉賢良，或治申、商、韓非、蘇、張之言，亂國政，請皆罷。秦除
百家，專任法律。漢黜百家，推明孔氏。事雖不同，其爲逢迎君
主以成其專制之私，則一也。史記李斯傳云："始皇三十四年，丞相李斯上
書言：私學非議造謗，不禁，則主勢降乎上，黨與成乎下。臣請諸有文學、詩、書、百家
語者，蠲除之。令到滿三十日勿去，黥爲城旦。所不去者，醫藥、卜筮、種樹之書。若
有欲學者，以吏爲師。始皇可其議。收去詩、書、百家之語，以愚百姓，使天下無以古
非今。明法度，定律令，皆以始皇起。"漢書武帝紀：建元元年，丞相衛綰奏："所舉賢
良，或治申、商、韓非、蘇秦、張儀之言，亂國政，請皆罷。"奏可。又董仲舒傳云："仲舒
對策，推明孔氏，抑黜百家。"案董舉賢良，在漢建元元年。其請抑黜百家，亦承奉當
時之功令耳。武帝元朔五年以後，雖建藏書之策，置寫書之官，然
諸子傳說，皆深藏於祕府，而未布諸民間。略本武帝紀及藝文志敘。
成帝河平三年，光祿大夫劉向校中祕書（即經、傳、諸子、詩賦），
謁者陳農使求遺書於天下。本成帝紀。此之求書，即秦始皇"收去

詩、書、百家語以愚百姓"之意。自此次搜求後,諸子傳記充牣中
祕,郡國絕少傳書。故河平、陽朔之間,東平思王宇來朝,上疏求
諸子及太史公書。大將軍王鳳白:諸子書或反經術,非聖人,或
明鬼神、信物怪。太史公書,有戰國縱橫權譎之謀。漢興之初,
謀臣奇策,天官災異,地形厄塞,皆不宜在諸侯王。不可予。天
子如鳳言,遂不與。_{許也。詳見漢書宣元六王傳。}當是時,班斿_{班固之伯}
_{祖父。}與劉向同校祕書,每奏事,斿以選受詔。_{班斿因有從妹爲帝婕}
_{妤,故見寵異。}進讀羣書。_{師古曰:"於天子前讀書。"}上器其能,賜以祕書
之副,時書不布。_{師古曰:"謂不出於羣下。"}自東平思王以叔父求太史
公、諸子書,大將軍白不許,語在東平王傳。斿亦早卒,有子嗣,
顯名當世。家有賜書,内足於財,好古之士,自遠方至,父黨楊子
雲以下莫不造門。嗣雖修儒學,然貴老、嚴之術。_{漢避明帝諱,改莊}
_{曰嚴。老、嚴即老、莊。或云:"老、莊並稱,始於後漢。"非也。}桓生欲借其書,
_{桓生,名譚。}嗣報不進。_{師古曰:"言不與其書。"以上詳見漢書敍、傳。}據此,
則漢時諸子之書,藏在祕府,非其親近,不能與目。有欲學者,求
之則不得,借之則不與。是又變私學爲官學,仍襲秦政愚民之故
智耳。子學之衰,謂非當日君主專制之弊,吾不信也。

綜而論之,諸子之初興也,因周末之王綱解紐;其廢墜也,因
秦制之以吏爲師。自餘諸因,皆緣此二因而起。故九流百家之
學,直至近世,始有復興之機。惟捨短取長,則在學者之精心抉
擇耳。

第八章　歷代之諸子學

　　近儒有言，所謂諸子者，非專限於周秦，後代諸家亦得列入，然必以周秦爲主。蓋以周秦諸子，推迹古初，承受師法，各爲獨立，無援引攀附之事。雖同一家，猶矜己自貴，不相通融。若異己者，必往復辯論，不稍假藉。故言諸子，必主周秦。以上略本章炳麟說。梁劉勰論諸子云："六國以前，去聖未遠，故能越世高談，自開戶牖。兩漢以後，體勢漫弱，雖明乎坦途，而類多依采。此遠近之漸變也。"文心雕龍諸子篇。今茲所述，惟以周秦諸子爲限。本章涉及後代，乃述其研究周秦諸子之學者，以爲吾人之前導，非論歷代諸子也。故從漢以降，凡自著一書而成一家言者，皆從略焉。

　　子書肇始，梁劉勰以爲莫先於鬻子。文心雕龍諸子篇。唐逢行珪謂鬻熊爲諸子之首。逢氏進鬻子表。柳伯存亦云："子書起於鬻熊。"意林序及文獻通考經籍考。漢志道家，鬻子二十二篇；小說家，鬻子說十九篇。今所傳鬻子一卷，止十四篇，爲唐永徽中逢行珪所獻。姑無論書之真偽，其殘闕不完，當無疑義。且自漢至隋，亦無注釋鬻子者。是以近人有言："班志所載風后、力牧、伊尹、太公、鬻熊，並有述作，類皆後人依託。今案此皆秦、漢以前，爲諸子學者之所依託。子書肇始，其道德經乎？"羅敦曧周秦諸子總論。斯說允矣。後之傳述老子學者，漢志所載，有鄰氏、傅氏、徐氏三家。大都前漢時人，遺說皆無可考。今世所傳河上公注、嚴遵指歸，皆偽書不可據。惟韓非子解老、喻老二篇，殆研究諸子之最初而最精者乎？雖其先我子爲墨翟之學，而迄無存書。漢志及王補注。許行爲神農之言，而不傳著述。漢世崇尚六藝，抑黜百家，然諸儒解經，時引九流之說。孟喜卦氣，出於稽覽圖；四庫提要云："易緯、稽覽圖言卦氣起中孚，而以坎、離、震、兌爲四正卦六十卦卦主。六日七分，又以自復至坤十二卦爲消息，餘雜卦主公、卿、侯、大夫，候風雨寒溫，以爲徵應。蓋即孟喜、京房之學所自出。漢世大儒言易者悉本於此，最爲近古。"京房納甲，本於古五子；漢志易家，古五子十八篇，原注云："自甲子至壬子，說易陰陽。"齊召南曰："然則後世占易以六辰定六爻，不自京房始也。"董子治春秋，詳推災異之變；史記儒林傳云："董仲舒以治春秋，孝景時爲博士。今上即位，爲江都相。以春秋災異之變，推陰陽所以錯行。故求雨閉諸陽，縱諸陰。其止雨反是。行之一國，未嘗不得所欲。"劉向傳洪範，專明休咎之徵；詳見漢書五行志。沈約云："伏生創紀大傳，五行之體始詳。劉向廣演洪範，休咎之文益備。"先鄭說禮，證以鄒子微言；周禮夏官司爟注引鄭眾說以鄒子曰"春取榆柳之火"五句。後鄭注易，參以爻辰天象。鄭玄周易坎六四"尊酒簋貳，用缶"注云："六四爻辰在丑，丑上值斗，斗上有建星，建星之形似簋。貳，副也。建星上有弁星，弁星之形又如缶。"案如此說經，殊爲穿鑿。宜爲李鼎祚所不取也。此以陰陽家言說經者也。兒寬習尚書，受業孔安國，及爲讞掾，以古義決疑獄。見漢書本傳。志載公羊董仲舒治獄十六篇，即隋志之春秋決事，馬國翰有輯本。其弟子呂步舒決淮南獄，於諸侯擅專斷，不報，以春秋之義正之。見史記儒林傳。鄭康成注三禮，嘗引漢法、漢律況周制。此以法家言說經者也。尸子，雜家言也，而傳穀梁春秋者兩引其說。隱五年及桓九年傳。汜勝之術，農家言也，而周官草人注，稱其土化之法。_{周禮地}官草人鄭注。孔安國說論語"仁者靜"曰："無欲故靜"，義實本於道家。論語集解雍也篇。韓詩家說漢廣曰："游女謂漢水之神"，事乃同於小說。見陳喬樅韓詩遺說考。何休好公羊學而著公羊墨守，則有取於墨子守城之意。鄭君釋穀梁廢疾云："徒信而不知權譎之謀，不足以交鄰國，會遠疆。"則純近乎蘇、張之說。見袁鈞輯鄭氏佚書。漢儒釋經，或辨別形聲，或改正音讀，或援據古文，莫不分條析理，正名辨物。而許慎說文、劉熙釋名、張揖廣雅，雖爲小學之專書，實則羣經之津筏。此尤說經之用名家言者也。本劉師培說。若夫曹參師蓋公，田叔師樂巨，賈誼明申、韓之術，汲、鄭學黃、老之言，皆見本傳。然於周秦諸子之書鮮所述作。求如劉向之說老子，見漢志，四篇，今亡。馬融之注老子，見後漢書本傳。趙岐、鄭玄、劉熙之注孟子，高誘之注呂氏春秋者，皆見隋志。惟趙、高二注今存。蓋幾希矣。

漢、魏之間，學者皆師商、韓而上法術，競以儒家爲迂闊不周世用。略本杜恕上疏語，見魏志杜畿傳。然無闡明管、商、申、韓之書者。惟曹操注孫子兵法二卷，賈詡注吳起兵法一卷，黃初中有續尸子九篇者。皆見隋、唐志。案孫子曹注，在今孫子十家注中。魏人續尸子亡。至於正始，老、莊之術復昌。西晉以還，說者益眾。考陸德明經典釋文，爲老子注者，三國至六朝，共四十二家。爲莊子注者，自晉至陳，共十五家。今惟王弼之老子，郭象之莊子，張湛之列子，三注猶存。至晉書稱魯勝注墨辯六篇，今存序一篇。隋志載皇甫謐注鬼谷子三卷，文廷式補晉藝文志云："日本見存書目尚有此書。"唐志載滕輔注慎子十卷，今存注七篇。今皆散佚矣。大抵晉人之說，多侈談名理，剖析微芒，而於事情，或迂遠而不切，甚者排斥禮教，相習成風。此干寶晉紀序論所以力斥清談放達之誤國也。老、莊之學，其功效顧如是乎？

東晉以降，儒墨之迹見鄙，佛道之風遂盛。談老、莊之學者，不流於仙道，即參以佛法。如神仙家之葛洪、陶弘景，釋家之鳩摩羅什、惠琳、惠嚴，各爲老子注解。隋、唐志。今其書雖不盡傳，大抵兼明仙道、佛法，可推而知也。梁代蕭氏衍、綱父子，夙崇佛理，習染玄風，故於老、莊之書，各有講疏。當時學士大夫，如顧越、馬樞、張譏，皆於君臣宴集時，講論老、莊。見梁書各本傳。雖爲口耳相傳之學，然開堂升座，實與近世學校教術相符。講學之風，於斯爲盛。蓋學必賴講而後明，故孔子以學之不講爲己憂也。乃近儒不察，力斥梁時講學無異晉人清談，趙翼二十二史劄記卷八。不亦過歟？本劉師培國學發微。

六朝時人，皆以詞藻相尚，南朝多習玄談，北朝尚崇經術。此百八十年間，老、佛之說，頗造精微；縱橫者流，多注鬼谷。其餘諸家之書，殆鮮肄業及之者矣。隋唐志縱橫家樂臺注鬼谷子三卷，今存梁陶弘景注鬼谷子一卷。隋代平陳，屛除清談之習，建立黌序，徵辟儒生。承其風者，皆習篇章以應選舉。文詞以外，不暇研及他學也。

唐初命撰五經正義，頒行天下，僅爲明經考試之資。舊唐書，貞觀七年頒新定五經於天下，永徽四年頒孔穎達五經正義於天下，每年明經，依此考試。實則盛倡道教。高宗上元時，加試貢士老子策。開元二十年，置崇玄學，令習老、莊、列、文等書，準明經例舉送。復詔求明道德經及莊、列、文子者。玄宗又自爲道德經注疏二種。新唐書志注一卷，疏八卷。至天寶初，加號老子爲玄通道德經，又詔號莊子爲南華真經、列子爲沖虛真經、文子爲通玄真經、亢桑子爲洞靈真經。見新唐志。懿宗咸通四年，進士皮日休疏，請去莊、列之書，以孟子爲學科，其科選視明經同。疏上不報。蓋唐室自以系出老子，稱爲聖祖，號曰太上玄元皇帝，故於道家諸子，特示尊崇。士夫向風，爭尚玄學。當時注釋道家諸子者，不可勝計，然於黃、老、莊、列之理，實鮮發揮。而李筌之陰符經、王士元之亢倉子，亦遂乘時而出。惟儒家有楊倞荀子注，法家有尹知章管子注、韓子注，名家有賈大隱及陳嗣古公孫龍子注，縱橫家有尹知章鬼谷子注。皆見新唐書志，今惟荀、管注存。兵家有李筌、杜牧、陳皥、賈林等之孫子注。今在孫子十家注中。詮釋古義，皆有可觀。至於陰陽一派，久無存書。墨、呂二家，尤鮮繼述。自高誘、魯勝後，無注釋呂子、墨子者。雖有類鈔子書，如魏徵羣書治要、歐陽詢藝文類聚、馬總意林、薛克構子林、盧藏用子書要略。今惟前三種存。及雜纂異聞者，如唐人說薈及宋輯太平廣記所引之唐小說。不足語於諸子學也。

　　宋之理學，原屬儒家一流，亦時雜以佛、老之說。故其持論，雖斥諸子，而大旨多同九流。周子太極圖說，疑本老子之無極。邵子皇極經世，近於鄒衍之終始。張子西銘，以民爲同胞，物爲吾與，似與兼愛無殊。朱子、陸子辨論太極，往覆萬言，有類名家之辯。詳宋元學案。蓋宋儒之學，所該甚博，不可以一端盡之也。略本劉師培國學發微說。理學諸家而外，其治諸子學者，以解釋老、莊之書爲最多。詳見道藏目錄。然如陸佃之解鶡冠子，杜道堅之釋文子，謝希深之注公孫龍子，錢佃之校荀子，李瓚之注韓非子，考至元三年，何犿刻韓子，稱舊有李瓚注，則李氏必元以前人。梅堯臣、王晢、何延錫、張預之注孫子，至今猶有存書。餘如晁公武之郡齋讀書志、陳振孫之直齋書錄解題、高似孫之子略、黃震之日鈔、馬端臨經籍考之子部、王應麟困學紀聞之諸子篇，其論述百家之源流正變者，皆足供參考之資也。

　　元、明學者承宋遺風，遠希道統之傳，近接良知之說。六經固視爲糟粕，諸子尤棄如土苴。實則所謂精理粹言，仍不出釋、道二家之範圍也。故當時說諸子者，如李之純之集解，金李之純撰老子集解、莊子集解，見清金門詔補三史藝文志。吳澄之校正，元吳澄校正老子，又校正莊子，見同上。案今存吳注道德真經四卷，莊子内篇訂正二卷。朱得之之通義，明史藝文志朱得之老子通義二卷，莊子通義十卷，列子通義八卷。案今傳嘉靖刊本，名曰三子通義。焦竑之翼，陶望齡之解，焦有老子翼二卷，莊子翼八卷。陶有老子解二卷，莊子解五卷。皆見明史志。陸西星之元覽、副墨，老子元覽二卷，南華副墨八卷。亦見明志。皆專注於老、莊。至於名、法、儒、墨專家之書，殆已束諸高閣矣。即洪武末年，太原劉寅所著之六韜、孫吳、尉繚諸書直解，亦僅供官軍子弟講習之資，無當兵學。故考子學於元明之際，文獻皆不足徵。惟趙孟靜尚知表章荀子，並云："楊墨之學，亦出於古先王。"然徒託之空言，未見其有闡明三子之著述也。

　　綜觀上述，歷代子學，自漢崇黃、老，晉尚老、莊，以迄明季，其間講論周、秦學術者，多爲道家一流。良由歷代帝王輒自著講疏注解，如梁武父子、唐明皇、宋徽宗、明太祖、清世祖等，見隋、唐以後史志，及四庫提要。推明道家。流弊所及，甚或解以丹經，如宋葛長庚等解老子，參以金丹、爐火之說。雜以佛說，如明釋德清引佛經以證老、莊。參以兵謀，如唐王真撰道德經論兵要義述四卷，元和間進之於朝，憲宗手詔褒美。羣言混淆，無所折衷，轉不若晉人所注之善談名理也。然則二千年來，各家子學之衰，雖曰士夫之責，毋亦上之人有以倡導而致然歟！

　　前清中葉迄於近世，諸子之學，佛然朋興。其略已見第五章，茲不複贅。但就吾湘歷來治諸子學者，約略述之。漢、魏以降，湘人承屈、賈之風，率尚文學。如蜀漢零陵劉巴，長於文誥策命，湘潭王氏輯有劉令君集。魏時零陵周不疑，年十七，著文論四首，見零陵先賢傳。晉時耒陽羅含、桂陽谷儉，皆有文集，見隋志。然如後漢零陵劉巴答劉先書，自稱"記問之學，不足紀名。內無楊朱守靜之術，外無墨翟務時之風"。是劉巴亦通知楊、墨之道者也。詳見三國志蜀志本傳注。魏時零陵劉先，傳稱其博學彊記，尤好黃、老言。是劉先乃治道家之學者也。見零陵先賢傳。晉時臨湘鄧粲有老子注，見晉書本傳。今其書已亡。下逮六朝、隋、唐，惟闡釋氏之經，如梁時衡山釋惠海，陳時衡山釋惠思，隋時華容釋智顗，唐時衡陽龐蘊、武陵龍膺、長沙釋懷素、益陽釋齊己等皆著有佛學家言。南宋、元、明，多演性理之義。詳見省志藝文子部儒家，不贅。直至清初，乃有王船山先生名夫之，字而農。崛起衡陽，昌明絕學，囊括大典，網羅眾家。其於老、莊、屈、呂、淮南諸子，咸爲疏通大義。老子衍一卷，莊子通一卷，莊子解三十三卷，楚辭通釋十七卷，皆在船山遺書內。又有呂覽釋、淮南子注，未見傳本。較之明代祁陽鄧球之注老，湘潭李騰芳之說莊，湘陰徐搖舉之藏騷，三書皆見省志藝文。蓋侗乎深遠矣。後百餘年而有邵陽魏源，字默深。好治西漢今文之學，遂旁及於九流。所著有曾子章句、子思子章句、老子本義、墨子章句。並注六韜、孫子、吳子諸書。目見省志藝文，案魏氏經學五書稿本中，有子思表記、曾子發微二種。其老子本義二卷，桐廬袁昶有校刊本。其稿雖不盡傳，然自船山以來，吾湘治子學者，當以默深爲巨擘焉。其他旁涉丹經，或雜纂類典者，若善化李文炤之道德經解，以丹訣解老子。衡陽李天旭之百子碎金，平江李自芳之諸子闡餘等，皆無當於諸子之學者也。同、光之間，長沙有曹鏡初先生，名耀湘。深通儒、墨、釋、道四家之學。各家咸有撰述，而以墨子箋最名於時。湖南書局聚珍本。其書以大義爲先，名物爲後。視孫氏閒詁之專於考證者，實相資爲用也。湘潭王壬秋先生，名闓運。爲時名儒，其注莊子、墨子，亦常采用曹氏之說。莊子注二卷，墨子注七卷，鶡冠子注一卷，皆在湘綺樓叢書內。同時有長沙王葵園先生，名先謙，字益吾。以經師兼治子學。儒荀、道莊，各爲集解。二書皆長沙思賢書局刻本。嗣是湘潭胡元儀有荀子集注，未刊行。湘陰郭慶藩有莊子集釋，平江蘇輿有晏子春秋校本，長沙王先慎有韓非子集解，三書皆長沙思賢書局本。湘潭葉德輝輯鶡子佚文，觀古堂自刻本。湘鄉陳毅有墨子正義，未刊行。今人寧鄉錢維驥輯伊尹書佚文，湘鄉顏昌嶢有管子校釋，二書尚未刊行。長沙楊樹達集老子古義，中華書局聚珍仿宋本。王時潤有商君書集解、申子逸文考、野老四篇集解，又校釋尹文子、公孫龍子諸書，皆自印聚珍本。湘鄉譚戒甫有墨辨發微、公

孫龍子發微、呂子輯校補正。武漢大學出版。綜觀數十年來，湘中
子學，後先繼起，其遠因殆出自船山，其近因則湘綺、葵園倡導之
力。而並世學人之專著，其足以沾漑吾湘者，亦良多也。上列諸
氏之作，僅舉所知。其他傳本未見，或屬稿未脫，或存稿待刊者，
尚不知凡幾。余舊輯內業集釋、呂子高注集釋、列子張注集釋、韓子集解補正皆
未寫定。惟是兼綜條貫，俾成一有系統之學術，尚待方來。明辨
篤行，責在吾黨。

第九章　子與經

　　六藝之文,藏在太史,自孔子删述以後,儒家者流,始奉以爲
經。至漢世表章六藝,罷黜百家,凡未經孔子手訂,及其後之著
書立說者,皆屬諸子傳記。由是經與子顯分軒輊矣。論衡案書篇
云:"董仲舒著書不稱子者,意殆自謂過諸子也。"法言君子篇云:"或曰子小諸子。"是
漢人皆以子不如經也。烏知子之與經,固同出而異名者乎? 莊子天
下篇云:"詩以道志,書以道事,禮以道行,樂以道和,易以道陰
陽,春秋以道名分。其數散於天下,而設施也。於中國。百家之
學,時或稱而道之。"是諸子皆稱道六經者也。班志諸子敘錄云:
"易曰:'天下同歸而殊塗,一致而百慮。'今異家者,各推所長,窮
知究慮,以明其指;雖有蔽短,合其要歸,亦六經之支與流裔。"是
諸子皆歸本六經者也。由今考之,子與經之關聯,尚不僅此。別
爲四端,述證於下:
　　(一)諸子引用經書者　孔子以後,非身通六藝者,不得列
於儒家,猶之朱子以後,非稱述五子者,不得號爲道學。故儒家

孟、荀諸子，或長於詩、書，趙岐孟子題辭云：“孟子通五經，尤長於詩、書。”
或長於詩、禮、春秋，見汪中荀子通論。其著述之引用六經，因無待
論。當時與儒家並稱顯學者，惟一墨家，韓子顯學篇云：“世之顯學，儒、
墨也。儒之所至，孔丘也；墨之所至，墨翟也。”其攻擊儒家甚至，墨子有非儒
篇。然亦常稱引詩、書以證明其學說。今考墨子引詩經者，如尚
賢中篇引：“詩曰：‘告女憂卹，誨女序爵，孰能執熱，鮮不用濯。’”
詩大雅桑柔篇文，惟二女字皆作爾，孰作誰，鮮作逝，用作以。尚同中篇引：“周
頌之道曰：‘載見辟王，聿求厥章。’”詩周頌載見篇文，聿作曰，古字通。
又引：“詩曰：‘我馬維路，六轡沃若，載馳載驅，周爰咨度。’又曰：
‘我馬維駰，六轡若絲，載馳載驅。周爰咨謀。’”詩小雅皇者華篇
文，若絲今作如絲。兼愛下篇引：“大雅之所道曰：‘無言而不讎，無
德而不報。投我以桃，報之以李。’”詩大雅抑篇文，今詩無兩而字。天
志中篇引：“皇矣道之曰：‘帝謂文王，予懷明德，不大聲以色，不
長夏以革，不識不知，順帝之則。’”詩大雅皇矣篇文，又下篇引同，惟不大、
不長二不字作毋。明鬼下篇引：“大雅曰：‘文王在上，於昭於
天，……穆穆文王，令聞不已。’”詩大雅文王篇文，穆穆今作亹亹，字異義
同。其引書經者，尚賢中篇引：“湯誓曰：‘聿求元聖，與之戮力，
同心以治天下。’”今孔書湯誥篇文，無同心以下六字。又引：“呂刑之道
曰：‘皇帝清問下民，有辭有苗……三后成功，惟假於民。’”共十七
句，與今孔書呂刑篇文句小異。尚同中篇引：“呂刑之道曰：‘苗民否用
練，折則刑，唯作五殺之刑曰法。’”今孔書否作弗，練作靈，折作制，皆音同
字通，殺作虐，義同。兼愛下篇引：“泰誓曰：‘文王若日若月，乍照於
四方，於西土。’”今孔書作“唯我文考，若日月之照臨，光於四方，顯於西土。”又
引禹誓：“禹曰：‘濟濟有眾，咸聽朕言。非惟小子，敢行稱亂。蠢
茲有苗，用天之罰。若予既率爾羣，對爾羣以征有苗。’”今孔書大
禹謨文，字句稍異。又引湯誥：“湯曰：‘惟予小子履，敢用玄牡。告
於上天后曰：今天大旱，即當朕身。履未知得罪於上下。有善不

敢蔽，有罪不敢赦，簡在帝心。萬方有罪，即當朕身；朕身有罪，無及萬方。'"今孔書湯誥文，字句微異。非樂上篇引："先王之書，湯之官刑有之。曰：其恆舞於宮，是謂巫風。其刑，君子出絲二衞，衞讀爲緯。小人否似，曹耀湘云："否似當作倍役。"二伯黃徑。乃言曰：嗚乎，舞佯佯，猶洋洋，盛多也。黃言孔章。案黃讀爲簧。黃言，謂巧言如簧也。孔書作嘉言，於墨引書意不合。上帝弗常，九有以亡。上帝不順，降之百殃。玉篇：殃，徐羊切，女鬼也。案即今殃字。其家必壞喪，察九有之所以亡者，徒縱飾樂也。"今孔書伊訓篇文，惟字句小異耳。非命篇引："仲虺之告曰：'我聞有夏，人矯天命，布命於下，帝式是惡，用喪厥師。'"又引："太誓曰：'紂夷處，不肯事上帝鬼神，棄厥先神禔不祀。乃曰吾民有命，毋僇其務。畢沅曰："言毋勸力其事也。"天亦縱之，棄而弗葆。'"非命有上、中、下三篇，所引書文互異，茲參考錄之，與孔書仲虺之誥及太誓上篇文稍不同。觀上述墨子引經，此外引經者尚多，不具錄。或同於齊、魯之學，或異乎今古之文。蓋古人講學，口耳相傳。筆之於書，不無同異。不得謂墨子所據之詩、書，必非孔子删訂之原本也。其餘百家，亦多引用經語。閩今人有爲諸子引經考者，未見印行。至徵引詩、書、易象、春秋兼及孝經、論語者，則惟呂子一家而已。茲略舉之。呂子之引易者，如務本篇引："易曰：'復自道，何其咎，吉。'"易小畜初九爻辭。慎大篇引："易曰：'愬愬，履虎尾，終吉。'"易履九四爻辭。召類篇引："易曰：'渙其羣，元吉。'渙者，賢也；羣者，眾也；元者，吉之始也。'渙其羣，元吉'者，其佐多賢也。"易渙六四爻辭。渙者以下，蓋古說易之文。其引書者，如貴公篇引："鴻範曰：'無偏無黨，王道蕩蕩。無偏無頗，遵王之義。無或作好，遵王之道。無或作惡，遵王之路。'天下非一人之天下也，天下之天下也。"今孔書洪範篇二或字皆作有。案有、或二字古通用。天下二語，又見六韜。諭大篇引："夏書曰：'天子之德，廣運乃神，乃武乃文。'"見孔書大禹謨篇，文小異。又引："商書曰：'五世之廟，可以觀怪。萬夫之長，可以生謀。'"見孔書咸有一德篇，文小異。孝行篇引：
"商書曰：'刑三百，罪莫重於不孝。'"高誘注云："商湯所制法也。"君守
篇引："鴻範曰：'惟天陰騭下民。'陰之者，所以發之也。"見孔書洪
範篇，陰之者句，呂子釋經之詞。其引詩者，如先己篇引"詩曰：'淑人君
子，其儀不忒'"四句。檜風鳲鳩篇文。又引"執轡如組"一句。鄭風大
叔于田篇文。古樂篇引："周公旦乃作詩曰：'文王在上，於昭於天。
周雖舊邦，其命維新。以繩文王之德。'"見前，與墨子所引同。安死
篇引"詩云：'不敢暴虎，不敢馮河'"四句。小雅小旻之卒章。務本
篇引"詩云：'有渰淒淒，興雲祁祁'"四句。小雅大田篇文。又引：
"大雅曰：'上帝臨汝，無貳爾心。'"大雅大明篇文。報更篇引："詩
曰：'赳赳武夫，公侯干城。'周南兔罝首章文。'濟濟多士，文王以
寧。'"大雅文王篇文。重言篇引"詩曰：'何其久也，必有以也'"四
句。邶風旄丘二章文。知分篇引"詩曰：'莫莫葛藟，延於條枚'"四
句。大雅旱麓之卒章。行論篇引"詩曰：'惟此文王，小心翼翼'"四
句。大雅大明之三章。又引："詩曰：'將欲毀之，必重累之；將欲踣
之，必高舉之。'"高誘云："詩，逸詩也。"求人篇引"詩曰：'子惠思我，
褰裳涉洧'"四句，鄭風褰裳篇文。又引詩"無競維人"一句。大雅抑篇
文。又云："觀於春秋，自魯隱公以至哀公十有二世，其所以得
之，所以失之，其術一也。"此所云春秋，當爲孔子已修之春秋。
不然，不必始隱而終哀也。此外如察微篇引："孝經曰：'高而不
危，所以長守貴也；滿而不溢，所以長守富也。富貴不離其身，然
後能保其社稷，而和其民人。'"孝經諸侯章文。孝行篇云："故愛其
親，不敢惡人；敬其親，不敢慢人。愛敬盡於事親，光耀加於百
姓，究於四海。此天子之孝也。"此數語不稱孝經，而其本於孝經
天子章，固無疑義。又如勸學篇云："孔子畏於匡，顏淵後。孔子
曰：'吾以汝爲死矣。'顏淵曰：'子在，回何敢死。'"當務篇載孔子
論直躬證父竊羊事。其出自孔門之論語，亦可推知。然則莊子

所謂"百家之學,時或稱道六藝"者,非虛語矣。

（二）諸子采入經書者　虞、夏之書,殷、周之詩,文王之易,周公之禮、魯太史之春秋,若以漢志所載黃帝四經、孔甲盤盂、大禹、伊尹、太公、周史大弢較之,則詩、書、易、禮、春秋,亦諸子之曹偶耳。特六藝折衷孔子,後學遂稱之爲經,即傳說其經者,亦得別異於諸子,而列入經類。不知諸子之著作,嘗有裁篇別出而入於經中者。伊尹,道家也,而伊尹所作之伊訓、肆命、徂后、肆命、徂后二篇今亡。太甲三篇、咸有一德,四篇,漢時亡逸,東晉始出。皆編入商書。尹佚,墨家也,而尹佚所作之洛誥,佚、逸,古字通。王國維觀堂集林卷一云:"洛誥爲史逸作。"編入周書。管子弟子職一篇,亦列孝經家。曾子十篇及荀子、哀公、禮論、勸學、宥坐諸篇之文,今在大戴禮記。呂子十二紀亦入小戴禮記明堂陰陽。禮記月令篇鄭玄目錄云:"本呂氏書十二月紀之首。"別錄云:"月令屬明堂陰陽,漢志禮家有明堂陰陽三十三篇。"穀梁傳兩載雜家尸子之言。隱五年,桓九年。保傅篇引小說家青史氏之記。大戴禮記第四十八。樂記前十一篇,公孫尼子所作也。中庸、表記、坊記、緇衣四篇,子思子之書也,本隋書音樂志。而皆在禮記四十九篇之中。近人謂"子中有經,經中亦有子",江瑔讀子卮言。其說是已。至若司馬法本兵權謀家也,而班志入於軍禮。隋、唐志仍列司馬法於兵書,與七略同。戰國策實縱橫家言也,而班志附於春秋。宋史藝文志始列戰國策於縱橫家。後至宋元祐中,以論語、孟子試士,孟子遂與論語同列經部。見四庫書目提要。是又諸子之加入經類者也。

（三）諸子合乎經義者　章氏學誠曰:"戰國之文,其源皆出於六藝。何謂也? 曰:道體無所不該,六藝足以盡之。諸子之爲書,其持之有故而言之成理者,必有得於道體之一端,而後乃能恣肆其說,以成一家之言也。所謂一端者,無非六藝之所該,故推之而皆得其所本,非謂諸子果能服六藝之教,而出辭必衷於是也。老子說本陰陽，莊、列寓言、假象，易教也。鄒衍侈談天地，關尹推衍五行，書教也。縱橫辭命，出使專對，詩教也。管、商法制，義存政典，禮教也。申、韓刑名，旨歸賞罰，春秋教也。其他楊、墨之言，孫、吳之術，辨其源委，挹其旨趣，九流之所分部，七錄之所敍論，皆於物曲人官得其一致，而不自知爲六典之遺也。"文史通義－詩教上篇。今案章氏推闡班志"百家要歸六經"之說，其義甚確，故備述之。漢儒多以九流之言說經，詳見第八章。

（四）諸子可證經義者　俞氏樾曰："聖人之道，具在於經，而周秦諸子之書，亦各有所得。雖以申、韓之刻薄，莊、列之怪誕，要各本其心之所獨得者而著之書，非如後人勦竊陳言，一倡百和者也。且其書往往可以考證經義，不必稱引其文，而古言古義居然可見。故讀莊子人間世篇曰：'大枝折，小枝泄。'泄即抴之假字，謂牽引也，而詩七月篇'以伐遠揚，猗今詩作掎。彼女桑'之義見矣。讀管子大匡篇曰：'臣祿齊國之政'，而知尚書今文家說大麓，古有此說。讀商子禁使篇曰：'驪虞以相監'，而知魯、韓詩說以驪虞爲掌鳥獸官，亦古義也。讀呂氏春秋音律篇曰：'固天閉地，陽氣且泄'，而知月令'以固而閉，地氣沮泄'之文，有奪誤也。凡此之類，皆秦火以前，六經舊說，孤文隻字，尋繹無窮。烏呼！西漢經師之緒論，已可寶貴，況又在其前歟？"諸子平議序。今案清儒研究經訓，往往引子證經，俞氏承其流風，故治經之餘，亦嘗涉獵諸子。俞著羣經平議、諸子平議各三十五卷。是諸子之重要，固不後於羣經。諸子書有以經名者，詳見文史通義經解篇，可參考。漢王充有言："知屋漏者在宇下，知政失者在草野，知經誤者在諸子。諸子尺書，文明事實。說章句者終不求解扣明，師師相傳爲章句者，非通覽之人也。"然則五經之蕞殘，不如諸子之完璧矣。參考論衡書解篇。

第十章 子與史

說文解字云：“史，記事者也，從又持中，中，正也。”清儒江氏永曰：“凡官府簿書謂之中，故周官言治中、受中，小司寇斷庶民獄訟之中，皆謂簿書，猶今之案卷也。此中字之本義。故掌文書者謂之叟，其字從又、從中，又者，右手，以手持簿書也。吏字、事字皆從中字。天有司中星，後世有治中之官，皆取此義。”周禮疑義舉要卷五。吳氏大澂曰：“史從又、從中，象手執簡形。”說文古籀補第三。王氏國維釋史曰：“周禮有大史、小史、內史、外史、御史、女史，其六官之屬，又各有史。諸史之職，專以藏書、讀書、作書爲事。其字所從之中，自當爲盛書策之器。江氏以中爲簿書，較吳氏以中爲簡者得之。簡爲一簡，簿書則需眾簡。史之本義，爲持書之人，即爲掌書之官，引申而爲大官及庶官之稱，又引申而爲職事之稱。故吏、事二字，皆從史取義。說文解字云：“吏，治人者，從一、從史，史亦聲。”又云：“事，職也，從史，屮省聲。”而史、吏、事三字，古可互通。古之官名，多由史出。殷周間王室執政之官，經傳作卿士，而毛公鼎、小子師敦、番生敦作卿事，殷虛卜辭作卿史，是卿士本名史也。又天子諸侯之執政通稱御事，而殷虛卜辭則稱御史，是御事亦名史也。又古之六卿，書甘誓謂之六事，司徒、司馬、司空，詩小雅謂之三事，左氏成二年傳、逸周書大匡篇，皆謂之三史。此皆大官之稱事若吏，即稱史者也。案周官所屬府史胥徒之史，古謂之庶士，後世謂之書吏，亦謂之錄事。此庶官稱吏、稱事之合於古者也。其後，三者各需專字。於是此三字於小篆中截然有別：持書者謂之史，治人者謂之吏，職事謂之事。此蓋出於秦、漢之際，而詩、書古文不甚區別也。"觀堂集林卷六。今案王氏謂古者藏書、讀書、作書，皆史之專職；又謂大官、庶官，古通謂之史，又謂之吏，或謂之士，義至精確。蓋周、秦以前所謂史者，多指史官。惟論語云："文勝質則史"，又"吾猶及史之闕文也"，孟子引孔子曰："其文則史。"似指史書。其稱史官所記之書，則皆曰史記。如太史公書周本紀云："周太史伯陽讀史記"，又陳杞世家云："孔子讀史記。"呂子察傳篇載子夏聞讀史記。至稱史書曰史，當起於後漢之時。三國志呂蒙傳注云："權謂蒙曰：'讀書但當涉獵。孤統事以來，省三史、諸家兵書，大有益。'"王鳴盛云："三史，似指戰國策、史記、漢書。"猶之子，本人之嘉稱，因稱其人所著之書亦曰子也。

　　道家者流，蓋出史官，其他百家，多源於史，語在諸子淵源章。茲但就子、史二家相通之義，約略言之。漢志六略無史類。凡國語、戰國策、秦事、楚漢春秋、太史公太古以來年紀諸書，皆列入六藝春秋家。春秋者，史之別名也。公羊莊七年傳，何注云："春秋謂史記也。古者謂史記爲春秋。"司馬遷十二諸侯年表序云："趙孝成王時，其相虞卿上采春秋，下觀近世，亦著八篇，爲虞氏春秋。呂不韋者，秦莊襄王相，亦上觀尚古，删拾春秋，集六國時事，以爲八覽、六論、十二紀，爲呂氏春秋。及如荀卿、孟子、公孫固、韓非之徒，各往往捃摭春秋之文以著書，不可勝紀。漢相張蒼，歷譜五德。上大夫董仲舒推春秋義，頗著文焉。"據史遷之說，則儒家、孟子、孫卿子、公孫固、虞氏春秋。法家、韓非子。雜家、呂氏春秋。陰陽家、漢志張蒼十六篇。皆采春秋、六國時事，著爲成書。蓋秦、漢以前，尚無子、史二家之別也。且徵之墨子之言曰："吾見百國春秋。"隋書李德林傳引，又見史通六家篇。故其明鬼下篇所引，有周之春秋，有燕之春秋，有宋之春秋，有齊之春秋，是墨家實兼綜各國史書者也。名家多談名理，不必切於事情，然如公孫龍子說白馬非馬，亦引楚王遺弓之事爲證。公孫龍子跡府篇。管子法法篇，嘗引春秋之記。至兵權謀家之兵春秋三篇，書雖亡佚，其爲紀前史戰爭之事，如近世之讀史兵略者，可推而知。讀史兵略四十六卷，益陽胡林翼編。若夫後世書錄，以春秋類之戰國策入於縱橫家，宋史藝文志。以儒家之晏子春秋入於史部傳記，清四庫全書提要云："案晏子一書，由後人摭其軼事爲之，雖無傳記之名，實傳記之祖也。"益可見子、史相通之意矣。惟子亦有異乎史者。子書之稱述故事，或以證成其學說，或僅論定其是非，不必如史書之標舉歲時，詳紀本末。故子書所記春秋、戰國時事，閒與左傳、國策有不合者。或爲寓言十九，或係傳聞異詞，不得信史而疑子也。如荀子宥坐篇、呂子離謂篇、列子力命篇皆云："子產殺鄧析。"而左氏定九年傳云："鄭駟歂殺鄧析而用其竹刑，君子謂子然（歂字）於是不忠，用其道不恤其人，子然無以勸能矣。"又如韓子初見秦第一篇，戰國策秦策以爲張儀說秦王書。元吳師道、清顧廣圻皆校從韓子，是也。其餘時代先後不合者尤多，不勝條舉。至於莊、列寓言，更無論矣。

第十一章　子與集

　　隋志云：“別集之名，蓋漢東京之所創也。自靈均以降，屬文之士眾矣，然其志尚不同，風流殊別。後之君子，欲觀其體勢，而見其心靈，故別聚焉，名之爲集。據此，則隋志所載荀況集、宋玉集及西漢人集十五部，皆後人所別聚也。辭人景慕，並自記載，以成書部。”章氏學誠則云：“兩漢文章漸富，爲著作之始衰。然賈生奏議，編入新書；相如詞賦，但記篇目，皆成一家之言，與諸子未甚相遠。初未嘗有彙次諸體，裒焉而爲文集者也。自東京以降，訖乎建安、黃初之間，文章繁矣。然范、陳二史所次文士諸傳，識其文筆，皆云所著詩、賦、碑、箴、頌、誄若干篇，不云文集若干卷。則文集之實已具，而文集之名猶未立也。案此駁隋志“集名，東京所創”之說。蓋文集名稱，起自魏、晉。魏文撰徐、陳、應、劉文爲一集。此文集之始。陳壽定諸葛亮集二十四集，本云諸葛亮故事，其篇目載三國志，亦子書之體。而晉書陳壽傳云：“定諸葛集。”壽於目錄標題，亦稱諸葛氏集。集部著錄，昉於蕭梁。梁阮孝緒七錄，惟技術、佛、道分三類，而經典、紀傳、子兵、文集四錄，已全爲唐人經、史、子、集之權輿。古學源流，至此一變，亦其時勢爲之也。"文史通義文集篇。梁昭明太子文選序云："老、莊之作，管、孟之流，蓋以立意爲宗，不以能文爲本。今之所選，又以略諸。"由上三說觀之，則秦以前之子書，與漢以後之文集，其將判若天淵乎？殆不然也。

　　文集者，起於專門學術之衰，而後萃聚文墨以附於著作之林也。經學不專家，而文集有經義；史學不專家，而文集有傳記；子學不專家，而文集有論辨。故漢以後之文集，捨經義、傳記、論辨三體，其餘莫非辭章之屬也。即正考父之輯商頌，國語魯語：昔正考父校商之名頌十二篇於周太師，以那爲首，其輯之亂曰："自古在昔，先民有作，溫恭朝夕，執事有恪。"案商頌今僅存五篇。劉向之集楚辭，舊本楚辭，首題"護左都水使者光祿大夫臣劉向集。"固爲總集之濫觴，終屬古詩之流裔。惜夫！晉代摯虞之流別以及六朝時之集苑、集林、集鈔、集略，今俱不傳。隋志：文章流別集四十一卷，梁六十卷，志二卷，論二卷，摯虞撰。集苑四十五卷，梁六十卷。集林一百八十一卷，梁二百卷。集鈔十卷，梁四十卷。集略二十卷。而就現存之蕭集文選，梁昭明太子蕭統集文選三十卷。嚴輯古文，清嚴可均輯全上古三代秦漢三國六朝文，合七百四十六卷。考其辭體之近源，殆無一不本於諸子。上林、羽獵、兩都、二京諸賦，蘇、張縱橫侈陳形勢之遺也。雪、月、恨、別、簫、笛、琴、笙、鸚鵡、鷦鷯諸賦，荀子禮、智、雲、蠶、箴五章之變也。對問、答難、客嘲、賓戲，屈子之漁父、卜居，莊子之惠施問難也。韓子儲說經文，比物連類，連珠之託始也。馬驌繹史卷百四十七注。而或以爲始於揚雄，非其質矣。楊慎丹鉛總錄云："嘗讀北史李先傳，魏帝召先讀韓子連珠二十二篇，韓子即韓非子。韓非書中有連語，先列其目，而後著其解，謂之連珠。"據此，則連珠之體兆於韓非。任昉文章緣起謂連珠始於揚雄，非也。呂子載伊尹說湯，歷舉肉魚"和味"菜飯水果之美，七林之所啟也，而或以爲造於枚乘，忘其祖矣。唐類函引摯虞文章流別論曰："七發造於枚乘。"又曰："傅子集古今七篇而論品之，署曰七林。"鄒陽辨謗於梁王，江淹陳辭於建平，蘇子之自解忠信而獲罪也。過秦、王命、六代、辨亡諸論，抑揚往復，意存諷諭，孟、荀之稱述聖王以儆時君也。屈子上稱帝嚳，中述湯武，下道齊桓，亦是。此節略本文史通義詩教篇。崔瑗之銘座右、上企戒書，而實起於黃帝金人之銘也。大戴禮記武王踐阼篇，師尚父道丹書之言，王聞之，惕若恐懼，退而爲戒書十七銘，以戒後世子孫。嚴可均曰：“金人銘，舊無撰人姓名。”據太公陰謀及金匱知即黃帝六銘之一，詳見書目表。張華之箴女史，近法揚雄，而實祖於辛甲虞人之箴也。後漢書胡廣傳云：“揚雄依虞箴作十二州二十五官箴。”自劉略別詩賦於諸子，王志稱詩賦爲文翰，阮錄改文翰爲文集，遂爲隋、唐集部之權輿。然而屈原八篇，獨冠楚辭之首，陳澧論諸子云：“屈原之文，雖詩賦家，其學則儒家也。”今案屈子實近於道家。漢志云：“屈原賦二十五篇。”隋志集部楚辭敘錄云八篇者，以離騷一、九歌二、天問三、九章四、遠遊五、卜居六、漁父七及大招共八篇也。荀況二卷，亦居別集之前。隋志別集首列楚蘭陵令荀況集二卷，新唐志別集類亦首列趙荀況集二卷。案集名皆後人所題。此則集部之兼收子書者也。近世文章家撰述總集，以示典則者，若曾國藩之雜鈔百家，黎庶昌之續纂古文，凡孟、荀、莊、韓之言，皆爲甄錄。斯其門戶之大，識解之超，非昭明一隅之見所可同日語者已。清陽湖惲敬氏大雲山房文稿二集敘錄，宜參觀。

第十二章　諸子之異同

　　三代之世，治與教一而已，無所謂專家之學，即無所謂異同也。王道既微，官司失守，於是百家之學蜂起並出，各引一端以立說，分道而馳，有若水火之不相入。如道家者流，絕去禮學，兼棄仁義，與儒家、名家異；獨任清虛以爲治，與法家、兵家異。儒家務民義而遠鬼神，與陰陽家舍人事而任鬼神異。墨家兼愛，與法家傷恩薄厚異。雜家漫衍而無所歸心，與道家秉要執本異。農家欲使君臣并耕，悖上下之序，與法家尊主卑臣、明分職不得相踰越異。以上略本石城江氏慎中學術流別論諸子篇。此其末流之弊，彼此各別，固難強同已。然而莊子有言：“古之所謂道術，皆原於一。”天下篇語。惟自一生二，二生三，三生萬物以後，學術亦隨而區分，於是有同出而異名者焉，有同源而異流者焉。道德之不一，乃學術自然分化之順序，不必盡由天下之大亂也。先就諸子之分異者，約略述之。

　　諸子之學，首推黃、老。然孔子學於老聃，呂子當染篇，史記世家。而爲儒家諸子之祖；慎到學黃、老道德之術，而所著十二論爲法家；_{史記孟荀列傳，漢志法家慎子四十二篇。}申不害學本於黃、老，而主刑名；韓非與李斯俱事荀卿，而喜刑名法術之學；_{史記老莊申韓列傳。}墨子學儒者之業，受孔子之術，而背周道，用夏政，別爲墨家；_{淮南子要略篇。}惠施、公孫龍祖述墨子之辨經，別爲名家；_{晉書魯勝墨辨注序。}蘇秦讀太公陰符之謀而爲縱橫之黨；_{戰國策及韓子五蠹篇。}吳起學於曾子，儒服而談兵機；_{史記本傳及吳子圖國第一云：“吳起儒服，以兵機見魏文侯。”}商鞅學於尸佼，治秦專任法律。_{漢志。}陳相，儒者也，背師而習神農之言；夷之，墨者也，改容而受孟子之教。_{皆見孟子滕文公上篇及趙岐注，並章指。}鄒衍明於儒術，而其論則陰陽家；_{桓寬鹽鐵論論儒篇云：“鄒子以儒術干世主，不用，即以變化終始之論，卒以顯名。”}宋鈃列於小說，而其言有黃、老意。_{漢志。}凡此皆學焉而各得其性之所近者。惟或限於材力，或務於時趨，主旨稍歧，流派斯別。當百家蜂起之際，人各是其所是，非其所非，取捨不同，至相攻詰。此道術所以爲天下裂也。茲就諸子之異流而相非者，述其略焉。_{康有爲著孔子改制考分諸子爭教互攻考、諸子攻儒考、墨、老攻儒尤盛考、儒、墨交攻考儒攻諸子考各篇，可參考。}

孟子距楊、墨，謂其無父無君，且斥之爲禽獸。_{案孟子有云：“人之所以異於禽獸者幾希。”又云：“飽食煖衣，逸居而無教，則近於禽獸。”又謂行政而使民飢死及充塞仁義者，皆爲率獸食人。又謂橫逆之妄人爲禽獸。是孟子常以禽獸斥人，蓋其口頭常語。（荀子亦好以禽獸、狗彘斥人。）近時墨學家謂孟子此語爲過，當不必然也。}然孟子不僅距楊、墨也，清儒陳氏澧曰：“楊朱，老子弟子，距楊朱即距道家也。孟子曰：‘故善戰者，服上刑，連諸侯者次之，闢草萊、任土地者次之。’_{朱注}以爲孫臏、吳起、蘇秦、張儀、李悝、商鞅之類。則兵家、縱橫家、農家皆距之矣。曰‘省刑罰’，曰‘徒法不能以自行’，可以距法家；曰‘生之謂性也，猶白之謂白與’？可以距名家；曰‘天時不如地利’，可以距陰陽家；曰‘夫道一而已矣’，可以距雜家；曰‘此非君子之言，齊東野人之語也’，可以距

小說家。此孟子所以爲大儒也。"東塾讀書記三。今案孟子以齊桓、
晉文之事爲未之聞，以管仲、晏子之功爲不足爲，以伯夷、伊尹之
聖爲不同道，碌碌餘子，類皆辭而闢之。萬章上篇九章，告子下
篇宋牼一章，皆闢小學家言也。曰："詖辭知其所蔽，淫辭知其所
陷，邪辭知其所離，遁辭知其所窮。"此闢名家之詭辯派也。公孫
丑上篇。其直闢農家，則曰："從許子之道，相率而爲僞者也，惡能
治國家。"其直闢縱橫家，則曰："公孫衍、張儀以順爲正者，妾婦
之道也，焉得爲大丈夫乎？"滕文公上、下篇。其直闢兵家也，則謂慎
滑釐爲"殃民者不容於堯舜之世"。告子下篇。至於陳仲子齊人所
謂廉士者，而孟子謂其無親戚君臣上下，比之於蚯蚓。滕文公下，
又盡心上。荀子亦謂田仲爲盜名之姦人。荀子不苟篇。荀子又曰：
"慎子有見於後無見於先，老子有見於詘無見於信，墨子有見於
齊無見於畸，宋子有見於少無見於多。有後而無先則羣眾無門，
有詘而無信則貴賤不分，有齊而無畸則政令不施，有少而無多則
羣眾不化。"荀子天論篇。其非十二子篇，漢韓嬰損易其文，僅非十
子曰："當世之愚，飾邪說，文姦言，以亂天下，欺惑愚眾，使混然
不知是非治亂之所存者，即是范睢、魏牟、田文、案史記孫吳列傳，田
文，魏相也。吳起自知弗如田文。呂子執一篇作商文。非孟嘗君也。莊周、慎
到、田駢、墨翟、宋鈃、鄧析、惠施之徒也。"韓詩外傳四。是皆儒者
衛道之苦心，固非好辯也。而視百家之互相訾謷者，又何以異
乎？當時攻儒最力者，惟一墨家，然墨子亦不僅非儒、非樂、非命
也，墨子三篇名。公孟篇亦非儒。天志上篇云："今天下之士君子之書，
不可勝載，言語不可盡計，上說諸侯，下說列士，其於仁義則大相
遠也。"則所非已涉及諸子矣，豈獨"儒墨者師，故以是非相鼇"
乎？語本莊子知北遊篇。莊子作漁父、盜跖、胠篋以詆訾孔子之徒，
以明老子之術。史記列傳云："世之學老子者，則黜儒學，儒學亦黜老子。"又
云："削曾、史之行，鉗楊、墨之口。"莊子胠篋篇。又謂"惠施之能，

猶一蜩一蟲之勞，於物何庸？"天下篇。又謂"大大，尚也。功大名，此朝廷之士，尊主強國之人，致功兼并者之所好。"刻意篇。此道家之非諸子者也。"鄒子疾晚世之儒墨，不知天地之弘，昭曠之道，將一曲而欲道九折，守一隅而欲知萬方，猶無準平而欲知高下，無規矩而欲知方圓也。於是推大聖終始之運，以喻王公。"本桓寬鹽鐵論論鄒篇文。此陰陽家之非諸子者也。商君書曰："辯、慧，亂之贊也；禮、樂，淫佚之徵也；仁、慈，過之母也；任、舉，姦之鼠也。……國有八者，上無以使守戰，必削，至亡。國無八者，上有以使守戰，必興，至王。"說明篇。又曰："夫治國舍勢而任說，則身修而功寡。故事詩、書談說之士，則民游而輕其君；事處士，則民遠而非其上；事勇士，則民競而輕其禁。"算地篇。韓非子曰："是以儒服帶劍者眾，而耕戰之士寡；堅白無厚之詞章，而憲令之法息。故曰上不明，則辯生焉。"問辯篇。王應麟曰："堅白，公孫龍之言。無厚，鄧析之言。"又以儒、墨明據先王，必定堯舜，爲愚誣之學；以漆雕之廉暴、宋榮之寬恕，爲雜反之行。顯學篇。此皆法家之非諸子者也。尹文子曰："大道治者，則名、法、儒、墨自廢。以名、法、儒、墨治者，則不得離道。老子曰：'道者，萬物之奧，善人之寶，不善人之所寶。'是道治者謂之善人，藉名、法、儒、墨者謂之不善人。善人之與不善人，名分日離，不待審察而得也。"大道上篇。公孫龍曰："偃兵之意，兼愛天下之心也。兼愛天下，不可以虛名爲也，必有其實。"呂子審應篇。此皆名家之非諸子者也。由余對秦繆公曰："中國以詩、書、禮、樂、法度爲政，此乃中國所以亂也。夫自上聖黃帝作爲禮、樂、法度，身以先之，僅以小治。及其後世，日以驕淫。阻法度之威，以責督於下。下罷極，則以仁義怨望於上。上下交爭怨而相篡弒，至於滅宗，皆以此類也。"史記秦本紀。尸子曰："墨子貴兼，孔子貴公，皇子貴衷，田子貴均，列子貴虛，料子貴別囿。其學之相非也數世矣。而已皆弇於私也。

何煒曰：“而下疑脫不字。”今案，已當爲己。天、帝、皇、后、辟、公、弘、廓、
閎、溥、介、純、夏、憮、冡、晊、昄、皆大也，十有餘名而實一也。若
使兼、公、虛、均、衷、平易、別囿一實也，則無相非也。”汪輯本尸子
廣澤篇，案，貴衷猶孟子所云：“子莫之執中。”別囿猶莊子所云：“宋鈃之別宥。”衷、
中、囿、宥，聲同字通。惟皇子、料子未詳何人耳。列子湯問篇末言，“昆吾之劍，切玉
如切泥。火浣之布，出火皓如雪，”皇子以爲無此物，傳之者妄。恭叔曰：“皇子果於
自信，果於誣理哉！”疑即貴衷之皇子。料子當即鈃子，即莊子之宋鈃，又稱宋榮子者
也。宋鈃稱鈃子，猶匡章之稱章子，田盼之稱盼子也。漢隸金旁或作釒，斗或作斗，
開或作開，此料字必爲鈃字之奪誤。此皆雜家之非議諸子者也。其餘如
孟子非楊子，楊子非墨子，墨子非孔子。淮南子氾論篇云：“夫弦歌鼓舞
以爲樂，盤旋揖讓以循禮，厚葬久喪以送死，孔子之所立也，而墨子非之。兼愛、上
賢、右鬼、非命，墨子之所立也，而楊子非之。全性保真不以物累形，楊子之所立也，
而孟子非之。”循環相攻，日以心鬥。其外因則孔子所謂“道不同不
相爲謀”，論語衛靈公篇。其内因則墨子所謂“吾亦是吾意而非子
之意”耳。墨子耕柱篇。是以時無論古今，地無論東西，凡學術之
自成一家言者，無不排他以伸己說。本劉師培孔學真論中語。沿及漢
世，若孔鮒之詰墨，見孔叢子。桓寬之非軼、論鄒，見鹽鐵論。王充之
問孔、非韓、刺孟，見論衡。劉陶之匡老、反韓、復孟，後漢書本傳，陶著
書數十萬言，又作七曜論，匡老子，反韓非，復孟軻。蓋至今猶斷斷未已也。

　　雖然，此特因流別之不同，遂各樹其壁壘，高其閈閎，自爲墨
守，外則輪攻耳。乃有學本一家，而亦故爲内訌者，試進述其異
同焉。孟、荀二子之學，同出孔氏，而一云性善，一云性惡；一法
先王，一法後王。荀子且以“聞見雜博、案舊造說”爲子思、孟軻
之罪，詳見下文。宜乎揚雄氏謂其同門而異戶歟！揚子法言君子篇云：
“或曰：‘孫卿非數家之書，侻（廣雅侻，可也）也，至於子思、孟軻，詭哉！’曰：‘吾於孫
卿與，見同門而異戶也。惟聖人爲不異。’”韓子顯學篇云：“世之顯學，儒、
墨也。儒之所至，孔丘也；墨之所至，墨翟也。自孔子之死也，有
子張之儒，有子思之儒，有顏氏之儒，有孟氏之儒，有漆雕氏之

儒，有<u>仲良氏</u>之儒，良一本作梁，案毛詩定之方也傳引<u>仲梁子</u>語。鄭志答張逸
云：“<u>仲梁子</u>先師，魯人，在<u>毛公</u>前。”是<u>仲梁氏</u>蓋傳毛詩者。陸璣詩疏、陸德明序錄皆
失載。更按禮記檀弓上：“曾子曰：尸未設飾，故帷堂，小斂而徹帷。<u>仲梁子</u>曰：夫婦
方亂，故帷堂，小斂而徹帷。”是<u>仲梁</u>又爲知禮者。有<u>孫氏</u>之儒，有<u>樂正氏</u>之
儒。荀子非十二子外，又有<u>子張氏</u>之賤儒，<u>子游氏</u>之賤儒。自<u>墨子</u>之死也，有
<u>相里氏</u>之墨，有<u>相夫氏</u>之墨，意林引作<u>相芬</u>，廣韻引作<u>伯夫</u>。芬、夫聲轉，
伯、相形近，未詳孰是。有<u>鄧陵氏</u>之墨。故<u>孔</u>、<u>墨</u>之後，儒分爲八，墨
分爲三。取捨相反不同，而皆自謂眞<u>孔</u>、<u>墨</u>。<u>孔</u>、<u>墨</u>不可復生，將
誰使定後世之學乎？”<u>莊子</u>天下篇云：“<u>相里勤</u>之弟子，<u>五侯</u>之徒，
孫詒讓曰：“<u>五侯</u>蓋姓。”南方之墨者，<u>苦獲</u>、<u>己齒</u>、<u>鄧陵子</u>之屬，俱誦墨
經，而倍譎不同，相謂別墨。以堅白同異之辯相訾，以觭偶不仵
之辭相應，以巨子爲聖人，皆願爲之尸，冀得爲其後世，至今不
決。”是則儒與儒，墨與墨，自八三分化而後，亦各自相非矣。非
惟儒、墨二家爲然也，<u>孔穿</u>之應<u>公孫龍</u>，<u>翟翦</u>之難<u>惠子</u>之法，本呂
子聽言篇文，高注云：“<u>公孫龍</u>、<u>孔穿</u>、<u>翟翦</u>皆辯人。”案二事詳見呂子淫辭篇，高注云：
“<u>公孫龍</u>、<u>孔穿</u>皆辯士也。”四子者皆辯士，務以反人爲實，勝人爲名，是
名家之自相非者也。全生者，道家持身之術。<u>管子</u>立政篇則云：
“全生之說勝，則廉恥不立。”<u>長廬子</u>言：“天積氣，地積塊，天地不
得不壞。”<u>列子</u>則曰：“言天地壞者亦謬，言天地不壞者亦謬。”列子
天瑞篇。是道家之自相非者也。<u>申不害</u>言術，<u>公孫鞅</u>言法，二子
與<u>韓非</u>同爲法家也。<u>韓子</u>則謂二子之於法術，皆未盡善。詳韓子
定法篇。是法家之自相非者也。<u>蘇秦</u>、<u>張儀</u>俱事<u>鬼谷先生</u>學術。
及<u>蘇秦</u>相<u>六國</u>，則合<u>山東</u>之縱以擯<u>秦</u>；<u>張儀</u>相<u>六國</u>，則破其縱而
連<u>秦</u>之橫。故<u>蘇</u>爲合縱，<u>張</u>爲連橫，史記張儀傳及索隱。縱者，合眾
弱以攻一強；橫者，事一強以攻眾弱。本韓子五蠹篇語。是縱橫家
之自相非者也。<u>鄒子</u>論終始五德之運，曰：“五德從所不勝，<u>虞</u>
土，<u>夏</u>木，<u>殷</u>金，<u>周</u>火。”文選齊故安陸昭王碑文注引鄒子，又魏都賦注引七略

云："鄒子五德終始，從所不勝，木德繼之，金德次之，火德次之，水德次之。"劉歆三統歷引世經曰："黃帝爲土德，少昊爲金德，顓頊爲水德，帝嚳爲木德，唐帝爲火德，虞帝爲土德，伯禹爲金德，成湯爲水德，周武爲木德。"見漢書律歷志。案孔子家語五帝篇云："古之王者，易代改號，取法五行更王，終始相生，亦象其義。"此與世經之說正同。因昔人皆以家語爲王肅僞作，故棄彼取此。然則五德更王，亦有二說，一主相勝，一主相生。本沈約宋書歷志文意。是陰陽家之自相非者也。

以上諸家，蓋於大同之中有小同異焉，遂致如董子言災異，呂步舒以師書爲大愚；漢書董仲舒傳。何休說春秋，鄭康成乃操矛而入室。後漢書鄭玄傳。今之學者，同研孔氏之經，而有今文、古文之爭；同治宋儒之說，而有主敬、主靜之別。其流之弊，更無足怪已。以道觀之，孰同孰異，孰是孰非，猶兄弟之鬩牆，婦姑之勃谿而已。道者何？即儒、道二家之所謂道也。試於下文分述之。

道家之學，源於有史之初，蓋胚胎於黃帝，集成於老聃，而首出於百家。其爲道也，常寬容於物，而澹然獨與神明居。學者罕能得其真，故或得其緒餘，或得其土苴。呂子貴生篇云："故曰道之貞（莊子作真）以持身，其緒餘以爲國家，其土苴以治天下。由此觀之，帝王之功，聖人之餘事也。"莊子讓王篇文與此同。釋文引李云："緒者，殘也，謂殘餘也。土苴，糟魄也。皆不真之物也。"後起諸子，未聞有與道家之說大相齟齬者也。近儒之言曰："道學至巨，變動不居，徹上徹下，亦實亦虛。道家之徒，學之不得其全，遂分途而異趨。故得道家之踐實一派者爲儒，得道家之慈儉一派者爲墨，得道家之刻忍一派者爲法，得道家之齊萬物、平貴賤者爲農，得道家之玄虛一派者爲名、爲陰陽，得道家之陰謀一派者爲兵、爲縱橫，得道家之寓言一派者爲小說，傳道家之學而不純、更參以諸家之所長者爲雜。"略本江氏讀子卮言第十章。斯說當矣。請申其說而證明之。

道家者流，出於史官。墨家之書，首列史佚，而墨子之學，實

受諸史角之後人，則墨與道同出於史，不獨兼愛、節用之本於慈
儉也。則墨家有同於道家者矣。"鄒衍作終始、大聖之篇，先序
今以上至黃帝，學者所共術大，並世盛衰，術，讀爲述，大，猶尚也。述
大，謂稱尚也。並世盛衰，謂皆隨時世爲盛衰也。因載其機祥度制。"史記孟
荀列傳。六國時韓諸公子言陰陽五行，以爲黃帝之道，故其書曰
黃帝泰素，本漢志注，及顏注引劉向別錄文。是"五德終始"之說，皆託
始於黃帝。則陰陽家有同於道家者矣。劉師培鄒衍說考云："史記曆書
云：'蓋黃帝考定星曆，建立五行，正閏餘。'是五行之言基於黃帝之世，則'五德終始'
說，疑亦託始於茲時。"尹文子上下二篇，題曰"大道"，而三引老子之
說。上篇引老子曰："道者，萬物之奧，善人之寶，不善人之所寶。"下篇引老子曰：
"以政治國，以奇用兵，以無事取天下。"又引老子曰："民不畏死，如何以死懼之？"故
劉向亦以其學本於黃、老。山陽仲長氏尹文子序引劉說。是名家有同
於道家者也。呂子所輯上農、任地、辯土、審時四篇，皆古農家
言，而其末篇結以黃帝之言曰："四時之不正也，正五穀而已矣。"
亢倉子本老子之徒，而輯其遺書者，特分農道一篇。此足見農家
之同於道家矣。伊尹、太公，皆道家之先河也，故漢志於兵、權謀
省其書入道家。太公有謀八十一篇，兵八十五篇。皆見前書目表。
後世之言兵及周之陰權，皆宗太公爲本謀。史記齊太公世家語。故
孫子行軍篇稱黃帝勝四軍之法，用閒篇稱伊摯在夏，呂牙在殷。
曹操注云："伊摯，伊尹。呂牙，太公也。"蘇秦伏讀太公陰符，簡練以爲揣
摩，即今鬼谷子中揣摩二篇。說詳前書目表。是兵家、縱橫家皆同
於道家也。韓非兼行申、商之術，本漢書武帝紀注引李奇語。而解老、
喻老二篇，談說道術，至爲精深。故史遷謂其歸本於黃、老，又云
申、韓皆原於道德之意。史記列傳。是法家之同於道家者也。漢
志小說家，有伊尹說、鬻子說、黃帝說，三子皆道家者流也。雖其
語迂誕淺薄，或有後人依託增加，見漢志自注。然其爲道家言則無
疑矣。志載宋子十八篇。注云："孫卿道宋子，其言黃老意。"又載待詔臣安成未央

術一篇。顏注引應劭曰：“道家也，好養生事，爲未央之術。”是小說有同於道家
者也。至於雜家，漢志稱其“兼儒、墨，合名、法”，與司馬談之論
道家，稱其“采儒、墨之善，撮名、法之要”者無以異也。漢志又
云：“道家者流，蓋出於史官。”隋志亦云：“雜家蓋出於史官之
職。”則雜家之同於道家，無待旁證矣。

　　管仲後於太公而先於老、孔，亦道家之鉅子也。吾讀管子
書，覺其囊括眾家，罔不賅備。如心術上下、白心、內業四篇，實
內聖外王之道也。而內業十五章，漢志章作篇，文異義同，本馬國翰說。
別爲儒家言。弟子職一篇，附於孝經家，應劭曰：“管仲所作，在管子
書。”子書且躋經部矣。其兵法、制分諸篇，兵家之計謀也。治國、
地員二篇，農家之本務也。陳澧曰：“地員篇，則農家者流。漢志農家之書無
存者，於此可見其大略。”正第篇之正名，文曰：“斷制五刑，各當其名，罪人不
怨。”又曰：“守慎正名，僞詐自止。”九守篇之督名，文曰：“修名而督實，按實而定
名，名實相生，反相爲情，名實當則治，不當則亂，名生於實，實生於德，德生於理，理
生於智，智生於當。右督名。”陳澧曰：“樞言篇云：‘有名則治，無名則亂，治者，以其
名。’心術上篇云：‘督言正名，故曰聖人。’如此類者，名家之言也。”皆名家言也。
四時、五行、幼官、封禪諸篇，皆陰陽家言也。劉師培鄒衍說考云：“五
行之言，惟齊爲盛。管子幼官篇、四時篇、五行篇所述是也。”大匡、中匡、小匡
及對桓公之問，已開蘇、張遊說之風。中有管子解五篇，牧民解、形
勢解、立政九敗解、版法解、明法解。說者疑爲後人附益，實即小說家伊
尹說、鬻子說之類耳。至於七法、法禁、重令、法法、君臣、任法、
明法、七臣七主等篇，多言法律、政令，及其運用之術。蓋在管子
之世，道德已漸變爲刑名，若謂其爲法術專家，則未必然也。陳澧
曰：“劉氏七略以管子列於法家，或後之法家以其說附於管子歟？直齋書錄解題謂管
子似非法家，而世皆稱管、商，豈以其標術用心之同故耶？”惟墨家之學，管子
未爲之倡。然如牧民篇云：“順民之經，在明鬼神。”版法篇云：
“兼愛無遺，是謂君心。”亦已引其端緒矣。陳澧曰：“立政九敗解云：‘人

君唯毋聽兼愛之說'云云，此後人所依託也。"朱子有言："管子之書雜。"語類卷百三十七。惟其雜也，班志所以由法家移入道家歟？近人所爲周秦諸子學統述(朱謙之著)，謂百家之學皆出於老子，與余所見稍殊。

若夫儒家，其所宗師者，孔子也。而孔子則學無常師，不僅儒者一家之學。試觀漢志，論道家則引："易之嗛嗛，一謙而四益"；論法家則引："易曰：'先王以明罰飭法。'"謙之象辭，噬嗑之象辭，皆孔子所繫也。論名家引孔子曰："必也正名乎，名不正則言不順，言不順則事不成。"於縱橫家引孔子曰："誦詩三百，使於四方，不能專對，雖多亦奚以爲？"又曰："使乎？使乎？"於農家引孔子曰："所重民食。"於兵家引孔子曰："爲國者，足食足兵。""以不教民戰，是謂棄之。"於小說家引孔子曰："雖小道，必有可觀者焉。"以上略本劉師培孔學真論。此引孔子之言以證諸子學術，蓋亦"衆言淆亂則折諸聖"之意。語本法言吾子篇。然即此足見孔子之學，原可容納衆流矣。惜乎傳孔學者不知廓張其範圍，且自狹隘其門戶。於是貴儉、明鬼、兼愛、非命之說明載孔子三朝記中，而小戴禮記不取。東塾讀書記九云："大戴禮孔子三朝記千乘篇云：'下無用則國家富，立有神則國家敬，兼而愛之則民無怨心，以爲無命則民不偷。'此則墨氏之說矣。下無用者，貴儉也；(案，下，猶去也。)立有神者，明鬼也；以爲無命者，非命也；兼愛則尤顯然者也。不知墨氏之說，何以竄入孔子三朝記內。小戴不取，宜矣。"今案陳氏之說，偏於孟學。不思孔學博大，其中原含有墨學之原理。小戴不取三朝記，而大戴取之，此戴德之所以高於戴聖歟？遂使墨家傳說至今，矜爲獨得之祕，此可爲長太息者也！韓昌黎集讀墨子篇亦可參考。烏知大哉孔子，固博學而無所成名者乎！論語子罕篇云："達巷黨人曰：'大哉孔子，博學而無所成名。'"鄭玄注云："美孔子博學道藝，不成一名而已。"皇侃疏云："美孔子道大，故曰'大哉'也。博，廣也。言大哉孔子，廣學道藝，周遍不可一一而稱，故云無所成名也。猶如堯德蕩蕩，民無能名也。"江熙曰："言其彌貫六流，不可以一藝取名焉，故曰大也。"清焦循論語補疏猶采皇侃以孔比堯之說。王充亦云："孔子道德之祖，諸子之中，最卓者也。"論衡本性篇。然則孔學決不專屬於儒家,此本書敘錄諸子,所以不及孔子也。姑就孔門弟子之學有同於十家九流者,述其略焉。

曾子天圓一篇,言聖人察天地陰陽之道,制禮樂以治民,所言多周易、周髀、禮經、明堂、月令之事。本阮元曾子註釋。曾子孝經云:從史記及孝經緯,以孝經爲曾子作。"夫孝,天之經也,地之義也。"董仲舒以五行相生之理解之。春秋繁露五行對云:"河間獻王問溫城董君曰:'孝經曰,夫孝,天之經,地之義,何謂也?'對曰:'天有五行,木、火、土、金、水,是也。木生火,火生土,土生金,金生水。水爲冬,金爲秋,土爲季夏,火爲夏,木爲春。春主生,夏主長,季夏主養,秋主收,冬主藏。藏,冬之所成也。是故父之所生,其子長之。父之所長,其子養之。父之所養,其子成之。諸父所爲,其子皆奉承而續行之。不敢不致如父之意,盡爲人之道也。故五行者,五行也。(上行如字,下行,下孟反)由此觀之,父授子,子受之,乃天之道也。故曰:夫孝者,天之經也。此之謂也。'王曰:'善哉!天經既得聞之矣,願聞地之義。'對曰:'地出雲爲雨,起氣爲風。風雨者,地之所爲。地不敢有其功名,必上之於天。命(名也)若從天氣者。故曰天風天雨也,莫曰地風地雨也。勤勞在地,名一歸於天。非至有義,其孰能行此。故下事上,如地事天也。可謂大忠矣。土者,火之子也。五行莫貴於土。土之於四時無所命者,不與火分功名。木名春,火名夏,金名秋,水名冬。忠臣之義,孝子之行取之土。土者五行最貴者也,其義不可以加矣。五聲莫貴於宮,五味莫貴於甘,五色莫盛於黃。此謂孝者地之義也。'王曰:'善哉!'"子思子中庸云:"天命之謂性。"鄭玄據孝經緯,以五性本於五行之說解之。章炳麟文錄子思、孟軻五行說云:"荀子非十二子,譏子思、孟軻曰:'案往舊造說,謂之五行。'楊倞注:'五行,五常,仁、義、禮、智、信也。'五常之義舊矣,雖子思始倡,亦無損,荀何譏焉?考子思作中庸,首云'天命之謂性'。注云:'木神則仁,金神則義,火神則禮,水神則智,土神則信。'孝經說略同此。(王制正義引)是子思之遺說也。沈約曰:'表記取子思子。'今考表記云:'今父之親子也,親賢而下無能;母之親子也,賢則親之,無能則憐之。母親而不尊,父尊而不親。水之於民也,親而不尊,火尊而不親。土之於民也,親而不尊,天尊而不親。命之於民也,親而不尊,鬼尊而不親。'此以水火土比父母於子,猶董子以五行比臣子事君父。古者鴻範九疇,舉五行,傅人事,義未彰著。子思始善傅會。旁有燕齊迂怪之士,侈張其說,以爲神奇,耀世誣民,自子思始。宜哉,荀子以爲譏也!"劉師培左盦集五官考書後亦云:"荀子非十二子,言子思、孟子'按往舊造說謂之五行。'蓋子思作中庸首言：'天命之謂性。'鄭注以木神則仁諸語繹之，或即子思說五行舊誼。荀以茲爲孔門所弗言，故以造說相譏。"此蓋曾子所傳孔氏之微言，而思、孟述之。孟子外書有說孝經一篇，董仲舒五行對蓋本於此。不然，荀子何至以"案往舊造說謂之五行"獨爲子思、孟子之罪乎？是曾子、子思、孟子，亦通乎陰陽五行者也。孔子曰："吾與回言終日，不違如愚。退而省其私，亦足以發，回也不愚。"論語爲政篇。曾子亦稱顏淵"有若無，實若虛，犯而不校"。論語泰伯篇及馬注。此即老子所謂盛德若愚，老子列傳。大盈若沖，大直若屈，大巧若拙，大辯若訥者，老子四十五章。莊子之論心齋、坐忘，所由託爲孔、顏問答歟？莊子人間世及大宗師篇。是顏子之同乎道德家者也。孔子謂子路"千乘之國可使治其賦也"。論語公冶長篇。鄭注云："賦，軍賦。"子路亦自謂"千乘之國，攝乎大國之間，加之以師旅，因之以饑饉；由也爲之，比及三年，可使有勇，且知方也。"論語先進篇。孔子又稱其"片言可以折獄"。論語顏淵篇。是子路亦通乎兵、法二家者也。"樊遲請學稼，子曰：'吾不如老農。'請學爲圃，子曰：'吾不如老圃。'"論語子路篇。苞咸謂其"欲學稼以教民"。何晏集解。李充謂"遲之斯問，將必有由"。皇侃義疏。是樊子亦好爲農家言者也。子貢爲魯使於齊，一出而存魯、亂齊、破吳、強晉而霸越。史記仲尼弟子列傳。是亦縱橫家之遊說也。宰我謂期可已矣，論語陽貨篇。何殊三月之喪。詳見墨子公孟篇曹氏箋。言語科善爲說辭，實類名家之辯。然則孔氏之徒，不僅身通六藝，亦且兼綜九流，致廣大而極高明，豈儒術一端所能盡哉？昔者"南郭惠子謂子貢曰：'夫子之門，何其雜也？'"荀子法行篇文，尚書大傳作東郭子思，說苑雜言篇思作惠。烏乎！此其所以爲孔氏之門歟！略本劉氏國學發微。

　　綜而論之：周秦之際，由一家之學，支分派別，可紬繹而爲百家者，其惟黃、老之道學，孔門之儒學乎！采百家之學，捨短取長，能綜合而成一家者，其惟雜家之呂氏春秋乎！詳見中篇呂子學述。<u>太史談</u>論六家，<u>班固</u>敘諸子，皆引<u>孔子易傳</u>曰："天下同歸而殊塗，一致而百慮。"近人引申其義曰："大抵天下之學，有分必有合，有合亦必有分。不分則無以考見其精微，不合則無以通知其博大。自其分者言之，不特百家不同，即每家之中，亦一人一義，十人十義，不能強之使合。若自其合者言之，則固不論東海、南海、西海、北海，人同此心，心同此理，可合天地之萬有，同冶於一爐。此學者所宜知也。"<u>江氏</u>巵言第三。<u>朱子</u>有言："天下事從其是，曰同，須求其真個同；曰異，須求其真個異。今則不然，只欲立異，道何由同？"語類百三十七論荀子。觀乎此言，則紛紛諸子異同之論，亦可以休矣。

中編　各論

第一章　儒　家

　　說文解字云："儒，柔也，術士之稱。"段氏注云："儒、柔以疊韻爲訓。鄭氏三禮目錄云：'儒行者，以其記有道德者所行也。儒之言優也，柔也。能安人，能服人。'案鄭目錄見禮記儒行正義引。術，邑中道也，因以爲道術之稱。周禮大宰：'儒，以道得民。'注云：'儒有六藝，以教民者。'大司徒：'以本俗六安萬民，四曰聯師儒。'注云：'師儒，鄉里教以道藝者。'按六藝者，禮、樂、射、御、書、數也。周禮謂六德、六行、六藝爲德行道藝。案見大司徒及鄉大夫職。白真儒不見，而以儒相詬病矣。"今案漢志謂儒家者流，出於司徒之官，助人君順陰陽、明教化者也。案禮記王制云："春秋教以禮樂，冬夏教以詩書。"又文王世子篇云："凡學，世子及學士必時，春夏學干戈，秋冬學羽籥(學讀爲教)。"又云："春誦，夏弦，秋學禮，冬讀書。"此皆順陰陽、明教化之義也。隋志亦云："儒家即太宰'九兩'，其四曰儒。"據周禮鄭注所云，則儒爲以道藝教民者之稱。當孔子時，弟子子夏已設教，有門人。故孔子告以爲儒之道，曰："女爲君子儒，無爲小人儒。"論語雍也篇，劉寶楠正義云：“君子儒能識大而可大受，小人儒則但務卑近而已。君子小人以廣狹異，不以邪正分。”又答魯哀公之問，有儒行一篇。禮記第四十一篇鄭注云：“儒行之作，蓋孔子自衛初反魯時也。”蓋儒者之術，在於行道德、明教化，其源本出司徒。尚書堯典，帝曰：“契，百姓不親，五品不遜，汝作司徒，敬敷五教，在寬。”其名始見周禮。蓋古時凡以道得民者，皆名之曰儒。其實惟孔氏之徒乃足當之。韓子顯學篇云：“儒之所至，孔丘也。”是以宗師仲尼，而遊心於六藝之學，致力於德行之塗者，皆儒家也。漢志以六經爲六藝，與周禮六藝稍異。至漢時，遂以儒爲孔子道，高誘淮南俶真篇注云：“儒，孔子道也。”至以能說一經者爲儒生，論衡超奇篇語。傳經學者，始列儒林傳。則漢以後之儒，與秦以前之儒，亦大有閒矣。蓋一爲經生，一爲術士耳。六藝家與儒家之區別，殆亦以此。論衡書解篇云：“著作者爲文儒，說經者爲世儒。”詳王意，文儒爲儒家諸子，世儒爲儒林傳中人物也。漢志儒家，首列晏子，不載孔氏之書，以既序於六藝九種中矣。然世傳晏子八篇，既不純乎墨，亦不類於儒。本篇擬列晏子於小說家，說詳後。今述儒學，必自孔門始。惟是曾子之孝經、大學，以大學爲曾子之書，其說創自朱子，今從之。子思子之中庸、表記、坊記、緇衣，公孫尼子之樂記，皆著錄於經部，已詳經說，無庸復陳。茲僅就六經以外諸子之書，四庫子部總敘云：“自六經以外，立說者皆子書也。”分家述之。先述儒家而首曾子。

一　曾　子

　　曾子，孔子弟子，名參，字子輿。魯南武城人。阮元曾子注釋云：“說文森字，讀若曾參之參，所林反。高氏子略引晉灼，讀參爲參乘之參，初三反，古音相近，不假分別。所林、初三二反，皆取三人同輿之義。參星亦以三星相連得名。武城有二；南武城在今山東嘉祥縣之南；但云武城，則在今山東費縣西南。孟子言曾子居武城，乃費縣也。史記言曾子南武城人，乃嘉祥也。今曾子後裔，列四世學，襲博士者，居嘉祥，祠廟亦在嘉祥。少孔子四十六歲。孔子以爲能通孝道,故授之業,作孝經。死於魯。以上皆本史記仲尼弟子列傳。漢志載曾子十八篇,今存十篇。立事一、本孝二、立孝三、大孝四、事父母五、制言上中下六七八、疾病九、天圓十。清人湘鄉曾國荃、東湖王定安同編定曾子家語六卷,依漢志分十八篇,甚翔實。

　　曾子之學,以慎獨爲宗,修身爲本,而要其歸,在於大孝。至於治國平天下,皆由至德要道推而放之。除已見論語、孝經及戴記大學、王言、曾子問者不述外,但取曾子十篇,撮要言之。

　　大孝　墨子經上篇云:"孝,利親也。"荀子王制篇云:"能以事親謂之孝。"二家說孝,皆本爾雅"善父母爲孝"之訓。若曾子之所謂孝者,實不僅如斯而已也。故曾子大孝篇云:阮注云:"小戴記祭義篇、呂子孝行覽多從此篇采出。"

　　曾子曰:"孝有三:大孝尊親,孝經云:"立身行道,揚名於後世,以顯父母,孝之終也。"其次不辱,孔廣森補注云:"不辱親,案即本篇下文所謂不辱其身,不羞其親也。"其下能養。"論語云:"今之孝者,是謂能養。"公明儀問曾子曰:盧辯注云:"公明儀,曾子弟子。""夫子可謂孝乎?"曾子曰:"是何言與? 是何言與? 君子之所謂孝者,先意承志,諭父母以道。案謂能體父母之志意,而先承奉之。王聘珍解詁云:"諭者,不言而喻。"參,直養者也,安能爲孝乎? 孔云:"直猶特也。"案直、特皆但也。身者,親之遺體也。行親之遺體,敢不敬乎? 王云:"遺,餘也。行,奉行也。"孝經曰:"身體髮膚受之父母,不敢毀傷,孝之始也。"故居處不莊,非孝也;事君不忠,非孝也;涖官不敬,非孝也;朋友不信,非孝也;戰陳無勇,非孝也。五者不遂,災及乎身,敢不敬乎? 案,遂,盡也,行也。身一本作親。大戴記哀公問於孔子篇云:"不能敬其身,是傷其親也。"故烹熟鮮香,嘗而進之,非孝也,養也。王云:"鳥獸新殺曰鮮。香謂黍稷馨香也。"君子之所謂孝者,國人皆稱願焉,曰:'幸哉有子!'如此所謂孝也。王云:

"稱,譽也。願猶慕也。"哀公問於孔子篇曰:"君子也者,人之成名也。百姓歸
之名,謂之君子之子。是使其親爲君子也,是爲成其親名也已。"民之本教
曰孝,盧云:"孝經曰:夫孝,德之本也,教之所由生也。"其行之曰養。盧
云:"謂致衣食,省安否。"養可能也,敬爲難;敬可能也,安爲難;安
可能也,久爲難;久可能也,卒爲難。父母既歿,慎行其身,
不遺父母惡名,可謂能終也。禮記坊記篇云:"小人皆能養其親,君子
不敬,何以辨?"(小人即庶人,君子則士以上通稱。)王云:"安,樂也。卒,終
也。"禮記內則篇云:"曾子曰:孝子之養老也,樂其心,不違其志。樂其耳目,
安其寢處。以其飲食忠養之,孝子之身終。終身也者,非終父母之身,終其身
也。"內則又云:"父母雖沒,將爲善,思貽父母令名,必果;將爲不善,思貽父母
羞辱,必不果。"夫仁者,仁此者也;義者,宜此者也;忠者,中此
者也;信者,信此者也;禮者,禮此者也;行者,行此者也;強
者,強此者也。樂自順此生,刑自反此作。阮云:"此字皆指孝
言。古人讀字若分緩急,其義即殊。仁此、宜此、中此、信此、禮此、行此、強
此,皆於本字分緩急聲而異其音也。仁此之仁,讀各相人偶之人。"孔穎達禮
記祭義篇疏云:"順從孝道則身和樂,違反孝道則刑戮及身。"夫孝者,天下
之大經也。夫孝置之而塞於天地,衡之而衡於四海,施諸後
世而無朝夕。推而放諸東海而準,推而放諸西海而準,推而
放諸南海而準,推而放諸北海而準。詩云:'自西自東,自南
自北,無思不服。'此之謂也。"盧云:"置,猶立也。衡,猶橫也。無朝
夕,言常行。九夷、八蠻、七戎、六狄謂之四海。放,猶至;準,猶平也。詩大雅
文王有聲之六章也。"

　　此之言孝,除"愛敬盡於事親"外,凡仁、義、忠、信、莊、敬、
強、勇、禮、樂諸德行,皆歸納於孝道之中,可知孝之涵義至廣大
矣。然則人生一言一動,無不與孝德有關。此即"大孝尊親,其
次不辱"之義也。曾子大孝篇又云:

　　樂正子春下堂而傷其足。傷瘳，數月不出，猶有憂色。
門弟子問曰："夫子傷足瘳矣，數月不出，猶有憂色，何也?"
樂正子春曰："善如爾之問也。吾聞之曾子，曾子聞諸夫子
曰：呂子孝行覽善如作善乎，夫子作仲尼。'天之所生，地之所養，人
爲大矣。父母全而生之，子全而歸之，可謂孝矣。阮云："生
之、歸之，皆指性行而言。"不虧其體，小戴禮記多"不辱其身"句。可謂
全矣。故君子頃步之不敢忘也。'阮云："虧，損也。頃讀爲跬，聲近
假借也。跬，一舉足也。"今予忘夫孝之道矣，予是以有憂色。故
君子一舉足不敢忘父母，一出言不敢忘父母。一舉足不敢
忘父母，故道而不徑，舟而不游，不敢以先父母之遺體行殆
也。爾雅云："一達謂之道路。"鄭玄禮記注云："徑，步邪疾趨也。"說文云：
"浮，浮行水上也。游，讀爲浮。"盧云："殆，危也。"一出言而不敢忘父
母，是故惡言不出於口，忿言不及於己，然後不辱其身，不憂
其親。則可謂孝矣。阮云："忿，恨怒也。"小戴記及作反，憂作羞。草
木以時伐焉，禽獸以時殺焉。夫子曰：'伐一木，殺一獸，不
以其時，非孝也。'"云夫子曰，曾子述孔子之言也。

　　案誠身、順親之學，惟思、孟之傳獨得其宗，子思中庸篇、孟子離
婁上篇皆云"順親有道，反諸身不誠，不順乎親矣"。孟子順作悅，字異義通。而實
受之曾子。曾子論孝，小之至於一草一木之微，大之則施諸後世
放乎四海，即孝經所謂"以孝治天下"之義也。誠使天下之人，實
行上述之大孝，則凡人類，決無不道德之行爲，天下安得而不治?
孟子有言："人人親其親，長其長，而天下平。"離婁上。亦此意也。
　　大勇　論語記孔子之言云："參也魯。"先進篇集解引孔曰："魯，鈍
也，曾子性遲鈍。"又載曾子直曉孔子忠恕一貫之道。里仁篇及孔注。故
宋儒曰："參也竟以魯得之。"近思錄二程明道語。後之學者，以爲曾
子一生，惟是戰戰兢兢，求免患難，論語泰伯篇及集解周注。直一誠篤

之儒生，謹身之孝子耳，安有勇者不懼之氣概乎？不知曾子乃大勇者也。曾子制言上篇云：

富以苟，不如貧以譽；生以辱，不如死以榮。辱可避，避之而已矣；及其不可避也，君子視死若歸。王聘珍云：“苟者，偷合之稱。所以行無廉隅，不存德義，謂之苟且。”阮元云：“可避而不避，是殉名也，不可避而死，君子之榮也。曾子慎言遠害，務全其身。然當大節大義，則毅然視死如歸。故曰，可以託六尺之孤，可以寄百里之命，臨大節而不可奪也。君子人與？君子人也。又曰，士不可以不弘毅，任重而道遠。仁以爲己任，不亦重乎？死而後已，不亦遠乎？”呂子士節篇云：“遺生行義，視死如歸。”語本曾子。

又制言中篇云：

故君子不假貴而取寵，不比譽而取食。阮云：“比，親合也。互相稱譽以干祿。”直行而取禮，比說而取友。案，正曲爲直，直亦正也。易傳云：“兌，說也。”又云：“麗澤兌，君子以朋友講習。”有說我則願也，莫我說苟吾自說也。說文云：“苟，自急敕也。”故君子無悒悒於貧，無勿勿於賤，無憚憚於不聞。案，悒悒，不安也。勿勿猶忽忽，不樂也。盧云：“憚憚，憂惶也。”布衣不完，疏食不飽，蓬戶穴牖，日孜孜上仁。知我吾無訢訢，不知我吾無悒悒。王云：“孜孜，不怠之意。訢訢，喜也。”是以君子直言直行。不宛言而取富，不屈行而取位。孔云：“宛，曲也。”仁之見逐，智之見殺，固不難。王念孫曰：“難讀患難之難。不難者，不患也。”詘身而爲不仁，宛言而爲不智，則君子弗爲也。漢書音義云：“詘，古屈字。”君子雖言不受，必忠，曰道；雖行不受，必忠，曰仁；雖諫不受，必忠，曰智。人雖不受，我必盡忠，乃所以爲道、仁、智。論語曾子曰：“爲人謀而不忠乎？”天下無道，循道而行。衡塗而債，手足不揜，四支不被。

盧云：“債，僵也，手足即四支。說者申殷勤耳。詩小弁云，行有死人，尚或墐之。”此則非士之罪也，有土者之羞也。王念孫云：“有土者，猶言有國者，鹽鐵論國病篇曰：‘國有賢士而不用，非士之過，有國者之恥。’與此同意。”君子以仁爲尊。天下之爲富，何爲富？則仁爲富也。天下之爲貴，何爲貴？則仁爲貴也。昔者，舜匹夫也。土地之厚，則得而有之；人徒之衆，則得而使之。舜唯以仁得之也。是故君子將說富貴，必勉於仁也。阮云：“人之言富貴者，必勉之以仁。”昔者伯夷、叔齊死於溝澮之間，其仁成名於天下。夫二子者，居河濟之間，非有土地之厚、貨粟之富也，阮云：“水注溝曰澮。死於溝澮，猶云經於溝瀆，即衡塗而僨也。河濟之間，今山東武定府濱州海豐縣之間。孟子所謂北海之濱。夷、齊未至首陽時所居。”言爲文章，行爲表綴於天下。阮云：“凡樹臬以著望，曰表。復繫物於表，曰綴。皆所以正疆土及人立者。”是故君子思仁義，晝則忘食，夜則忘寢。日旦就業，夕而自省，以役其身。亦可謂守業矣。王云：“役，勞役也。”孔本役作歿。

孔子有言：“志士仁人，無求生以害仁，有殺身以成仁。”論語衛靈公篇。曾子真能傳孔子之學者也。孟子有言：“生亦我所欲也，義亦我所欲也。二者不可得兼，捨生而取義者也。”告子章上。是蓋由子思之門而上述曾子之學者。故孟子公孫丑上篇云：

昔者，曾子謂子襄曰：“子好勇乎？吾嘗聞大勇於夫子矣。自反而不縮，雖褐寬博，吾不惴焉；自反而縮，雖千萬人，吾往矣。孟施舍之守氣，又不如曾子之守約也。”趙岐注云：“子襄，曾子弟子。夫子謂孔子。縮，義也。惴，懼也。曾子謂子襄言，孔子告我大勇之道：人加惡於己，己內自省，有不義不直之心，雖敵人被褐寬博一夫，不當輕驚懼之也。自省有義，雖敵衆千萬人，我直往突之。言義之強也。施舍雖守勇氣，不如曾子守義之爲約也。”焦循正義云：“褐寬博，即衣褐

之匹夫。蓋當時有此稱也。"閻若璩四書釋地三續,以惄爲自己驚懼,則不字
當作不無解。

又公孫丑下篇云:

曾子曰:"晉楚之富,不可及也。彼以其富,我以吾仁;
彼以其爵,我以吾義。吾何慊乎哉?"趙注云:"慊,少也。"焦循正義
云:"說文歉,食不滿也。"襄二十四年穀梁傳注云:"嗛,不足貌。"並字異義同。
今案說文,慊,疑也。禮記雜記注云:"疑,恐也。"則慊有恐懼之義。

又滕文公上篇云:

昔者孔子沒,……子夏、子游、子張,以有若似聖人,欲
以所事孔子事之。強曾子。曾子曰:"不可,江漢以濯之,秋
陽以暴之,皜皜乎不可尚已!"

觀孟子所述三節,足見曾子不宛言,不屈行,不避危難,惟以
仁義爲歸。其大勇實聞諸孔子,而孟軻氏得其傳焉。揚子法言
淵騫篇。云:"或問勇。曰:'軻。'曰:'何軻也?'曰:'軻也者,謂孟
軻也。若荊軻,君子盜諸。'請孟軻之勇。請猶問也。曰:'勇於義
而果於德,不以貧富貴賤死生動其心,於勇也其庶乎。'"此即孟
子所謂大丈夫也。曾子有焉。朱子語類三十五云:"曾子之學,大抵如孟子
之勇。若不勇如何主張得聖道位。"故孟子於述曾子孝行,離婁上篇曾子養曾
晢章,盡心下篇曾晢嗜羊棗章。及論喪禮,滕文公上篇引曾子曰:"生事之以禮,
死葬之以禮,祭之以禮,可謂孝矣。"師道離婁下篇曾子居武城章,詳後。外,特
表曾子之大勇。孔穎達云:"儒行不同,或以遜讓爲儒,或以剛猛
爲儒。"禮記儒行正義。若曾子者,可謂兼之矣。

天圓　子思子曰：“故君子尊德性而道問學，致廣大而盡精微，極高明而道中庸，溫故而知新，敦厚以崇禮。”禮記中庸。如上所述，曾子之學，尊德性也，致廣大也，道中庸也，溫故敦厚也。至於天圓一篇，殆曾子盡精微、極高明、知新、崇禮之學問乎！因述其全篇於下云：

單居離問於曾子曰：“天圓而地方者，誠有之乎？”曾子曰：“離，而聞之云乎？”盧辯注云：“而，猶汝也。”案，云，猶言如此也。單居離曰：“弟子不察，此以敢問也。”案，此，猶是也。曾子曰：“天之所生上首，地之所生下首。阮元注云：“草木以根爲首，人以頭爲首。故說文云：‘髮，根也。’易曰：‘本乎天者親上，本乎地者親下。’”周治平曰：“人有息以接天氣，故上首；草木有根以承地氣，故下首。”朱子語類四舉康節云：“植物頭向下，本乎地者親下，故濁。動物頭向上，本乎天者親上，故清。獼猴之類能如人立，故特靈怪。如鳥獸頭多橫生，故有知無知相半。”上首之謂圓，下首之謂方，孔廣森補注云：“圓體動，故動物象之；方體靜，故植物象之。”如誠天圓而地方，則是四角之不揜也。阮云：“方圓同積，則圓者必不能揜方之四角。今地皆爲天所揜，明地在天中。天體渾圓，地體亦圓也。”曾子及周髀算經本言地圓。梅文鼎：“地圓可信。大戴禮有曾子之說。”且來，吾語汝。參嘗聞之夫子曰：天道曰圓，地道曰方。阮云：“且來者，呼之使姑且來也。以下皆述孔子之言。”盧云：“道曰方圓耳。非形也。”孔云：“呂子圓道篇曰：‘何以說天道之圓也？精氣一上一下，圓周復雜，（高注：雜猶匝。）無所稽留，故曰天道圓。何以說地道之方也？萬物殊類殊形，皆有分職，不能相爲，故曰地道方。’”方曰幽而圓曰明。阮云：“地道幽，天道明，故以爲天地之名。易曰：‘仰以觀於天文，俯以察於地理。’是故知幽明之故。”明者吐氣者也，是故外景；幽者含氣者也，是故內景。故火、日外景，而金、水內景。盧注云：“景，古通以爲影字。外景者，陽道施也。內景者，陰道含藏也。火氣，陽也。金質，陰也。”王聘珍云：“說文，景，光也。外景者，光在外；內景者，光在內。阮云：“日與火屬天,其景外照,月、星從之。金與水屬地,其景內照,故鏡能含景。"吐氣者施,而含氣者化,是以陽施而陰化也。王云:"施,予也。化,生也。謂化其所施也。易曰:'天施地生。'"陽之精氣曰神,陰之精氣曰靈。神靈者,品物之本也,而禮、樂、仁、義之祖也,而善、否、治、亂所由興作也。案,神者,天氣之元;靈者,地氣之元也。天地相合,陰陽相得而後品物流形。(說文:品,眾庶也。)故易曰:"天地氤氳,萬物化醇。"盧云:"樂由陽來,禮由陰作。仁近樂,義近禮。(案四語,義本禮記樂記篇。)故陰陽爲祖也。"王云:"善則治,否則亂。易曰:'天地交,泰,內陽而外陰也。天地不交,否,內陰而外陽也。'"陰陽之氣,各從其所,則靜矣。阮云:"近於日爲陽,遠於日爲陰。夏多陽,冬多陰;南多陽,北多陰;晝多陽,夜多陰,是其所也。"偏則風,俱則雷,交則電,亂則霧,和則雨。陽氣勝則散爲雨露,陰氣勝則凝爲霜雪。陽之專氣爲雹,陰之專氣爲霰。霰雹者,一氣之化也。阮注引周治平云:"萬物各有本所。故得其所則安,不得其所則強,及其強力已盡,自復居於本所焉。本所者何? 如土最重,重愛卑,性居下;火最輕,輕愛高,性居上。水輕於土,在土之上;氣重於火,在火之下。然水比土爲輕,較火、氣爲重;氣比火爲重,較水、土爲輕。以是知水必下而不上,氣必上而不下矣。蓋水之情爲冷濕,火之情爲燥熱,土之情爲燥冷,氣之情爲濕熱。其情皆有偏勝,各隨其所勝,火氣偶入水土中,必不得其安而欲上行。水土因氣騰入氣火之域,亦必被強而欲下墮。各居本所矣。日火照地,與氣上升,偏於燥,則發爲風。火與土俱,挾氣上升,阻於陰雲,難歸本所。火土之勢,上下不得,亦無就滅之理,則奮迅決發,激爲雷霆。與氣交合,併爲火光,居於本所,故云交則電。日氣入地,鬱隆騰起,結而成雲,上至冷際,爲冷情所化,因而成雨。正如蒸水因熱上升,騰騰作氣,上及於蓋,蓋是冷際,即化爲水,下居本所,故兩者,冷熱二氣相和而成也。若濕氣既清且微,是陽勝也。升至冷際,乃凝爲露,三冬之月,冷際甚冷,是陰勝也。雲至其處,既受冷侵,——凝沍,皆是散圓,即成雪矣。露之爲霜,其理略同。蓋氣有三際。中際爲冷,上近火熱,下近地溫,冷際正中,乃爲極冷。夏月之氣,鬱積濃厚,決絕上騰,力專勢銳,逕至極冷之深際,驟凝爲雹。入冷愈深,變合愈驟,結體愈大矣。故雹體之大小,又因入冷之淺深爲差等。非如冬月雲氣,徐徐上升,漸而冷之初際而結體甚微也。故夏月雲足促狹,隔塍分壟而晴雨頓異矣。冬時氣昇泠際，化而成雨，因在氣中摩盪，故一一皆圓。初圓甚微，以漸歸併，成爲點滴，未至本所，又爲嚴寒所迫，即下成霰矣。故雹霰者，皆陰陽專一之氣所結而成者也。"毛蟲毛而後生，羽蟲羽而後生。毛羽之蟲，陽氣之所生也。介蟲介而後生，鱗蟲鱗而後生。介鱗之蟲，陰氣之所生也。淮南子天文篇云："毛羽者，飛行之類也，故屬於陽。介鱗者，蟄伏之類也，故屬於陰。"唯人爲倮匈而後生也，陰陽之精也。盧云："倮匈，謂無毛羽與鱗介也。人受陰陽純粹之精，有生之貴也。"阮云："倮者包生，包訛爲匈。說文：包，象人懷妊。"毛蟲之精者曰麟，羽蟲之精者曰鳳，介蟲之精者曰龜，鱗蟲之精者曰龍，倮蟲之精者曰聖人。王云："易本命篇以聖人爲倮蟲之長。自上聖下達蟣蝨，通有蟲稱耳。"龍非風不舉，龜非火不兆，此皆陰陽之際也。盧云："龜龍爲陰，風火爲陽、陰陽會也。"王云："兆，灼龜坼也。際，會也。"案戴震校本，從永樂大典，於兆字下增"鳳非梧不棲，麟非藪不止"十字，名家皆不從也。茲四者，所以役於聖人也。孔云："役，使也。聖人以四靈爲畜也。"是故聖人爲天地主，爲山川主，爲鬼神主，爲宗廟主。王云："主者，主其祭祀。鬼神謂四方百物。"聖人慎守日月之數，以察星辰之行，以序四時之順逆，謂之歷。阮云："日行一度爲一日，其數簡明，爲諸曜之主。月有朔望之數。古人必慎守日月之度數，而後可察五星、恆星之行。星，五星也。辰，十二舍，恆星也。四時順逆者，分至日躔之贏縮也。冬至之後，日行贏度爲太過。夏至之後，日行縮度爲不及。皆失其中，故謂之逆。春秋二分，日行平度，漸適其中，故謂之順。順逆有數，四時皆定，此聖人所序也。今歷家贏縮之法，即曾子所言順逆也。"截十二管以宗八音之上下清濁，謂之律也。案昔黃帝命伶倫取竹於嶰谿之谷，制十二筩而吹之，以別十二律。宗，猶正也。律者，六律六呂之總稱也。阮云："凡樂中聲之上則有半律，是爲清聲，中聲之下則有倍律，是爲濁聲。"律居陰而治陽，歷居陽而治陰，律歷迭相治也，其間不容髮。阮云："地效以響，故律候地氣。天效以景，故曆測天時。律居地以治天，故十二律應十二月。以律起曆。歷居天以治地，故歷象日月星辰，以授民時。"案迭，互也。不容髮者，盧云：“曆以治時，律以候氣，其致一也。”聖人立五禮以爲民望，制五衰以別親疏。阮云：“五禮，吉、凶、賓、軍、嘉也。凡喪服，上曰衰，下曰裳。五衰者，斬衰、齊衰、大功、小功、緦麻，凡五等。由親而疏，皆衰也。”和五聲之樂，以導民氣。阮云：“史記樂書曰：聞宮音，使人溫舒而廣大；聞商音，使人方正而好義；聞角音，使人惻隱而愛人；聞徵音，使人樂善而好施；聞羽音，使人整齊而好禮。”合五味之調，以察民情。王云：“周禮曰：‘凡和，春多酸，夏多苦，秋多辛，冬多鹹。調以滑甘。’調，亦和也。察民情者，王制：‘夷蠻戎狄，皆有安居和味。’又曰：‘五味異和。’”盧云：“察猶別也。”正五色之位，成五穀之名。案，春則居東，尚青而食麥；夏則居南，尚赤而食菽；季夏居中，尚黃而食稷；秋則居西，尚白而食麻；冬則居北，尚黑而食黍。義本十二月紀。故盧云：“五穀，黍、稷、麻、麥、菽也。”序五牲之先後貴賤。盧云：“五牲，牛、羊、豕、犬、雞。先後，謂四時所尚也”。阮云：“月令：春羊，夏雞，中央牛，秋犬，冬彘。”案，貴賤謂諸侯、大夫、士、庶人祭牲之不同。故下文詳言之。諸侯之祭，牲牛，曰太牢。大夫之祭，牲羊，曰少牢。士之祭，牲特豕，曰饋食。阮云：“此諸侯、大夫、士宗廟之祭也。太牢者，牛羊豕三牲也，舉牛以該羊豕。少牢者，羊豕二也，舉羊以該豕。士祭惟豕，故曰特豕。饋食者，饋，熟也。大夫少牢，亦饋食也。”無祿者稷饋，稷饋者無尸，無尸者厭也。盧云：“庶人無常牲，故以稷爲主。”案，古者宗廟之祭，必立尸以像神。厭者，厭飫神也。未迎尸以前，飫神爲陰厭。尸出之後，飫神爲陽厭。是厭時無尸也。無尸者，不成祭，徒取厭飫，故謂之厭也。宗廟曰芻豢，山川曰犧牷，割列禳瘞，是有五牲。盧云：“牛羊曰芻，犬豕曰豢，色純曰犧，體完曰牷。割，割牲也。列，臨辜也。禳，面禳也。瘞，埋也。”案周禮大宗伯職“以疈辜祭四方百物。”注云：“披磔牲以祭。”又雞人職“凡祭禮面禳，釁共其雞牲。”注云：“面禳，四面禳也。”爾雅釋天云：“祭地曰瘞埋。”自“諸侯之祭牲”至此，乃解釋五牲貴賤之詞。此之謂品物之本，禮樂之祖，善、否、治、亂之所由興作也。”

此篇自四靈以上，皆言天地神靈之氣化，以下則言聖人制禮作樂,皆本陰陽五行。題曰天圓,以篇首二字名之爾。此即揚子雲所謂"通天地人曰儒"也。法言君子篇。

　　教育　儒家之用,明教爲先。孔子之仁,誨人不倦。昔者曾子舍沈猶氏,有負芻之禍,居武城時,有越寇之亂。進退餘裕,師道然耳。詳見附錄。曾子論學,言必稱師。如上引曾子,及論語子張篇,曾子常言吾聞諸夫子。蓋猶孔子嘗言吾聞諸老聃,樂正子言吾聞諸曾子也。然自尼山既頹,儒分爲八。思、孟、樂正三氏,皆出曾門。則當日教學之法,有可述焉。曾子立事篇云:

　　君子學必由其業,問必以其序。問而不決,承閒觀色而復之。雖不說,亦不強爭也。王聘珍云:"學記曰:'時教必有正業。'必以其序,不躐等也。閒,隙也。復之,再問也。說,解也。爭,辨也。"孔云:"說,如相說以解之說。"

　　君子既學之,患其不博也。既博之,患其不習也。既習之,患其無知也。既知之,患其不能行也。既能行之,患其不能讓也。君子之學,致此五者而已矣。博,廣大也。知,謂心知其義也。行,謂身體其事也。讓,謂不以己能競於人也。致,猶盡也。(參用盧、孔、王注。)案此節學字亦可讀爲教。

　　君子疑則不言,未問則不言,兩問則不行其難者。孔云:"人以兩端來問,則擇其易行者告之。"

　　三十、四十之間而無藝,則無藝矣。五十而不以善聞,則無聞矣。阮云:"藝,六藝,禮、樂、射、御、書、數也。"孔子曰:"四十、五十而無聞焉,斯亦不足畏也已。"七十而無德,雖有微過,亦可以勉矣。阮云:"勉讀爲免,可免者,言不足責也。"其少不諷誦,其壯不論議,其老不教誨,亦可謂無業之人矣。荀子哀公篇引孔子曰:"少而不學,長無能也；老而不教，死無思也。是故君子少思長則學，老思死則教。"王云：
"業，事也。無業，惰游之士也。"

如上所述，<u>曾子</u>蓋身通六藝，而實行順陰陽、明教化者，推爲
儒家鉅子，復何疑乎？

附錄　凡諸子遺言、逸事及後人評論，有關學術者，用<u>黃宗羲宋元學案</u>例，
別爲附錄，記於事略學說之後，無則闕之。

　　　<u>曾子疾病篇</u>云：<u>曾子</u>疾病，<u>曾元</u>抑首，<u>曾華</u>抱足。<u>盧</u>注
云："疾困曰病。<u>元</u>、<u>華</u>，<u>曾子</u>之子。"案，一說<u>華</u>爲<u>申</u>之訛。一說，<u>曾子</u>三子，
<u>元</u>、<u>華</u>、<u>申</u>，<u>申</u>字<u>子酉</u>，即<u>孟子</u>稱<u>曾西</u>者。抑首，爲按摩也。抱足，擁護之也。
<u>曾子</u>曰："微乎，吾無夫<u>顏氏</u>之言，何以語汝哉？然而君子之
務，蓋有之矣。<u>孔</u>注云："微乎，嘆辭。<u>顏氏</u>，<u>子淵</u>也。"夫華繁而實寡
者，天也；言多而行寡者，人也。鷹隼以山爲卑而曾巢其上，
魚鱉黿鼉以淵爲淺而蹶穴其中，卒所以得者餌也。是故君
子苟無以利害義，則辱何由至哉？<u>阮</u>云："鷹隼皆鷙鳥。曾，與增
同。"<u>王引之</u>云："蹶讀爲撅，掘也。"<u>盧</u>注云："生生之厚，動之死地。"案<u>說苑敬
慎篇</u>引此下多"官怠於宦成，病加於少愈，禍生於懈惰，孝衰於妻子，察此四
者，慎終如始。詩云：靡不有初，鮮克有終"九句，皆<u>曾子</u>遺言也。親戚不
說，不敢外交。近者不親，不敢求遠。小者不審，不敢言大。
<u>孔</u>云："古者謂父母爲親戚。<u>左傳伍尚</u>曰：親戚爲戮。"<u>阮</u>云："不順乎親，不信
乎朋友矣。"<u>荀子法行篇</u>引<u>曾子</u>曰："內疏而外親，不亦反乎？"<u>王詁</u>曰："親，愛
也。審，悉也。"故人之生也。百歲之中，有疾病焉，有老幼焉。
故君子思其不可復者，而先施焉。親戚既歿，雖欲孝，誰爲
孝？年既耆艾，雖欲弟，誰爲弟？故孝有不及，弟有不時，其
此之謂與？<u>阮</u>云："疾病老幼，皆當仁愛，尤以孝弟爲先。不可復者，謂父母
兄長之年也。五十曰艾，六十曰耆。己之年已耆艾，則兄長多故矣。"<u>曾子</u>曰：

（見說苑卷二）"往而不可還者，親也，至而不可加者，年也。是故孝子欲養而親不逮也，木欲直而時不待也。是故椎牛而祭墓，不如雞豚逮親存也。"言不遠身，言之主也；行不遠身，行之本也。言有主，行有本，謂之有聞矣。盧云："知身是言行之基，可謂聞矣。"案有聞，謂於學有所聞知也。君子尊其所聞，則高明矣；行其所聞，則廣大矣。高明廣大，不在於他，在加之志而已矣。漢書董仲舒策引此作行其所知，廣大作光大，志作意，皆字異而義通。與君子遊，苾乎如入蘭芷之室，久而不聞，則與之化矣。與小人遊，貸乎如入鮑魚之次，久而不聞，則與之化矣。是故君子慎其所去就。阮云："苾，馨香也。蘭，萹也。芷，白芷也。皆香草。鮑者，槀乾之。次，舍也。"王引之云："貸乃臟字之誤。臟者，膏液敗臭也。"案他書引此，次一作肆，或引作久而不聞其香，久而不聞其臭。多四字，並通。與君子遊，如長日，加益而不自知也；與小人遊，如履薄冰，每履而下，幾何而不陷乎哉！盧云："如日之長，雖日加益而不自知也。"案一本盧注作如身之長，則長字讀上聲，亦通。吾不見好學盛而不衰者矣，吾不見好教如食疾子者矣，盧云："言未見好教欲人之受，如餔疾子也。"吾不見日省而月考之其友者矣，王云："省，察。考，核也。言就其友，省察考核己之德行道藝也。"案論語曾子曰："吾日三省吾身。"又子曰："就有道而正焉。"吾不見孜孜而與，來而改者矣。"案，孜孜，勸勉不息也。與，猶示也，教也。來，謂來學者。改，謂自變更，猶如時雨之化也。上句言好學，此言好教者也。

案論語泰伯篇曾子有疾二章，禮記檀弓篇曾子寢疾病一章，所記曾子遺言，皆不及此篇之精詳也。故備錄之。

荀子大略篇云："曾子食魚有餘，曰：'泔之。'門人曰：'泔之傷人，不若奧之。'曾子泣涕曰：'有異心乎哉！'傷其聞之晚也。"姚鼐曰："泔之，恐是漸之醓醬之類，以爲鱠耳。奧，讀如燠，燠之則以火熟之矣。曾子殆傷昔父母在時，不聞此語，常以泔魚供饌，故泣也。"

　　韓詩外傳卷八云："曾子有過，曾皙引杖擊之。說苑作曾子芸瓜而誤斬其根，曾皙怒，援大杖擊之。仆地，有閒乃蘇。起曰：'先生得無病乎？'魯人賢曾子，以告夫子。夫子告門人：'參來，女不聞昔者舜爲人子乎？小箠則待笞，大杖則逃。索而使之，未嘗不在側；索而殺之，未嘗可得。今女委身以待暴怒，拱立而不去，殺身以陷父不義，不孝孰是大乎？女非王者之民邪？殺王者之民，其罪何如？'"後五句，參用說苑建本篇文。

　　又卷一云："曾子仕於莒，得粟三秉。方是之時，曾子重其祿而輕其身。親歿之後，齊迎以相，楚迎以令尹，晉迎以上卿。方是之時，曾子重其身而輕其祿。"又卷二云："曾子褐衣緼絮未嘗完也，糲米之食未嘗飽也。義不合，則辭上卿。"

　　說苑立節篇云："曾子衣敝衣以耕。魯君使人往致邑焉。曰：'請以此修衣。'曾子不受。反復往，又不受。使者曰：'先生非有求於人，人則獻之，奚爲不受？'曾子曰：'臣聞之，受人者常畏人，予人者常驕人。縱君有賜不我驕也，我能勿畏乎？'常字，君字，依太平御覽引。孔子聞之曰：'參之言，足以全其節也。'"

　　又談叢篇云："曾子曰：'入是國也，言信乎羣臣，則留可也。忠行乎羣臣，則仕可也。澤施乎百姓，則安可也。'"

　　韓詩外傳卷七云："昔者孔子鼓瑟，曾子、子貢側耳而聽。曲終，曾子曰：'嗟乎！夫子瑟聲，殆有貪狼之心，邪僻之行。何其不仁趨利之甚？'子貢以爲然，不對而入。夫子望見子貢,有諫過之色,應難之狀。釋瑟而待之。子貢以曾子之言告。子曰:'嗟乎! 夫參,天下賢人也,其習知音矣。鄉者,丘鼓瑟,有鼠出遊,狸見於屋,循樑而行,造焉而避,厭目曲脊,求而不得。案,造,猝也。造焉,猝然驚遽貌。厭,極也。厭目,猶極目也。丘以瑟浮其音。說文浮,汎也。一本浮作淫。參以丘爲貪狼邪僻,不亦宜乎!'"

韓非子外儲說左上云:"曾子與妻之市。其子隨之而泣。其母曰:'女還,顧案動詞,有但字意。反,爲女殺彘。'適市來,曾子欲捕彘殺之。妻止之曰:'特與嬰兒戲耳。'曾子曰:'嬰兒非可與戲也。可字,從王先謙註增。嬰兒非有知也,待父母而學者也,聽父母之教。今予欺之,是教子欺也。父欺子而不信其母,非以成教也。'遂烹彘也。"說苑雜言篇云:"凡善之生也,皆學之所由。一室之中,必有主道焉,父母之謂也。故君正則百姓治,父母正則子孫孝慈。是以孔子家兒不知罵,曾子家兒不知怒。所以然者,生而善政也。"

莊子讓王篇云:"曾子居衛,縕袍無表,顏色腫噲,郭慶藩云:"噲,讀爲瘩,病甚也。"手足胼胝,三日不舉火,十年不制衣,正冠而纓絕,捉衿而肘見,納履而踵決。曳縰而歌商頌,聲滿天地,若出金石。天子不得臣,諸侯不得友。故養志者忘形,養形者忘利,致道者忘心矣。"成玄英疏云:"賢人君子,不以形挫志;攝養之士,不以利傷生;得道之人,忘心知之術。"

大戴禮記衛將軍文子篇云:"子貢曰:'滿而不滿,實如虛,過之如不及,先生難之。盧注云:"先生者猶難之,亦所謂先言所畏也。"博無不學,其貌恭,其德敦。博無二字及恭字,從王念孫說補正。其言於人也，無所不信。其橋大人也，常以皓皓，是以眉壽。盧注：“橋，高也。”案高有尊尚之義。孔補注云：“大人，父之稱也，言曾子能養志，常使皓皓，無所憂怒，不損其性，以壽父母，故下文稱其孝也。”是曾參之行也。’孔子曰：‘孝，德之始也；弟，德之序也；信，德之厚也；忠，德之正也。參也中夫四德者矣，故以此稱之也。’”

曾子弟子考

子思子　見後節。

樂正子春　見前大孝節。禮記檀弓篇云：“樂正子春之母死，五日而不食。曰：‘吾悔之。自吾母而不得吾情，吾惡乎用吾情。’”公羊春秋昭十九年傳云：“樂正子春之侍疾也，復加一飯則脫然愈，復損一飯則脫然愈。復加一衣則脫然愈，復損一衣則脫然愈。”案言加損皆得宜也。

陽膚　論語子張篇云：“孟氏使陽膚爲士師。問於曾子。曾子曰：‘上失其道，民散久矣。如得其情，則哀矜而弗喜。’”包咸曰：“陽膚，曾子弟子。”

單居離　見前天圓篇。大戴記曾子事父母一篇，全載單居離問事父母、事兄、使弟之道，及曾子答語。

公明儀　見前大孝篇。孟子滕文公上篇公明儀曰：“文王，我師也。周公豈欺我哉？”禮記檀弓篇：“子張之喪，公明儀爲志焉。”孔穎達疏曰：“儀是子張弟子，又爲曾子弟子。”

公明高　孟子萬章上篇孟子曰："長息問於公明高曰：'舜往
於田，則吾既得聞命矣。號泣於旻天、於父母，則吾不知也。'公
明高曰：'是非爾所知也。'夫公明高以孝子之心爲不若是恝。趙
岐注云："長息，公明高弟子。公明高，曾子弟子。恝，無憂之貌。"我竭力耕田，
共爲子職而已矣，父母之不我愛，於我何哉？"趙云："於我之身，獨有何
罪？"

子襄　見前大勇篇。

沈猶行　孟子離婁下篇云："曾子居武城，有越寇。或曰：
'寇至，盍去諸？'曰：'無寓人於我室，毀傷其薪木。'寇退，則曰：
'修我牆屋，我將反。'寇退，曾子反。左右曰：'待先生，如此其忠
且敬也。寇至則先去，以爲民望，寇退則反，殆於不可？'沈猶行
曰：'是非汝所知也。昔沈猶有負芻之禍，從先生者七十人，未有
與焉。'趙注云："沈猶行，曾子弟子。行謂左右之人曰：'先生之行，非汝所能知
也。'先生，曾子也。往者先生嘗從門徒七十人，舍吾沈猶氏時，有作亂者曰負芻，來
攻沈猶氏，先生率弟子去之，不與其難。言師賓不與臣同。"子思居於衛，有齊
寇。或曰：'寇至，盍去諸？'子思曰：'如伋去，君誰與守？'孟子
曰：'曾子、子思同道。曾子，師也，父兄也。子思，臣也，微也。
曾子、子思，易地則皆然。'"

公明宣　劉向說苑反質篇云："公明宣學於曾子，三年不讀
書。曾子曰：'宣，而居參之門，三年不學，何也？'公明宣曰：'安
敢不學？宣見夫子居宮庭，親在，叱吒之聲未嘗至於犬馬。宣說
之，學而未能。宣見夫子之應賓客，恭儉而不懈惰。宣說之，學
而未能。宣見夫子之居朝廷，嚴臨下而不毀傷。宣說之，學而未
能。宣說此三者，學而未能。宣安敢不學而居夫子之門乎？'曾

參避席謝之曰：'參不及，宣其學而已。'"案觀此知古人原以讀書爲學，又以效先覺之所爲爲學也。

吳起　見後兵家。呂子當染篇云："孔子學於老聃、孟蘇、夔靖叔，案，孟、夔二人待考。曾子學於孔子，吳起學於曾子。"案朱彝尊孔子門人考謂吳起所事之曾子，疑是曾申，與呂子不合，互見下文。

曾元、曾華、曾申　案三子當曾子之子，必傳曾氏之家學者也。惜華之言行無可考耳。荀子大略篇云："公行子之之燕，遇曾元於塗曰：'燕君何如？'曾元曰：'志卑。志卑者輕物，輕物者不求助，苟不求助，何能舉氐羌之虜也。不憂其係縲也，而憂其不焚也。利夫秋豪，害靡國家，然且爲之，幾爲知計哉。'"陳奐云："靡，累也。"倞注："幾，辭也。或讀爲豈。"孟子公孫丑上篇孟子曰："或問乎曾西曰：'吾子與子路孰賢？'曾西蹴然曰：'吾先子之所畏也。'陸德明經典序錄云："申字子西，曾參之子。"而趙岐注云："曾西，曾子之孫。"王伯厚云："楚鬥宜申、公子申，皆字子西，則西爲申之字無疑。"江永云："曾西即曾申，曾子之子，非曾子之孫，稱先子者，謂父，非謂祖父也。"案蹴然，言踧踖、恭敬之貌。曰：'然則吾子與管仲孰賢？'曾西艴然不悅曰：'爾何曾比予於管仲？趙注："艴然，慍怒貌也。何曾猶何乃也。"管仲得君，如彼其專也；行乎國政，如彼其久也；功烈，如彼其卑也。爾何曾比予於是？'"趙注云："謂管仲不帥齊桓行王道而行霸道，故言卑也。"禮記雜記下篇云："曾申問於曾子曰：'哭父母有常聲乎？'曰：'中路嬰兒失其母焉，何常聲之有？'"又檀弓上篇云："穆公之母卒，使人問於曾子曰：'如之何？'鄭注云："間居喪之禮。曾子，曾參之子，名申。"對曰：'申也聞諸申之父曰：哭泣之哀，齊斬之情，饘粥之食，自天子達。布幕，衛也。縿幕，魯也。'"鄭注云："幕，所以覆棺上也。縿，縑也。"案縑猶今之絹。劉向別錄左傳正義引。云："左氏傳三十卷，左丘明授曾申，曾申授吳起，起授其子期，期受

楚鐸椒，椒作抄撮八卷，授虞卿，虞卿作抄撮九卷，授荀卿，荀卿
授張蒼。"陸璣毛詩草木蟲魚疏論毛詩云："孔子刪詩授卜商，商
爲之序以授魯人曾申，申授魏人李克，克授魯人孟仲子，孟仲子
授根牟子，根牟子授趙人荀卿，荀卿授魯國毛亨，亨作詁訓傳以
授趙國毛萇。時人謂亨爲大毛公，萇爲小毛公。以其所傳，故名
其詩曰毛詩。"經典序錄亦用劉、陸二氏之說。

謹案，曾西克承家學，其後孟、荀二子詩、禮、春秋之傳，蓋皆
出自曾門者也。故備述於此。

二　子思子

子思子，漢志但云子思，隋志及馬總意林以後，皆云子思子。加字於子上
者，猶冉求字子有，而左傳稱有子。程本字子華，而其書稱子華子。此與子沈子、子
墨子、子范子以子冠氏上者不同。名伋，孔子孫，爲魯繆公師。漢志自注。
孔子生鯉字伯魚。伯魚年五十，先孔子死。伯魚生伋字子思。
年六十二，嘗困於宋。子思作中庸，史記孔子世家。又作表記、坊
記、緇衣三篇。隋書音樂志引沈約云："禮記中庸、表記、坊記、緇衣皆取子思
子。"漢志有子思二十三篇，隋、唐至宋，存子思子七卷，後皆亡佚。
清儒有輯本。洪頤煊輯子思子一卷，在問經堂叢書中。黃以周亦有輯本。宋人
汪晫所編者不可據。
宋儒呂大臨中庸解云："此書，孔子傳之曾子，曾子傳之子
思，子思述所授之言以著於篇。"朱子文集云："子思學於曾子，而
得其所傳於孔子者。"程伊川經說云："中庸之書，是孔門傳授心
法，成於子思，傳於孟子。"蓋子思子之學，全在中庸一書。始於
慎獨，終於至誠。其致廣大而盡精微也，極乎參天地育萬物，而
以聲色化民者爲末。鄭玄謂："子思作中庸以昭明聖祖之德。"禮

<u>記正義</u>引<u>鄭</u>三<u>禮目錄</u>云：“<u>中庸</u>者，以其記中和之爲用也。庸，用也。<u>孔子</u>之孫<u>子思</u>
伋作，以昭明聖祖之德，此於別錄屬通論。”實則自述其心得也。至於<u>坊</u>
<u>記</u>，以禮爲人情之坊。<u>表記</u>以仁爲天下之表。<u>坊記</u>云：“禮者，因人之
情而爲之節文，以爲民坊者也。”<u>表記</u>云：“仁者，天下之表也。”案<u>坊記</u>多言禮，<u>表記</u>多
言仁。<u>緇衣</u>一篇，則章善癉惡，以示民厚。是猶儒家之緒論耳。
其詳皆具於經學，兹但取諸家徵引<u>子思</u>之遺説，略分述之。

勸學　<u>子思子</u>勸人學誠其身，已見<u>中庸</u>博學、審問、慎思、明
辨、篤行一節。<u>鄭注</u>云：“此勸人學誠其身也。”其義至精。下所述者，猶
外篇也。<u>劉向説苑建本篇</u>引<u>子思</u>曰：

> 學，所以益才也；礪，所以致刃也。吾嘗幽處而深思，
> 不若學之速；吾嘗跂而望，不若登高之博見。故順風而呼，
> 聲不加疾而聞者眾；登丘而招，臂不加長而見者遠。故魚
> 乘於水，鳥乘於風，草木乘於時。<u>孔叢子雜訓篇子思</u>告<u>子上</u>語，可
> 參閱。

上節中數語，“吾嘗幽處”至“而見者遠”數語。又見<u>荀子勸學篇</u>。
又<u>大戴禮記勸學篇</u>作<u>孔子</u>曰。字句小異而文義不同。案<u>論語衛靈公篇</u>。
<u>子</u>曰：“吾嘗終日不食，終夜不寢，以思，無益，不如學也。”<u>子思</u>此
説，殆述祖訓。然<u>孔子</u>又云：“學而不思則罔，思而不學則殆。”<u>論</u>
<u>語爲政篇</u>。<u>包注</u>云：“學而不尋思其義理，則罔然無所得；不學而思，終卒不得，徒使
人精神疲殆。”是學、思不宜偏重也。<u>中庸</u>之言學，誠哉其中庸矣。
<u>朱子</u>引<u>程子</u>曰：“不偏之謂中，不易之謂庸。”

修己　<u>孔子</u>有言：“古之學者爲己，今之學者爲人。”又言：
“君子求諸己，小人求諸人。”皆見<u>論語</u>。<u>子思</u>述<u>孔子</u>之言曰：“射有
似乎君子，失諸正鵠，反求諸其身。”見<u>中庸</u>。蓋君子之儒，首重修
己。<u>子思</u>之學，克紹宗傳矣。<u>徐幹中論修本篇</u>引<u>子思</u>曰：

能勝其心，於勝人乎何有？不能勝其心，如勝人何？

案論語子路篇。子曰：“苟正其身矣，於正人乎何有？不能正其身，如正人何？”大學言正心修身，此言勝心正身，文異義同。子思文句多摹論語，此儒者之家法也。孟子以道殉身四語，又摹子思子，文後見。

馬總意林引子思子曰：

君子以心導耳目，小人以耳目導心。

案導，引也，先也，教也。皆本纂詁。孟子傳子思之學，故其言曰：“耳目之官不思而蔽於物，物交物，則引之而已矣。心之官則思，思則得之，不思則不得也。此天之所與我者。王引之曰：“此，皆也。”先立乎其大者，則其小者不能奪也。此爲大人而已矣。”孟子告子上篇。荀子亦云：“耳、目、鼻、口、形，能各有接而不相能也，夫是之謂天官。心居中虛以治五官，夫是之謂天君。”荀子天論。呂子亦云：“聖人深慮天下莫貴於生，夫耳、目、鼻、口，生之役也。耳雖欲聲，目雖欲色，鼻雖欲芬香，口雖欲滋味，害於生則止在四官者，不欲利於生者則弗爲。案，爲，猶治也。謂不治四官之欲。或曰：弗字衍文。亦通。由此觀之，耳、目、鼻、口不得擅行，必有所制。高注：“擅，專也。制，制於心也。”譬之若官職，不得擅爲，必有所制。高注：“制於君也。”此貴生之術也。”呂子貴生。三子所述，皆足發明子思此二語之義。宋學心傳，亦本此旨也。如范浚心箴，程子四箴。

中論貴驗篇引子思曰：

同言而信，信在言前也；同令而化，化在令外也。謗言也，皆緣類而作，倚事而興，加其似者也。誰謂華岱之不高，江漢之不長與？君子修德，亦高而長之，將何患矣。首四句又見意林引，惟省去同字、也字。　　又引子思曰：

　　事自名也，聲自呼也，貌自眩也，物自虛也，人自官也，無非自己者。

　　案此皆君子反求諸身之學，求諸己而不求諸人者也。與中庸所謂"君子之道，本諸身，徵諸庶民"，及"故君子不動而敬，不言而信"各節，互相發明。孟子遇人待以橫逆，必以不仁不忠無禮自反。又謂人之見侮，家之見毀，國之見伐，皆由於己。詳見離婁上、下篇。殆善述子思求己之學者與！

　　尸子卷下云：汪氏輯本。

　　費子陽謂子思曰："吾念周室將滅，涕泣不可禁也。"子思曰："然，今以一人之身，憂世之不治，而涕泣不禁，是憂河水濁而以泣清之也。藝文類聚三十五，太平御覽三百八十七引。其爲無益莫大焉。故微子去殷，紀季入齊，良知時也。唯能不憂世之亂而患身之不治者，可與言道矣。"上數語，據孔叢子抗志篇增補。

　　案呂子貴生篇云："堯以天下讓於子州支父。子州支父對曰：'以我爲天子，猶可也。雖然，我適有幽憂之病，方且治之，未暇在天下也。'畢沅云："在，察也。"案莊子讓王篇有此文，在作治，義同。天下重物也，而不以害其生，又況於它物乎？惟不以天下害其生者也，可以託天下。"蓋儒者之學，壹是皆以修身爲本。人人能修其身，天下自治矣，又何憂乎？

説苑立節篇云：

　　子思居於衞，縕袍無表，二旬而九食。田子方聞之，使人遺狐白之裘。恐其不受，因謂之曰：“吾假人，遂忘之；吾與人也，如棄之。”子思辭而不受。子方曰：“我有子無，何故不受？”子思曰：“伋聞之，妄與不如遺棄物於溝壑。伋雖貧也，不忍以身爲溝壑，是以不敢當也。”

　案此事與曾子不受魯君致邑相同，但卻之之辭不同耳。孟子有言：盡心上章。“食而弗愛，豕交之也；愛而弗敬，獸畜之也。恭敬者，幣之未將者也。恭敬而弗實，君子不可虛拘。”此即子思不受田子狐裘之意也。

　孟子述子思逸事曰：萬章下篇。

　　繆公之於子思也，亟問，亟饋鼎肉。子思不悅。於卒也，摽使者出諸大門之外，北面稽首再拜而不受。曰：“今而後，知君之犬馬畜伋。”蓋自是臺無饋餽也。悅賢不能舉，又不能養也，可謂悅賢乎？……子思以爲鼎肉使己僕僕爾亟拜也，非養君子之道也。趙注云：“亟，數也。子思以君命煩，故不悅也。於卒者，末後復來時也。摽，麾也。臺，賤官主使令者。僕僕，煩猥貌。”

　又曰：公孫丑下篇。

　　昔者魯繆公無人乎子思之側，則不能安其身。趙注云：“往者魯繆公尊敬子思。子思以道不行，則欲去。繆公常使賢人往留之，説以方且聽子思爲政，然後子思復留。”

案孟子所述及趙注所云，皆有事實可據。呂子審應篇云：

> 孔思請行。高注云："孔思，子思，伯魚之子也。行，去之他也。"魯
> 君曰：案即魯繆公。"天下主亦猶寡人也。將焉之?"孔思對
> 曰："蓋聞君子猶鳥也，駭則舉。高注："駭，擾也。"案論語鄉黨篇：
> "色斯舉矣。"王引之曰："色斯，猶色然，驚駭貌。"魯君曰："主不肖而皆
> 以然也。案以、已同。違不肖，過不肖，而自以為能論天下之
> 主乎？案違，離去也。過，往見也。論讀為掄。掄，擇也。凡鳥之舉也，
> 去駭從不駭。去駭從不駭，未可知也。去駭從駭，則鳥曷為
> 舉矣?"孔叢子抗志篇云：穆公欲相子思，子思不願。將去魯。魯君曰："天下
> 之主亦猶寡人也。去將安之?"子思答曰："蓋聞君子猶鳥也，疑之則舉。今君
> 既疑矣，又以己限天下之君，臣竊為言之過也。"

以上歷述子思之節，與孟子所云"周之則受，賜之則不受"、
萬章下篇。"禮貌未衰，言弗行也，則去之"諸說同意。呂子謂"孔思之
對魯君也，亦過矣。"猶未知此意也。然此亦在子思為魯君師，及未為衛
臣之時，則然耳。及其既有官守，則又能輕死亡，立節行義也。
孟子曰：離婁下篇。

> 子思居於衛。有齊寇。或曰："寇至，盍去諸?"子思曰：
> "如伋去，君誰與守?"詳見曾子節。

意林引子思子曰：

> 國有道，以義率身；無道，以身率義。苟息是也。

案爾雅釋詁：率、從，同訓自，則率亦可訓從。孟子曰：盡心上

篇。"天下有道，以道殉身；天下無道，以身殉道。"趙注："殉，從也。"是率身、率義與殉身、殉道意同。孟子亦述子思立節之學者也。

用人　意林載子思子曰：

百心不可得一人，一心可得百人。

君子不以所能者病人，不以人之不能者愧人。<small>案，禮記表記亦有此二語。表記固子思所作也。</small>

案此言任人當專而不疑，取人當寬而不刻也。今以事實證之。韓子難三篇云：

魯穆公問於子思曰："吾聞龐攔氏之子不孝，其行奚如？"<small>論衡非韓篇："穆作繆，氏作是，皆古字通。攔原作欄。"今依論衡校正。孔叢子公儀篇作龍攔。</small>子思對曰："君子尊賢以崇德，舉善以勸民。<small>勸原作觀。觀，示也。文義本通。今據論語云："舉善而教，不能則勸"，依論衡、孔叢改作勸。</small>若夫過行，是細人之所識也，臣不知也。"子思出。子服厲伯入見。君問龐攔氏子。<small>君字依論衡增。</small>子服厲伯對曰："其過三，皆君子所未嘗聞。"自是之後，君貴子思而賤子服厲伯也。

案子思不以過聞，而穆公貴之；厲伯以姦聞，而穆公賤之。<small>四語本韓子。</small>此穆公之能用賢也。子思之意，與孔子稱"舜好問而好察邇言，隱惡而揚善"義同。<small>禮記中庸文。</small>韓子乃以此難魯穆公，宜乎王充之非之也。

牧民　宋輯子思子曰：<small>原書亡佚。此據郡齋讀書志所引。又見孔叢子</small>

雜訓篇，字句與此小異。

　　孟軻問牧民之道何先，子思子曰："先利之。"孟軻曰：
"君子之教民者，亦仁義而已，何必曰利？"子思曰："仁義者，
固所以利之也。上不仁，則不得其所；上不義，則樂爲詐。
此爲不利大矣。故易曰：'利者，義之和也。'又曰：'利用安
身，以崇德也。'此皆利之大者也。"

　　案晁氏公武曰："子思子此節，溫公采之，著於通鑒。夫利者
有二，有一己之私利，有眾人之公利。子思所取，公利也。其所
引援易之言是也。孟子所鄙，私利也。亦易所謂小人不見利不
勸之利也。言雖相反，而意則同，不當以優劣論也。"今案孔子答
子張之問仁，則曰："敏則有功。"論語陽貨篇。答子張之問從政，則
曰："因民之所利而利之。"堯曰篇。是孔門之論牧民，不諱功利
也，特不自言功利耳。易傳曰："乾始能以美利利天下，不言所利，大矣哉！"

附錄

　　案孔叢子記問、雜訓、居衛、巡狩、公儀、抗志六篇中，載子思
言行共五十章，原可擇錄。惟考朱子語類卷百三十七。云："孔叢
子是後來撰出，其首幾章，皆法左傳句，已疑之。及讀其後序，乃
謂渠好左傳，便可見。"又云："孔叢子鄙陋之甚，理既無足取，而
詞亦不足觀。"又考漢志子家無此書，隋志則以孔叢七卷列入論
語類。升子爲經，早於孟子，其義當詳於經説，此本篇所以不專
述孔叢也。欲考子思言行，可於其書求之。

子思弟子考

魯繆公　漢志注云："子思爲魯繆公師。"案繆公名顯，見史記世家。繆、穆，古音同字通。

費惠公　孟子萬章下篇云："費惠公曰：'吾於子思則師之矣。'"案費惠公，當時小國之君也。說詳焦循孟子正義。

子上　禮記檀弓鄭注云："子上，孔子曾孫，子思伋之子，名白。"據孔叢子載子上請於子思，及子思謂子上語。家學相傳，無可疑也。

孟子　說詳後孟子節。

據孔叢所載，從子思問學者，有曾申、曾子之子。申詳、子張之子。縣子、名瑣，魯人，見禮記檀弓。羊客、未詳。衛公子交諸人，大都弟子之列也。以無旁證，故志於此。

三　漆雕子

漆雕子，孔子弟子漆雕啟後。本漢志原注。案，史記弟子列傳："漆雕開，字子開，魯人。"閻若璩云："上開字本啟字，漢人避諱所改。"引漢志此注爲證。古今人表正作漆彫啟，彫、雕古字通。著書十二篇，隋志不載，佚已久。馬氏國翰有輯本。

案史記，仲尼弟子有漆雕啟，又有漆雕哆，字子斂，魯人。又有漆雕徒父。今家語作漆雕從，字子文，一作子友。劉向說苑權謀篇有孔子問漆雕馬人一節。今家語作漆彫憑。韓子顯學篇云："有漆雕氏

之儒。"又引漆雕之議。此著書之漆雕子，既爲子開之後，當是孔
子門人，疑非子斂、子文、馬人三子。 蓋即韓子所稱之漆雕也。
今惟取韓子之説云：

　　漆雕之議，王先慎謂："此漆彫與漆彫氏之儒非一人。"其説疑未是。
不色撓，不目逃。案謂人向之擊刺，顏色不爲屈撓，目睛不爲逃避也。
行曲則違於臧獲，行直則怒於諸侯。案謂己之行事不直，雖敵人爲
臧獲，亦違而去之。行事若直，雖對於諸侯，亦震怒之也。世主以爲廉而
禮之。案，廉謂砥礪廉隅也。

　　翟氏灝四書考異。云："按韓非所稱漆雕之議，上二語，與孟子
言北宮黝不膚撓、不目逃文同。下二語，與曾子謂子襄意似。其
漆雕爲北宮黝字與？ 抑子襄之出於漆雕氏也？ 漆雕子其書久
亡，無能案驗矣。"今案漆雕之議，與曾子、孟子所述相同，此儒家
養勇之學也。至馬氏國翰所輯孔子家語中孔子問漆雕憑一節，
王充論衡引漆雕開"性有善有惡"一語，陶潛聖賢羣輔錄云"漆雕
氏傳禮爲道，爲恭儉莊敬之儒"，皆編爲漆雕子書。疑未敢定，姑
從略焉。

四　宓　子

宓子，魯人，名不齊，字子賤，孔子弟子。少孔子四十九歲。
本史記列傳，漢志及注，今家語作少孔子四十歲。著書十六篇。隋志已不
錄，佚久。馬氏有輯本一卷。

論性　宓子賤言曰："性有善有惡。"
案王充論衡本性篇引宓子言如此。詳見世子節。

爲政　案宓子在孔門，蓋長於政治者。故其爲政，以任人尊

賢爲要。用人則必專任之而不掣其肘，尊賢則必師事之而得盡其材，使民以義而絕彼幸災樂禍之心，教民以誠而化彼陽奉陰違之習。茲采諸家所述<u>宓子</u>言行，爲證明其致治之原焉。<u>呂子</u>具備篇云：

<u>宓子</u>賤治<u>單父</u>，單一作亶，古字通。恐<u>魯君</u>之聽讒人，而令己不得行其術也，將辭而行，請近吏二人案，吏與史古字通，故今<u>家語</u>作史，<u>新序</u>雜事二作"請借善書者二人"。於<u>魯君</u>，與之俱。至於<u>單父</u>，邑吏皆朝，<u>宓子</u>賤令吏二人書。吏方將書，<u>宓子</u>賤從旁時掣搖其肘。吏書之不善，則<u>宓子</u>賤爲之怒。吏甚患之，辭而請歸。<u>宓子</u>賤曰："子之書甚不善，子勉歸矣。"<u>高注</u>："勉，猶趣也。"二吏歸，報於君曰："<u>宓子</u>不得爲書。"爲去聲。君曰："何故？"吏對曰："<u>宓子</u>使臣書，而時掣搖臣之肘，書惡而有甚怒。有與又同。吏皆笑<u>宓子</u>。<u>高注</u>："吏，邑吏也。"此臣所以辭而去也。"<u>魯君</u>太息而嘆曰："<u>宓子</u>以此諫寡人之不肖也。寡人之亂子，案謂擾亂<u>宓子</u>。而令<u>宓子</u>不得行其術，必數有之矣。<u>新序</u>作"<u>魯君</u>曰：'子賤苦吾擾之，使不得施其善政也。'"微二人，寡人幾過。"遂發所愛，遣所親信者。而令之<u>單父</u>，告<u>宓子</u>曰："自今以來，<u>單父</u>非寡人之有也，子之有也。有便於<u>單父</u>者，子決爲之矣。五歲而言其要。"<u>高注</u>："要，約最簿書。"<u>宓子</u>敬諾，乃得行其術於<u>單父</u>。三年，<u>巫馬旗</u>旗一作期，通假字。短褐衣敞裘，而往觀化於<u>單父</u>。見夜漁者得則捨之。<u>巫馬旗</u>問焉，曰："漁爲得也，今子得而捨之，何也？"對曰："<u>宓子</u>不欲人之取小魚也。<u>國語魯語</u>里革引古訓云："魚禁鯤鮞，蕃庶物也。"所捨者小魚也。"<u>巫馬旗</u>歸告<u>孔子</u>曰："<u>宓子</u>之德至矣，使民暗行若有嚴刑於旁。<u>高注</u>：暗，夜。敢問<u>宓子</u>何以至於此？"<u>孔子</u>曰："丘嘗與之言曰：'誠乎此者，刑乎彼。'<u>高注</u>："施至誠於近以化之，使刑行於遠。"

案，此刑字當讀爲形見之形。宓子必行此術於單父也。"

呂子察賢篇云：

宓子賤治單父，彈鳴琴，身不下而單父治。巫馬旗説苑政理篇載有"亦治單父"四字。以星出，以星入，日夜不居，以身親之而單父亦治。巫馬旗問其故於宓子。宓子曰："我之謂任人，子之謂任力。任力者故勞，任人者故逸。"宓子則君子矣。韓詩外傳二作"人謂子賤則君子矣"。説苑作"人曰宓子賤則君子矣"。

説苑政理篇云：

孔子謂宓子賤曰："子治單父而眾説，語丘所以爲子者。"曰："不齊父其父，子其子。恤諸孤而哀喪紀。"孔子曰："善，小節也。小民附矣，猶未足也。"曰："不齊也，所父事者三人，所兄事者五人，所友者十一人。"孔子曰："父事三人，可以教孝矣。兄事五人，可以教弟矣。友十一人，可以教學矣。中節也，中民附矣，猶未足也。"曰："此地民有賢於不齊者五人，不齊師之。師字從韓詩外傳八。皆教不齊所以治之術。"孔子曰："欲其大者乃於此在矣。昔者堯舜清微其身以觀聽天下，務來賢人。夫舉賢者，百福之宗也，而神明之主也。惜乎！二字從韓詩外傳增。不齊之所治者小也。不齊所治者大，其與堯舜繼矣！"

賈誼新書審微篇云：

宓子治亶父。於是齊人攻魯，道亶父始。案，是，謂是時。

道,由也。父老請曰:"麥已熟矣。今迫齊寇,民不及刈獲。請令民人出,自刈附郭者歸,可以益食,且不資寇。"三請。宓子弗聽。俄而麥畢資於齊寇。季孫聞之怒,使人讓宓子曰:"豈不可哀哉民乎! 寒耕熱耘,曾弗得食也。弗知猶可,聞或以告,而夫子弗聽。"宓子蹴然曰:蹴然,恭敬之貌。"今年無麥,明年可樹。令不耕者得獲,是使民樂有寇也。"使民"二字依家語增。且一歲之麥,於魯不加強,喪之不加弱。令民有自取之心,其創必數年不息。"季孫聞之慚曰:"使穴可入,吾豈忍見宓子哉!"

論語云:"子謂子賤,君子哉若人! 魯無君子者,斯焉取斯。"清劉氏寶楠正義曰:"孔子所云魯之君子,即指所父事、兄事、所友、所師者言。宓子爲政,在能得人。故說苑又載子賤告孔子以三得,終之以朋友益親。孔子贊美子賤能取人,而又以見魯多君子也。"今案宓子實傳孔門誠此形彼之學。惟至誠爲能動物。故其事上也,則得魯君之信用,其取人也,則得賢才之輔助,其化民也,則得百姓之歡心。史記滑稽傳曰:"子賤治單父,民不忍欺。"宜乎巫馬子稱其至德,孔子擬之堯舜也。徒從治績論之,淺矣。

宓子弟子有景子。漢志景子三篇,注云:"說宓子語,似其弟子。"今其書久佚。馬氏國翰補輯二條,皆記宓子事,當爲宓子書。茲不別述景子。用近人胡蘊玉之説也。

五　世　子

世子名碩,陳人也,七十子之弟子。案論衡稱周人世碩,且次於宓子賤、漆雕開前,與漢志小異。著書二十一篇,内養書一篇,皆亡佚。馬氏有輯本一卷。

養性　世子養書云：

　　人性有善有惡。舉人之善性，養而致之則善長；性惡，
養而致之則惡長。如此則性各有陰陽善惡，在所養焉。

　　論衡本性篇云："情性者，人治之本，禮樂所由生也。故原情
性之極，禮爲之防，樂爲之節。性有卑謙辭讓，故制禮以適其宜；
情有好惡喜怒哀樂，故作樂以通其敬。禮所以制，樂所爲作者，
情與性也。昔儒舊生著作篇章，莫不論説，莫能實定。周人世碩
以爲人性有善有惡……在所養焉。故世子作養書一篇。宓子
賤、漆雕開、公孫尼子之徒，亦論情性，與世子相出入，皆言性有
善有惡……自孟子以下至劉子政，鴻儒博生，聞見多矣。然而論
情性竟無定也。唯世碩、公孫尼子之徒，頗得其正。由此言之，
事易知，道難論也。鄭文茂記，繁如榮華，恢諧劇談，甘如飴蜜，
未必得實。實者，人性有善有惡，猶人才有高有下也。高不可
下，下不可高。謂性無善惡，是謂人才無高下也。稟性受命，同
一實也。命有貴賤，性有善惡。謂性無善惡，是謂人命無貴賤
也。九州田土之性，善惡不均，故有黃、赤、黑之別，上、中、下之
差。水潦不同，故有清濁之流，東、西、南、北之趨。人稟天地之
性，懷五常之氣，或仁或義，性術乖也。動作趨翔，或重或輕，性
識詭也。面色或白或黑，身形或長或短，至老極死，不可變易，天
性然也。余固以孟軻言人性善者，中人以上者也；孫卿言人性惡
者，中人以下者也；揚雄言人性善惡混者，中人也。若反經合道，
則可以爲教，盡性之理，則未也。"案論衡此篇後幅"實者人性"云云，至"天
性然也"一段，馬國翰云："玩其語意，當是稱述世子、公孫尼子之言。"其説近是，因具
述之。

　　案王氏論性，歷引孟子、告子、孫卿子、陸賈、董仲舒、劉子政

之言,而皆以爲未能得實。唯以<u>世子</u>、<u>公孫尼子</u>之説爲得其正。
然性有善有惡論,至今尙未衷一是也。兹但就<u>世子</u>學説引而申
之。<u>揚子法言修身篇</u>云:"人之性也,善惡混,案,混讀如老子混然爲一
之混。<u>荀悦申鑒</u>引此混作渾,渾之言渾淪也。<u>列子</u>所謂氣、形、質具而未相離,故曰
渾淪。舊注訓混爲雜,云善惡雜處於心,非也。修其善則爲善人,修其惡則
爲惡人。案,修,習也,長也。亦可訓養。氣也者,所以適善惡之馬也
與。"案,氣,謂天地陰陽之氣,人稟天地之氣以生,不無清濁厚薄之殊,循其氣而修
之,善惡乃由合而分矣。此言人之本性,其初如混成之物,善惡未分,
實有合乎<u>孔子</u>性相近之義。至謂善惡同具於性中,即<u>世子</u>"性有
善有惡"之説也。初不分善惡,後乃分善惡者,一在於修習,一在
於修養。即<u>孔子</u>所謂"習相遠",<u>世子</u>所謂"善性養而致之則善
長,性惡養而致之則惡長"也。所以然者,人稟陰陽之氣,有清濁
厚薄之差。適善適惡,唯氣之馬首是瞻,在乎修之如何耳。<u>世子</u>
云:"性各有陰陽,善惡在所養。"即此意也。<u>法言</u>此節,足以發明
<u>養書</u>之義,但文詞稍異而已。<u>世子</u>以陰陽言性,其説亦本<u>孔子易
傳</u>云:"一陰一陽之謂道,繼之者善也,成之者性也。"惟言性有善
有惡,與<u>孔子</u>之説稍異。然兩漢學者多采用之。其最著者如<u>董
仲舒</u>云:"人之誠有貪有仁。仁貪之氣,兩在於身。<u>蘇輿義證</u>云:"誠
猶實也。仁義貪惡,此言善惡皆具於身,非謂有善無惡也。"身之名取諸天,天
兩有陰陽之施,身亦兩有貪仁之性。"<u>春秋繁露深察名號篇</u>。<u>許氏慎</u>
云:"性,人之陽氣,性善者也。情,人之陰氣,有欲者。"又云:
"酒,就也。所以就人性之善惡。"皆見<u>説文解字</u>。此皆言人性各有
陰陽,又兩有善惡。殆遠承<u>世子</u>、<u>宓子</u>、<u>漆雕開</u>、<u>公孫尼</u>之學説,
非爲<u>孟</u>、<u>荀</u>作調人也。

　　行恕　<u>世子</u>曰:<u>盧文弨</u>云:"即<u>漢志</u>之<u>世子</u>。"

　　　　功及子孫,光輝百世,聖人之德,莫美於恕。

春秋繁露俞序篇云："故世子曰：'功及子孫，……莫美於恕。'凌曙注本作聖王之道，漢魏叢書本恕作世。今從盧校及蘇注本。故子先言春秋，詳己而略人，因其國而容天下。"子原作予，今從俞氏樾説校正。蘇輿曰："略人容天下，所謂恕也。"案論語云："子貢問曰：'有一言而可以終身行之者乎？'子曰：'其恕乎。己所不欲，勿施於人。'"衞靈公篇。中庸子曰："忠恕違道不遠，施諸己而不願，亦勿施於人。"故曾子曰："夫子之道，忠恕而已矣。"論語里仁篇。劉氏正義曰："忠、恕理本相通。忠之爲言中也。中之所存，皆是誠實。忠者亦實也。君子忠恕，故能盡己之性。能盡己之性，故能盡人之性。非忠則無由恕，非恕亦虞稱爲忠也。説文訓恕爲仁，此本孟子'強恕而行，求仁莫近'之説，故即以恕爲仁，引申之義也。是故仁者，己欲立而立人，己欲達而達人。己立、己達，忠也；立人、達人，恕也。二者相因，不可偏用。自古聖賢至德要道，皆不外忠恕。能行忠恕，便是仁聖。故夫子言忠恕違道不遠也。"劉氏此説，與世子言恕正相發明，且可補其賸義。故略述之。又案論語説恕字義曰："己所不欲，勿施於人。"中庸説忠恕二字義曰："施諸己而不願，亦勿施於人。"二義全同。故孟子曰：盡心上篇。"強恕而行，求仁莫近焉。"趙岐注云："當自勉強以行忠恕之道。求仁之術，此最爲近。"然則恕之一言，可該括忠恕二字。世子之言恕，即曾子之所謂忠恕矣。

六　魏文侯

魏文侯，名斯，魏桓子之子。史記世家之子作之孫。或曰："文侯名都。"此誤讀史記"桓子之孫曰文侯，都魏，文侯元年，秦靈公之元年也。"都、魏二字當作一句讀。以都屬上，以魏屬下，遂誤認都爲文侯名矣。本梁氏人表考之説。有書六篇，久佚。馬氏輯本一卷。

史記稱文侯受子夏經藝。今案禮記樂記中，有魏文侯問樂於子夏一篇。蔡邕明堂月令論引魏文侯孝經傳一條，傳曰："大學者，國中明堂之位也。"已足徵文侯之深於經術矣。至馬氏所輯，據國策、呂子、韓詩外傳、淮南子、新序、説苑諸書，引魏文侯者凡二十三節，錄爲一卷，言皆近道。然不過有容直納諫之高風，尊賢下士之盛德，可爲君主之模範而已。今不具述。惟取其有關於詩、禮慈孝者一事錄之。説苑奉使篇云：

魏文侯封太子擊於中山。三年，使不往來。舍人趙倉唐進稱曰：舍人，親近左右之通稱也。韓詩外傳八作"其傅趙蒼唐曰"。"爲人子，三年不聞父問，不可謂孝；爲人父，三年不問子，不可謂慈。君何不遣人使大國乎？"何不原作何以，兹從韓詩外傳校。太子曰："願之久矣，未得可使者。"倉唐曰："臣願奉使。侯何嗜好？"太子曰："侯嗜晨鳧，好北犬。"於是乃遣倉唐，緤北犬，奉晨鳧，獻於文侯。倉唐至上謁，釋名釋書契云："謁，詣也，告也。書其姓名於上，以告所至詣者也。"案猶今書刺白事。曰："孽子擊之使者，説文云："孽，庶子也。"禮記玉藻云："公子曰臣孽。"不敢當大夫之朝，請以燕閒奉晨鳧，敬獻庖廚；緤北犬，敬上涓人。"涓人，謂供潔掃庭除之役者也。文侯悅曰："擊愛我，知吾所嗜，知吾所好。"召倉唐而見之曰："擊無恙乎？"倉唐曰："唯唯。"如是者三。乃曰："君出太子而封之。國君名之，非禮也。"文侯怵然，爲之變容。問曰："子之君無恙乎？"倉唐曰："臣來時，拜送書於庭。"文侯顧指左右曰："子之君長孰與是？"倉唐曰："禮，擬人必於其倫。諸侯無偶，無所擬之。"曰："長大孰與寡人？"倉唐曰："君賜之外府之裘，則能勝之。賜之斥帶，則不更其造。"言君若賜以所餘之裘帶，則長大適合也。文侯曰："子之君何業?"倉唐曰:"業詩。"文侯曰:"於詩何好?"倉唐曰:"好晨風、黍離。"文侯自讀晨風曰:"鴥彼晨風,鬱彼北林。未見君子,憂心欽欽。如何如何,忘我實多。"文侯曰:"子之君以我忘之乎?"倉唐曰:"不敢。時思耳。"文侯復讀黍離曰:"彼黍離離,彼稷之苗。行邁靡靡,中心搖搖。知我者謂我心憂,不知我者謂我何求。悠悠蒼天,此何人哉!"文侯曰:"子之君怨乎?"倉唐曰:"不敢。時思耳。"文侯於是遣倉唐,賜太子衣一襲,勅倉唐以雞鳴時至。太子起拜受賜。發篋視衣,盡顛倒。太子曰:"趣早駕,君侯召擊也。"倉唐曰:"臣來時不受命。"太子曰:"君侯賜擊衣,不以為寒也。欲召擊,無誰與謀,故勅子以雞鳴時至。詩曰:'東方未明,顛倒衣裳。顛之倒之,自公召之。'"遂西至謁。文侯大喜,乃置酒而稱曰:"夫遠賢而近所愛,非社稷之長策也。"乃出少子摯,封中山,而復太子擊。故曰:欲知其子視其友。韓詩外傳友作母。欲知其君視其所使。趙倉唐一使,而文侯為慈父,而擊為孝子。太子乃稱詩曰:"鳳凰於飛,噦噦其羽,亦集爰止。藹藹王多吉士,維君子使,媚於天子。"舍人之謂也。

　　案馬驌繹史卷一百一。錄此一章,其校語云:"韓詩外傳小異。讀之泠泠然,令人慈孝之心油然而起。"此文侯之所由列於儒家也。馬國翰氏輯魏文侯書,獨遺此章,何與?

七　李　克

　　李克,子夏弟子,為魏文侯相。書七篇,久亡佚。馬氏輯本一卷。梁玉繩曰:"韓詩外傳十作里克,里、李古字通。呂子舉難篇作季充,因形近而訛。"

馬氏國翰云:"李克先從曾申受詩,爲子夏再傳弟子。案事詳本章曾子弟子節。後子夏居魏,親從問業。故班固以爲子夏弟子也。其書,隋、唐志不著錄,佚已久。惟文選魏都賦張載注,引一條,稱李克書。張載原作劉淵林,誤,今正。考呂子、淮南子、韓詩外傳、史記、新序、説苑,亟引李克對文侯語。雖互有同異,要從本書取之。茲據輯錄,凡七節。其論奪淫民之祿以來四方之士,與不禁技巧則國貧民侈,皆能扼政術之要。敍次文侯書後,明君臣同心共治,可想見西河之教澤焉。"

案李克受業孔氏之門人,又得田子方、段干木諸賢爲之師友,其詩學傳諸孟仲子。毛詩周頌、魯頌、傳,兩引孟仲子説。其治術行乎魏文侯,實卓然儒家者流也。選述其學説之精者四節於下。

李克書曰:"言語辯聰之説而不度於義者,謂之膠言。"

上一節,文選魏都賦張載注引。朱氏駿聲曰:"膠假借爲謬。"方言三云:"膠,詐也。"廣雅釋詁二云:"膠,欺也。"然則膠言即欺詐之言也。當是時,遊説詭辯之流,蜂出並作,李克已辭而闢之。孟子知言之論,荀卿正名之篇,猶後起者爾。惜乎李書之僅存數語也。

魏文侯問李克曰:"人有惡乎?"惡去聲,有主、客二義,皆通。李克曰:"有。夫貴者則賤者惡之,富者則貧者惡之,智者則愚者惡之。"文侯曰:"行此三者,使人勿惡,亦可乎?"李克曰:"可。臣聞貴而下賤則眾弗惡也,富而分貧則窮士弗惡也,智而教愚則童蒙者弗惡也。"童蒙,無知若僮,稚也。文侯曰:"善哉言乎! 堯舜其猶病諸。寡人雖不敏,請守斯語矣。"

上一節，見韓詩外傳八。言使人弗惡之道也。説苑雜言引孔子曰："以富貴爲人下者，何人不與？以富貴敬愛人者，何人不親？"又引孔子曰："夫富而能富人者，欲貧而不可得也；貴而能貴人者，欲賤而不可得也；達而能達人者，欲窮而不可得也。"荀子法行篇引孔子曰："君子有三思，而不可不思也。少而不學，長無能也；老而不教，死無思也；有而不施，窮無與也。是故君子少思長則學，老思死則教，有思窮則施。"李克對文侯數言先稱臣聞，蓋全本諸孔氏之遺説也。

　　魏文侯問李克曰："刑罰之源安生？"李克曰："生於奸邪淫佚之行。凡奸邪之心，饑寒而起。淫佚者，久饑之詭也。案，此蓋謂淫佚生侈靡也。文有脱誤，俟考。雕文刻鏤，害農事者也。錦繡纂組，傷女工者也。農事害則饑之本也，女工傷則寒之原也。饑寒並至，而能不爲奸邪者，未之有也。男女飾美以相矜，而能無淫佚者，未嘗有也。故上不禁技巧，則國貧民侈。國貧窮者爲奸邪，而富足者爲淫佚，則驅民而爲邪也。民以爲邪，以與已同。因以法隨誅之，不赦其罪，則是爲民設陷也。刑罰之起有原，人之不塞其本而替其末，傷國之道乎！"替，廢也，滅也。文侯曰："善。以爲法服也。"服，讀爲𠬝。説文𠬝，治也。從又從卩。卩，事之節也。

上一節，見説苑反質篇。言刑罰之源起於奸邪淫佚，而奸邪起於饑寒，淫佚生於侈靡。欲使民無奸邪淫佚，當禁技巧，則國富民儉，而刑罰之源塞矣。孟子答齊宣王、滕文公罔民之説，即此所謂爲民設陷之意。馬氏驌稱此節云："其言知本，無愧西河高弟。"是也。

　　魏文侯問李克曰："爲國如何?"對曰："臣聞爲國之道，食有勞而祿有功。使有能，而賞必行，罰必當。"文侯曰："吾賞罰皆當，而民不與，何也?"對曰："國其有淫民乎！臣聞之曰:奪淫民之祿以來四方之士。其父有功而祿其子，無功而食之。出則乘車馬，衣美裘，以爲榮華。入則修竽琴鐘石之聲，而安其子女之樂，以亂鄉曲之教。如此者，奪其祿以來四方之士，此之謂奪淫民也。"

　　上一節，見說苑政理篇。案無功食祿之子，與孟子所謂"飽食煖衣，逸居而無教，則近於禽獸"者無異。奪其祿以養士，則食有勞而祿有功，始合爲國之道。此實行春秋譏貶世卿之學說也。公羊隱三年傳。

附錄

李克弟子考

孟仲子　詩周頌維天之命篇毛傳引孟仲子曰："大哉天命之無極，而美周之禮也。"詩孔疏曰："譜云:子思論詩於穆不已。孟仲子曰:於穆不似。"已、以字同，又與似通。魯頌閟宮篇毛傳引孟仲子曰："是祺宮也。"

　　案此即從李克受詩之孟仲子也。若孟子公孫丑下篇之孟仲子，別是一人。孔疏誤合爲一。至其詩說，當詳經論，茲不贅述。

八　公孫尼子

公孫尼子，七十子之弟子。漢志注。或云，似孔子弟子。隋志注。所著書，漢志儒家公孫尼子二十八篇，雜家公孫尼一篇。此一篇蓋即由二十八篇中別出者。唐馬總意林目錄，及編題，皆云公孫文子一卷，校者謂文當作尼，或曰："公孫子名尼，字文。"書亡於宋時，今有馬氏輯本。

孔子之後，儒分爲八，有公孫氏之儒。陶潛羣輔錄云："公孫氏傳易爲道，爲絜靜精微之儒。"仲尼弟子傳有公孫龍字子石者，學説無聞。惟公孫尼子之學，以修心養氣爲宗，蓋有得於易理，而頗近於道家。意其絜靜精微之公孫氏歟？略述其説於下。

修心　意林卷二引公孫尼子曰：尼原作文，今依武英殿本校改。

心者，眾智之要。物皆求於心。

修心而不知命，猶無室而歸。

君子行善必有報，小人行不善必有報。

文選卷三十沈休文三月三日詩李善注引公孫尼子曰：

眾人役物而忘情。案，眾當爲聖字之誤，説見下。

上録四節，文不完具，義可推知，皆言儒者安心立命之學也。其一言人心之靈，已具眾理。及應萬事，皆當反求諸心。即孟子所謂"萬物皆備於我矣，反身而誠，樂莫大焉"是也。盡心上篇。其一言死生窮達，皆本天命。君子知之，不假強求，惟修其心而已。苟不知命，患得患失，旁皇無歸，心何能修？孔子曰："不知命，無以爲君子也。"論語堯曰篇。孟子曰："殀壽不貳，修身以俟之，所以立命也。"盡心上篇。即此義也。其一言善惡之報，必然不爽。所以堅人修心立命之志也。易文言傳曰："積善之家，必有餘慶；積不善之家，必有餘殃。"公孫此說，蓋本乎易。其一言聖人之常，以其情順萬事而無情；猶天地之常，以其心普萬物而無心也。二語本大程子定性書。荀子修身篇云："志意修則驕富貴，道義重則輕王公。內省而外物輕矣。傳曰：君子役物，小人役於物。此之謂矣。"楊注："君子能役物，小人爲物所役。"管子內業篇云："君子使物，不爲物使。"尹注云："無心故能使物，而物不能使也。"據此，知公孫子原書必作"聖人役物而忘情"，作"眾人"者誤也。

養氣 意林引公孫尼子曰：

> 人有三百六十節，當天之數。形體有骨肉，如地之厚。有孔竅血脈，如川谷也。多食甘者有益於肉而骨不利，多食苦者有益於骨而筋不利，多食辛者有益於筋而氣不利。

案此言養生之術，在於五味適中，過則生害矣。據周禮天官瘍醫職云："凡藥以酸養骨，以辛養筋，以鹹養脈，以苦養氣，以甘養肉。"則此文"多食苦者"當作"多食酸者"，而"氣不利"之下，當補"多食苦者有益於氣而脈不利，多食鹹者有益於脈而肉不利"二十四字。古人引書，多以意增損，唐、宋類書尤多節引，宜明辨之。

太平御覽卷二十一引公孫尼子曰：又卷七百二十四引，文字小異。

> 孔子有疾，哀公使醫視之。醫曰："子居處飲食如何？"

孔子曰："丘春居葛籠，籠當讀爲藥，說文藥，房室之疏也。葛，絺綌草也。葛藥，謂以絺綌飾疏窗者，可以達春氣。夏居密陽，密，猶隱也。隱陽之室，可以避酷暑。秋不風，冬不煬。煬，炙也，暴也。飲食不饋，古者致物於人，尊之則曰獻，通行曰饋，人所致之酒食亦曰饋。不饋者，謂不食人之所饋也。論語記孔子沽酒市脯不食，康子饋藥不嘗，即此意也。飲酒不勤。"勤，勞也，苦也，困、苦義同。飲酒不勤，猶論語云不爲酒困也。醫曰："是良藥也。"

案此引孔子之言以明養生之道也。董仲舒云："養生之大者，乃在愛氣。氣從神而成，神從意而出。心之所之謂之意，意勞者神擾，神擾者氣少，氣少者難久矣。故君子閑欲止惡以平意，平意以靜神，靜神以養氣。氣多而治，則養身之大者得矣。"茲進述公孫子養氣之學說。春秋繁露循天之道篇引公孫尼子書云：

公孫之養氣曰："裹藏泰實則氣不通，泰虛則氣不足。凌曙注云："裹藏，謂藏府也。"熱勝則氣□，寒勝則氣□，泰勞則氣不入，泰佚則氣宛至。盧文弨云："宛讀爲鬱。"怒則氣高，喜則氣散，憂則氣狂，懼則氣懾。凡此十者，氣之害也，而皆生於不中和。故君子怒則反中，而自說以和；喜則反中，而收之以正；憂則反中，而舒之以意；懼則反中，而實之以精。夫中和之不可不反如此，故君子道至氣則華而上。凡氣從心，心，氣之君也，何爲而氣不隨也？"馬國翰云："太平御覽卷四百六十七引公孫尼子曰：'君子怒則自說以和，喜則收之以正'二語，與繁露所引正合。是此節皆公孫尼子書也。"

案此言氣有十害，養氣之術，皆當反諸中和，以心帥氣，而氣從之矣，與孟子所謂“浩然之氣，至大至剛，以直養而無害，則塞乎天地之間”者，微有不同。馬國翰謂：“董廣川取公孫養氣與孟子養氣互相發明，則其異同可考。”其說是也。然公孫之言養氣，亦同於子思之致中和，其所以異於孟子者，由其性論之不同耳。

　　論性　論衡本性篇引公孫尼子言：“性有善有惡。”

　　公孫言性，與世子同，義詳世子節。惟考荀悅申鑒雜言下篇引公孫子曰“性無善惡”，此與王充所引小異，而與告子“性無善無不善”之意大略相同。明儒王陽明先生四句教法云：“無善無惡心之體，有善有惡意之動，知善知惡是良知，爲善去惡是格物。”後人多議王學墮入禪宗，而未考其說之原於公孫子也。案，一句即性無善惡說，二句即性有善惡說，三句即心具眾智說，四句即養氣反中說。

九　孟子　事略節取趙岐孟子題辭。

　　孟子，鄒人也，名軻，字則未聞。閻若璩四書釋地云：“鄒即今山東兗州府鄒縣。案，今鄒縣城內有孟廟，城外有孟子墓。”王應麟困學紀聞曰：“孟子字未聞。孔叢子云：‘子車，注，一作子居，居貧坎軻，故名軻，字子居，亦稱子子輿。’疑皆傅會。”明人史鶚三遷志曰：“孟子字，自司馬遷、班固、趙岐皆未言及。魏人作徐幹中論序曰：‘孟軻、荀卿，懷亞聖之才，著一家之法，皆以姓名自書，至今厥字不傳。原思其故，皆由戰國之士，樂賢者寡，不早記錄耳。’是直以孟子爲逸其字矣。今世所稱字子居者，出於孔叢及王肅所著聖證論。其或稱子輿者，出於晉傅玄所著傅子。”焦循孟子正義云：“王肅、傅玄生趙岐之後，趙氏所未聞，肅、玄何由知之？孔叢僞書，不足證也。王氏應麟疑其傅會，是矣。”幼被慈母三遷之教，師事孔子之孫子思，治儒術之道。劉向列女傳云：“孟子師事子思。”漢志云：“孟子，子思弟子。”應劭風俗通窮通篇云：“孟子受業於子思。”皆與趙氏說同。惟史記列傳云：“受業子思之門人。”索隱曰：“王邵以人爲衍字，則以軻親受業孔伋之門也。今言門人者，乃受業於子思之弟子也。”毛奇齡四書賸言曰：“梁惠即位之年，距魯繆即位止三十八年，即梁惠三十五年，孟子來大梁時，距魯繆卒亦不過四十一年。然其時孟子已老，本書有王曰叟，是也。則孟子幼時曾受業於子思，亦非必無之事也。”通五經，尤長於詩、書。周衰之末,戰國縱橫,用兵爭強,以相侵奪。當世取士,務先權謀,以爲上賢。先王大道,陵遲墮廢。異端並起,若楊朱、墨翟放蕩之言,以干時惑眾者非一。孟子閔悼堯、舜、湯、文、周、孔之業將遂湮微,正塗壅底,仁義荒怠,佞僞馳騁,紅紫亂朱,於是則慕仲尼周流憂世,遂以儒道遊於諸侯,思濟斯民。然猶不肯枉尺直尋,時君謂之迂闊於事,終莫能聽納其說。於是退而論集所與高弟弟子公孫丑、萬章之徒難疑答問,又自撰其法度之言,著書七篇二百六十一章,三萬四千六百八十五字。焦氏循曰:"今本孟子七篇,共三萬五千二百二十六字,校趙氏所云,實多五百四十一字。"包羅天地,揆敘萬類,仁義道德,性命禍福,粲然靡所不載。又有外書四篇,性善、辯文、說孝經、爲政,其文不能弘深,不與內篇相似,似非孟子本真,後世依放而託之者也。以上皆本趙氏題辭。漢志孟子十一篇,蓋連外書計之。外書久亡佚。今世所傳孟子外書四卷,乃宋時僞書,所不取也。漢志兵陰陽家有孟子一篇。或曰:此五行家猛子之誤。或曰:荀子非孟子"案往舊造說謂之五行",孟子當日必曾有陰陽五行之說,後人佚其書耳。

性善 孔子易繫辭傳曰:"一陰一陽之謂道,繼之者善也,成之者性也。"子思子中庸曰:"天命之謂性,率性之謂道,修道之謂教。"又曰:"自誠明謂之性,自明誠謂之教。"又曰:"誠身有道,不明乎善,不誠乎身矣。誠者,天之道也,誠之者,人之道也。"孟子離婁上篇亦有明善誠身之說。孟子之言性善,實私淑孔子之說,近接子思之傳者也。其所以力持此論者,則以當時人心陷溺,自謂不能。孟子嘗言:"自暴者不可與有言也,自棄者不可與有爲也。言非禮義,謂之自暴也;吾身不能居仁由義,謂之自棄也。仁,人之安宅也;義,人之正路也。曠安宅而弗居,舍正路而不由。哀哉!"離婁上篇。故特昌性善之說,以警覺之,以鼓舞之,使人無爲自暴自棄之言行。又以當時性說紛歧,未衷一是。如告子曰:

“人性無分於善不善也。”又曰：“性無善無不善也。”或曰：“性可以爲善，可以爲不善。是故文、武興則民好善，幽、厲興則民好暴。”或曰：“有性善，有性不善。是故以堯爲君而有象，以瞽瞍爲父而有舜。”皆見告子上篇。此類性論，其是非尚待研究。然在當時，頗有流弊。至使自暴之徒，諉諸性有不善，甘於自棄。孟子欲正人心，息邪說，距詖行，放淫辭，故爲性善論，以援天下之溺也。程子有言：“孟子有大功於世，以其言性善也。”不誠然歟？孟子書中言性善者，始見於滕文公之首章。其言曰：

　　　孟子道性善，言必稱堯舜。

　　此稱堯舜，乃舉堯舜以證明性善之說，非“言堯舜之治天下，不失仁義之道”也。語見趙岐章句。何以明之？試讀孟子盡心下篇云：

　　　堯舜，性之也；湯武，身之也；五霸，假之也。　　　又云：

　　　堯舜，性者也；湯武，反之也。

　　此言堯舜率其善性，不假修習，乃安而行之者也。三王以降，則或利而行之，或勉強而行之者也。朱子曰：“孟子之言性善，始見於此，此，謂滕文公爲世子章。而詳具於告子之篇。然默識而旁通之，則七篇之中，無非此理。”是性善論爲孟子學說之主旨，故詳述之。

　　何以知“人生皆有善性”也？語本趙岐孟子注，清儒陳澧讀書記云：“孟子所謂性善者，謂人人之性皆有善也，非謂人人之性皆純乎善也。”則以人性之發而爲情者，皆有善端，又以理義之悅我心者，爲人心之所同然,故知人性皆有善。茲分述其說於下。

　(甲)人情有善端　　孟子告子上篇云:

　　公都子曰:"或曰:'性可以爲善,可以爲不善。'……或
曰:'有性善,有性不善。'……今曰'性善',然則彼皆非與?"
孟子曰:"乃若其情,則可以爲善矣,乃所謂善也。陳澧曰:"乃
若者,因其說而轉之之詞。此因有不善之說而解其惑。謂彼性雖不善,而仍
有善。何以見之?以其情可以爲善,可知其性仍有善。是乃我所謂性善
也。"若夫爲不善,非才之罪也。案,才,猶言性質也。惻隱之
心,人皆有之;羞惡之心,人皆有之;恭敬之心,人皆有之;
是非之心,人皆有之。惻隱之心,仁也;羞惡之心,義也;
恭敬之心,禮也;是非之心,智也。仁、義、禮、智,非由外
鑠我也,我固有之也,弗思耳矣。故曰:求則得之,舍則失
之。或相倍蓰而無算者,不能盡其才者也。"　　孟子又
曰:公孫丑上篇。

　　所以謂人皆有不忍人之心者,今人乍見孺子將入於井,
皆有怵惕惻隱之心。非所以內交於孺子之父母也,非所以
要譽於鄉黨朋友也,非惡其聲而然也。由是觀之,無惻隱之
心,非人也;無羞惡之心,非人也;無辭讓之心,非人也;無是
非之心,非人也。惻隱之心,仁之端也;羞惡之心,義之端
也;辭讓之心,禮之端也;是非之心,智之端也。朱子注云:"惻
隱、羞惡、辭讓、是非,情也。仁、義、禮、智,性也。心,統性情者也。端,緒也。
因其情之發,而性之本然可得而見。猶有物在中而緒見於外也。"案告子篇辭
讓作恭敬,文異而義同。人之有是四端也,猶其有四體也。有是
四端而自謂不能者,自賊者也;謂其君不能者,賊其君者也。
案,由此推之,則謂他人不能者,賊人者也。凡有四端於我者,知皆擴

而充之矣，若火之始然，泉之始達。苟能充之，足以保四海；苟不充之，不足以事父母。

此種善端，非思而得，非勉而中，有觸即發，純乎自然。<u>孟子</u>乃切指以示人曰：此善性也，此不忍人之心也，即良心也，即人之良知良能也。<u>孟子</u>有言曰：_{盡心上篇。}

人之所不學而能者，其良能也；所不慮而知者，其良知也。孩提之童，無不知愛其親也。及其長也，無不知敬其兄也。親親，仁也；敬長，義也。無他，達之天下也。<u>朱子</u>注云：
"良者，本然之善也。"<u>趙岐</u>注云："良，甚也。"<u>焦氏</u>正義從之，非是。

（乙）人心有同然　<u>孟子告子上</u>篇云：

故凡同類者，舉相似也，何獨至於人而疑之？聖人與我同類者。故<u>龍子</u>曰：_{趙注："龍子，古賢人也。"}不知足而爲屨，我知其不爲蕢。_{趙注："蕢，草器也。"<u>焦氏</u>正義曰："蕢，蓋即盛土之籠。"}屨之相似，天下之足同也。口之於味有同耆也，<u>易牙</u>先得我口之所耆者也。如使口之於味也，其性與人殊，若犬馬之與我不同類也，則天下何耆，皆從<u>易牙</u>之於味也。至於味，天下期於<u>易牙</u>，是天下之口相似也。惟耳亦然。至於聲，天下期於<u>師曠</u>，是天下之耳相似也。惟目亦然。至於<u>子都</u>，天下莫不知其姣也。不知<u>子都</u>之姣者，無目者也。_{趙注："子都，古之姣好者也。詩云：不見子都，乃見狂且。"}故曰，口之於味也，有同耆焉；耳之於聲也，有同聽焉；目之於色也，有同美焉。至於心，獨無所同然乎？心之所同然者，何也？謂理也，義也。聖人先得我心之所同然耳。故理義之悅我心，猶芻豢之悅我口。

趙注:"言人之心性皆同也,心所同耆者,義理也。"

程子說此章云:"孟子言,人心無不悅理義者,但聖人則先知先覺乎此耳,非有以異於人也。"見朱注引。故孟子嘗言:

人皆可以爲堯舜。告子上篇及朱注。　　又曰:

堯舜與人同耳。離婁上篇。　　又曰:

顏淵曰:"舜何人也,予何人也。有爲者亦若是。"滕文公上篇。

然則人皆有善性,故皆可以爲善,而人無有不善者矣。然而亦有爲不善者,則何也? 孟子嘗說明其故曰:"非才之罪也",乃"不能盡其才者也"。至不能盡其才之原因,亦有二種。

（甲）由於外物之陷溺　孟子曰:滕文公上篇。又梁惠王上篇文略同。

民之爲道也,有恆產者有恆心,無恆產者無恆心。苟無恆心,放辟邪侈,無不爲已。趙注:"恆,常也。產,生也。恆產,則民常可以生之業也。恆心,人所常有之善心也。"朱注同。　　又曰:告子上篇。

富歲,子弟多賴。阮元曰:"賴讀爲懶。說文:懶,懈也。"凶歲,子弟多暴。非天之降才爾殊也,其所以陷溺其心者然也。王引之曰:"爾,猶如此也。言非天之降才如此其異也。"

（乙）由於内心之放失　孟子曰:告子上篇。

牛山之木嘗美矣，閻氏四書釋地云：“牛山在今山東臨淄縣南一十五里。”以其郊於大國也，斧斤伐之，可以爲美乎？是其日夜之所息，雨露之所潤，非無萌蘖之生焉。牛羊又從而牧之，是以若彼濯濯也。人見其濯濯也，以爲未嘗有材焉，此豈山之性也哉？雖存乎人者，豈無仁義之心哉？其所以放其良心者，亦猶斧斤之於木也，旦旦而伐之，可以爲美乎？其日夜之所息，平旦之氣，其好惡與人相近也者幾希？則其旦晝之所爲，有梏亡之矣。翟灝曰：“梏，取抑止之義，抑止其善心，而善心日就亡滅。”何焯曰：“有梏之有，當讀爲又。”梏之反覆，則其夜氣不足以存。夜氣不足以存，則其違禽獸不遠矣。人見其禽獸也，而以爲未嘗有才焉者，是豈人之情也哉？陸象山與邵中孚書云：“告子一篇，自牛山之木嘗美矣以下，可常讀之。”　　又曰：告子上篇。

耳目之官，不思而蔽於物，物交物，則引之而已矣。心之官則思，思則得之，不思則不得也。陳澧云：“告子篇曰：‘弗思耳。’又曰：‘弗思耳矣。’又曰：‘弗思甚也。’三言弗思，如呼寐者而使覺也。”

欲使人之良心不爲境遇所陷，不爲物慾所蔽，且思去乎外誘之私，而充其本然之善，則須進求孟子存養之學。

存養　孟子曰：

君子所以異於人者，以其存心也。君子以仁存心，以禮存心。離婁下篇。朱注云：“以仁禮存心，言以是存於心，而不忘也。”又曰：

人之所以異於禽獸者幾希？庶民去之，君子存之。離婁下篇。　　又曰：

故苟得其養，無物不長；苟失其養，無物不消。孔子曰：
"操則存，舍則亡，出入無時，莫知其鄉，惟心之謂與?"告子上
篇。　　　又曰：同上篇。

仁，人心也；義，人路也。舍其路而弗由，放其心而不知
求。哀哉！人有雞犬放，則知求之，有放心而不知求。學問
之道無他，求其放心而已矣。朱注云："學問之事，固非一端，然其道
則在於求其放心而已，蓋能如是，則志氣清明，義理昭著，而可以上達。不然
則昏昧放逸，雖日從事於學，而終不能有所發明矣。"程子曰："聖賢千言萬語，
只是欲人將已放之心，約之使反復入身來，自能尋向上去，下學而上達也。此
乃孟子開示切要之言，學者宜服膺而勿失也。"案，放心，即上云放其良心
也。　　　又曰：盡心上篇。

盡其心者，知其性也。知其性則知天矣。存其心，養其
性，所以事天也。殀壽不貳，修身以俟之，所以立命也。朱注
云："存謂操而不捨，養謂順而不害。事則奉承而不違。殀壽，命之短長也。
貳，疑也。不貳者，知天之至，修身以俟死。則事天以終身也。立命謂全其天
之所付，不以人爲害之。"　　　又曰：盡心下篇。

養心莫善於寡欲。其爲人也寡欲，雖有不存焉者寡矣；
其爲人也多欲，雖有存焉者寡矣。朱注云："欲如口鼻耳目四肢之
欲，雖人之所不能無。然多而不節，未有不失其本心者，學者所當深戒也。"

以上皆言存心養性之術。至孟子平生，則尤有得力之學問，
即養氣是也。其言曰：公孫丑上篇。

我善養吾浩然之氣。朱注云："浩然，盛大流行之貌。氣，即所謂
體之充者，本自浩然，失養故餒。惟孟子爲善養之，以復其初也。""敢問何

謂浩然之氣?"公孫丑問也。曰:"難言也。朱注云:"難言者,蓋其心
所獨得,而無形聲之驗,有未易以言語形容者。"其爲氣也,至大至剛,
以直養而無害,毛奇齡逸講箋云:"以直養者,集義所生,自反而縮也。無
害者,不助長也。以助長則非徒無益,而又害之也。"則塞於天地之間。
其爲氣也,配義與道。無是,餒也。是集義所生者,非義襲
而取之也。行有不慊於心,則餒矣。配,合也。集,亦合也。襲,掩
藏之也。慊,快也,足也。此節朱注極精,未具錄。我故曰:告子未嘗知
義,以其外之也。必有事焉而勿正,心勿忘,勿助長也。"焦循
正義云:"正之義通於止。勿止,猶易傳云自強不息。"

孟子嘗言仁義禮智之道,爲我所固有。但能行勿止之,心勿
忘之,又勿若揠苗者之助長,集而合之,以致廣大剛健,自能暢於
四肢,發於事業。此即養浩然之氣也。至其功效,則爲不動心。
顧炎武日知錄七云:"凡人之動心與否,固在其加卿相行道之時。枉道事人,曲學阿
世,皆從此始矣。孟子四十不動心者,不動其'行一不義,殺一不辜,而得天下,皆不
爲也'之心。"不動心者,即大學之正心,言不爲外物所誘也。本宋翔
鳳孟子趙注補正之說。孟子嘗曰:滕文公下篇。

居天下之廣居,立天下之正位,行天下之大道。得志與
民由之,不得志獨行其道。富貴不能淫,貧賤不能移,威武
不能屈。此之謂大丈夫。朱注:"廣居,仁也。正位,禮也。大道,義
也。"趙注:"淫,亂其心也。移,易其行也。屈,挫其志也。三者不惑,乃可以
爲大丈夫矣。"

揚子法言淵騫篇。稱孟子"勇於義而果於德,不以貧富、貴
賤、死生動其心"。唐甄潛書尊孟篇。云:"孟子之道在養氣,而不
動心。氣大則心定,心定則才足。固歷險成功之道也。"然則養
氣之學,不僅爲盛德之輝光,且爲大業之根本矣。

教育　孟子主張性善,以爲良知良能,人所固有,無事外求。故其講學,專務自得,而不必求之於師,以師固不能與人巧也。其言曰:

君子深造之以道,欲其自得之也。_{趙注云:}"言君子問學之法,欲深致極竟之以知道,意欲使己得其本原,如性自有之也。"自得之則居之安,居之安則資之深,資之深則取之左右逢其原。故君子欲其自得之也。_{離婁下篇。}　　又曰:_{盡心上篇。}

求則得之,舍則失之。_{二語又見告子上篇。宜參觀。}是求有益於得也,求在我者也。_{朱注:}"在我者,謂仁義禮智,凡性之所有者。"

此言學貴自得,當求諸己也。又曰:_{告子下篇。}

曹交曰:_{趙注:}"曹君之弟。交,名也。""交得見於鄒君,可以假館,願留而受業於門。"曰:_{孟子答。}"夫道若大路然,豈難知哉? 人病不求耳。子歸而求之,有餘師。"_{朱注:"言道不難知。若歸而求之,事親敬長之間,則性之分內,萬理皆備,隨處發見,無不可師,不必留此而受業也。"}

此言學當求之於己,不必求之於師也。又曰:_{盡心下篇。}

梓匠輪輿,能與人規矩,不能使人巧。

此言規矩法度,可以告人,巧則在其人之心悟,雖大匠亦末如之何也已。孟子又曰:_{告子上篇。}

羿之教人射，必志於彀，學者亦必志於彀。<u>趙注</u>："羿，古之工射者。彀，張也，張弓向的，用思專時也。"大匠誨人，必以規矩，學者亦必以規矩。

設使學射者不能至於彀，學匠者不能以規矩，則如之何？<u>孟子</u>曰：_{盡心上篇。}

大匠不爲拙工改廢繩墨，<u>羿</u>不爲拙射變其彀率。彀率，謂張弓之法度也。君子引而不發，躍如也。中道而立，能者從之。<u>朱注</u>云："因上文彀率而言。君子教人，但授以學之之法，而不告以得之之妙。如射者之引弓而不發矢，然其所不告者，已如踴躍而見於前矣。中者，無過不及之謂。中道而立，言其非難非易。能者從之，言學者當自勉之也。"

此言教人者，皆有不可易之法，不容自貶以徇學者之不能也。_{本朱子注。}故<u>孟子</u>曰：_{告子下篇。}

教亦多術矣。予不屑之教誨也者，是亦教誨之而已矣。

又有求學之意不誠，而<u>孟子</u>不答所問者。<u>盡心上篇</u>云：

<u>公都子</u>曰："<u>滕更</u>之在門也，若在所禮。而不答，何也？"<u>趙注</u>："滕更，滕君之弟，來學於孟子者也。"<u>孟子</u>曰："挾貴而問，挾賢而問，挾長而問，挾有勳勞而問，挾故而問，皆所不答也。<u>滕更</u>有二焉。"<u>焦循正義</u>云："挾，持也，恃也。"<u>趙注</u>云："二，謂挾貴，挾賢也。"

<u>孟子</u>之於<u>曹交</u>、<u>滕更</u>，皆以其自恃貴族，學無誠心，故有不屑教誨之意。至其教育之法，厥有五端。<u>孟子</u>曰：_{盡心上篇。}

　　君子之所以教者五：有如時雨化之者，有成德者，有達財者，朱注：“財與材同。”有答問者，有私淑艾者。朱注：“私，竊也。”焦循正義云：“淑與叔通。叔，拾也。艾，取也。淑艾，即拾取也。私淑艾，猶云竊取也。”此五者，君子之所以教也。

　　孟子常以守先待後自任，故其教人之術多端。雖嘗言：“人之患，在好爲人師”，離婁上篇。而實深得教育之樂趣。故其述君子之三樂曰：盡心上篇。

　　　　得天下英才而教育之，三樂也。閻若璩曰：“天下英才極言之，非廣言之。猶施伯謂管子曰天下才，司馬懿謂諸葛亮曰天下奇才也云爾。”

　　孔子有言：“我學不厭而教不倦也。”觀於上述存養、教育二節，可知孟子之願學孔子者，首在乎此矣。孟子闢異端之說，已見上編諸子異同章，茲不複述。

政治　孟子之政治論，亦以性善爲其立論之根據。故其說曰：公孫丑上篇。

　　　　人皆有不忍人之心。先王有不忍人之心，斯有不忍人之政矣。以不忍人之心，行不忍人之政，治天下可運之掌上。……凡有四端於我者，知皆擴而充之矣，若火之始然，泉之始達。苟能充之，足以保四海；苟不充之，不足以事父母。

　　擴充之義，孟子又謂之推，又謂之達。蓋即本人之善性，推而廣之，以通行於天下也。孟子曰：梁惠王上篇。

　　老吾老，以及人之老；幼吾幼，以及人之幼。天下可運
於掌。詩云：“刑於寡妻，至於兄弟，以御於家邦。”言舉斯
心，加諸彼而已。故推恩，足以保四海；不推恩，無以保妻
子。古之人所以大過人者，無他焉，善推其所爲而已
矣。　　　又曰：盡心上篇。

　　親親，仁也；敬長，義也。無他，達之天下也。　　又
曰：盡心下篇。

　　人皆有所不忍，達之於其所忍，仁也；人皆有所不爲，達
之於其所爲，義也。人能充無欲害人之心，而仁不可勝用
也；人能充無穿窬之心，而義不可勝用也；人能充無受爾汝
之實，無所往而不爲人也。

故其論政，以仁政爲主，而尤注重於民事。其答滕文公問爲
國曰：“民事不可緩也。”
至於施仁政於民，則有三端：
（甲）保民說文云：“保，養也”。　　孟子梁惠王上篇云：

　　齊宣王問曰：“德何如則可以王矣？”曰：“保民而王，莫
之能禦也。”趙注：“保，定也。禦，止也。言安民則惠，黎民懷之。若此以
王，無能止也。”

保民之道，先須不害民。孟子曰：梁惠王上篇。

　　梁襄王問曰：“天下惡乎定？”吾對曰：“定於一。”“孰能
一之？”對曰：“不嗜殺人者能一之。”“孰能與之？”對曰：“天

下莫不與也。……"　　　又曰：告子下篇。

　　魯欲使慎子為將軍。孟子曰："不教民而用之，謂之殃民。殃民者，不容於堯舜之世。"

次須不擾民。其對梁惠王曰：

　　不違農時，穀不可勝食也；數罟不入洿池，魚鱉不可勝食也；斧斤以時入山林，材木不可勝用也。穀與魚鱉不可勝食，材木不可勝用，是使民養生喪死無憾也。養生喪死無憾，王道之始也。

雖然，保民之道不僅此也。此僅消極之保民法耳。孟子告齊宣王曰：梁惠王上篇。

　　是故明君制民之產，必使仰足以事父母，俯足以畜妻子，樂歲終身飽，凶年免於死亡。然後驅而之善，故民之從之也輕。今也制民之產，仰不足以事父母，俯不足以畜妻子，樂歲終身苦，凶年不免於死亡。此惟救死而恐不贍，奚暇治禮義哉？王欲行之，則盍反其本矣。五畝之宅，樹之以桑，五十者可以衣帛矣。雞豚狗彘之畜，無失其時，七十者可以食肉矣。百畝之田，勿奪其時，八口之家可以無飢矣。謹庠序之教，申之以孝弟之義，頒白者不負戴於道路矣。老者衣帛食肉，黎民不飢不寒，然而不王者，未之有也。趙岐注云："八口之家，次上農夫也。孟子所以重言此者，乃王政之本，常生之道。故為齊、梁之君各具陳之。"　　又答齊宣王問王政曰：梁惠王下篇。

昔者文王之治岐也，耕者九一，仕者世祿。關市譏而不征，澤梁無禁，罪人不孥。老而無妻曰鰥，老而無夫曰寡，老而無子曰獨，幼而無父曰孤。此四者，天下之窮民而無告者。文王發政施仁，必先斯四者。詩云：“哿矣富人，哀此煢獨。”　又曰：盡心上篇。

所謂西伯善養老者，制其田里，教之樹畜，導其妻子，使養其老。五十非帛不煖，七十非肉不飽。不煖不飽，謂之凍餒。文王之民無凍餒之老者，此之謂也。　　又答鄒穆公之問曰：梁惠王下篇。

凶年飢歲，君之民，老弱轉乎溝壑，壯者散而之四方者，幾千人矣。而君之倉廩實，府庫充，有司莫以告，是上慢而殘下也。　　又嘗述晏子之言曰：梁惠王下篇。

春省耕而補不足，秋省斂而助不給。

此種保民政策，與孔子所云“使老有所終，壯有所用，幼有所長，矜寡孤獨廢疾者皆有所養”，用意相同。惟孟子實施，則主張井田制度。其答畢戰問井地曰：滕文公上篇。趙注云：“畢戰，滕臣，問古井田之法。”

子之君將行仁政，選擇而使子，子必勉之。夫仁政，必自經界始。經界不正，井地不均，穀祿不平，是故暴君汙吏，必慢其經界。經界既正，分田制祿，可坐而定。夫滕，壤地褊小。將爲君子焉，將爲野人焉。無君子，莫治野人；無野人，莫養君子。趙注：“爲，有也。”焦氏正義云：“有、爲二字，古通用。”請

野，九一而助；國中，什一使自賦。卿以下，必有圭田。圭田
五十畝，餘夫二十五畝。<u>說文</u>："田五十畝曰畦。"<u>段</u>注云："畦從圭田，
會意兼形聲。"<u>孫氏蘭</u>曰："<u>九章方田</u>有圭田。圭者，合二勾股形。井田之外有
圭田，謂零星不成井者也。"<u>趙岐</u>注云："井田之民，養公田者，受百畝。圭田半
之，故五十畝。餘夫者，一家一人受田，其餘老小尚有餘力者，受二十五畝。
半於圭田，謂之餘夫也。"死徙無出鄉。鄉田同井，出入相友，守望
相助，疾病相扶持，則百姓親睦。<u>趙注</u>："死，謂葬死也。徙，謂爰土
易居，平肥磽也。相友，相友耦也。相助，助察姦也。"方里而井，井九百
畝。其中爲公田，八家皆私百畝，同養公田。<u>焦氏正義</u>曰："方
者，開方也。方里，謂縱橫皆一里。畫爲九，則積九百畝者，其方三百畝也。
形如井字，故爲一井。"或曰："方是法，不是形。古九數，其一曰方田，若其田
本方，安用算乎？"案養，猶治也。公事畢，然後敢治私事。所以別
野人也。此其大略也。若夫潤澤之，則在君與子矣。

<u>孟子</u>所言井田之制，大略如是。後世是否可行，當別爲研
究。漢儒<u>何休</u>論此制云："井田之義，一曰無泄地氣，二曰無費一
家，三曰風俗，四曰合巧拙，五曰通財貨。因井田以爲市，故俗語
曰市井。"<u>公羊傳宣十五年注</u>。<u>梁啟超先秦政治思想史</u>云："此種農村互助的生
活，實爲儒家理想中最完善之社會組織。所謂'王者之民，皥皥如也'。雖始終未能
全部實行，然其精神深入人心，影響於我國國民性者，實非細也。"<u>宋儒張子</u>亦欲
倣古井田法，試行於一鄉，有志未就而卒。則此制之所以均井
地、平穀祿者，其意有可取者矣。且<u>孟子</u>不僅使民"甘其食，美其
服，安其居，樂其俗"而已，又常計及人民行路之難也。<u>孟子</u>曰：
<u>離婁下篇</u>。

歲十一月，徒杠成。十二月，輿梁成。民未病涉也。

<u>朱子</u>說此節云："亦王政之一事也。"雖然，上述各種保民之

政,亦僅保安人民之身家,而未下體人民之心意。孟子又曰:離婁上篇。

　　得天下有道,得其民,斯得天下矣。得其民有道,得其心,斯得民矣。得其心有道,所欲與之聚之,所惡勿施爾也。　　又曰:梁惠王下篇。

　　王如好貨,與百姓同之,於王何有?……王如好色,與百姓同之,於王何有?　　又曰:梁惠王下篇。

　　樂民之樂者,民亦樂其樂;憂民之憂者,民亦憂其憂。樂以天下,憂以天下。然而不王者,未之有也。

此孟子論政,所以有"爲民上者,當與民同樂"之說也。與民同樂四字,孟子屢見。
（乙）教民　孟子教育方法,蓋輕視乎貴族,觀上述曹交、滕更二事可見。而注重於平民。故其述古代教民之法曰:滕文公上篇。

　　后稷教民稼穡,樹藝五穀,五穀熟而民人育。人之有道也,飽食煖衣,逸居而無教,則近於禽獸。聖人有憂之,使契爲司徒,教以人倫,父子有親,君臣有義,夫婦有別,長幼有序,朋友有信。放勳曰:"勞之,來之,匡之,直之,輔之,翼之,使自得之,又從而振德之。"朱注:"放勳,本史臣贊堯之辭,孟子因以爲堯號。所言蓋命契之辭也。"　　其告梁惠、齊宣皆曰:梁惠王上篇。

　　謹庠序之教,申之以孝弟之義。　　其告滕文公則曰:

滕文公上篇。

設爲庠序學校以教之。庠者養也，校者教也，序者射
也。夏曰校，殷曰序，周曰庠。學則三代共之，皆所以明人
倫也。人倫明於上，小民親於下。

此即禮學記所謂"古之教者，家有塾，黨有庠，術有序，說文
術，邑中道也。鄭玄云:"術當爲遂，聲之誤。"國有學"之制也。自國學外，
皆施教於平民者。孟子教民之宗旨，以孝弟爲主，則本諸孔子
"教民親愛，莫善於孝，教民禮順，莫善於弟"之義也。四語本孝經廣
要道章。其他"重民輕君"、"排斥功利"之學說，近時學者多所發
明，無庸復述。詳見胡適中國哲學史大綱、梁啟超先秦政治思想史。

（丙）富民　此所謂富民，實專指國家財政而言，故次之教
民之後。因孟子之言理財，專重國民生計，至於國家財政，常漠
然視之，殆亦"百姓足，君孰與不足"之意也。故孟子曰:滕文公
上篇。

是故賢君，必恭儉禮下，取於民有制。

此所謂制，即夏貢、殷助、周徹，什一之制也。質言之，即善
政也。故曰：

善政得民財。盡心上篇。　　又曰：

無政事，則財用不足。盡心下篇。朱注云:"生之無道，取之無
度，用之無節故也。"　　又曰:盡心上篇。

易其田疇，薄其稅斂，民可使富也。趙注：“易，治也。疇，一井也。”食之以時，用之以禮，財不可勝用也。上述不違農時一節，可參觀。

孟子之財政學，務在藏富於民。其以富國爲功利者，深排斥之。故孟子曰：告子下篇。

　　今之事君者，曰：“我能爲君辟土地，充府庫。”今之所謂良臣，古之所謂民賊也。君不鄉道，不志於仁，而求富之，是富桀也。　　又曰：盡心下篇。

　　古之爲關也，將以禦暴；今之爲關也，將以爲暴。趙注云：“古之爲關，將以禦暴亂，譏閉非常也。今之爲關，反以征稅出入之人，將以爲暴虐之道也。”

由是觀之，孟子言政治，殆不出國民生計、國民教育二者之範圍，與論語所稱“既庶加富，既富加教”之旨，若合符節矣。

附錄

　　劉向列女傳母儀傳云：孟母，其舍近墓。孟子之少也，嬉遊，爲墓間之事，踴躍築埋。孟母曰：“此非吾所以居處子。”乃去舍市傍。其嬉戲，爲賈人衒賣之事。孟母又曰：“此非所以居處子也。”復徙舍學宮之傍。其嬉遊，乃設俎豆，揖讓進退。孟母曰：“真可以居吾子矣。”遂居之。及孟子長，學六藝，卒成大儒之名。君子謂孟母善以漸化。……自孟子之少也，既學而歸。孟母方績。績當作織，韓詩外傳九作

"其母方織"。問曰："學所至矣?"孟子曰："自若也。"孟母以刀斷其織。孟子懼而問其故。孟母曰："子之廢學,若吾斷斯織也。夫君子學以立名,問則廣知。是以居則安寧,動則遠害。今而廢之,是不免於厮役,而無以離於禍患也。何以異於織績而食,中道廢而不爲。寧能衣其夫子,而長不乏糧食哉?夫子謂夫與子。女則廢其所食,男則墮於修德。不爲竊盜,則爲虜役矣。"孟子懼,旦夕勤學不息。師事子思,遂成天下之名儒。君子謂孟母知爲人母之道矣。

　　韓詩外傳卷九云:孟子少時誦,其母方織。孟子輟然中止,乃復進。其母知其諠也,諠與諼同,爾雅云:"諼,忘也。"呼而問之曰:"何爲中止?"對曰:"有所失復得。"其母引刀裂其織,以此誡之。自是之後,孟子不復諠矣。孟子少時,東家殺豚。孟子問其母曰:"東家殺豚爲何?"母曰:"欲啖汝。"其母自悔而言曰:"吾懷妊是子,席不正不坐,割不正不食,論語義疏引江熙云:"殺不以道,爲不正也。"案割,殺牲也。不正,謂非正味也。胎教之也。胎教詳見小說家青史子。又劉向周室三母傳論胎教云:"古者婦人妊子,寢不側,坐不邊,立不蹕。不食邪味,割不正不食,席不正不坐,目不視於邪色,耳不聽於淫聲,夜則令瞽誦詩,道正事。如此則生子形容端正,才德必過人矣。故妊子之時,必慎所感,感於善則善,感於惡則惡。人生而肖父母者,皆其母感於物,故形意肖之。"今適有知而欺之,是教之不信也。"乃買東家豚肉以食之,明不欺也。詩云:"宜爾子孫,繩繩兮。"言賢母使子賢也。毛詩傳云:"繩繩,戒慎也。"

　　又云:孟子妻獨居,踞。案凥爲居處之本字,居爲蹲踞之本字,踞爲居之俗體,今通借居爲凥。孟子入户視之,白其母曰:"婦無禮,請去之。"謂出之也。母曰:"何也?"曰:"踞。"其母曰:"何知之?"孟子曰:"我親見之。"母曰:"乃汝無禮也,非婦無禮也。禮不云乎:'將入門,問孰存;將上堂,聲必揚;將入戶,視必下。'不掩人不備也。今汝往燕私之處,入戶不有聲,令人踞而視之,是汝之無禮也,非婦無禮也。"於是孟子自責,不敢去婦。詩曰:"采葑采菲,無以下體。"列女傳亦載此事,字句小異。

列女傳云:孟子處齊而有憂色。孟母見之曰:"子若有憂色,何也?"孟子曰:"不敏。"案,不敏,猶云不自知也。異日閒居,擁楹而嘆。孟母見之曰:"鄉見子有憂色,曰不敏。今擁楹而嘆,何也?"孟子對曰:"軻聞之,君子稱身就位,不爲苟得而受賞,不貪榮祿。諸侯不聽,則不達其上。聽而不用,則不踐其朝。今道不用於齊,願行而母老。是以憂也。"孟母曰:"夫婦人之禮,精五飯,羃酒漿,養舅姑,縫衣裳而已矣。故有閨内之修,而無境外之志。易曰:'在中饋,無攸遂。'詩曰:'無非無儀,惟酒食是議。'以言婦人無擅制之義,而有三從之道也。故年少則從乎父母,出嫁則從乎夫,夫死則從乎子,禮也。今子,成人也,而我老矣。子行乎子義,吾行乎吾禮。"君子謂孟母知婦道。

焦氏孟子正義卷三十云:孟子有不可詳者三:其一爲孟子先世。趙氏但云鄒人,或曰魯公族孟孫之後。列女傳、韓詩外傳雖詳說孟母之事,而不言何氏。孟氏譜言,孟子父名激,字公宜,母仇氏,仇音掌,或曰:即反爪之爪字,隸變作仇。一云李氏。四字依翟氏考異增。一云:孟子父名彥璞,未知所據。其二爲孟子始生年月。明陳士元孟子雜記載孟氏譜曰:"孟子以周定王三十七年四月二日生,即今之二月二日,赧王二十六年正月十五日卒,即今之十一月十五日,壽八十四歲。"此譜不知定於何時。陳氏疑定王爲安

王之訛。安王在位二十六年，是年乙巳，至赧王二十六年壬申，
凡八十八年。譜謂孟子壽八十四，自壬申逆推之，當生於烈王己
酉。周廣業孟子出處時地考，以孟譜爲不足據，而擬爲生於安王
十七年丙申，卒於赧王十三年乙未。其爲孟子作年譜者，紛紛更
訂。或云年七十四，或云年九十七，大抵皆出於臆度，全無實證
可憑。其三爲孟子出遊。趙岐以爲先齊後梁，說者又以爲先梁
後齊，或以爲梁惠王有後元，或以爲孟子先事齊宣，後事齊湣。
考之國策、史記諸書，參差錯雜，殊難畫一，實未易折衷也。至居
鄒、葬魯、之滕、過薛、遊宋、往任，其先後歲月，或據七篇虛辭以
測實跡，彼此各一是非，多不足采。

孟子逸文考

　　荀子大略篇云：孟子三見宣王不言事。門人曰："曷爲
三遇齊王而不言事？"孟子曰："我先攻其邪心。"

　　此條，程子特信爲孟子事，朱子集注引之，錄於格君心非章
下。翟氏灝定爲七篇之逸文。今案荀子嘗非孟子，此獨載孟子
之言，殆謂人皆有邪心，引以證其性惡之說耳。

　　韓詩外傳卷二云：高子問於孟子曰："夫嫁娶者，非己所
自親也。衛女何以得編於詩也？"孟子曰："有衛女之志則
可，無衛女之志則愆。"毛詩傳云："載馳，許穆夫人作也。閔其宗國顛
覆，自傷不能救也。"列女傳仁智傳云："許穆夫人，衛懿公之女。據左傳乃衛
宣公之女，許穆公之夫人也。初，許求之，齊亦求之。懿公將與許。女因其傅
母而言曰：'古者諸侯之有女子也，所以苞苴玩弄，繫援於大國也。今者許小
而遠，齊大而近。若今之世，強者爲雄。如使邊境有寇戎之事，維是四方之
故，赴告大國，妾在不猶愈乎？今舍近而就遠，離大而附小，一旦有車馳之難，
孰可與慮社稷？'衛侯不聽，而嫁之於許。其後狄人攻衛，大破之，而許不能

救。衛侯遂奔走,涉河而南,至楚丘,齊桓往而存之,遂城楚丘以居衛侯。於
是悔不用其言。當敗之時,許夫人馳驅而弔唁衛侯,因疾之而作詩云:‘載馳
載驅,歸唁衛侯。驅馬悠悠,言至於曹。大夫跋涉,我心則憂。既不我嘉,不
能旋反。視爾不臧,我思不遠。’君子善其慈惠而遠識也。"若伊尹於太
甲,有伊尹之志則可,無伊尹之志則篡。夫道二,常之謂經,
變之謂權。懷其常道而挾其變權,乃得爲賢。夫衛女,行中
孝,慮中聖,權如之何。詩曰:‘既不我嘉,不能旋反。視我
不臧,我思不遠。’"毛詩及劉向列女傳皆作視爾,此作視我者,乃魯、毛
與韓之異文,劉氏本習魯詩者也。

翟氏灝曰:"案伊尹二語,雖見盡心上篇,而彼是專論伊尹,
此是論衛女而舉伊尹旁證。此非重出,彼亦無遺文也。"

漢書伍被傳引孟子曰:"紂貴爲天子,死曾不如匹夫。"
又見史記淮南王傳。

說苑建本篇引孟子曰:"人皆知以食愈飢,莫知以學愈
愚。故善材之幼者,必勤於學問以修其性。"

又引孟子曰:"人知糞其田,莫知糞其心。糞田莫過利
苗得粟,糞心易行而得其所欲。何謂糞心? 博學多聞。何
謂易行? 一性止淫也。"

法言修身篇引孟子曰:"夫有意而不至者有之矣,未有
無意而至者也。"吳秘注云:"有意,謂志於道。"

應劭風俗通義正失篇序引孟軻云:"堯舜不勝其美,桀
紂不勝其惡。傳言失指,圖影失形,眾口鑠金,積毀消骨。

久矣其患之也。"本篇中述劉向論孝文帝,復證以堯舜二語,美字作善。
顏之推家訓書證篇云:"孟子曰圖影失形,當爲光景之景。葛洪字苑景始加
彡。世輒改孟從葛,甚爲失矣。"

以上七條,翟氏灝云:"數條理得詞順,似可信爲七篇外之逸
文。"然則其他諸書所引孟子之言,詳見周廣業孟子四考。皆未可盡
信矣。故不具錄。

孟子弟子考

陳氏澧曰:"韓昌黎愈。云:'孟軻死,不得其傳。'韓集原道。
李習之翱。云:'軻之門人,達者公孫丑、萬章之徒,蓋傳之矣。'李
集復性書。澧案,孟子知言、養氣,則以告公孫丑。人皆有仁義禮
智之心;正人心,距楊墨,以承三聖,則以告公都子。取狂獧,惡
鄉原,君子反經,斯無邪慝,則以告萬章。此皆微言大義,傳之高
第弟子者。荀子詆孟子云:'世俗溝猶瞀儒,嚾嚾然遂受而傳
之。'非十二子。然則其時傳受孟子之學者不少,荀子嫉之,謂之溝
猶瞀儒耳。韓非顯學篇云:'有孟氏之儒,謂之顯學。'安得以爲
不傳哉?"東塾讀書記卷三,孟子全卷皆可參觀。

焦氏循:孟子弟子,趙氏注十五人:樂正克、萬章、公孫丑、陳
臻、公都子、充虞、高子、徐辟、咸丘蒙、陳代、彭更、屋廬連、桃應、
季孫、子叔。學於孟子者四人:孟仲子、告子、滕更、盆成括。宋
政和五年,從祀孟廟,去盆成括。(詳宋史禮志。)清代孟廟從祀,
仍明制十八人。視宋政和無滕更,有盆成括。乾隆二十一年禮
部覆准,去舊時侯伯封號,改題先賢、先儒,以符禮制。内樂正
克、公孫丑、萬章、公都子,四人皆稱先賢某子。陳臻、屋廬連、陳
代、高子、孟仲子、充虞、徐辟、彭更、咸丘蒙、桃應、季孫、子叔、浩

生不害、盆成括，十四人稱先儒某子。

十　荀　子

荀子，世皆稱荀卿，亦作孫卿。漢劉向述之頗詳，云："孫卿，趙人，名況。方齊宣王、威王之時，聚天下賢士於稷下，尊寵之。若鄒衍、田駢、淳于髡之屬甚眾，號曰列大夫，皆世所稱，咸著書刺世。是時荀卿有秀才，年五十，（當從風俗通作十五，晁公武讀書志所引亦同。）始來遊學。諸子之事，皆以爲非先王之法也。孫卿善爲詩、禮、易、春秋。至齊襄王時，孫卿最爲老師。齊尙修列大夫之缺，而孫卿三爲祭酒焉。齊人或讒孫卿，孫卿乃適楚。楚相春申君以爲蘭陵令。人或謂春申君曰：'孫卿賢者，今與之百里地，楚其危乎！'春申君謝之。孫卿去之趙。客或謂春申君曰：'今孫卿天下賢人，所去之國，其不安乎？'春申君使人聘孫卿，復爲蘭陵令。春申君死而孫卿廢，因家蘭陵。李斯嘗爲弟子，已而相秦。及韓非，號韓子，又浮丘伯，皆受業爲名儒。孫卿之應聘於諸侯，見秦昭王。昭王方喜戰伐，而孫卿以三王之法說之。及秦相應侯，皆不能用也。至趙，與孫臏議兵趙孝成王前，孫臏爲變詐之兵，孫卿以王兵難之，不能對也，卒不能用。孫卿道守禮義，行應繩墨，安貧賤，老於蘭陵。疾濁世之政，亡國亂君相屬，不遂大道而營乎巫祝，信機祥，鄙儒小拘。如莊周等又滑稽亂俗。於是推儒、墨、道德之行事興壞，序列著數萬言而卒，葬蘭陵。"以上皆劉氏校讎孫卿書所上言，且謂："孔氏之術，惟孟軻、孫卿爲能尊仲尼。"可知孟子、荀卿，自漢以來，即已並稱。而荀子授徒較久，派別流衍，著書亦富於孟子。茲舉其說之關於所學者，分述於下。若其"有功於諸經"，詳見汪中荀子通論。僅爲漢世儒林之先導而已，姑從略焉。

性惡　荀子何以主張性惡？此不可不窮其原也。又何以知人之性惡？此不可不舉其證也。細別之有二端。

（甲）性惡之原理　古人論性，莫不推本於天。詩曰："天生蒸民，有物有則。民之秉彝，好是懿德。"詩大雅蒸民之篇，孟子論性嘗引之。孔子云："天地之性，人爲貴。"孝經聖治章。子思子云："天命之謂性。"禮記中庸篇。公孫尼子云："人生而靜，天之性也。"禮記樂記篇。孟子云："比天之所與我者。"又云："非天之降才爾殊也。"詳見前節。此所謂天，皆以天爲至高無上、至善無惡者。故天所生之人，雖有智愚、夭壽、貧富、貴賤之殊，而天所命之性，則皆可以爲善。此即儒家天人合一之理也。荀子則不然，蓋主張"人定勝天"之説，而不採"安命聽天"之説者也。故其天論篇云：

天行有常，俞樾云："行，道也。"不爲堯存，不爲桀亡。應之以治則吉，應之以亂則凶。強本而節用，則天不能貧；養備而動時，則天不能病；修道而不貳，則天不能禍。王念孫云："修當爲循，貳當爲貣，貣與忒同。"故水旱不能使之飢，寒暑不能使之疾，祅怪不能使之凶。祅即説文"地反物爲祥"之祥字。今以妖字爲之。本荒而用侈，則天不能使之富；養略而動罕，則天不能使之全；倍道而妄行，則天不能使之吉。故水旱未至而飢，寒暑未薄而疾，楊注："薄，迫也。"祅怪未至而凶。受時與治世同，而殃禍與治世異。不可以怨天，其道然也。楊注云："非天降災，人自使然。"案，道謂人之所行也。荀子儒效篇云："道者，非天之道，非地之道，人之所以道也，君子之所道也。"故明於天人之分，則可謂至人矣。案，謂天與人有分界，知在人不在天，斯爲至人。不爲而成，不求而得，夫是之謂天職。如是者，雖深，其人不加慮焉；雖大，不加能焉；雖精，不加察焉；夫是之謂不與天爭職。楊注："其人，至人也。"天有其時，地有其財，人有其治，夫是之謂能參。楊注："人

能治天時地財而用之，則是參於天地。"舍其所以參，而願其所參，則
惑矣。楊注："舍人事而欲知天意，斯惑矣。"……唯聖人爲不求知
天。案子思、孟子，皆以知天爲極功。如中庸云："思知人，不可以不知天。"
孟子云："知其性，則知天矣。"惟荀子則謂聖人不求知天。此儒之所以分爲八
與。……聖人清其天君，謂心也。正其天官，謂五官也。備其天
養，謂衣食。順其天政，謂禍福。養其天情，謂七情。以全其天
功。如是，則知其所爲，知其所不爲矣，則天地官而萬物役
矣。其行曲治，其養曲適，其生不傷，夫是之謂知天。楊注：
"言明於人事，則知天，其要則曲盡也。"　　又云：

　　楚王後車千乘，非知也；君子啜菽飲水，非愚也；是節然
也。俞氏云："節，猶適也。"案適然，猶云偶然。若夫志意修，德行厚，
知慮明，生於今而志乎古，則是其在我者也。故君子敬其在
己者，説文："敬，肅也。從攴苟。苟自急敕也。"而不慕其在天者；小
人錯其在己者，而慕其在天者。錯，置也。　　又云：

　　雩而雨，何也？曰：無何也，猶不雩而雨也。日月食而
救之，天旱而雩，卜筮而後決大事，非以爲得求也，以文之
也。案，非謂求則得之也，乃所以文飾政事也。故君子以爲文，而百
姓以爲神。以爲文則吉，以爲神則凶也。案，卜筮而決疑，雩祭而
得雨，救日月食而果復圓，百姓皆信以爲神。實則君子因民之心而文飾之
耳。　　又云：

　　大天而思之，孰與物畜而裁之！裁，原作制。從王念孫説改。
從天而頌之，孰與制天命而用之！望時而待之，孰與應時而
使之！因物而多之，孰與騁能而化之！思物而物之，孰與理
物而勿失之也！願於物之所以生，孰與有物之所以成！故

錯人而思天,則失萬物之情。楊注:"物之生雖在天,成之則在人也。
此皆言治平豐富在人所爲,不在天也。"

　　觀上所述,可知荀子之意,謂天道人道,兩不相關。人生天
地之間,參爲三才,但須盡其能參之功,不必求其所參之故。能
參,人道。所參,天道。由是不以天地之變爲可畏,而以人祆之災爲
甚慘。詳見荀子天論篇星隊木鳴一章。殆合古今陰陽五行吉凶災異之
說全駁斥之,而惟注重於人事。故其談道也,不曰:"道之大原出
於天",董仲舒說,見漢書本傳。而曰:"道者,人之所以道也。"詳見上注。
其言性也,雖曰:"凡性者,天之就也。"詳見下文。而又曰:"人之性
惡。"荀子蓋不㓚天爲至善無惡之天,則天之所生,必不能純善而
無惡。此其溯性之原,所以大異乎子思、孟子者也。性惡之論,
導源於斯。或謂此論專爲攻擊孟子性善論而發,或謂其感於戰
國之貪亂,故激憤而爲此論。蓋猶淺之乎視荀子矣。

　　(乙)性惡之論證　　荀子有言:"善言古者,必有節於今;善
言天者,必有徵於人。徵,驗也。節亦驗。凡論者,貴其有辨合,有符
驗。辨,讀爲判,判書之半,分而合者。故坐而言之,起而可設,張而可施
行。"設,亦施也。性惡篇文。今述性惡之說,當援引其立論之根據,
以爲符驗。性惡篇云:

　　　人之性惡,其善者僞也。楊注:"僞,爲也。凡非天性,即人作爲
之者,皆謂之僞。故僞字人旁爲,亦會意字也。"今人之性,生而有好利
焉,順是,故爭奪生而辭讓亡焉;生而有疾惡焉,順是,故殘
賊生而忠信亡焉;生而有耳目之欲,有好聲色焉,順是,故淫
亂生而禮義文理亡焉。然則從人之性,王氏先謙曰:"從讀曰縱。"
順人之情,必出於爭奪,合於犯分亂理,而歸於暴。故必將
有師法之化,禮義之道。與導同。然後出於辭讓,合於文理,

而歸於治。用此觀之，用，由也。然則人之性惡明矣，其善者偽也。(證一。)故枸木必將待櫽栝烝矯然後直，鈍金必將待礱厲然後利。今人之性惡，必將待師法然後正，得禮義然後治。今人無師法，則偏險而不正；廣雅：險，邪也。無禮義，則悖亂而不治。古者聖王以人之性惡，以爲偏險而不正，悖亂而不治，是以爲之起禮義、制法度，以矯飾人之情性而正之，以擾化人之情性而導之也，擾讀全爲犪。廣雅云：柔也。使皆出於治，合於道也。今之人，化師法、積文學、道禮義者爲君子；縱性情、安恣睢，而違禮義者爲小人。用此觀之，然則人之性惡明矣，其善者偽也。(證二。)孟子曰：“人之學者，其性善。”曰：是不然！是不及知人之性，而不察乎人之性偽之分者也。凡性者，天之就也，不可學，不可事。禮義者，聖人之所生也，人之所學而能，所事而成者也。就，成也。事，爲也。生，猶造也。不可學，不可事而在人者謂之性；可學而能、可事而成之在人者謂之偽；是性偽之分也。顧廣圻曰：“而在人者疑當作之在天者。”今人之性，目可以見，耳可以聽。夫可以見之明不離目，可以聽之聰不離耳，目明而耳聰，不可學明矣。孟子曰：“今人之性善，將皆失喪其性故也。”楊注：“孟子言失喪本性，故惡也。”曰：若是則過矣。今人之性，生則離其樸，離其資，必失而喪之。郝懿行曰：“樸者素也。言人性生而離其質樸，與其資材，其失喪必矣，非本善而後惡。”用此觀之，然則人之性惡明矣，其善者偽也。五字依王念孫説增。(證三。)所謂性善者，不離其樸而美之，不離其質而利之也。使夫資樸之於美，心意之於善，若夫可以見之明不離目，可以聽之聰不離耳，若，猶如也。故曰，目明而耳聰也。今人之性，飢而欲飽，寒而欲暖，勞而欲休，此人之情性也。今人飢，見長而不敢先食者，將有所讓也；勞而不敢求息者，將有所代也。論語云：“有事，弟子服其勞，有酒食,先生饌。"夫子之讓乎父,弟之讓乎兄,子之代乎父,弟之代乎兄;此二行者,皆反於性而悖於情也。悖,違也。然而孝弟之道,禮義之文理也。故順情性則不辭讓矣,辭讓則悖於情性矣。用此觀之,然則人之性惡明矣,其善者偽也。(證四。)

荀子所舉性惡論證,共分九節。兹但錄前四節,已足知其論之有辨合,有符驗矣。特與孟子性善之説極端相反耳。昔人有專主荀説者。唐杜牧氏孟、荀、楊三子言性辨云:"荀言人之性惡,比於二子,所得多矣。"有辨明孟、荀之異同者。清戴震氏孟子字義疏證云:"荀子非不知人之可以爲聖人也。其言性惡也,曰:'塗之人可以爲禹。塗之人者,皆内可以知父子之義,外可以知君臣之正。其可以知之質,可以能之具,在塗之人。然則其可以爲禹,明矣。使塗之人伏術爲學,專心一志,思索孰察,加日縣久,積善而不息,王氏集解云:"伏與服通。服者,事也。術者,道也。"則通於神明,參於天地矣。故聖人者,人之所積而致也。聖可積而致,然而皆不可積,何也? 可以而不可使也。故塗之人可以爲禹,則然;塗之人能爲禹,未必然也。雖不能爲禹,無害可以爲禹。'此於性善之説,不惟不相悖而且若相發明。陳澧讀書記云:"塗之人可以爲禹,即孟子所謂人皆可以爲堯舜,但改堯舜爲禹耳。"終斷之曰:'足可以遍行天下,然而未嘗有能遍行天下者也。然則能不能之與可不可,其不同遠矣。'蓋荀子之見,歸重於學,而不知性之全體。其言出於尊聖人,出於重學崇禮義,首之以勸學篇。有曰:'誦數以貫之,思索以通之,爲其人以處之,除其害者以持養之。'又曰:'積善成德,神明自得,聖心備焉。'荀子之善言學如是。且所謂通於神明,參於天地者,又知禮義之極致,聖人與天地合其德在是。聖人復起,豈能易其言哉? 而於禮義與性,卒視若閡隔不可通。以聖人異於常人,以禮義出於聖人之心,常人學然後能明禮義。

若順其性之自然，則生爭奪，以禮義爲制其性而去爭奪者也。因性惡而加矯揉之功，使進於善，故貴禮義。苟順其自然而無爭奪，安用禮義爲哉？又以禮義雖人皆可以知、可以能，聖人雖人之所積而致，然必由於學。弗學而能，乃屬之性；學而後能，弗學雖可以而不能，不得屬之性。此荀子立說之所以異於孟子也。"有調停孟、荀之說而意實偏主荀者。清錢大昕氏荀子跋云："宋儒所訾議者，惟性惡一篇。愚謂孟言性善，欲人之盡性而樂於善；荀言性惡，欲人之化性而勉於善。性惡篇云："故聖人化性而起偽，偽起而生禮義，禮義生而制法度。"又云："凡所貴堯、禹君子者，能化性，能起偽，偽起而生禮義。然則聖人之於禮義，積偽也。豈人之性也哉？"立言雖殊，其教人以善則一也。宋儒言性雖主孟氏，然必分義理與氣質而二之，則已兼取孟、荀二義。朱子語類四曰："氣質之說起於張、程。"因舉橫渠云："形而後有氣質之性，善反之則天地之性存焉。故氣質之性，君子有弗性者焉。"又舉明道云："論性不論氣不備，論氣不論性不明。二之則不是。"朱子又曰："論天地之性，則專指理言。論氣質之性，則以理與氣雜而言之。"又曰："天命之性，若無氣質，卻無安頓處。"然則宋儒以理氣論性，未嘗歧而二之。惟明道程子云："有自幼而善，有自幼而惡。是氣稟有然也。善固性也，然惡亦不可不謂之性也。"此則明取荀子之說矣。至其教人以變化氣質爲先，張子橫渠孟子說云："爲學大益，在自求變化氣質。"實暗用荀子化性之說。然則荀子書詎可以小疵訾之哉？"韓氏愈讀荀子云："荀與楊，大醇而小疵。"

　　勸學　學者所以修性也。人性本惡，當去惡而積善，則學不可以已。務學則必務求師，師者所以正禮也，禮者所以正身也。欲修其身，必先正其心，而養心莫善於節欲。荀子因人性惡，故勸之學，實亦內外交相養者也。分別述之如下。

　　（甲）學程　勸學篇云：

　　　　學惡乎始？惡乎終？曰：其數則始乎誦經，終乎讀禮；其義則始乎爲士，終乎爲聖人。眞積力久，則入學至乎沒而

後止也。案，謂自人學之始至於沒身而後止息也。楊注以“則入;”屬上四字
爲句，疑誤。故學數有終，若其義則不可須臾舍也。爲之，人
也；舍之，禽獸也。故書者，政事之紀也；詩者，中聲之所止
也；禮者，法之大分，類之綱紀也，故學至乎禮而止矣。夫是
之謂道德之極。禮之敬文也，樂之中和也，詩、書之博也，春
秋之微也，在天地之間者畢矣。

荀子所云數，即經典所云數度。易節卦象傳云：“君子以制
數度，議德行。”莊子天下篇云：“其明而在數度者，舊法世傳之
史，尚多有之。”數也者，蓋指古之圖籍及禮樂之節文而言，荀子
所稱詩、書、禮、樂、春秋，是也。然荀子論學，實以禮爲最要。詳
見下文。義也者，即義理之學也。始士終聖者，荀子言學人之標
準，常分士、君子、聖人爲三等，而實以聖人爲要歸。王氏集解云：
“荀書以士、君子、聖人爲三等。修身、非相、儒效、解蔽、哀公等篇可證。故云始士終
聖人。”其禮論篇云：“故天者，高之極也；地者，下之極也；無窮者，
廣之極也；聖人者，道之極也。故學者，固學爲聖人也。”又解蔽
篇云：“故學也者，固學止之也。惡乎止之？曰：止諸至足。曷謂
至足？曰：聖王也。原脫“王”字，今從楊注或説增。聖也者，盡倫者也；
王也者，盡制者也。兩盡者，足以爲天下極矣。故學者，以聖王
爲師。”前言聖人，此言聖王者，謂學者當求內聖外王之學。即莊
子所謂“以此處上，帝王天子之德也；以此處下，玄聖素王之道
也”。天道篇文。此聖學之全體大用也。若何而後謂之聖學？類
聚荀書中言聖人者，可考而知也。近人陳登元荀子哲學第八章二節可參
考。子思有言：“道也者，不可須臾離也。”即荀子所謂不可須臾
舍之義。今之學者，或陳其數而失其義，或竟舍之而弗爲，人與？
禽獸與？

　　（乙）尊師　言性善者，良知良能，我所固有，反求諸己，有

餘師焉。言性惡者，不然。順其本性，惡必日滋；矯其本性，善始日益。然孰善孰惡，匪師弗知；去惡積善，匪師誰督？故<u>荀子</u>有尊師之説。其説曰：<small>禮論篇文。</small>

　　禮有三本：天地者，生之本也；先祖者，類之本也；君師者，治之本也。無天地，惡生？無先祖，惡出？無君師，惡治？三者偏亡，焉無安人。<small>大戴記禮三本篇惡作焉。案，焉、惡，何也。史記禮書焉無作則無。案，焉猶是也。焉、則義亦同。</small>故禮，上事天，下事地，尊先祖而隆君師，是禮之三本也。<small>案，隆，亦尊也。</small>　　又曰：<small>大略篇文。</small>

　　國將興，必貴師而重傅；貴師而重傅，則法度存。國將衰，必賤師而輕傅；賤師而輕傅，則人有快；<small>楊注，人有肆意。</small>人有快，則法度壞。　　又曰：<small>同上。</small>

　　言而不稱師謂之畔，教而不稱師謂之倍。倍畔之人，明君不內朝，士大夫遇諸塗不與言。<small>楊注："倍者，反逆之名。畔者，倍之半也。"案，倍畔與背叛同。不內朝，謂不納之於朝廷也。</small>

<u>荀子</u>尊師至於如此。其故由於人性本惡，非受師教，弗知積善而成爲人也。故其言曰：<small>榮辱篇文。</small>

　　人之生固小人，<small>王氏解：案，生、性，字通用。此即性惡意。</small>無師、無法，則惟利之見耳。人之生固小人，又以遇亂世得亂俗，是以小重小，以亂得亂也。君子非得勢以臨之，則無由得開內焉。今是人之口腹，安知禮義？安知辭讓？安知廉恥、隅積？<small>王念孫曰："今是，猶今夫也。"案，隅積，謂積善成德，猶積隅而成立方</small>

也。亦呭呭而噍，鄉鄉而飽已矣。楊注：“呭呭，噍貌。”案，鄉讀爲嚮，嚮嚮，壯健之貌。人無師、無法，則其心正其口腹也。　　又曰：儒效篇文。

故人無師無法而知，則必爲盜；勇，則必爲賊；云能，則必爲亂，王念孫曰：“云者，有也。云能，有能也。”察，則必爲怪；辯，則必爲誕。人有師有法而知，則速通；勇，則速威；云能，則速成；察，則速盡；辯，則速論。王念孫曰：“論，決也。”故有師法者，人之大寶也；無師法者，人之大殃也。人無師法，則隆性矣；有師法，則隆積矣。案，隆，猶崇尚也。積，謂習爲善也。　　又曰：修身篇文。

禮者，所以正身也；師者，所以正禮也。無禮，何以正身？無師，吾安知禮之爲是也？禮然而然，則是情安禮也；師云而云，則是知若師也。情安禮，知若師，則是聖人也。故非禮，是無法也；非師，是無師也。非，讀爲誹。誹，謗也。不是師法，而好自用，譬之是猶以盲辨色，以聾辨聲也，捨亂妄無爲也。故學也者，禮法也；夫師以身爲正儀，而貴自安者也。詩云：“不識不知，順帝之則。”此之謂也。

觀上述，學者學爲聖人，故學者以聖王爲師。又云：“情安禮，知若師，則是聖人。”又云：“夫師以身爲正儀，而貴自安者也。”可見荀子所尊之師，必爲學不厭、教不倦之聖人。雖然，聖人不易得而見之矣，故荀子降格相求，而謂可以爲師者，有四術焉。其說曰：致士篇。

師術有四，而博習不與焉。楊注：“術，法也。言有四德則可以

爲人師。師法不在博習也。"尊嚴而憚，可以爲師；耆艾而信，可以
爲師；誦説而不陵不犯，可以爲師；楊注："誦，謂誦經。説，謂解説。
謂守其誦説，不自陵突觸犯。言行其所學。"知微而論，可以爲師。楊
注："知精微之理，而能講論。"故師術有四，而博習不與焉。水深而
回，回，旋流也。樹落則糞本。弟子通利則思師。詩曰："無言
不讎，無德不報。"此之謂也。案性惡篇云："能不能之與可不可，其不
同遠矣。"朱子論語注云："凡言可者，僅可而有所未盡之辭。"則此云可以爲師
者，不必能爲師也。

案禮記學記云："記問之學，不足以爲人師。"即此所謂師法
不在博習也。學記又云："凡學之道，嚴師爲難。師嚴然後道尊，
道尊然後民知敬學。"即此所謂尊嚴而憚也。孔子曰："老而不
教，死無思也。故君子老思死，則教。"見荀子法行篇。即此所謂耆
艾而信也。孟子曰："頌其詩，讀其書，不知其人，可乎？是以論
其世也，是尚友也。"孟子萬章下。與誦説而不陵不犯意同。孔子
曰："溫故而知新，可以爲師矣。"論語爲政篇。近於知微而論之義。
蓋儒家以明教化爲主旨，其論師道大抵相同。但與今之教育制
度未必適合耳。至宥坐篇引：

　　　孔子曰："如垤而進者，吾與之；如丘而止，吾已矣。今
　學曾未如肬贅，則具然欲爲人師。"楊注："肬贅，結肉。具然，自滿
　足之貌。"

此則孟子所謂"人之患，在好爲人師"者也。荀子雖尊師，未
必肯以事天地、祖君之禮事之也。

（丙）崇禮　儒之崇禮，八家所同。惟論禮之起原則異。主
性善説者，謂禮義之心，性所固有。聖人制禮，乃因人之情而爲

之節文,使賢者不得過,不肖者不得不及而已。主性惡説者,則
謂禮義法度,生於聖人之偽,偽,謂作爲也。非故生於人之性。人
之性固無禮義,故強學而求有之;性不知禮義,故思慮而求知之。
聖人之起禮義,制法度,乃以矯飾人之情性而正之,擾化人之情
性而導之者也。故荀子禮論篇説禮之起原曰:史記禮書采荀子此文,
字句小異。

　　　禮起於何也? 曰:人生而有欲,欲而不得,則不能無求,
　　求而無度量分界,則不能不爭。爭則亂,亂則窮。先王惡其
　　亂也,故制禮義以分之,以養人之欲,給人之求。使欲必不
　　窮乎物,物必不屈於欲,兩者相持而長,是禮之所起也。楊
　　注:“屈,竭也。”案,相持,謂物與欲平衡,故能保持長久。……故禮者養
　　也。君子既得其養,又好其別。曷謂別? 曰:貴賤有等,長
　　幼有差,貧富輕重皆有稱者也。楊注:“稱謂各當其宜。”

　　案禮本人性之説,即周禮大司徒所謂“以五禮防萬民爲偽
而教之中”也。禮出人爲之説,即王制所謂“司徒修六禮以節民
性”也。防偽者,因人性本善,故以禮防止其作爲不善也。節性
者,因人性本惡,故以禮節制其本原之惡也。二説皆本禮經,暫
可勿爲決論。惟考荀子之言禮,莫大於分別。説文分,別也。別,分
解也。即所謂度量分界也,即貴賤長幼貧富之等差也。至其分
別貴賤貧富之等,一以禮義爲標準,不以貴族平民分別之也。
其王制篇曰:

　　　請問爲政? 曰:賢能不待次而舉,罷不能不待須而廢,
　　元惡不待教而誅,中庸不待政而化。中庸,謂中人也。庸下原有民
　　字,據韓詩外傳删。分未定也,則有昭繆。繆與穆,古字通。宗廟之

制，左昭右穆。言爲政者，於分未定時，則當分別賢能善惡，如分昭穆也。雖王公士大夫之子孫，不能屬於禮義，則歸之庶人。雖庶人之子孫，積文學，正身行，能屬於禮義，則歸之卿相士大夫。故姦言、姦說、姦事、姦能、王氏解云："言，亦說也。能，亦事也。"遁逃反側之民，職而教之，須而待之，勉之以慶賞，懲之以刑罰，安職則畜，不安職則棄。五疾，上收而養之，材而事之，五疾，謂瘖、聾、跛躄、斷者、侏儒，各因其材使之。官施而衣食之，兼覆無遺。才行反時者死無赦。夫是之謂天德，是王者之政也。

荀子論禮，嘗包禮義法度而言。故禮制不僅爲士大夫以上而設，且爲一切平民也。與禮記曲禮上所謂"禮不下庶人"者大相反對。大略篇曰：

水行者表深，使人無陷；治民者表亂，使人無失。禮者，其表也，先王以禮表天下之亂。今廢禮者，是去表也。故民迷惑而陷禍患，此刑罰之所以繁也。舜曰："維予從欲而治。"俞樾曰："孔子七十而從心所欲，不逾矩。可釋此文從欲之義。"故禮之生，爲賢人以下至庶民也，非爲成聖也。然而亦所以成聖也，不學不成。堯學於君疇，舜學於務成昭，禹學於西王國。君疇，漢書、新序作尹壽，皆古字省借。西王國，蓋人名。

然則禮義者，自天子至於庶人，皆須學而知之，尊而行之者也。略述其崇禮之說於後。天論篇曰：

在天者莫明於日月，在地者莫明於水火，……在人者莫明於禮義。……故人之命在天，國之命在禮。君人者，隆禮尊賢而王，重法愛民而霸，好利多詐而危，權謀傾覆幽險而亡。後六語，又見強國篇。王、霸、危三句，又見大略篇。　大略篇曰：

禮之於正國家也，如權衡之於輕重也，如繩墨之於曲直也。故人無禮不生，事無禮不成，國家無禮不寧。王霸篇云："國無禮則不正。禮之所以正國也，譬之猶衡之於輕重也，猶繩墨之於曲直也，猶規矩之於方圓也。"修身篇云："故人無禮則不生，事無禮則不成，國家無禮則不寧。"楊倞曰："大略篇蓋弟子雜錄荀卿之語，略舉其要。"其説是也。　又曰：

禮者，人之所履也。失所履，必顛蹶陷溺。所失微而其爲亂大者，禮也。

荀子書中，除禮論一篇專述禮制外，其他各篇涉於禮制，不辭再三言之。而輯荀子書者，亦爲重復載之，其崇禮之意可見矣。蓋荀子傳習孔學，雖在易、書、詩、禮、樂、春秋，近人楊樹達周易古義曰："案劉向校錄孫卿書云：'孫卿善爲詩、禮、易、春秋。'今考荀子說易者，僅有非相篇引易'括囊無咎無譽'，及大略篇引易'復自道何其咎吉'凡二事。"而實以禮爲最要。勸學篇曰：

將原先王，本仁義，則禮正其經緯蹊徑也。若挈裘領，詘五指而頓之，順者不可勝數也。不道禮、憲，以詩、書爲之，道，由也。憲，法也。譬之猶以指測河也，以戈舂黍也，以錐飡壺也，不可以得之矣。故隆禮，雖未明，法士也；隆，猶尊崇也。不隆禮，雖察辯，散儒也。

此言不以禮求先王之仁義，而但以詩、書爲之者，必不可得。

故無禮之察辯，不如有禮之未明。此荀子所爲以禮爲道德之極
也。儒家言禮必及於樂，故荀子有樂論篇。惟考此篇乃據公孫
尼子之樂記以駁墨子非樂論者。兹不具述。但取其論樂之原及
舞之意者，附述於下：

　　　故人不能無樂，不能無形。形而不爲道，則不能無亂。
先王惡其亂也，故制雅、頌之聲以道之，使其聲足以樂而不
流，使其文足以辯而不諰，諰，今作葸。不悅懌之貌。使其曲直、
繁省、廉肉、節奏，足以感動人之善心，使夫邪汙之氣無由得
接焉。是先王立樂之方也。樂論篇文。

此與前論禮之起原文意相同。亦因人性本惡，故作樂以擾
化其惡性，而感動其善心也。其論舞則曰：

　　　曷以知舞之意？曰：目不自見，耳不自聞也。然而治俯
仰、詘信、進退、遲速，莫不廉制，盡筋骨之力以要鐘鼓俯會
之節，而靡有悖逆者，衆積意譁譁乎！郝懿行曰：“此論舞意與衆音
繁會而應節，如人告語之熟，譁譁然也。”

此謂古人制爲舞節，所以固人肌膚之會、筋骸之束，而柔化
其悖逆之心也。實則古之禮樂，專供禱祠祭祀之用。荀子則仞
爲化性起僞之具，蓋上承孔子“安上治民，莫善於禮，移風易俗，
莫善於樂”之説也。四語見孝經。
　　（丁）修身　荀子有言：“禮者所以正身也，無禮何以正身？”
故其修身篇云：

　　　凡用血氣、志意、知慮，由禮則治通，不由禮則勃亂提

僈;勃與悖通。王觶云:"提僈,謂弛緩也。"食飲、衣服、居處、動靜,由
禮則和節,不由禮則觸陷生疾;容貌、態度、進退、趨行,由禮
則雅,不由禮則夷固僻違,庸眾而野。故人無禮則不生,事
無禮則不成,國家無禮則不守。詩曰:"禮儀卒度,笑語卒
獲。"此之謂也。

修身以禮,本儒家之通義。然苟子不僅以禮修外也,而又能
以禮制心焉。

(戊) 養心　修身篇曰:

　　治氣、養心之術,血氣剛強,則柔之以調和;知慮漸深,
則一之以易良;郝懿行曰:"漸與潛古字通。"樂記云:"易、直、子、諒之心
生。"易諒,即易良也。勇膽猛戾,則輔之以道順;俞氏曰:"道順,當讀
爲導訓。"齊給便利,則節之以動止;楊注:"齊給、便利,皆捷速也。"狹
隘褊小,則廓之以廣大;卑濕重遲貪利,則抗之以高志;郝氏
曰:"卑濕,猶卑下也。"庸眾駑散,則劫之以師友;劫,脅也。謂夾持之
也。怠慢僄棄,則炤之以禍災;愚款端愨,則合之以禮樂,通
之以思索。凡治氣、養心之術,莫徑由禮,莫要得師,莫神一
好。夫是之謂治氣、養心之術也。王念孫曰:"一好,謂所好不
二也。"

苟子言養心,首以治氣,與孟子養氣說不同。然宋儒變化氣
質之說,實原於此。茲略舉苟子養心之論,別述如下。解蔽篇曰:

　　何謂衡? 曰:道。楊注:"道,謂禮義。"故心不可以不知道。
心不知道,則不可道,而可非道。楊注云:"心不知道,則不以道爲
可。可,謂合意也。"……心知道然後可道。可道然後能守道,以

禁非道。……人何以知道？曰：心。心何以知？曰：虛壹而
靜。心未嘗不臧也，然而有所謂虛；楊注：“臧，藏古今字。言心未
嘗不苞藏，然有所謂虛也。”心未嘗不滿也，然而有所謂一；楊注：“滿
當爲兩，兩謂同時兼知。”心未嘗不動也，然而有所謂靜。人生而
有知，知而有志。志也者，臧也；志，古文識，記也。今作誌。然而
有所謂虛，不以所已臧者害所將受謂之虛。先已包藏、後又容
受，無所妨害，故曰心虛。心生而有知，知而有異，異也者，同時兼
知之；同時兼知之，兩也；然而有所謂一，不以夫一害此一謂
之壹。王氏解云：“夫猶彼也。”心，臥則夢，偷則自行，使之則謀。
故心未嘗不動也，王氏解云：“夢行謀，皆心動之驗。”然而有所謂靜，
不以夢劇亂知謂之靜。楊注：“劇，囂煩也。”案指行與謀也。未得道
而求道者，謂之虛壹而靜。……虛壹而靜，謂之大清明。（一
節。）……　　又曰：

　　心者，形之君也，而神明之主也，出令而無所受令。自
禁也，自使也，自奪也，奪謂失去也。自取也，自行也，自止也。
故口可劫而使墨云，郝云：“墨與默同，云者言也。”形可劫而使詘
申，心不可劫而使易意，是之則受，非之則辭。故曰：心容，
其擇也無禁必自見，其物也雜博，其精之至也不貳。心容謂心
之狀態。或禁使，或奪取，或行止，必隨其自擇，而無能禁止之者也。其所藏
之物雖甚雜博，而其精誠之極實純一而不二。（二節。）……　　又曰：

　　故人心譬如槃水，正錯而勿動，則湛濁在下而清明在
上。楊注：“湛，讀爲沈，泥滓也。”則足以見須眉而察理矣。郝云：“理
上當脫膚字。”微風過之，湛濁動乎下，清明亂於上，則不可以
得本形之正也。心亦如是矣。故導之以理，養之以清，物莫
之傾，則足以定是非、決嫌疑矣。小物引之，則其正外易，其

心內傾，則不足以決庶理矣。（三節。）……　　又曰：

　　凡觀物有疑，中心不定，則外物不清；吾慮不清，則未可
定然否也。冥冥而行者，見寢石以爲伏虎也，見植林以爲後
人也，後當爲復字，形相近而誤。復猶覆也。楊注：“冥冥，暮夜也。”冥冥
蔽其明也。醉者越百步之溝，以爲跬步之澮也，俯而出城
門，以爲小之閨也，說文：“閨，持立之戶，上環下方有似圭。”爾雅：“宮中
之門謂之闈，其小者謂之閨。”酒亂其神也。厭目而視者，視一以爲
兩；掩耳而聽者，聽漠漠而以爲恟恟，勢亂其官也。厭，讀爲
擫，說文：“擫，一指按也。”故從山上望牛者若羊，而求羊者不下牽
也，遠蔽其大也；從山下望木者，十仞之木若箸，而求箸者不
上折也，高蔽其長也。水動而景搖，人不以定美惡，水勢玄
也。玄，讀爲眩，下同。瞽者仰視而不見星，人不以定有無，用
精惑也。有人焉，以此時定物，則世之愚者也。彼愚者之定
物以疑決，疑決必不當。夫苟不當，安能無過乎？夏首之南
有人焉，曰涓蜀梁。楚詞王逸注云：“夏首，夏水口也。”其爲人也，愚
而善畏。明月而宵行，俯見其影，以爲伏鬼也；卬視其髮，以
爲立魅也；卬與仰同。背而走，比至其家，失氣而死。豈不哀
哉！凡人之有鬼也，必以其感忽之間、疑玄之時定之。此人
之所以無有而有無之時也，而已以定事。故傷於濕而痹，痹
而擊鼓烹豚，則必有弊鼓喪豚之費矣，而未有俞疾之福也。
楊注：“痹，冷疾也。俞讀爲愈。”案此上數語，原多脫誤，茲從王念孫說校錄。
故雖不在夏首之南，則無以異矣。（四節。）

　　解蔽一篇，皆解釋人生心術之患，故其言心也至精至詳。如
上所錄，首（一節）言人心不可不知道。其所以知道者，以人心虛
壹而靜也。次（二節）言人心有自主之權，不受他物之脅制。次

（三節）言人心有清有濁。感於外物，濁動而清亂，則不得其正矣。故必“導之以理，養之以清”，而後虛壹而靜，“物莫之傾”。否則“其正外易，其心內傾，不足以決庶理矣”。又次（四節）歷舉“中心不定則外物不清”之論證，並謂人之畏鬼禱神，皆緣疑眩而起。此又荀子之無鬼論也。由此觀之，可知荀子之言養心，注重在“導之以理，養之以清”八字。張子曰：“心，統性情者也。”見橫渠語錄。朱子曰：“統猶兼也。”又曰：“古人制字，亦先制得心字，性與情皆從心。”荀子既主張性惡，必不得獨言心善。特人心之知覺，實異乎禽獸之知覺，故尚有所謂虛壹而靜，可以知道，且可以爲神明之主。然而心未嘗不藏也，禮記禮運篇云：“人藏其心，不可測度也。美惡皆在其心，不見其色也。”心未嘗不兩也，心未嘗不動也。孟子四十不動心，其不動心之道，在於養勇、養氣。故曰：“其物也雜博。”非精誠之極，不能純一不二。倘縱其心以自由禁使奪取行止，非惡而何？然則此所謂虛壹而靜，不以彼害此者，乃求道之工夫。及既得道，始能虛壹而靜，然後此心真可爲“道之工宰”矣。正名篇：“心也者，道之工宰也。”陳奐曰：“工，官也，主也。工宰猶言主宰。”此荀子養心之學所以詳著於解蔽一篇也。近人多疑荀子言人心虛壹而靜，與其性惡論自相矛盾。見陸懋德周秦哲學史，胡薀玉荀子學説。蓋未留意於“導之以理，養之以清”二語耳。理即禮之義理也。禮記樂記云：“禮也者，理之不可易者也。”孟子曰：“理義悅我心。”宋儒主性善之説則云：“心即理。”詳朱子語類卷五。依荀子説，則此乃既導之以理之後之心也。清之本義爲澂水之貌，引申爲清淨、爲安靜，字義皆通。主靜之學始於孔子之言仁。論語云：“仁者靜。”孔安國注云：“無欲故靜。”而大闡於周子之太極圖説。其説云：“五性感動而善惡分，萬事出矣。聖人定之以中正仁義而主靜，立人極焉。”本注云：“無欲故靜。”其間蓋又有荀子“養之以清”及“虛壹而靜”之説也。

　　據上述，理即禮、清即靜二者，皆養心之術也。而荀子不苟篇又云：

　　君子養心，莫善於誠，致誠則無它事矣，唯仁之爲守，唯
義之爲行。誠心守仁則形，形則神，神則能化矣；誠心行義
則理，理則明，明則能變矣。變化代興，謂之天德。天不言
而人推高焉，地不言而人推厚焉，四時不言而百姓期焉。夫
此有常，以至其誠者也。君子至德，嘿然而喻，未施而親，不
怒而威。夫此順命，以慎其獨者也。有常，謂天之高、地之厚、四時
之行，不改其常也。順命，謂人懷君子之德，畏君子之威，皆順其命也。以者，
由也，因也。至與致古字通。爾雅云："慎，誠也。"朱子大學注云："獨者，人所
不知而己所獨知之地也。"中庸注同鄭氏。鄭氏禮器注，亦釋慎獨爲誠獨。

　　子思子云："其次致曲，曲能有誠。誠則形，形則著，著則明，
明則動，動則變，變則化。唯天下至誠爲能化。"禮記中庸。荀子所
論蓋原於此。其以誠爲養心之術者，與上文言禮、言虛壹而靜無
異。禮記以禮爲義之實，禮運篇云："故禮也者，義之實也。"淮南子謂禮
爲實之文。齊俗篇云："禮者，實之文也。"誠本訓實，又訓敬。禮固以誠
敬爲主者，誠敬則必以虛受人，而其心不二。故劉向説苑云："誠
者一也。"反質篇文。朱子中庸注云："一者誠也。"誠又訓審，禮記經
解鄭注。靜之本義亦訓審。見説文青部。此但以訓詁求之，而知荀
子所謂"養心莫善於誠"者，其涵義至深遠矣。
　　（己）節欲　節欲之説，始見於管子。内業篇云："節其五欲。"又
云："節欲之道，萬物不害。"禮記月令亦云"節耆欲"。老子則云"無
欲"。老子云："我好靜而民自正，我無欲而民自樸。"漢、宋大儒皆有無欲故靜之
説。孔子則云"窒欲"。易損卦象傳云："君子以懲忿窒欲。"窒，塞也。窒一作
懥。懥，止也。其論人則謂申棖多欲，不得爲剛；原憲欲不行焉，可
以爲難，未可以爲仁。皆見論語。子思子則云"坊欲"，禮坊記云："故

君子禮以坊德,刑以坊淫,命以坊欲。"**公孫尼子**則云"**制欲**",禮樂記云:"故曰,樂者樂也。君子樂得其道,小人樂得其欲。以道制欲則樂不亂,以欲忘道則惑而不樂。"**孟子**則云養心莫善於寡欲。蓋皆本於**太公**所述。昔黃帝、顓頊之丹書,所謂"義勝欲者從,欲勝義者凶"二語也。見大戴禮記武王踐阼篇。**荀子**之言節欲,雖上同於**管子**,實近接乎**孔**門,節,止也,制也。皆常訓。獨不采無欲、寡欲之說耳。其**正名篇**云:

　　凡語治而待去欲者,無以道欲而困於有欲者也。楊注云:"凡言治,待使人盡去欲,然後爲治,則是無道欲之術,而反爲有欲者所困也。"陸懋德周秦哲學史注云:"道與導通,謂引導之於正當之欲。"凡語治而待寡欲者,無以節欲而困於多欲者也。有欲無欲,異類也,性之具也,此四字原作"生死也"。從王念孫說校。非治亂也。欲之多寡,異類也,情之數也,非治亂也。有欲與無欲,多欲與寡欲,皆非同類,然皆爲人性情所具,必然之數,治亂不繫於此。欲不待可得,而求者從所可。欲不待可得,所受乎天也;求者從所可,所受乎心也。從俞樾說,可下增一所字。可,猶宜也。穀梁隱三年傳云:"求之爲言,得不得未可知之詞也。"欲不待可得者,言人之於物,不問其當得與否,必欲求而得之,此人情之出乎自然者也。若擇所當得而後求之,則受令於心者也。孔子曰:"富如不可求,從吾所好。"此之謂也。……人之所欲生甚矣,人之所惡死甚矣,然而人有從生成死者,陸氏哲學史注云:"從與縱通。"說文縱,舍也。舍即古捨字。縱生即捨生也。案說文云:"成,就也。"非不欲生而欲死也,不可以生而可以死也。楊注:"此明心制欲之義。"故欲過之而動不及,心止之也。心之所可中理,則欲雖多,奚傷於治! 欲不及而動過之,心使之也。心之所可失理,則欲雖寡,奚止於亂! 故治亂在於心之所可,亡於情之所欲。王念孫曰:"亡,不在也。說見王制篇雜志。"王氏先謙解曰:"此文即以上生死明之。所欲有過於生而動不及於求生者,心之中理止之也。故欲雖多,不傷於治。所欲不及於死,而動過之,自取死者,如鬥很亡身之類，心之失理使之也。故欲雖寡，無止於亂。此明在心不在欲也。"不求之其所在而求之其所亡，雖曰我得之，失之矣。不求其心之所可，但求其情之所欲，雖得之，實失之也。性者，天之就也；情者，性之質也；欲者，情之應也。以所欲爲可得而求之，情之所必不免也；以爲可而道之，知所必出也。此與上文"欲不待可得，所受乎天也"四句義同。道，謂導引。知，謂心知。故雖爲守門，欲不可去；雖爲天子，欲不可盡。去下原衍"性之具也"四字，從王念孫説刪。欲雖不可盡，可以近盡也；欲雖不可去，求可節也。……道者進則近盡，退則節求，天下莫之若也。凡人莫不從其所可而去其所不可。知道之莫之若也，而不從道者，無之有也。楊注："知節欲無過於道，則皆從道也。"……凡人之取也，所欲未嘗粹而來也；其去也，所惡未嘗粹而往也。楊注："粹，全也。"朱駿聲曰："粹讀爲萃，聚也。"故人無動而可以不與權俱。王念孫曰："動謂舉動，權謂道也。不與權俱，則必爲欲惡所惑。故曰：人無動而可以不與權俱。今本可上衍不字。"……權不正，則禍託於欲，而人以爲福；福託於惡，而人以爲禍。此亦人所以惑於禍福也。道者，古今之正權也，離道而自擇，則不知禍福之所託。自擇，即解蔽篇所云"其擇也無禁必自見"也。

案公孫尼子云："人生而靜，天之性也。感於物而動，性之欲也。"禮記樂記。漢儒許慎説文解字亦云："情，人之陰氣有欲者。"又云："欲，貪欲也。"是欲本乎情，情本乎性，性本乎天。與荀子所稱性、情、欲三者之名，其義適合。至老子言無欲，孟子言寡欲，老子第十九章亦言少私寡欲。荀子皆辭而闢之。荀意以爲人生不能無欲，則欲不可去，然亦不可盡，但須以禮義開導之，以養其欲而給其求，不能使之無也。人之欲有多有寡，各本乎性情而無關於治亂，但須以道心節制之。謂已知道之心。勿使縱其情而盡其欲，不必求其寡也。故曰："欲雖不可去，求可節也。"**公孫尼子**又云："物至知知，然後好惡形焉。好惡無節於内，知誘於外，不能反躬，天理滅矣。夫物之感人無窮，而人之好惡無節，則是物至而人化物也。人化物也者，滅天理而窮人欲者也。"見樂記。斯殆節欲説之所本歟？**孟子**道性善，以人之欲亦必善，故但論欲之多少，使人寡欲以清心；**荀子**主性惡，以人之欲必有惡，故但論道之可否，使人節欲以從道。若**老子**所謂無欲，則無論欲之善惡，一切屏除淨盡，斯乃道家之説也。以上論勸學竟。

正名　正名之事，始於**黃帝**、**大禹**，見禮記祭義及尚書呂刑、爾雅釋水。至**周公**以名實制讞法，見逸周書。**管子**以正名治齊國，詳見管子樞言、心術上篇、正第、九守、督名諸篇。**孔子**據名義作春秋，又以正名施於有政。見春秋公穀左氏三傳、董子繁露、論語子路篇。**荀子**身通六藝，源出孔門，乃獨取儒家正名之學，整齊而條貫之，有足述者。兹錄**正名**前半篇，分節説明於下。**荀子**云：

後王之成名：刑名從**商**，爵名從**周**，文名從**禮**。**楊注**云："後之王者，有素定成就之名，謂舊名可法效者也。文名，謂節文威儀。禮即**周**之儀禮也。"散名之加於萬物者，則從諸**夏**之成俗；**楊注**："成俗，舊俗方言也。"曲期遠方異俗之鄉，則因之而爲通。説文云："期，會也。會，合也。"曲期，謂委曲以求合也。案**楊倞**以曲期屬上句。**郝懿行**、**王先謙**，均以曲期屬下句。散名之在人者，生之所以然者謂之性。性之和所生，精合感應，不事而自然謂之性。性之好、惡、喜、怒、哀、樂謂之情。情然而心爲之擇謂之慮。心慮而能爲之動謂之僞。慮積焉、能習焉而後成謂之僞。正利而爲謂之事。正義而爲謂之行。所以知之在人者謂之知。知有所合謂之知。所以能之在人者謂之能。能有所合謂之能。**王氏先謙**曰："在人者明藏於身，有合者遇物而形。"又曰："二僞、二知（皆讀智）、二能,並有虛實動靜之分。"性傷謂之病。性當讀爲生。節遇謂之命。
王氏先謙曰:"節猶適也。"是散名之在人者也,是後王之成名也。

　　此一節,言名者所以定古今之異言,通方俗之殊語也。禮性
之名,成於後王,今仍舊貫,無庸變更。惟萬物之名,日新月異,
隨地不同。今但依據中國舊俗,以期曲合乎遠方之名,因而通
之。此王制所以設四夷重譯之官,爾雅所以釋五方近正之音,方
言所以達九服殊方之語,釋名所以窮萬物稱名之意。以迄近人
嚴復之譯西籍、章炳麟之新方言、楊樹達之長沙方言考、胡蘊玉
之涇縣方言考證,皆從諸夏之雅故,因而通之異俗之方音者也。
此名學之初基也。論語子路篇馬融注云:"正名,正百事之名也。"鄭氏玄注云:
"正名,謂正書字也。古者曰名,今世曰字。"案鄭解正名謂證明字義之謬誤,非僅校
正字形也。然則漢之小學,今之方言學,即古正名之一端也。劉師培序論理學史云:
"今欲詮明論理,其惟覃研小學,解字析詞,以求先聖正名之旨。庶名理精義,賴以維
持。若小學不明,驟治西儒之名學,吾未見其可也。"又云:接上文。

　　　故王者之制名,名定而實辨,道行而志通,則慎率民而
一焉。道,謂言語也。道行志通,猶云聲入心通也。故析辭擅作以亂
正名,使民疑惑,人多辨訟,則謂之大姦。其罪猶爲符節度
量之罪也。王氏先謙云:"爲與僞通。"故其民莫敢託爲奇辭以亂
正名,故其民愨,愨則易使,易使則公。公與功古字通。本顧千里
說。其民莫敢託爲奇辭以亂正名,故壹於道法而謹於循令
矣。如是,則其迹長矣。迹長功成,治之極也,是謹於守名
約之功也。今聖王沒,名守慢,奇辭起,名實亂,是非之形不
明,則雖守法之吏,誦數之儒,亦皆亂也。若有王者起,必將
有循於舊名,有作於新名。

此一節，言名之循舊作新，定於聖王，皆所以爲治也。故亂名者必誅。是荀子以正名爲治國之道。與孔子"爲政必以正名爲先"者，其義相同。至云"王者制名"，蓋本於中庸所謂"非天子不議禮、不制度、不考文"也，是何也？名家者流，出於禮官。故古者名位不同，禮亦異數。如刑名、爵名、文名，皆名之本於禮法者。中庸鄭注云："文，書名也。"劉師培云："蓋就其別者言之曰文，就其所以別者言之則曰名。名與文相輔而行，而統之者爲書。周禮外史掌達書名於四方，中庸言書同文，其義一也。論語言'多識於鳥獸草木之名'，則名又統訓詁言。"論理學史序。荀子以制名之權屬之聖王，亦猶子思子以議禮考文之權屬之天子也。禮記王制云："析言破律，亂名改作，執左道以亂政，殺。"是又本荀子之說而斷以大姦之罪也。惟是時聖王不作，處士橫議，辯者蜂起，荀子憂之。正名篇所爲而作歟？繼論正名之事，分爲三部。其論綱云：接上文。

　　　然則所爲有名，與所緣以同異，與制名之樞要，不可不察也。

上數語爲下文三部之提綱。分說之，則（一）"所爲有名"，言制名之原因也。（二）"所緣以同異"，言制名之根據也。（三）"制名之樞要"，言正名之規範也。其論第一部云：接上文。

　　　異形離心，交喻異物，名實玄紐。異形，謂物之形不同也。離心，謂人之心不同也。喻與諭同，告也，曉也。郝懿行曰："玄即眩字。紐，系也，結也。言名實眩亂，連系交結而難曉也。"案，此謂有不同形之物，以不同心之人，交互說明此異形之物，則名實必紛亂矣。案，楊注解玄紐爲深隱紛結難知，其義本通。王念孫謂玄當爲互，王氏先謙讀喻字爲句，今皆不從。貴賤不明，同異不別。如是，則志必有不喻之患，而事必有困廢之禍。故知者爲之分別，制名以指實，上以明貴賤，下以辨同異。貴賤明，同異別，則志無不喻之患，事無困廢之禍。此所爲有名也。

以上(第一部)言制名之原因。楊倞注云："無名則物雜亂，故智者爲之分界制名，所以指明實事也。有名之意在此。"古之名學，傳於儒、墨二家。然墨子論名，但辨同異；儒者論名，兼明貴賤。蓋儒家崇禮，崇禮則必致意於貴賤同異之閒。曲禮云："夫禮者，所以定親疏，決嫌疑，別同異，明是非也。"樂記云："禮義立，則貴賤等矣。"此名家所以出於禮官，而孔子修春秋、道名分，常因貴賤而別同異也。荀子又云：接上文。

然則何緣而以同異？曰：緣天官。楊注云："天官，耳目鼻口心體也。"凡同類同情者，其天官之意物也同；故比方之疑似而通，是所以共其約名以相期也。同類同情，謂人類之情也。意，測度也。疑讀爲擬。擬，亦度也，比也。約，要約也。期，會也，合也。以上言同。形體、色、理，以目異；楊注："色，五色。理，文理。"聲音清濁、調竽奇聲，以耳異；俞云："竽當爲笑。"王云："竽，當爲節。"案竽當即于字。禮檀弓篇："易則易，于則于。"疏云："于謂廣大。"此雖言禮，亦可通於樂。漢樂名大予，似亦與于有關。俞、王改字，未可從。甘、苦、鹹、淡、辛、酸、奇味，以口異；香、臭、芬、鬱、腥、臊、漏庮、奇臭，以鼻異；漏庮，原作酒酸，從王念孫說校正。臭，氣也。香臭之臭讀爲殠，腐氣也。禮記內則鄭注云："鬱，腐臭也。"漏當爲螻，如螻蛄臭也。殠，惡臭也。說文庮下云："臭如朽木。"疾養、凔、熱、滑、鈹、輕、重，以形體異；楊注："養與癢同。凔，寒也。"案，滑謂如水之利。鈹，謂如劍之利。成相篇云："吏謹將之無鈹滑。"義與此同。說、故、喜、怒、哀、樂、愛、惡、欲，以心異。王氏先謙曰："說者，心誠悅之。故者，作而致其情也。二字對文。"心有徵知。胡適曰:"有讀又,此承上文而言,言心於上所舉九事外,又能徵知也。
徵,猶明也,證也。"徵知,則緣耳而知聲可也,緣目而知形可也;
然而徵知必將待五官之當簿其類,然後可也。五官簿之而
不知,心徵之而無說,則人莫不然謂之不知,此所緣而以同
異也。郭嵩燾曰:"簿,猶記錄也。心徵於耳目而後有知。所聞所見,心徵而
知之,由耳目之記籍其名也。與耳目相接而終不知其名,心亦能徵耳目而莫
能言其名,則終不知而已。莫不然謂之不知,然亦語詞,非衍文也。"

以上(第二部)言制名之根據也。名所以明貴賤、辨同異者
也。制名之原因,即在於此。而此但云同異者,貴賤爲異名之一
端,言同異則概括一切矣。物何爲而有同異,人能辨之也。人何
以能辨同異?則以外物感觸於五官,內心發動爲七情,由是而差
別生焉。且人心又必據五官之所感而後可以知物之同異也。人
本同類同情,故其感於物也,可以比擬而通。既知其同,不同者
辨矣。將區別物之同異,使人共喻,必據斯以定名。此五官之感
覺,天君之思知,二者皆爲制名之根據也。荀子又云:接上文。

　　然後隨而命之:既分同異,然後從而名之。同則同之,異則異
之;單足以喻則單,單不足以喻則兼;楊注云:"單,物之單名也。
兼,複名也。喻,曉也。若止喻其物則謂之馬,喻其毛色則謂之白馬、黃馬之
比也。"或曰:"單名、兼名,即今世形式論理學所謂單純名辭、複合名辭。單
與兼無所相避則共,雖共,不爲害矣。避,違也。違,異也。謂用單
名與用兼名,無所違異時,則用共名。共名即今世所謂普通名辭也。如謂白
馬與馬實無違異,即通名爲馬,亦無妨也。知異實者之異名也,故使
異實者莫不異名也,不可亂也。楊注:"知謂人心知之。異實者異
名,則不亂也。謂若牛與馬則異實也。"猶使同實者莫不同名也。同實
原作異實,從楊注引或說改。王念孫曰:"或說是也。上文同則同之,異則異
之,是其證。"故萬物雖眾,有時而欲遍舉之,故謂之物。物也

者，大共名也，推而共之，共則有共，至於無共然後止。有時
而欲偏舉之，偏，原作遍，涉上文而誤。今從俞說校正。故謂之鳥獸。
鳥獸也者，大別名也。推而別之，別則有別，至於無別然後
止。有共、有別二有字，王念孫皆讀爲又。

案荀子此段，近世說者互異。劉師培云："西儒名學析爲二
派：一曰歸納，一曰演繹。歸納者，即荀子所謂大共小共也。演
繹者，即荀子所謂大別小別也。"周末名學史序。胡適據正論篇云：
"凡議，必將立隆正，然後可也。無隆正，則是非不分，而辨訟不
決。"隆正，謂王制之中正者也。略本王念孫說。又解蔽篇說王制云："天
下有不以是爲隆正也，然而猶有能分是非、治曲直者邪？"是荀子
論名，必先立隆正以爲標準。凡合此隆正者爲是，不合此隆正者
爲非。故胡氏斷言之曰："荀卿的名學，完全是演繹法。"中國哲學
史大綱。陳鐘凡則以此段爲上文（第二部）之說明語。故其論云：
"大共大別之殊，由於接知謨知之異。謨，謀也，與慮同義。莊子庚桑篇
云："知者，接也。知者，謨也。"此名所緣而有同異也。"諸子通誼正名篇。
陳登元則以形式論理學中內包外延之理，表明"大共無別""大別
無共"之名。陳編荀子哲學，又日人渡邊秀方中國哲學史概論亦同陳說。今案
荀子以物爲大共名，由是推之，而生物，而動物，而鳥獸，以及鳥
獸之種類，次第而下。其外延以次減，而內包以次增，故至無共
名而止。此自同以推至於異，乃一本而萬殊者，與今所云演繹法
相似。又以鳥獸爲大別名，案，鳥獸之種類，尚可分爲數等之最大別名。荀
子但舉鳥獸以爲例耳。由是推之，而動物，而生物，而統名之曰物，次
第而上。其內包以次減而外延以次增，故至無別名而止。此自
異以推至於同，乃殊塗而同歸者，與今所云歸納法相似。參用楊
倞、王念孫及近人陳登元之說。要之，荀子名學，但以正名辭爲先，若必
附會新理爲之說明，求深而反失之矣。又云：接上文。

　　名無固宜，約之以命，約定俗成謂之宜，異於約則謂之不宜。名無固實，約之以命，約定俗成謂之實名。約，謂言語之約束也。命，謂制名者命之名也。名有固善，徑易而不拂，謂之善名。徑，直也。易，平也。拂讀爲咈，違也。言不違約俗也。物有同狀而異所者，有異狀而同所者，可別也。所，謂所以然，即實在之理也。可別也，乃疑問詞。狀同而爲異所者，雖可合，謂之二實。爾雅釋草云："綸似綸，組似組，東海有之。帛似帛，布似布，華山有之。"又釋畜馬屬云："二目白，魚。"周禮廋人職云："馬八尺以上爲龍。"此因其狀相同，故以名之，名雖可合，實則異類。狀變而實無別而爲異者，謂之化；有化而無別，謂之一實。爾雅釋草云："荷，芙蕖，其莖茄，其葉蕸，其本蔤，其根藕，其華菡萏，其實蓮，其中的，的中薏。"此因形狀變化而異其名，名雖不同，實一物也。此事之所以稽實定數也，稽，考也。數者非一也。言考其實，以正百物之名。此制名之樞要也。此與上一段皆明制名之本意。後王之成名，不可不察也。

　　以上（第三部）言正名之規範。惟以同實則同名、異實則異名二語爲要。如有同名而異實者，不可合爲一物也，故謂之二實。有同實而異名者，不可別爲二物也，故謂之一實。此在共名、別名、實名、善名之外者，所以必稽實而定數也。定數者，謂定正百物之名字也。如爾雅釋草之果臝，說文作果蓏；釋蟲之果臝，說文作蟲蠃，此以別同名異實者也。又各芙蕖之名，隨化而變。說文則云：茄，芙蕖莖；荷，芙蕖葉；爾雅荷作蕸，案何、假雙聲通轉。蔤，芙蕖本；藕，芙蕖根；菡萏，芙蓉華；爾雅荷，芙蕖。郭注云："別名芙蓉。"蓮，芙蕖之實也。此以見異名而同實也。然則許氏說文一書，殆有合於稽實定數之學者乎？此皆制名之樞要也。

　　以上三部合爲一節，乃荀子名學之定律。有違反此定律而亂名改作者，荀子謂之三惑。其論云：接上文。

"見侮不辱"，宋銒之說也。見莊子天下篇、荀子正論篇、韓子顯學篇。"聖人不愛己"，莊子消搖遊篇云："至人無己。"又天下篇云："別墨以巨子爲聖人。"又論墨子節葬云："以此教人，恐不愛人，以此自行，固不愛己，恐其不可以爲聖人之道。""殺盜非殺人也"，墨子小取篇語。此惑於用名以亂名者也。驗之所以爲有名，觀其孰行，則能禁之矣。王引之曰："孰者何也。觀其孰行者，觀其保所行也。"下文孰調義同。

此以制名之原因，禁用名亂名者之惑也。(惑一)所爲有名，原以明貴賤、辨同異者也。見侮於人，心懷羞惡，人之常情，以其爲人賤視也。今曰"見侮不辱"，則是"貴賤不明"矣。人者共名也。聖人，人也；盜，亦人也。聖人愛人，實即愛己，殺盜實是殺人，以其同一實也。若云"聖人愛人不愛己"，"殺盜非殺人"，則是"同異不別"矣。此考之制名之原因，而知其說之不能行也。又云：接上文。

"山淵平"，見不苟篇，惠施之說也。莊子天下篇引惠施說云："山與澤平。""情欲寡"，宋銒之說也。見莊子天下篇、荀子正論篇。楊倞注云："宋子以凡人之情，所欲在少不在多也。""芻豢不加甘，大鐘不加樂"，楊注云："墨子之說也。"此惑於用實以亂名者也。驗之所緣而以同異，而原作無，今依上文改正。而觀其孰調，則能禁之矣。調，和也，又適也，合也。

此以制名之根據，禁用實亂名者之惑也。(惑二)名之所以有同異者，皆"緣天官"，以人皆同類同情，則天官之意物必同也。山高水深，人所共知。今曰"山淵平"，則視淵若陵，視高若深，其目之所見與人不同視矣。芻豢可以悅口，大鐘可以娛耳。今曰"芻豢不加甘，大鐘不加樂"，是其口之所嗜，耳之所聽，皆不與人同矣。凡人之情,莫不有五欲,目欲色,耳欲聲,口欲味,鼻欲臭,形欲佚。且常欲多而不欲寡。今子宋子以是之情,爲欲寡而不欲多也,反乎人情矣。數語略本正論篇,詳見後宋子學說。此證之於所緣之天官,而知其與人心不能適合也。又云:接上文。

　　　　"非而謁楹,有牛馬非馬也",墨子經上云:"止,以久也。"說云:"止,句。無久之不止,當牛非馬,若矢過楹。有久之不止,當馬非馬,若人過梁。"舊本矢作夫。王引之曰:"夫當作矢。矢之過楹,久則止而不行。故曰:無久之不止,若矢過楹。鄉射禮記云:'射自楹間',故以矢過楹爲喻。"孫詒讓曰:"王校是,今據正。莊子天下篇云:'鏃矢之疾而有不行不止之時。'疑此義與彼略同。"今案"非而謁"三字疑爲"止矢過"三字之訛脫,以篆文相似致誤也。止矢過楹,謂以若矢過楹說止字也。有牛馬非馬,疑亦指"當牛非馬、當馬非馬"二語。但其義不可盡通耳。孫氏札迻六云:"案此當以'有牛馬,非馬也'爲句。謂兼舉牛馬,與單舉馬異也。墨子經說下篇云:'故曰牛馬,非牛也,未可。牛馬,牛也,未可。則或可或不可。而曰牛,馬牛也,未可,亦不可。且牛不二,馬不二,而牛馬二,則牛不非牛,馬不非馬,而牛馬非牛非馬無難。此即'有牛馬非馬'之義。"胡適哲學史大綱亦以孫說爲有理。但考之孫氏閒詁,此節詁云:"文義冗復奧衍,不可盡通。"則仍當闕疑以俟考也。此惑於用名以亂實者也。驗之名約,以其所受,悖其所辭,則能禁之矣。楊注云:"名約,即名之樞要也。悖,違也。"案辭讀爲辝,說文:"辝,不受也。"

　　此以正名之規範,禁用名亂實者之惑也。(惑三)制名者,約之以命,至於約定俗成,人民皆謹受約命,莫敢託爲奇詞以亂實名也。有如墨子之謂矢過楹爲止,謂牛馬非馬者,則以名約證之。臚舉其有受約命者,反詰其不受約命者。斯亂名改作之說息矣。其結語云:

　　　　凡邪說辟言之離正道而擅作者,無不類於三惑者矣。

以上共一節。據前節正名三事以禁止三惑，皆略舉<u>墨翟</u>、<u>宋</u><u>鈃</u>、<u>惠施</u>、<u>莊周</u>之說而言也。蓋當時異說蜂起，析辭擅作，率以善辯爲名。<u>荀子</u>亦起而與之辯。故其<u>非相篇</u>屢云：“君子必辯。”但須分別“小人之辯”、“士君子之辯”、“聖人之辯”而已。此較<u>孟子</u>之不以好辯自居者，尤爲光明磊落也。其論談說之術，略具於<u>非</u><u>相篇</u>。至其辯名之方，莫詳於此。其論云：接上文。

故明君知其分而不與辨也。分，謂名分。與，猶許也。夫民易一以道，而不可與共故。<u>郝懿行</u>曰：“故，謂所以然也。夫民愚而難曉，故但可偕之大道，而不可與共明其所以然。所謂民可使由之，不可使知之。”案論語何晏集解云：“由，用也。可使用而不可使知者，百姓能日用而不能知也。”是此可字當作能字解。故明君臨之以埶，道之以道，申之以命，章之以論，禁之以刑。故其民之化道也如神，辨埶惡用矣哉！埶當爲執，讀爲䅥，䅥譅，多言也。今聖王沒，天下亂，姦言起，君子無執以臨之，無刑以禁之，故辨說也。

此一節，言明王之世不必更用辯說，即<u>孔子</u>所謂“天下有道則庶人不議”之意。其自述正名及辯說之原由，與<u>孟子</u>所謂“予豈好辯哉？予不得已也”大旨相同。參用<u>楊</u>注，及<u>胡氏哲學史</u>。故又說明由名學而變爲辯學之故，曰：

實不喻然後命，命不喻然後期，期不喻然後說，說不喻然後辨。<u>楊</u>注：“命謂以名命之也。期，會也。言物之稍難名，命之不喻者，則以形狀大小會之，使人易曉也。若白馬，但言馬則未喻，故更以白會之。若是事多，會亦不喻者，則說其所以然。若說亦不喻者，則反覆辨明之也。”故期命、辨說也者，用之大文也，而王業之始也。此即<u>孔子</u>爲政必先正名之義。名聞而實喻，名之用也。累而成文，名之麗也。

楊注：“累名而成文辭，所以爲名之華麗。詩、書之言皆是也。”用麗俱得，謂之知名。名也者，所以期累實也。累即絫之省文，說文云：“絫，綴得理也。”辭也者，兼異實之名以論一意也。辭讀爲詞。詞者，合衆名以成文，而達其意也。辨說也者，不異實名以喻動靜之道也。楊注云：“辭者論一意，辨者明兩端。”期命也者，辨說之用也。楊注：“期，謂委曲爲名以會物也。”辨說也者，心之象道也。心所想像之理，以辨說表明之。心也者，道之工宰也。道也者，治之經理也。心合於道，說合於心，辭合於說，正名而期，期亦合也。質請而喻。王念孫云：“質，本也。請讀爲情，情實也。言本其實而曉論之也。”辨異而不過，推類而不悖，辨別異物，則無過差。推論統類，則不違悖。聽則合文，辨則盡故。人聽其言，則皆合乎文理。與人辨，則必窮其所以然。以正道而辨姦，猶引繩以持曲直；是故邪說不能亂，百家無所竄。楊注：“竄，匿也。”有兼聽之明，而無奮矜之容；奮，亦矜也。有兼覆之厚，而無伐德之色。說行則天下正，說不行則白道而冥窮，楊注：“冥，幽隱也。”俞樾云：“窮與躬，古通用，言明白其道，而幽隱其身也。”是聖人之辨說也。詩曰：“顒顒卬卬，如珪如璋，令聞令望。豈弟君子，四方爲綱。”此之謂也。

此一節，言聖人之辯也。日人哲學史概論云：“名者，表明各種異物之概念者也。發於言語時，即成名辭。辭即論理學上之命題，由主辭、賓辭、繫辭三者而成。辨說是推理斷定。期命即三段論法中之媒辭，存於大小前提之中，至結論時以爲聯合二前提之用者也。”陳鐘凡正名篇說與此略同。案此論以今解古，未必適合荀子之名學，然亦近似也。又云：

辭讓之節得矣，長少之理順矣，忌諱不稱，袄辭不出。以仁心說，以學心聽，以公心辨。不動乎衆人之非譽，不治觀者之耳目，治原作治，王念孫云：“當作冶，即蠱惑之蠱字。”不賂貴者

之權勢，不利傳辟者之辭。傳辟，謂傳說邪僻也。故能處道而不
貳，吐而不奪，奪，失也，誤也。謂吐詞無失誤也。利而不流，楊注：
"利或爲和。"貴公正而賤鄙爭，是士君子之辨說也。詩曰："長
夜漫兮，永思騫兮。大古之不慢兮，禮義之不愆兮，何恤人
之言兮。"此之謂也。楊注："逸詩也。騫，咎也。引此以明辨說得其正，
何憂人之言也。"

此一節，言士君子之辯也。非相篇言君子之辯，可參考。又論君子
小人之辯云：

　　君子之言，涉然而精，俛然而類，差差然而齊。楊注："涉
然，深入貌。俛然，俯就貌。差差，不齊貌。"彼正其名，當其辭，以務
白其志義者也。彼名辭也者，志義之使也，足以相通則舍之
矣；苟之，姦也。通，謂彼此達其志義。韓詩外傳卷六云："指緣謬辭謂
之苟。"故名足以指實，辭足以見極，則舍之矣。外是者謂之
訒，是君子之所棄，而愚者拾以爲己寶。極，中也。春秋元命苞
云："極者藏也。"禮記鄉飲酒義云："中者藏也。"見極者，謂表見中心之所藏
也。訒當讀爲佞，古韻真文通轉。說文云："佞，巧諂高材也。"論語皇疏云：
"佞，口才也。"故愚者之言，芴然而粗，嘖然而不類，誻誻然而
沸。楊注："芴與忽同。忽然，無根本貌。嘖與賾同，深也。誻誻，多言也。
謂愚者言淺則疏略，言深則無統類，又誻誻然沸騰也。"彼誘其名，眩其
辭，而無深於其志義者也。謂巧詐其名，惑亂其詞，而無甚深意義也。
故窮藉而無極，甚勞而無功，貪而無名。勞藉，謂窮盡其藉口之
詞。無極，猶言不中也。楊注："貪而無名，貪於立名，而實無名也。"故知者
之言也，慮之易知也，行之易安也，持之易立也。成則必得
其所好，而不遇其所惡焉。而愚者反是。詩曰："爲鬼爲蜮，
則不可得；有靦面目，視人罔極。作此好歌，以極反側。"此

之謂也。覛，面目之貌。視人罔極，言其與人相見無窮極也。以極反側，極，誅也。毛詩傳云：“反側，不正直也。”

此一節，言智愚之別。愚者之言，即前所謂“小人之辯”也。非相篇云：“聽其言則辭辯而無統，用其身則多詐而無功，上不足以順明主，順與訓同，猶曉諭也。下不足以和齊百姓。然而口舌之均，嚕唯則節，均，調也。嚕，猶詹詹，小辯貌。唯猶唯唯，聽從貌。或辯或諾，皆中節也。本王氏集解。足以爲奇偉、偃郤之屬。楊注：“偃郤，即偃仰，猶偃蹇也。”夫是之謂姦人之雄。聖王起，所以先誅也，然後盜賊次之。盜賊得變，此不得變也。”荀子深斥詭辯之徒，謂之愚者，謂之小人，謂之姦人，且擬以僞造符節度量之罪，以爲盜賊之不若。其“欲正人心，息邪說，距詖行，放淫辭”，功固不在孟子下也。此所以同爲聖人之徒歟？以上論正名竟。

王制　荀子性惡篇云：

故古者聖人，以人之性惡，以爲偏險而不正，悖亂而不治，故爲之立君上之埶以臨之，明禮義以化之，起法正以治之，正讀爲政。重刑罰以禁之，使天下皆出於治，合於善也。是聖王之治而禮義之化也。

荀子之說，皆以性惡爲根據。故其論學，則必以聖王爲師，論政則必合聖王之制。其言曰：解蔽篇。

故學者，以聖王爲師，案以聖王之制爲法，法其法以求其統類，以務象效其人。向是而務，士也；類是而幾，君子也；知之，聖人也。……傳曰：“天下有二，非察是，是察非。”謂合王制與不合王制也。

三十二篇之中，動稱明君，稱聖王，稱先王，稱後王，則荀子
似主張尊君者。實不然也。試略舉荀子所說君與王之名義，爲
證明之。

其說君之名義，曰：王制篇。

不可少頃舍禮義之謂也。能以事親謂之孝，能以事兄
謂之弟，能以事上謂之順，能以使下謂之君。楊注：“能以，皆謂
能以禮義也。”君者，善羣者也。羣道當，則萬物皆得其宜，六
畜皆得其長，羣生皆得其命。故養長時，則六畜育；殺生時，
則草木殖。政令時，則百姓一，賢良服。聖王之制也。

又曰：君道篇。

道者，何也？曰：君之所道也。之所二字從王說，據韓詩外傳
增。君者，何也？曰：能羣也。能羣也者，何也？曰：善生養
人者也，善班治人者也，王氏解曰：“班讀爲辨。”善顯設人者也，王
解曰：“設，用也。”善藩飾人者也。藩讀爲繁，謂以繁文修飾之也。韓詩
外傳五藩作粉。善生養人者人親之，善班治人者人安之，善顯
設人者人樂之，善藩飾人者人榮。四統者俱而天下歸之，
夫是之謂能羣。……四統者亡而天下去之，夫是之謂匹夫。
故曰：道存則國存，道亡則國亡。　　又曰：同上。

君者，民之原也。原清則流清，原濁則流濁。　　又
曰：同上。

君子者，治之原也。官人守數，君子養原。原清則流
清，原濁則流濁。

其說王之名義,曰:<u>正論篇</u>。

　　能用天下之謂王。<u>湯</u>、<u>武</u>非取天下也,修其道,行其義,
興天下之同利,除天下之同害,而天下歸之也。<u>桀</u>、<u>紂</u>非去
天下也,反<u>禹</u>、<u>湯</u>之德,亂禮義之分,禽獸之行,積其凶,全其
惡,而天下去之也。天下歸之之謂王,天下去之之謂亡。故
<u>桀</u>、<u>紂</u>無天下,而<u>湯</u>、<u>武</u>不弑君,由此效之也。……故天子唯
其人。天下者,至重也,非至強莫之能任;至大也,非至辨莫
之能分;至眾也,非至明莫之能和。此三至者,非聖人莫之
能盡。故非聖人莫之能王。聖人備道全美者也,是縣天下
之權稱也。

　　案<u>周書諡法篇</u>云:"從之成羣曰君。"<u>說文</u>云:"王,天下所歸
往也。"自古皆以羣釋君,往釋王。<u>韓詩外傳</u>五采<u>荀子</u>此文而申
之曰:"君者,何也? 曰:羣也。爲天下萬物除其害者謂之君。王
者,何也? 曰:往也。天下往之謂之王。"<u>董子</u>亦云:<u>春秋繁露滅國</u>
<u>上</u>。"王者,民之所往;君者,不失其羣者也。故能使萬民往之,
而得天下之羣者,無敵於天下。"此即本乎<u>荀子</u>之說也。然則若
何人而後宜君宜王邪? <u>荀子</u>以爲非聖人莫之能爲。此語見上,又見
<u>儒效篇</u>。非君子不能養治之原,非大儒不能調一天下。義見<u>儒效篇</u>,
其論儒者曰:"勢在人上,則王公之材也。"又以<u>周公</u>屏<u>成王</u>而及<u>武王</u>,以屬天下,爲大
儒之效。故曰:<u>儒效篇</u>。

　　彼學者行之,曰士也;敦慕焉,君子也;知之,聖人也。
上爲聖人,下爲士君子,孰禁我哉! 鄉也,混然塗之人也,俄
而並乎<u>堯</u>、<u>禹</u>,豈不賤而貴矣哉!

荀子乃主張賢才政治,而不主張世及制度者也。君子篇云:

> 亂世則不然:刑罰怒罪,爵賞踰德,王念孫曰:"怒、踰,皆過也。"以族論罪,以世舉賢。故一人有罪而三族皆夷,德雖如舜,不免刑均,是以族論罪也。楊注:"三族,父、母、妻族。夷,滅也。均,同也。"先祖嘗賢,後子孫必顯,行雖如桀、紂,列從必尊,此以世舉賢也。以族論罪,以世舉賢,雖欲無亂,得乎哉?

此說蓋本於春秋譏世卿之義。公羊隱元年傳。與孟子之主張世祿者,孟子述文王之治岐曰:"仕者世祿。"又對滕文公曰:"夫世祿,滕固行之矣。"不同。故其論君位之繼承,惟重傳賢,不重傳子。正論篇辨"堯舜禪讓"說云:

> 聖王已沒,天下無聖,則固莫足以擅天下矣。擅與禪同。天下有聖而在後子者,則天下不離,子字從俞氏說補。後子,嗣子。離,叛也。朝不易位,國不更制,天下厭然與鄉無以異也。厭然,猶晏然也。鄉讀爲向。以堯繼堯,夫又何變之有矣? 聖不在後子而在三公,則天下如歸,猶復而振之矣,天下厭然與鄉無以異也。以堯繼堯,夫又何變之有矣?

此言嗣子賢,則傳之子,可也。嗣子不賢,則傳之三公,可也。意謂聖王雖死,必有能任天下者,安用禪讓哉? 孟子所云"天子不能以天下與人",與此說意似而實不同。荀子但云人歸,孟子則專言天與耳。孟子萬章篇云:"天與賢,則與賢;天與子,則與子。"又答萬章問舜有天下孰與之,曰天與之。故荀子所尊之君,必其有利於人羣而爲天下所歸往者,否則,弒君殺上,乃人主之自取也。富國篇云:

人之生，不能無羣，羣而無分則爭，爭則亂，亂則窮矣。故無分者，人之大害也；有分者，天下之大利也；而人君者，所以管分之樞要也。故美之者，是美天下之本也；安之者，是安天下之本也；貴之者，是貴天下之本也。盧文弨曰：“美之，安之，貴之，三之字皆謂人君。”……故仁人在上，百姓貴之如帝，上帝也。親之如父母，爲之出死斷亡，而不愉者，不字，從王念孫說補。愉，古偷字。無它故焉，其所是焉誠美，其所得焉誠大，其所利焉誠多也。楊注：“是謂可其意也。言百姓所得者多，故親愛之也。”……今之世而不然：王解云：“而猶則也。”厚刀布之斂以奪之財，重田野之稅以奪之食，之財、之食，猶言其財、其食。苛關市之征以難其事。不然而已矣，然，猶如此也。已，止也。有掎挈伺詐，權謀傾覆，以相顛倒，以靡敝之。楊注：“有讀爲又。掎挈其事，挈舉其過。”案伺詐，謂察其有隙而欺其無知也。百姓曉然皆知其汙漫暴亂而將大危亡也。是以臣或弒其君，下或殺其上，粥其城，倍其節，而不死其事者，無它故焉，人主自取之也。楊注：“粥其城，謂以城降人，以爲己利。”案倍，讀爲違背之背，節謂命令之節制也。詩曰：“無言不讎，無德不報。”此之謂也。

此節及正論篇辨“湯武篡奪”說，蓋皆本春秋書弒之例。見晉杜預春秋釋例書弒例第十五，又胡適哲學史大綱孔子正名章所舉書弒八例，可參考。與孟子所云“賊仁者謂之賊，賊義者謂之殘，殘賊之人謂之一夫，聞誅一夫紂矣，未聞弒君也”，梁惠王下篇。大旨相同。荀子正論篇亦云：“誅暴國之君，若誅獨夫。”近世學者，多謂孟子重民治，荀子尊君權，以是判孟、荀之優劣，因略徵荀說而明辨之如上。

孟、荀論治，並稱先王，蓋皆指唐堯、虞舜、夏禹、商湯、周文武而言。此二帝三王者，荀子議兵篇以堯、舜、禹、湯、文、武爲四帝二王。乃儒家所仞爲治國之模範，後世所當取法者也。近人陳登元所著荀子哲學第五章內，曾類聚荀書中稱先王者，稱堯、舜、禹、湯、文、武者，各若干次，列表統計，以探究荀子對於先王之旨趣，雖未詳盡，足備參稽已。荀子既稱先王，又言法後王，近儒說者互異。試取荀子原文爲論定之。非相篇云：

　　故人之所以爲人者，非特以其二足而無毛也，以其有辨也。夫禽獸有父子而無父子之親，有牝牡而無男女之別。故人道莫不有辨。辨莫大於分，分莫大於禮，禮莫大於聖王。聖王有百，吾孰法焉？曰：文久而滅，節族久而絕，二句從王念孫說校正，郝氏曰："節族即節奏。"守法數之有司，極而褫。極下禮字，從俞氏說刪。楊注云："褫，解也，有司世世相承守禮之法數，至於極久亦廢弛也。"故曰：欲觀聖王之跡，則於其粲然者矣，後王是也。楊注云："後王，近時之王也。粲然，明白貌。言近世明王之法則，是聖王之跡也。夫禮法所興，以救當世之急。故隨時設教，不必拘於舊聞。而時人以爲君必用堯舜之道，臣必行禹稷之術然後可。斯惑也。孔子曰：'殷因於夏禮，所損益可知也。'故荀卿深陳以後王爲法，審其所貴君子焉。司馬遷曰：'法後王者，以其近己而俗相類，議卑而易行也。'"彼後王者，天下之君也。舍後王而道上古，譬之是猶舍己之君而事人之君也。故曰：欲觀千歲，則數今日；欲知億萬，則審一二；欲知上世，則審周道；欲知周道，則審其人所貴君子。其人謂後王，人之所貴者惟知道之君子。故曰：以近知遠，以一知萬，以微知明。此之謂也。……五帝之外無傳人，非無賢人也，久故也；五帝之中無傳政，非無善政也，久故也。禹、湯有傳政，而不若周之察也，非無善政也，久故也。傳者久則愈略，近則愈詳。愈，原作論，今從俞氏說據韓詩外傳改。略則舉大，詳則舉小。愚者聞其略而不知其詳，聞其小而不知其大也。是以文久而滅，節族久而絕。　　又儒效篇云：

道過三代謂之蕩，法貳後王謂之不雅。_{楊注}"道過三代以前，事已久遠，則爲浩蕩難信也。雅，正也。其治法不論當時之事，而廣說遠古，則爲不正也。"……百家之說，不及後王，則不聽也。　　又
<u>王制篇</u>云：

王者之制，道不過三代，法不貳後王。_{楊注}"論王道不過<u>夏</u>、<u>殷</u>、<u>周</u>之事，過則久遠難信。法不貳後王，言以當世之王爲法，不離貳而遠取之。"道過三代謂之蕩，法貳後王謂之不雅。衣服有制，宮室有度，人徒有數，_{楊注}"人徒謂士卒胥徒也。"喪祭械用，皆有等宜。_{王念孫曰}"宜讀爲儀。<u>周官大司徒</u>以儀辨等。"聲，則凡非雅樂者舉廢；色，則凡非舊文者舉息；械用，則凡非舊器者舉毀。夫是之謂復古。是王者之制也。

<u>荀子</u>之所謂後王，<u>楊倞注</u>云："後王，近時之王也。"又云："後王，當世之王。"皆見上注。又云："後王，當今之王。"_{不苟篇注}。又云："後王，當時之王。"_{成相篇注}。清儒校注<u>荀子</u>者，如<u>劉氏臺拱</u>、<u>汪氏中</u>、<u>王氏念孫</u>，皆謂此後王，指<u>周</u>之<u>文</u>、<u>武</u>而言，而以<u>楊注</u>爲誤。惟<u>俞氏樾</u>云："<u>劉</u>、<u>汪</u>、<u>王</u>三君之說，皆有意爲<u>荀子</u>補弊扶偏，而實非其雅意也。據下文云：'彼後王者，天下之君也。舍後王而道上古，譬之是猶舍己之君而事人之君也。'然則<u>荀子</u>生於<u>周</u>末，以<u>文</u>、<u>武</u>爲後王可也。若<u>漢</u>人則必以<u>漢高</u>爲後王，<u>唐</u>人則必以<u>唐太</u>爲後王。設於<u>漢</u>、<u>唐</u>之世，而言三代之制，是所謂舍己君而事人之君矣。豈其必以<u>文</u>、<u>武</u>爲後王乎？蓋<u>孟子</u>言法先王，而<u>荀子</u>言法後王，亦猶<u>孟子</u>言性善，而<u>荀子</u>言性惡。各成其是，初不相謀。比而同之，斯惑矣。<u>呂子察今篇</u>曰：'上胡不法先王之治？非不賢也，爲其不可得而法。'又曰：'世易時移，變法宜矣。譬之若良醫，病萬變，藥亦萬變。病變而藥不變，向之壽民，今爲

殤子矣。'蓋當時之論固多如此。其後<u>李斯</u>相<u>秦</u>，廢先王之法，一用<u>秦</u>制，後人遂以爲<u>荀卿</u>罪。不知此固時爲之也。後人不達此義，於數千年後，欲胥先王之道而復之，而卒不可復。吾恐其適爲<u>秦</u>人笑矣。"今案<u>楊注</u>及<u>俞</u>說，是也。<u>荀子</u>常以後王與三代百王對文，則後王與三代百王有別明矣。又<u>正名篇</u>云："後王之成名，刑名從<u>商</u>，爵名從<u>周</u>，文名從<u>禮</u>。"案禮，謂後王所定之禮制，非襲三代之禮也。則後王非<u>商</u>、<u>周</u>之王又明矣。特其所謂後王，乃指後世爲天下歸往之王，非謂後世以君位世及之王耳。故云："欲知<u>周</u>道，則審其人所貴君子。"見上文。又云："君子位尊而志恭，心小而道大，所聽視者近而所聞見者遠。是何也？則操術然也。故千人萬人之情，一人之情是也。天地始者，今日是也。百王之道，後王是也。君子審後王之道，而論於百王之前，若端拜而議。拜，原作拜。<u>王念孫</u>曰："當爲拜，從兩手，今拱字也。端拱而議，言從容不勞也。"推禮義之統，分是非之分，總天下之要，治海內之眾，若使一人，故操彌約而事彌大。五寸之矩，盡天下之方也。故君子不下室堂而海內之情舉。積此者，則操術然也。"<u>不苟篇</u>文。是後王明謂後之君子也。此所謂君子，即上文所云聖人、仁人、大儒；注疏家所謂對文則別，散文則通也。不然，當<u>荀子</u>之世，<u>周</u>則<u>赧王</u>，<u>齊</u>則<u>襄王</u>，<u>楚</u>則<u>考烈王</u>，<u>秦</u>則<u>昭襄王</u>，<u>趙</u>則<u>孝成王</u>。若謂<u>荀子</u>以此等後王爲法，豈其然乎？至其所謂"復古"者，亦僅在衣服之制，宮室之度，人徒之數，喪祭之等，以至聲色械用之屬。而法仍不可貳後王也。設若後有君子，爲天下所歸往者，能"立權度量，考文章，改正朔，易服色，殊徽號，異器械，別衣服"，語本<u>禮記大傳</u>。<u>荀子</u>亦必取以爲法也。<u>孔子</u>言用禮樂，曰：吾從先進。而鬱鬱之文，則必從<u>周</u>。答<u>顏淵</u>問爲邦，曰：服<u>周</u>之冕。而純冕之儉，則又從眾。此所以爲"聖之時者"歟？<u>荀子</u>實克承<u>孔</u>學者。茲取其所主張之王制，略分述之。<u>王制篇</u>云：

　　故君人者,欲安,則莫若平政愛民矣;欲榮,則莫若隆禮敬士矣;欲立功名,則莫若尚賢使能矣;是君人者之大節也。三節者當,則其餘莫不當矣。三節者不當,則其餘雖曲當,猶將無益也。

此三節者,本政治家之常談。惟<u>荀子</u>之說,與諸家稍有異同,分節說明於下。

(甲) 平政愛民　<u>大略篇</u>云:

　　天之生民,非爲君也;天之立君,以爲民也。故古者列地建國,非以貴諸侯而已;列官職,差爵祿,非以尊大夫而已。　　又<u>王制篇</u>云:

　　王者之法,等賦政事,財萬物,所以養萬民也。<u>王念孫</u>曰:"政讀爲正。"<u>楊注</u>:"財與裁同。"田野什一,關市幾而不征,山林澤梁,以時禁發而不稅。相地而衰政,_{衰讀爲差。政讀爲征。}理道之遠近而致貢,<u>王念孫</u>曰:"理,分道里也。"通流財物粟米,無有滯留,使相歸移也。<u>楊注</u>云:"歸,讀爲饋。"四海之內若一家。故近者不隱其能,遠者不疾其勞,無幽閒隱僻之國,莫不趨使而安樂之。夫是之謂人師,是王者之法也。<u>楊注</u>云:"師,長也。"

此謂王侯官吏,皆爲養民而設。其不能養民者,非王侯官吏也,必至危亡。故<u>君道篇</u>云:

　　君者,民之原也。原清則流清,原濁則流濁。故有社稷者而不能愛民,不能利民,而求民之親愛己,不可得也。民不親不愛,而求其爲己用,爲己死,不可得也。民不爲己用,不爲己死,而求兵之勁,城之固,不可得也。兵不勁,城不固,而求敵之不至,不可得也。敵至而求無危削,不滅亡,不可得也。

此言爲民上者不能愛民利民,不獨平時不爲己用,戰時亦不爲己死也。故荀子議兵,常以仁義爲本。又謂:"用兵攻戰之本,在乎壹民。"又云:"兵要在乎善附民。"盡見議兵篇。否則爭地以戰,殺人盈野,爭城以戰,殺人盈城,而地與城終不可必得,則身危而國削矣。王制篇云:

　　王奪之人,霸奪之與,強奪之地。……用強者,人之城守,人之出戰,而我以力勝之也,則傷人之民必甚矣。傷人之民甚,則人之民惡我必甚矣。人之民惡我甚,則日欲與我鬥。人之城守,人之出戰,而我以力勝之,則傷吾民必甚矣。傷吾民甚,則吾民之惡我必甚矣。吾民之惡我甚,則日不欲爲我鬥。人之民日欲與我鬥,吾民日不欲爲我鬥,是強者之所以反弱也。地來而民去,累多而功少,雖守者益,所以守者損,是大者之所以反削也。

荀子雖未主張弭兵,而實深斥強戰,凡以完成其平政愛民之本旨而已。然不僅如斯而已也。故大略篇云:

　　不富無以養民情,不教無以理民性。故家五畝宅,百畝田,務其業,勿奪其時,所以富之也。立大學,設庠序,修六禮,明七教,所以道之也:詩曰:"飲之食之,教之誨之。"王事具矣。王念孫曰:"王制云:'司徒修六禮以節民性,明七教以興民德。'六禮:冠、昏、喪、娶、鄉、相見。七教:父子、兄弟、夫婦、君臣、長幼、朋友、賓客。"

是荀子亦遠承孔門"富之、教之"之學者也。至其富民之政，詳見陳登元荀子哲學民生經濟一節，可參考之。

（乙）隆禮敬士　荀子隆禮之說，前文已詳。惟荀子言禮，除專述禮意、禮文之外，其所謂禮，嘗包法律、制度而言。近儒多謂荀子之學，禮、法並用，其說是也。君道篇云：

有亂君，無亂國；有治人，無治法。王辭云："無治法者，法無定也，故貴有治人。"羿之法非亡也，而羿不世中；禹之法猶存，而夏不世王。故法不能獨立，類不能自行。王辭云："類，例也。荀書多法、類並舉。"得其人則存，失其人則亡。法者，治之端也；君子者，法之原也。故有君子，則法雖省，足以遍矣；無君子，則法雖具，失先後之施，不能應事之變，足以亂矣。不知法之義而正法之數者，雖博，臨事必亂。故明主急得其人，而闇主急得其勢。王辭云："勢，位也。"急得其人，則身佚而國治，功大而名美，上可以王，下可以霸。不急得其人，而急得其勢，則身勞而國亂，功廢而名辱，社稷必危。故君人者，勞於索之，而休於使之。書曰："惟文王敬忌，一人以擇。"此之謂也。段玉裁曰："擇即懌也，上文所謂身佚而國治也。敬忌，上文所謂急得其人也。"　又王制篇云：

故法而不議，則法之所不至者必廢。職而不通，則職之所不及者必隊。故法而議，職而通，無隱謀，無遺善，而百事無過，非君子莫能。故公平者，聽之衡也；中和者，聽之繩也。楊注云："聽，聽政也。"其有法者以法行，無法者以類舉，二語又見大略篇。聽之盡也。謂聽政之詳盡者也。偏黨而無經，聽之辟也。故有良法而亂者，有之矣；有君子而亂者，自古及今，未嘗聞也。傳曰："治生乎君子，亂生乎小人。"此之謂也。"故有良法"至末數語，又見致士篇。

上之二段，即發揮隆禮敬士之說。其不曰禮而曰法者，近人謂"荀子所謂禮，與當時法家所謂法者，其性質實極相逼近"。梁啟超先秦政治思想史儒家。其說是也。勸學篇云："禮者法之大分，類之綱紀也。"楊注："類，謂禮法所無，觸類而長者，猶律條之比附。"方言云："齊謂法爲類。"王念孫曰："類謂與法相類者。荀書常以類與法對文。"法行篇楊氏注云："禮義謂之法。"荀子常以禮法連言。又云："隆禮至法，則國有常。"君道篇文。大戴禮記禮察篇云："凡人之知，能見已然，不能見將然。禮者，禁於將然之前，而法者，禁於已然之後。是故法之用易見，而禮之所爲生，難知也。"然則禮與法，實同體而異用，隆禮即重法也。然荀子則以君子爲禮法之原，故務求有君子，而不必有良法。說者遂謂荀子主張人治，不主張法治，而實不盡然也。大略篇首云：

　　君人者，隆禮尊賢而王，重法愛民而霸，好利多詐而危。

曰王、曰霸，此荀子所定人治、法治之次第也。其以隆禮尊賢爲上策，以重法愛民爲中策，蓋謂隆禮尊賢，則重法愛民亦在其中。特其重法，與法家之純任法治者，大有閒耳。本荀子哲學。王制篇序官章云：

　　扞顧禁悍，扞顧，原作扑急。王念孫曰："扑當爲扞，扞之言制也。急當爲顧，讀爲傲；傲，黠也。"防淫除邪，戮之以五刑，使暴悍以變，姦邪不作，司寇之事也。

司寇之官，自古有之。荀子當亂世，尤非明法無以隆禮，非除邪無以敬士。故荀子反對象刑，而主張肉刑不可廢。其說曰：正論篇文。

世俗之爲說者曰："治古無肉刑，而有象刑。"楊注："肉刑，墨、劓、剕、宫也。象刑，異章服，恥辱其形象，故謂之象刑也。"……是不然。以爲治邪？則人固莫觸罪，非獨不用肉刑，亦不用象刑矣。以爲人或觸罪，而直輕其刑，然則是殺人者不死，傷人者不刑也。罪至重而刑至輕，庸人不知惡矣，亂莫大焉。凡刑人之本，禁暴惡惡，且徵其未也。楊注："徵讀爲懲。未謂將來。"殺人者不死而傷人者不刑，是謂惠暴而寬賊也，非惡惡也。故象刑殆非生於治古，並起於亂今也。治古不然，凡爵列官職，賞慶刑罰，皆報也，以類相從者也。一物失稱，亂之端也。夫德不稱位，能不稱官，賞不當功，罰不當罪，不詳莫大焉。昔者，武王伐有商，誅紂，斷其首，縣之赤旆。夫徵暴誅悍，治之盛也。殺人者死，傷人者刑，是百王之所同也，未有知其所由來者也。刑稱罪則治，不稱罪則亂。故治則刑重，亂則刑輕。犯治之罪固重，犯亂之罪固輕也。重謂肉刑，生於治古者也。輕謂象刑，起於亂今者也。書曰："刑罰世輕世重。"此之謂也。孫星衍曰："荀子引書，斷章取義，不必盡合乎經義也。"

自漢文除去肉刑，後人常有駁義，今則決不可復矣。然在荀子當時之主張，固深合乎周官"刑亂國，用重典"之意也。或謂荀子此論，近於刻薄少恩，以致其徒非、斯流爲刑名法術之學。而未考荀子之用刑，實有不同乎法家者。蓋必先導之以德教，而後驅之以法令也。富國篇云：

故不教而誅,則刑繁而邪不勝;宥坐篇云:"今之世亂其教,繁其刑,其民迷惑而墮焉。則從而制之,是以刑彌繁而邪不勝。"教而不誅,則姦民不懲;誅而不賞,則勤厲之民不勸;誅賞而不類,則下疑俗險,而百姓不一。楊注云:"不類,謂賞不當功,罰不當罪。險謂徼幸免罪,苟且求賞也。"

然亦有不教而殺者,則必元惡不憝也。王制篇首章云:

元惡不待教而誅。楊注云:"不教而殺謂之虐,唯元惡不教誅之也。"

若其罪之輕重不易決定者,則又采"罪疑惟輕,功疑惟重,與其殺不辜,寧失不經"之意。致士篇云:

賞不欲僭,刑不欲濫。賞僭則利及小人,刑濫則害及君子。若不幸而過,寧僭無濫;與其害善,不若利淫。

此文又見左傳,雖字句小異而實本諸荀子之說。荀子固主張賞必當功、刑必當罪者,然事有可疑,則寧賞重於其功,刑輕於其罪。此則仁人之用心也。後之論者,多因李斯、韓非,罪及荀子,如蘇軾之荀卿論。然則冉有之為季氏聚斂,盆成括之見殺於齊,亦將援以為孔、孟之罪乎?

(丙)尚賢使能　自古論治者,除少數道家、法家外,莫不以尚賢使能為政治之本。不獨荀子屢言之,即荀子所非之墨子、孟子,亦嘗言之。然則三子之說同乎?曰:其說雖同,其用意不同也。荀子君道篇云:

　　故械數者，治之流也，非治之原也；君子者，治之原也。
官人守數，君子養原。原清則流清，原濁則流濁。故上好禮
義，尚賢使能，無貪利之心，則下亦將慕辭讓，致忠信，而謹
於臣子矣。如是，則雖在小民，不待合符節、別契券而信，不
待探籌投鉤而公，不待衡石稱縣而平，不待斗斛敦槩而嘖。
盧文弨云：“敦槩，即準概。”王念孫云：“嘖者，齊也。”故賞不用而民勸，
罰不用而民服，有司不勞而事治，政令不煩而俗美。百姓莫
敢不順上之法，象上之志，而勤上之事，而安樂之矣。
又曰：

　　隆禮至法，則國有常；尚賢使能，則民知方。王觧云：“知
方，皆知所向。”

　　是荀子之尚賢使能，意在化民成俗。孔子所云“舉直錯諸枉
則民服”、“舉善而教，不能則勸”，即荀說之所本也。墨子尚賢上
篇云：“是故古者聖王之爲政也，言曰：‘不義不富，不義不貴，不
義不親，不義不近。’是以國之富貴人聞之，皆退而謀曰：‘始我所
恃者，富貴也，今上舉義不避貧賤，然則我不可不爲義。’親者聞
之，亦退而謀曰：‘始我所恃者，親也，今上舉義不避疏，然則我不
可不爲義。’近者聞之，亦退而謀曰：‘始我所恃者，近也，今上舉
義不避遠，然則我不可不爲義。’遠者聞之，亦退而謀曰：‘我始以
遠爲無恃，今上舉義不避近，然則我不可不爲義。’逮至遠鄙郊外
之臣，門庭庶子，孫氏詁云：“庶子，宿衛之官。”國中之眾、四鄙之萌人孫
云：“萌與甿、氓字同。”聞之，皆競爲義。是其故何也？曰：上之所以
使下者，一物也；下之所以事上者，一術也。……故古者聖王之
爲政，列德而尚賢。”此言上施下效，與荀子用意略同。其不同者見
後。孟子則云：“尊賢使能，俊杰在位，則天下之士，皆悅而願立

於其朝矣。"又說貴德尊士之效,云:"賢者在位,能者在職,國家
閒暇。及其時,明其政刑,雖大國必畏之矣。"皆見公孫丑上。此以
尚賢使能爲招徠名士、威服鄰國之術,異乎荀子化民成俗之意
矣。荀子又曰:_{天論篇。}

> 　　治亂,天邪? 曰:日月、星辰、瑞歷,是禹、桀之所同也;
> 郝懿行云:"瑞歷,即歷象,謂璇璣、玉衡。神其器,故曰瑞。"禹以治,桀以
> 亂,治亂非天也。時邪? 曰:繁啟蕃長於春夏,畜積收藏於
> 秋冬,是又禹、桀之所同也;禹以治,桀以亂,治亂非時也。
> 地邪? 曰:得地則生,失地則死,是又禹、桀之所同也;禹以
> 治,桀以亂,治亂非地也。詩曰:"天作高山,大王荒之;彼作
> 矣,文王康之。"此之謂也。言治亂在人,不在天、地與時也。

此言國之治亂在乎人爲,如其誠必用賢,則必有治而無亂。
故又曰:_{致士篇。}

> 　　故土之與人也,道之與法也,國家之本作也。君子也
> 者,道法之總要也,不可少頃曠也。得之則治,失之則亂;得
> 之則安,失之則危;得之則存,失之則亡。故有良法而亂者
> 有之矣,有君子而亂者,自古及今,未嘗聞也。傳曰:"治生
> 乎君子,亂生乎小人。"此之謂也。數語已見王制篇。

荀子意謂,尚賢使能則民安而國治,否則民亂而國亡。蓋絕
對主張賢能政治,而不稍涉乎天地與時者也。孟子則云:"行或
使之,止或尼之,行止非人所能也。吾之不遇魯侯,天也。"_{梁惠王}
_{下篇。}又云:"夫天未欲平治天下也。如欲平治天下,當今之世,
舍我其誰也?"_{公孫丑上篇。}又引齊人之言曰:"雖有智慧,不如乘

勢；雖有鎡基，不如待時。"公孫丑上篇。又云："天下之生久矣，一治一亂。"滕文公下篇。是其論天下之治亂，則視猶循環；論賢人之用舍，則委諸時命，皆與荀子之說大相逕庭者也。至若墨子尚賢中篇之言曰："故古聖王，已審以尚賢使能為政，而取法於天。雖天亦不辨貧富、貴賤、遠邇、親疏，賢者舉而尚之，不肖者抑而廢之。然則富貴為賢以得其賞者誰也？曰：若昔者三代聖王堯、舜、禹、湯、文、武者是也。所以得其賞何也？曰：其為政乎天下也，兼而愛之，從而利之，又率天下之萬民以尚尊天事鬼，愛利萬民。是故天鬼賞之，立為天子，以為民父母。萬民從而譽之曰聖王，至今不已。則此寶貴為賢以得其賞者也。"此則以尚賢使能，專為尊天事鬼邀賞之用，宜乎荀子之辭而闢之也。

附錄

　　桓寬鹽鐵論毁學篇云：方李斯之相秦也，始皇任之，人臣無二。然而荀卿為之不食，睹其罹不測之禍也。

　　胡元儀曰：李斯相秦，據始皇本紀在三十四年。是年荀卿尚存，猶及見之，其卒也必在是年之後矣。荀卿以湣王末年年十五來齊。據田完世家，湣王三十八年伐宋滅之。而荀卿說齊相之辭，但曰："巨楚縣吾前，大燕鰌吾後，勁魏鉤吾右。"不及宋國。時宋已滅，明矣。說齊相不從，乃適楚，必湣王三十九年之事。蓋荀卿之來齊亦在是年歟？試以是年荀卿年十五推之，當生於周赧王十六年，至始皇三十四年，得八十七年。故別傳云：卒年蓋八十餘矣。見荀卿列傳考異。

　　史記李斯傳云：三川守李由由，李斯之長男。告歸咸陽，李斯置酒於家,百官長皆前爲壽,門庭車騎以千數。李斯喟然而嘆曰:"嗟乎! 吾聞之荀卿曰'物禁大盛'。夫斯乃上蔡布衣,閭巷之黔首,上不知其駑下,遂擢至此。當今人臣之位,無居臣上者,可謂富貴極矣。物極則衰,吾未知所稅駕也!"

胡元儀曰:史記,由告歸在始皇三十五年之後。敘此事畢,接書三十七年事。則由告歸,李斯之嘆,在三十六年矣。是年荀卿之存與卒不得而考,然可爲荀卿爲之不食之明證也。同前。

　荀子堯問篇末云:爲說者曰:"孫卿不及孔子。"是不然。孫卿迫於亂世,鰌於嚴刑,上無賢主,下遇暴秦,禮義不行,教化不成,仁者絀約,天下冥冥,行全刺之,諸侯大傾。當是時也,知者不得慮,能者不得治,賢者不得使。故君上蔽而無睹,賢人距而不受。然則孫卿懷將聖之心,劉寶楠論語正義云:"將聖謂大聖也。"蒙佯狂之色,視天下以愚。視與示同。詩曰:"既明且哲,以保其身。"此之謂也。是其所以名聲不白,徒與不眾,光輝不博也。今之學者,得孫卿之遺言餘教,足以爲天下法式表儀。所存者神,所過者化。觀其善行,孔子弗過,世不詳察,云非聖人,奈何天下不治,孫卿不遇時也。德若堯禹,世少知之;方術不用,爲人所疑;其知至明,循道正行,足以爲紀綱。嗚呼! 賢哉! 宜爲帝王。天地不知善,桀、紂殺賢良,比干剖心,孔子拘匡,接輿避世,箕子佯狂,田常爲亂,闔閭擅強。爲惡得福,善者有殃。今爲說者,又不察其實,乃信其名。時世不同,譽何由生;不得爲政,功安能成。志修德厚,孰謂不賢乎!

楊倞注曰:自爲說者以下,荀卿弟子之辭。案此文多爲韻語,乃荀子贊詞也。後世書後題跋,蓋昉乎此。

劉向校錄孫卿書上言,其略云:"漢興,江都相董仲舒亦大儒,作書美孫卿。孫卿卒不用於世,老於蘭陵。……蘭陵多善爲學,蓋以孫卿也。……如人君能用孫卿,庶幾於王。然終莫能用,而六國之君殘滅,秦國大亂,卒以亡。觀孫卿之書,其陳王道甚易行,疾世莫能用,其言淒愴,甚可痛也!嗚呼!使斯人卒終於閭巷,而功業不得見於世,哀哉!可爲實涕。其書,比於傳記,可以爲法。"

胡元儀曰:劉向,故楚元王交之孫,交,荀卿再傳弟子也,其知之深矣,其哀痛有由矣。然而汙不至阿其所好也。向校讎中祕書,定著孫卿子三十二篇,傳之至今。向亦卿之功臣哉!唐儒楊倞復爲之注,表彰之功,亦向之亞矣。又曰:案董仲舒書,今惟存春秋繁露八十二篇。復多殘闕,不見美荀卿之文,其逸久矣。見荀卿列傳論及考異。

荀子弟子考

荀書屢稱仲尼、子弓,蓋其所私淑之人師也。又從根牟子受詩,從虞卿受左氏春秋,穀梁俶亦作春秋傳授荀子,是皆授業之經師也。以故傳荀子之學者亦有二派,一爲術士,一爲經生。分述於下。

韓非 史記列傳第三云:非爲人口吃,不能道說,而善著書。與李斯俱事荀卿,斯自以爲不如非。

李斯 史記列傳第二十七云:李斯者,楚上蔡人也。年少

時，爲郡小吏，郡一作鄉。見吏舍廁中鼠食不潔，見人犬，數驚恐
之。斯入倉，觀倉中鼠食積粟，居大廡之下，不見人犬之憂。於
是李斯乃嘆曰："人之賢不肖，譬如鼠矣，在所自處耳！"乃從荀卿
學帝王之術。學已成，度楚王不足事，而六國皆弱，無可爲建功
者，欲西入秦。辭於荀卿曰："斯聞得時無怠。今萬乘方爭時，遊
者主事。今秦王欲吞天下，稱帝而治，此布衣馳騖之時而遊說者
之秋也。處卑賤之位而計不爲者，此禽鹿視肉，人面而能強行者
耳。索隱云：禽鹿，猶禽犢也。但知視肉而食之。故詬莫大於卑賤，正義：詬，
恥辱也。而悲莫甚於窮困。久處卑賤之位，困苦之地，非世而惡
利，自託於無爲，此非士之情也。故斯將西說秦王矣。"

　　荀子議兵篇云：李斯問孫卿子曰："秦四世有勝，兵強海內，
威行諸侯，非以仁義爲之也，以便從事而已。"孫卿子曰："非女所
知也。女所謂便者，不便之便也。吾所謂仁義者，大便之便也。
彼仁義者，所以修政者也。政修則民親其上，樂其君，而輕爲之
死。故曰：凡在於軍，將率，末事也。楊注云："率與帥同。"王懋云："凡在
軍之將帥，皆末事也。"秦四世有勝，諰諰然常恐天下之一合而軋己
也。漢書諰作魁，蘇林曰："讀如慎而無禮則葸之葸。魁，懼貌也，先禮反。"張晏曰：
"軋，踐蹸也。"此所謂末世之兵，未有本統也。故湯之放桀也，非其
逐之鳴條之時也；武王之誅紂也，非以甲子之朝而後勝之也；皆
前行素修也，此所謂仁義之兵也。今女不求之於本而索之於末，
此世之所以亂也。"

　　陳囂　荀子議兵篇云：陳囂問孫卿子曰："先王議兵，常以仁
義爲本。仁者愛人，義者循理，然則又何以兵爲？凡所爲有兵
者，爲爭奪也。"孫卿子曰："非女所知也。彼仁者愛人，愛人則惡
人之害之也；義者循理，循理故惡人之亂之也。彼兵者，所以禁
暴除害也，非爭奪也。故仁人之兵，所存者神，所過者化，若時雨

之降，莫不說喜。是以堯伐驩兜，舜伐有苗，禹伐共工，湯伐有夏，文王伐崇，武王伐紂，此四帝兩王，楊注云：“夏、殷、或稱王、或稱帝。曲禮曰：措之廟，立之主，曰帝。蓋亦論夏、殷也。至周自貶損全稱王，故以文、武爲兩王也。”皆以仁義之兵行於天下也。故近者親其善，遠方慕其德，兵不血刃，遠邇來服，德盛於此，施及四極。詩曰：‘淑人君子，其儀不忒。’此之謂也。”

以上三子皆受荀子之業，學儒者之術，而其後別爲一家者也。韓、李皆法家，陳囂疑兵家，俟考。荀子之告李斯論用兵，則曰：前行素修；論居位，則曰：物禁大盛。李斯不守師說，以致具五刑而夷三族，所謂“倍畔之人”也。論者乃以此爲荀學之流弊，不亦誣乎！至斯所作蒼頡七章，殆繼承荀子正名之學，而倡天下同文之治者矣。

毛亨 陸璣毛詩草木蟲魚疏云：孔子刪詩授卜商，商爲之序以授魯人曾申，申授魏人李克，克授魯人孟仲子，孟仲子授根牟子，根牟子授趙人荀卿，卿授魯國毛亨，亨作詁訓傳以授趙國毛萇。時人謂亨爲大毛公，萇爲小毛公。以其所傳，故名其詩曰毛詩。

浮丘伯 浮一作包，聲同字通。 漢書楚元王傳云：楚元王交字游，高祖同父少弟也，好書多材藝。少時，嘗與魯穆生、白生、申公俱受詩於浮丘伯。服虔曰：“浮丘伯，秦時儒生。”伯者，孫卿門人也。及秦焚書，各別去。……高后時，浮丘伯在長安，元王遣子郢客與申公俱卒業。文帝時，聞申公爲詩最精，以爲博士。……申公始爲詩傳，號魯詩。

鹽鐵論毀學篇云：昔李斯與包丘子俱事荀卿。既而李斯入秦，遂取三公，據萬乘之權，以制海內，功侔伊、望，各巨太山。而包丘子不免於甕牖蒿廬，如潦歲之霆，口非不眾也，然卒死於溝壑而已。

　　胡元儀曰：楊士勛穀梁疏："穀梁子名俶，字元始，一名赤，魯人。受經於子夏，爲經作傳授荀卿，卿傳魯人申公，申傳瑕丘江翁。"此疏有脫文，當云卿傳浮丘伯，伯傳魯人申公，申公傳瑕丘江翁。漢書儒林傳："申公少與楚元王交俱事齊人浮丘伯，卒以詩、春秋授，而瑕丘江公盡能傳之。"是其證也。顏師古亦云："穀梁受經於子夏，傳荀卿。"此穀梁春秋亦荀子所傳也。

　　張蒼　劉向別錄云：左氏傳三十卷，左丘明授曾申，申授吳起，起授其子期，期授楚人鐸椒，椒作鈔撮八卷，授虞卿，卿作鈔撮九卷，授荀卿，卿授張蒼。<small>左傳卷首正義引。</small>
　　陸德明經典釋文序錄云：左丘明作傳以授曾申，申傳衛人吳起，起傳其子期，期傳楚人鐸椒，椒傳趙人虞卿，虞卿傳同郡荀卿，荀卿名況，況傳武威張蒼，<small>胡元儀云："張蒼，陽武人。此云武威，傳寫之誤。"</small>蒼傳洛陽賈誼。

　　以上三子皆傳荀子之經學者也。毛亨之傳爲毛詩，浮丘伯之傳爲魯詩、爲穀梁春秋，張蒼之傳爲左氏春秋。兩漢儒林，多屬荀子之支與流裔。惟易、書、禮、樂之授受源流，今不可考耳。漢書張蒼傳云："蒼著書十八篇，言陰陽、律歷事。"藝文志載張蒼十六篇，列之陰陽家。是又爲荀學之別派矣。

十一　內　業

馬國翰曰:"漢志儒家有內業十五篇,注,不知作書者。隋、唐志皆不著錄,佚已久。考管子第四十九篇標題內業,皆發明大道之蘊,與他篇不同類。蓋古有成書,而管子述之。案漢志,孝經十一家有弟子職一篇,今亦在管子第五十九。以此例推,知皆誦述前人。故此內業篇在區言五,弟子職在雜篇十,明非管子所自作也。茲據補錄,仍釐爲十五篇,以合漢志。不題姓名缺疑也。"玉函山房輯佚書內業篇序。

王應麟漢志考證云:"按管子有內業篇,此書恐亦其類。"馬氏本此,遂定管子區言之內業篇即漢志儒家之內業十五篇。其說是已。惟考漢志顏注引應劭曰:"弟子職管仲所作,在管子書。"則內業在管子書,疑亦管子所作。蓋管子學術,上承伊、呂,下啟李、孔。今所傳書,如心術上下、白心、內業、弟子職諸篇,實能貫通儒、道二家之微言大義者。漢志列管子於道家,列弟子職於孝經家,列內業於儒家,其識卓矣。近世述周秦哲學者,絕不齒及儒家之內業,不無遺恨。今從王、馬二氏之說,錄其全書,分篇述義於下。

內業十五篇(全書共一千五百六十五字)

案內,猶心也。業,謂所學之事業。楊子太玄云:"秉道德仁義而施之之謂業也。"玄摛篇。內業者,述儒家養心之學也。

　　凡物之精,此則爲生,下生五穀,上爲列星。流於天地之間謂之鬼神,藏於匈中謂之聖人。精謂陰陽之精氣也,萬物必得此而後生流動,惟能包藏精氣於胸中者,乃爲聖人。易曰:"聖人以此洗心退藏於密。"此,即精也。是故民氣杲乎如登於天,杳乎如入於淵,淖乎如在於海,卒乎如在於己。民者,人也。民氣,謂人受以生之精氣。杲,明也。杳,冥也。淖,讀爲趠,動而遠也。卒,讀爲猝,急而近也。登天,言其高明;入淵,言其幽深。在海,方其遠;在己,言其近。是故此氣也,不可止以力,而可安以德;不可呼以聲,而可迎以意。意本作音,今依王念孫說校正。言此精氣不可以強力制止,不可以聲音呼召,但可以德養之,以意逆之而已。敬守勿失,是謂成德。德成而智出,萬物果得。王念孫云:"果,當爲畢字之誤也。"荀子云:"積善成德,而神明自得,聖心備焉。"案內業篇文,多古韻語,附志於此。○此章精、生、星韻,神、人、天、淵韻,海、己、力、德、意、德、得韻。

以上第一篇,言養氣之道,在於敬守。清明在躬,志氣如神,萬物皆備,斯爲聖人已。

凡心之刑,自充自盈,自生自成。刑,讀爲形。第六篇作形。形,體也。心之體,即本性也。充,實;盈,滿;生,活;成,就也。自,謂性所固有,不資於外也。其所以失之,必以憂、樂、喜、怒、欲、利,能去憂、樂、喜、怒、欲、利,心乃反濟。六者非性也,感於物而後動。感物之情不能發皆中節,故必失其本心。若能去此六者,則心始復其初,而能濟成也。彼心之情,利安以寧,勿煩勿亂,和乃自成。情即六情。安、寧,皆靜也。董子云:"無益者謂之煩。"荀子云:"非禮義之爲亂。"中庸云:"喜怒哀樂之未發謂之中,發而皆中節謂之和。"人性本靜,情則感物而動者也,故仍以靜之爲利。勿煩勿亂,自然發皆中節矣。折折乎如在於側,忽忽乎如將不得,渺渺乎如窮無極。此稽不遠,日用其德。折折,明晰貌。忽忽,恍惚貌。渺渺,微遠貌。稽,考也。筦子白心篇云:"自知曰稽。"以此自考,不離乎和,則日用皆有得於己矣。○此章刑、盈、生、成韻,利、濟韻,情、寧、成韻,側、得、極、德韻。

以上第二篇，言養心之術在於節欲，不作無益，不犯非禮，乃能閒情而復性始也。

　　夫道者，所以充形也。而人不能固，其往不復，其來不舍。道氣充滿人身，無所謂來去也。惟因人不能固守，則一去而不復反，雖有時來復，而不能久居。即孔子所謂“操存舍亡，出入無時”也。謀乎莫聞其音，卒乎乃在於心，冥冥乎不見其形，淫淫乎與我俱生。王念孫云：“謀當爲誅。說文：“誅，無人聲也。或作誅。”案，冥冥，幽深玄遠之貌。淫淫，流動充滿之意。不見其形，不聞其聲，而序其成，謂之道。舊注云：“雖無形聲，常依序而成，故謂之道。”○此章固、舍韻，音、心韻，形、生、形、聲、成韻。

以上第三篇，言道體也。莊子曰：“至道之精，窈窈冥冥；至道之極，昏昏默默。無視無聽，抱神以靜，形將自正。”在宥篇文。此之謂也。

　　凡道無所，善心安愛，心靜氣理，道乃可止。王念孫云：“愛，當爲處字之誤。”是也。老子曰：“天道無親，常與善人。”靜，安也。理，順也。止者，必止於是而不遷之意。彼道不遠，民得以產；彼道不離，民因以知。產，生也。知，猶覺也。中庸曰：“道不遠人，人之爲道而遠人，不可以爲道。”又曰：“道也者，不可須臾離也，可離非道也。”是故卒乎其如可與索，眇眇乎其如窮無所。彼道之情，惡音與聲。修心靜意，道乃可得。音聲，謂言語也。意原作音，從王說校正。道不可以言語形容，惟正心誠意，始能求而得之。道也者，口之所不能言也，目之所不能視見，耳之所不能聽也，所以修心而正形也。道無方所，無形聲，雖得道者亦不能求之耳、目、口、舌之間，惟用以正心、修身而已。人之所失以死，所得以生也；事之所失以敗，所得以成也。

合乎道者,其爲人雖死猶生,其行事雖敗猶成也。○所、處韻,理、止韻,遠、產韻,離、知韻,索、所韻,情、聲韻,意、得韻,聽、形、生、成韻。

　　以上第四篇,言修道之方也。董子曰:"養生之大者,乃在愛氣。氣從神而成,神從意而出。心之所之謂之意,意勞者神擾,神擾者氣少,氣少者難久矣。故君子閑欲止惡以平意,平意以靜神,靜神以養氣。氣多而治,則養身之大者得矣。"春秋繁露循天之道篇。

　　　凡道無根無莖,無葉無榮。萬物以生,萬物以成,命之曰道。舊注云:"無根莖而能生,無華葉而能成,則陰陽不測者也,故名之曰道。"天主正,地主平,人主安靜。春、秋、冬、夏,天之時也;山、陵、川、谷,地之材也;喜、怒、取、予,人之謀也。舊注云:"平分四時,天之正也;均生萬物,地之平也。"周子太極圖說云:"聖人定之以仁義中正而主靜,立人極焉。"材原作枝,從王說校正。謀,心也。是故聖人與時變而不化,從物順而不移。能正能靜,然後能定。聖人變以隨時,而不盡改其舊形;順以應物,而不移易其素行。以其能正形靜意,故能純一而不二也。定心在中,耳目聰明,四枝堅固,可以爲精舍。四枝,謂手足。心者,精之所舍。董子曰:"形靜志虛者,精氣之所趨也。"(繁露通國身篇)。精也者,氣之精者也。氣道乃生,生乃思,思乃知,知乃止矣。氣得道乃能生,人之生,道即心也。心之官則思,故生乃思。思索生知,故思乃知。知至至之,知終終之,乃止於至善矣。○莖、榮、生、成、正、平、靜韻,時、材、謀韻,化、移韻,靜、定韻,中、明韻(明讀如蒙),固、舍韻,精、生韻,思、知、止韻。

　　以上第五篇,言天地之道,生成萬物,以平正也。聖人之道,順應萬事,能正靜也,而實本乎一心。孟子曰:"君子所性,仁、義、禮、智根於心;其生色也,睟然見於面,盎於背,施於四體,四體不言而喻。"即此意也。

　　凡心之形，過知失生。心之本體生道也，求知太過，則喪失其生道矣。一物能化謂之神，一事能變謂之智。變讀爲辯；辯，治也。無一物不能化，無一事不能治者，可以謂之神智。化不易氣，變不易智，惟執一之君子，能爲此乎！化物不易氣，治事不易智，必爲能守一貫之道者也。君子，聖人之通稱。執一不失，能君萬物。君，主也，言爲萬物之主宰也。君子使物，不爲物使，得一之理。使，役使也。理，道理也。荀子修身篇引傳曰："君子役物，小人役於物。"得一二字，詳老子下經。治心在於中，治言出於口，治事加於人，然則天下治矣。一言得而天下服，一言定而天下聽，公之謂也。公正無私，即一貫之道也。易傳孔子曰："君子居其室，出其言善，則千里之外應之，況其邇者乎？居其室，出其言不善，則千里之外違之，況其邇者乎？言出乎身，加乎民；行發乎邇，見乎遠。言行，君子之樞機。樞機之發，榮辱之主也。言行，君子之所以動天地也，可不慎乎？"○形、生韻，智、智韻，子、此韻，失、物韻，使、理、口、治韻，得、服韻，定、聽韻。

　　以上第六篇，言成己成物，道在執一。荀子曰："執一無失，行微無怠，忠信無倦，而天下自來。執一如天地，行微如日月，忠誠盛於內，賁於外，形於四海，天下其在一隅邪！夫又何足致也。"堯問篇文。

　　形不正，德不來；中不靜，心不治。正形攝德，天仁地義，則淫然而自至。形，容體也。攝，引持也。詩曰："攝以威儀。"又曰："抑抑威儀，惟德之隅。"言能正形攝德，如天之仁，如地之義，則德將自來。淫然，進貌。神明之極，照乎知萬物，中義守不忒。王念孫云："乎字、義字衍文。當讀神明之極句，照知萬物句，中守不忒句。"舊注云："照知者，神明之極理。若常守中，則無差忒。"不以物亂官，不以官亂心，是謂中得。官，謂人之五官。**孟子**曰："口之於味也，目之於色也，耳之於聲也，鼻之於臭也，四肢之於安逸也，性也。有命焉，君子不謂性也。"此不以物亂官也。**孟子**又曰："耳目之官不思，而蔽於物，物交物，則引之而已矣。心之官則思，思則得之，不思則不得也。"此不以官亂心也。中得，**心術下**篇作内德，文異義同。有神自在身，一往一來，莫之能思，失之必亂，得之必治。中得，則神自在身。然其往來不可思議，其得失關乎治亂。敬除其舍，精將自來，精想思之，寧念治之。除，修也，治也。舍，謂心。**管子**云："心者，智之舍也。"**國語**云："被除其心，精也。"**説文**云："想，冀想也。念，常思也。"精既自來，則當精心以審察之，靜心以存養之。嚴容畏敬，精將至定。嚴容，正其形。畏敬，正其心。内外交修，則知止有定矣。得之而勿捨，耳目不淫，心無他圖，正心在中，萬物得度。既得其精，守而勿捨，則物不亂官，官不亂心，定心在中（正、定古字通），萬事皆合法度矣。○正、靜韻，來、治、至韻，極、弐、得韻，神、身韻，來、思、治、來、思、治韻，敬、定韻，捨、圖、度韻。

以上第七篇，言修心正形之道也。欲修其身，先正其心，存神儲精，物莫之能侵。**孔子**曰："操則存，舍則亡，出入無時，莫知其鄉，惟心之謂與！"則靜中治心，爲尤尚矣。

道滿天下，普在民所，民不能知也。舊注，言人皆有道，但不能自知耳。一言解之，上察於天，下極於地，蟠滿九州。**戴震**曰："言，助語詞。"解之原作之解，今從**心術下**篇乙正。天，顛也。地，底也。此以天、地喻人之頂、踵。州，竅也。（本**爾雅釋畜**白州驜郭注。）九州，猶九竅也。何謂解之？在於心安。我心治，官乃治；我心安，官乃安。頂、踵、九竅，皆官也，而心爲之主。惟解道者，爲能安其心而治其官。治之者心也，安之者心也。心以藏心，心之中又有心焉。本書心字，有指人心者，有指道心者，當分別觀之。彼心之心，意以先言。意然後形，形然後言，言然後使，使然後治。不治必亂，亂乃死。二意本作音，今從王説據心術下篇校正。精存自生，其外安榮。
內藏以爲泉原，浩然和平，以爲氣淵。言能存精養氣，則如水之有
原，生生不窮矣。淵之不涸，四體乃固；泉之不竭，九竅遂達。
淵，謂生氣之淵。泉，謂藏精之泉。達，本作通，從王念孫説校正。乃能窮
天地，被四海，中無惑意，外無邪災。四海，以喩四體。精氣長存，
故自頂至踵，暢於四肢。定心在中，必無惑志，英華發外，必無邪災。心全
於中，形全於外，不逢天災，不遇人害，謂之聖人。莊子達生篇
云："其天守全，其神無卻，死生驚懼，不入乎其胸中，是故遌物而不慴。聖人
藏於天，故莫之能傷也。"○下、所韻，知、地韻，治、治韻，安、安韻，心、心、心、
心韻，言、言韻，使、治、死韻，生、榮韻，原、淵韻，涸、固韻，竭、達韻，海、意、災
韻，外、害韻。

以上第八篇，言聖人之學，中外兩全。精氣內充，浩如淵泉。
物來順應，罔或相干，統和天人，惟在心安也。

人能正靜，皮膚裕寬，耳目聰明，筋信而骨強。信讀爲伸。
第五篇云："能正能靜，然後能定，定心在中，耳目聰明，四枝堅固，可以爲精
舍。"與此義同。乃能戴大圜而履大方，鑒於大清，視於大明。
言所戴者如天之圜，所履者如地之方，所鑒者如水之清，所視者如日之明。
敬愼無忒，日新其德，徧知天下，窮於四極，敬發其充，是謂
內得。第三篇云："夫道者，所以充形也。"是充即道也。道之所以能發舒於
外而橫被四表者，由其內有所得也。然而不反，此生之忒。反謂求諸
己也。○明、強、方、明韻，忒、德、極、得、忒韻。

以上第九篇，言能正能靜，在於主敬。敬以新其德，則爲內
得；敬以發其充，則窮四極。然非反求諸己者，曷克致之。

凡道必周必密，必寬必舒，必堅必固，周密則博而無遺，寬舒

則大而能容,堅固則久而不壞。守善勿舍,逐淫澤薄。澤讀爲釋。釋,
捨也。守善勿舍,則必放逐邪淫,捨去浮薄也。既知其極,反於道德,
極,中也。反,猶言復歸也。全心在中,不可蔽匿,知於形容,見於
膚色。知原作和,今從劉績説校正。知,猶見也。善氣迎人,親於弟
兄;惡氣迎人,害於戎兵。心術下篇戎作戈。不言之聲,疾於雷
鼓;心氣之形,明於日月,察於父母。舊注云:“全心之氣,發見於
外,無不耀,無不知。故明於日月,察於父母。知子無若父母,故以言焉。”賞
不足以勸善,刑不足以懲過,氣意得而天下服,心意定而天
下聽。慕賞而爲善,非本有善也;畏刑而文過,非本無過也。惟心氣合乎人
意者,不用刑賞,天下心悅而誠服矣。○舒、固、捨、薄韻,極、德、匿、色韻,兄、
兵韻,鼓、母韻‘母讀如毋。一曰鼓、父,句中韻’,得、服韻,定、聽韻。

以上第十篇,言得道之人,心定氣理,誠中形外,感人深矣。
不事刑賞,天下已治。孔子曰:“爲政以德,譬如北辰,居其所而
眾星拱之。”

　　搏氣如神,萬物備存。説文云:“搏,圜也。”楚辭九辯云:“乘精氣
之搏搏。”一説搏,古專字,言專一也。老子第十章云:“專氣致柔,能嬰兒乎?”
案,二義互通。孟子盡心上云:“萬物皆備於我矣。反身而誠,樂莫大焉。”能
搏乎? 能一乎? 能無卜筮而知凶吉乎? 凶吉原作吉凶,今依王校
據心術下篇乙正。搏,一作專。專,亦一也。專一者,誠也。誠則明矣,故能
無卜筮而知凶吉。能止乎? 能已乎? 能勿求諸人而得之己乎?
已,亦止也。大學云:“知止而後有定。”孔子曰:“君子求諸己,小人求諸人。”
思之思之,又重思之,思之而不通,鬼神將通之。非鬼神之
力也,精氣之極也。重,再也,復也。王充論死云:“鬼神者,陰陽之名
也。”朱子中庸注云:“鬼者,陰之靈也;神者,陽之靈也。”曾子天圓篇云:“陰之
精氣曰神,陽之精氣曰靈。神靈者,品物之本也。”前第一篇云:“凡物之精流
於天地之間謂之鬼神,藏於胸中謂之聖人。”是人之精氣原通乎鬼神,故至深

思有得時，有若鬼神來告，實則己之精極致然也。四體既正，血氣既靜，一意搏心，耳目不淫，雖遠若近。此申言搏氣如神，能知凶吉之義。中庸云：“至誠之道，可以前知。國家將興，必有禎祥，國家將亡，必有妖孽，見乎蓍龜，動乎四體。禍福將至，善必先知之，不善必先知之，故至誠如神。”思索生知，慢易生憂，暴傲生怨，憂鬱生疾，疾困乃死。思之而不捨，內困外薄，不蚤爲圖，生將巽舍。食莫若無飽，思莫若勿致，節適之齊，彼將自至。此申言求己重思，鬼神將通之義也。求知之術，始於思索。然思之太過，則精神困於內，形骸薄於外，不早爲之謀，生將巽遁其舍，而至於死。思之不可致極，猶食之不可過飽，惟節量適宜，使合乎中，（齊，中也。）則所思者自至矣。○神、存韻，一、吉韻，止、已、己韻，思、思韻，通、通韻，一説之、之、之韻，力、極韻，正、靜韻，心、淫、近韻，疾、死韻，捨、薄、圖、舍韻，致、齊、至韻。

以上第十一篇，言精氣之極，通於神明，思則得之，先見吉凶。然而過知則失生矣。其惟勿忘勿助之學，爲得其中乎！

人之生也：天出其精，地出其形，合此以爲人，和乃生，不和不生。天地者，萬物之父母，人受天地之中以生者也。説文云：“中，和也。龢，調也。”經、傳皆以和爲之。董子云：“和者，天地之所生成也。”察和之道，其精不見，其徵不醜。徵，謂有形象可徵驗也。醜，類也。察和謂審察天地生物之原也。此道至微，其精氣既無從見知，其形象亦無可比類。平正擅匈，論治在心，此以長壽。擅，謂專一也。匈，猶內也。論，理也。治，亦理也。董子云：“凡氣從心。心，氣之君也，何為而氣不隨也。是以天下之道者，皆言內心其本也。故仁之所以多壽者，外無貪，而內清淨，心平和而不失中正，取天地之美以養其身，是以且多且治也。”忿怒之失度，乃爲之圖，節其五欲，去其二凶，不喜不怒，平正擅匈。五欲，謂耳、目、口、鼻、身之所欲。二凶，謂喜、怒也。中庸曰：“喜怒哀樂之未發謂之中。”平正與中義不同。不喜不怒，即未發之中，亦即天地之中也。○生、精、形、人、生、生韻，道、醜、壽韻，度、圖韻，兇、匈韻。

以上第十二篇，言天正地平，萬物化生。惟人性至貴，爲能審察其精形，節欲去凶，復歸於極，無思無爲，乃與天地合其德矣。

　　凡人之生也，必以平正。所以失之，必以喜、怒、憂、患。論語曰："人之生也直。"鄭君注云："人始生之性皆正直。"案第二章云："其所以失之，必以憂、樂、喜、怒、欲、利。心術下篇云："所以失之者，必以喜、樂、哀、怒。"此患字當爲樂字之誤。是故止怒莫若詩，去憂莫若樂，節樂莫若禮，守禮莫若敬，守敬莫若靜。內靜外敬，能反其性，性將大定。詩、禮、樂三者，皆所以治人之情，使歸於平正。反，復也。主靜主敬，內外交修，無所偏倚，乃能復定其本性矣。○生，正韻，樂、樂韻，敬、靜、靜、敬、性、定韻。

　　以上第十三篇，主喜怒哀樂，人之情也。過則爲災，不得其平也。有詩與禮、樂以化之，乃歸於中正矣。周子主靜，朱子主敬，李翱復性，程子定性，殆猶一端之論歟？

　　凡食之道，大充傷而形不臧，大攝骨枯而血沍。大，猶過也。充，猶足也。臧，善也。攝，猶屈也。沍與涸同；涸，竭也。充攝之閒，此謂和成，精之所舍而知之所生。成，猶平也。大充過多，大攝過少，多少適宜，乃得乎中，此精氣之所藏，而神智之所由以生也。飢飽之失度，乃爲之圖，飽則疾動，飢則廣思，老則長慮。飽不疾動，氣不通於四末；飢不廣思，飽而不廢；老不長慮，困乃速竭。疾動、廣思、長慮，皆喻救弊之方，非中道也。廢，止也。大心而敢，寬氣而廣。其形安而不移，能守一而棄萬苛，見利不誘，見害不懼。寬舒而仁，獨樂其身，是謂雲氣，意行似天。苛，煩也。見利不誘，智也。見害不懼，勇也。雲當爲靈，字形之誤，下章云"靈氣在心"可證。○傷、臧韻，枯、沍韻，成、生韻，度、圖、慮韻，末、廢、竭韻，敢、廣韻，（案說

文讖，或從忘作諡，則敢、忘二音古音同部，故敢可與廣叶。）移、苛韻，誘、懼韻，
仁、身、天韻。

以上第十四篇，言治氣養心之術，在於和平，譬諸食之過飢
過飽，皆足傷生而損形。惟大其心，寬其氣，執簡以馭繁，則智、
仁、勇三者具備矣。

凡人之生也，必以其歡。憂則失紀，怒則失端。憂悲喜
怒，道乃無處。歡，猶合也，和也。好惡無節，則失其紀端，而道乃無所處
矣。愛欲靜之，遇亂正之。勿引勿推，福將自歸。彼道自
來，可藉與謀。王念孫云：“遇，當為過字之誤也。過，謬也。”舊注云：“藉，
因也。因其自來而與之謀，則意動而理盡。”靜則得之，躁則失之，靈
氣在心，一來一逝。其細無內，其大無外，所以失之，以躁為
害。老子上經云：“重為輕根，靜為躁君，輕則失本，躁則失君。”中庸曰：“君
子之道費而隱，語大，天下莫能載焉；語小，天下莫能破焉。”心能執靜，道
將自定。得道之人，理丞而屯泄，匈中無敗，節欲之道，萬物
不害。王念孫云：“丞讀為烝；烝，升也。泄，發也。屯，當為毛字之誤也。言
得道之人，和氣四達，烝泄於毛理之間，故匈中無敗也。”淮南泰族篇云：“夫道
者，藏精於內，棲身於心，靜莫恬淡說穆，胸中邪氣無所留滯。四枝節族，毛蒸
理泄，則機樞調利，百脈九竅，莫不順比，其所居神者，得其位也。”○歡、端韻，
怒、處韻，靜、正韻，推、歸韻，來、謀韻，得、失韻，（案說文云：“失，從手乙聲。”
又云：“肛，從肉，乙聲，或從意聲作臆。是乙、意古音同部，故得可與失叶。）
逝、內、外、害韻，靜、定韻，泄、敗、害韻。

以上第十五篇，言得道之人，毛烝理泄，靈氣往來，通達內
外。惟其節欲而靜心，故能普萬物而無害也。
謹案：內業一書，言性情，言道德，言仁、義、禮、智，而皆歸本
於一心，其卓然為儒家者流，無可疑義。儒家固出於道德家者

也,是以專氣得一,老子述之;知止中得,曾子述之謂大學知止而後有定一節。全中察和,子思之述之;善心浩氣,孟子述之;執一節欲,荀子述之。漢時董子循天之道,嘗取以養身;淮南泰族之篇,猶掇其粹語。至於心以藏心、思通鬼神諸說,尤爲儒者心學之精誼也。惟其言昭知萬物,定心靜意,修身正形,以及天下服聽,而不一言國家,與大學八條目不同,此即孔子天下爲公之意也。其稱引古籍,但言詩與禮、樂,而不及易、書、春秋,禮記孔子閒居篇亦但言詩、禮、樂,不及易、書、春秋。與諸子傳記六經並舉者不同。蓋此書作於孔子刪、訂、贊、修以前也,否則,不容不涉及於易矣。書中屢言精、氣、神,後世神仙家稱曰三寶,用爲修養性命之術。又言不喜不怒,平正擅匃,與後世禪家所謂不思善、不思惡者,大旨相類。其言內靜、外敬、復性、定性,實爲唐宋諸儒學說之權輿,學焉而各得其一偏,不若內業之具全體大用矣。諦觀本篇,其文辭之爾雅,義蘊之閎深,與道家上下經不相上下也。

十二　儒家諸子

晏子

晏子名嬰,字平仲,一云字仲,謚曰平,萊之夷維人,夷維,今山東高密縣。晏桓子弱之子。歷事齊靈公、莊公、景公。以節儉、力行重於齊,顯名於諸侯。後人輯其行事爲書八篇,劉向敘錄及七略,並題曰晏子春秋,漢志題曰晏子,而皆列諸儒家。隋、唐、宋志皆同。至唐代柳宗元辯晏子春秋曰:“吾疑其墨者之徒,有齊人者爲之……後之錄諸子書者,宜列之墨家。非晏子爲墨也,爲是書者墨之道也。”宋代晁公武、馬端臨所輯書目,均從柳說。清孫星衍譏其無識,蓋力持晏子儒家之說者也。然清修四庫全書,以晏子春秋移入史部傳記。其提要云:“晏子一書，由後人摭其軼事爲之。雖無傳記之名，實傳記之祖也。”
是則晏子春秋始由儒家而入墨家，復由子部而入史部，迄今蓋
尚無定論也。

　　史記孔子世家記晏子阻齊景公以尼谿田封孔子曰：“夫儒
者，滑稽而不可軌法；倨傲自順，不可以爲下；崇喪遂哀，破産厚
葬，不可以爲俗；遊説乞貸，不可以爲國。自大賢之息，周室既
衰，禮、樂缺有閒。今孔子盛容飾，繁登降之禮，趨詳之節，詳，讀
爲翔，翔謂行而張拱也。累世不能殫其學，當年不能究其禮。君欲用
之以移齊俗，非所以先細民也。”案此事見今晏子春秋外篇第八，
字句小異而義不同。晏子尚儉約，又非毀孔子之盛樂、繁禮、崇
喪、厚葬，實爲墨學之所自出，故墨子非儒下篇亦載此事。又載
齊景公問晏子，孔子爲人何如？晏子對以孔丘非賢人，與白公無
異一章。是晏子近乎墨家，其不得列於儒家審矣。司馬談引累世二
語，譏評儒者。雖然，晏子亦不純乎墨家也。近人劉師培曰：“墨子
之學以敬天明鬼爲宗，晏子書則不然。如諫篇上諫誅史祝，諫信
楚巫，諫祠靈山河伯，諫禳彗量熒惑；問篇上諫以祝干福；雜篇下
言徒祭不可益壽，均異墨氏所言。又諫篇上言‘樂亡而禮從之，
禮亡而政從之’，亦與非樂殊旨。不惟居喪盡禮，誌於雜篇上，異
於墨子短喪也。”左盦集七晏子非墨家辨。案晏子居喪盡禮，又見左氏襄十七
年傳。諫禳彗星，亦見襄二十六年傳。然則非儒、非墨，晏子殆無家可歸
者乎？而不必然也。

　　以晏子行事考之。大戴禮記孔子曰：“其言曰：君雖不諒於
臣，臣不可以不量於君。是故君擇臣而使之，臣擇君而事之，有
道順命，無道衡命。蓋晏平仲之行也。”衛將軍文子篇。論語子曰：
“晏平仲善與人交，久而人敬。”公冶長篇，人字從皇疏本補。史稱齊晏
平仲爲孔子之所嚴事，史記列傳第七。蓋以此也。史記又云：“方晏
子伏莊公尸哭之，成禮然後去，豈所謂‘見義不爲無勇’者邪？至

其諫説，犯君之顏，此所謂'進思盡忠，退思補過'者哉！假令晏子而在，余雖爲之執鞭，所忻慕焉。"管晏列傳第二。此以論語、孝經之義稱贊晏子，蓋謂其有合乎儒行也。其願爲之執鞭者，蓋有感於晏子之延罪人爲上客，薦僕御爲大夫，借以發其積憤耳。則晏子之列於儒家，亦得夫子、史公而名益彰耳。

　　若就晏子春秋考之。四庫提要云："是書所記，乃唐人魏徵諫錄、李絳論事集之流，特失其編次者之姓名耳，題爲晏嬰撰者，依託也。其中如王士禎池北偶談卷二十一談異二。所摘齊景公圉人一事，今本晏子作羽人，蓋同音通假字。鄙倍荒唐，殆同戲劇，則妄人又有所竄入，非原本矣。"景公欲殺羽人，事見晏子春秋外篇第八景公蓋姣一章。四庫簡明目錄云："書中皆述嬰遺事，與著書立説者迥別。列之儒家，於宗旨固非；列之墨家，於體裁亦未允；改列傳記，庶得其真。"案諸子書中述遺事者甚多，不得以此援子入史也。況子家敘事多涉寓言，尤未可據爲信史乎！今案晏子一書，所載行事及諫諍之言，大抵淳于髡、優孟、優旃之流，故當時稱爲天下之辯士，韓詩外傳卷十。擬之唐魏鄭公、李相國，殊未當也。清儒馬驌氏著繹史，多采晏子春秋，而於晏子使吳章，內篇雜下。則謂其詼諧；於晏子使楚章，同上。則謂其以謔對謔；於諫景公飲酒七日七夜章，內篇諫上。則評曰："談言解紛，滑稽之所以雄也。"繹史卷七十七。晏子嘗譏"儒者，滑稽而不可軌法"，不意後儒之反唇而相稽也。今以諸子十家衡之，當屬俳優小説一流。俳優，即古之稗官。説詳後。非晏子爲小説家也，輯是書者小説家數也。兹姑仍漢志附之儒家，其學説亦互見焉，不具述也。

公孫固

　　公孫子名固，齊人也。齊閔王問焉，固因陳古今成敗。又捃摭春秋之文著書一篇，漢志注云十八章，隋、唐志不著錄，書久佚，馬氏國翰亦無輯本。今考荀子強國篇引公孫子一章，蓋即公孫固書也。參考上篇書目表。

　　公孫子曰："子發將而伐蔡，克蔡，獲蔡侯。而，原作西，從王念孫說改。歸致命曰：'蔡侯奉其社稷而歸之楚，舍屬二三子而治其地。'既，舍，子發名。屬，猶委也。既者，終其事也。楚發其賞。發，行也。子發辭曰：'發誠布令而敵退，是主威也；徙舉相攻而敵退，是將威也；合戰用力而敵退，是眾威也。臣舍不宜以眾威受賞。'是時合戰用力而滅蔡，故曰眾威。譏之曰：此下皆公孫子譏子發之辭。楊注以爲荀子之辭，誤。子發之致命也恭，其辭賞也固。固，謂閉塞也。夫尚賢使能，賞有功，罰有罪，非獨一人爲之也，自古皆然。彼先王之道也，一人之本也，善善、惡惡之應也，一，謂齊一。治必由之，古今一也。一猶同也。古者明王之舉大事、立大功也，大事已博，大功已立，則君享其成，羣臣享其功，士大夫益爵，官人益秩，庶人益祿。官人謂庶人在官者。秩、祿皆謂廩食。是以爲善者勸，爲不善者沮，上下一心，三軍同力，是以百事成而功名大也。今子發獨不然：反先王之道，亂楚國之法，墮興功之臣，恥受賞之屬，無僇乎族黨，僇，讀爲勠，並力也。言不爲族黨助力。而抑卑其後世，案獨以爲私廉，豈不過甚矣哉？故曰：子發之致命也恭，其辭賞也固。"

　　案此論子發辭賞，以爲矜私廉而亂國法，且發揮尚賢、使能、賞當、刑稱之義，與荀子論治正同，故荀子具述其說。是公孫子亦儒家言也。淮南道應篇亦載子發辭不受封事，而引老子"功成而不居，夫惟不居，是以不去"三語贊之。此亦足徵儒、道二家之異論也。司馬貞曰：史記十二諸侯年表索隱。"宋有公孫固，無所述。此固，齊人轅固，傳詩者。"若此說足徵，則公孫子又齊詩之初祖矣。案此公孫固，齊相，（見荀子注。）

閔王時人。轅固生乃漢景時博士，索隱説不足徵也。

董子

董子名無心，難纏子。漢志注，纏作墨，乃字之缺誤也。纏子，墨者也，嘗爲董子所屈。漢志董子一篇，隋、唐史志皆著錄，明時尚有傳本，見陳第世善堂藏書目，今已久佚。馬氏所輯僅得四條，擇其關於學理者述之。

王充論衡福虛篇云：

儒家之徒董無心，墨家之役纏子，相見講道，役，亦徒也。纏子稱墨家佑鬼神是，佑與右同；右，猶尊也。引秦穆公有明德，上帝賜之九十年。墨子明鬼下云："秦穆公（秦，原作鄭，據郭注山海經引改。）嘗晝處乎廟，有神入門而左，鳥身素服，面狀正方。穆公見之恐懼，奔。神曰：'無懼。帝享女明德，使予錫女壽十年有九，使若國家蕃昌，子孫茂毋失。'公拜稽首曰：'敢問神名？'曰：'予爲勾芒。'"據此，九十年當乙作十九年。董子難以堯、舜不賜年，桀、紂不夭死。堯、舜猶爲尚遠，尚，久也。且近難以秦穆公、晉文公。夫謐者，行之迹也；迹生時行，以爲死謐。穆者，誤亂之名；文者，德惠之表。穆與繆古字通。周書謐法云："名與實爽曰繆，慈惠愛民曰文。"有誤亂之行，天賜之年；有德惠之操，天奪其命乎？案穆公之霸，不過晉文；晉文之謐，美於穆公。天不加晉文之命，獨賜穆公以年，是天報誤亂，與穆公同也。案語七句，當係王充之論。以其發明董説，故並錄之。

馬總意林卷一引纏子云：

董子曰："子信鬼神，何異以腫解結，結，讀爲髻。終無益也。"纏子不能應。

　　案論語云："季路問事鬼神。子曰：'未能事人，焉能事鬼？'"是孔學但盡人事，不與鬼謀也。董子無心不信鬼神，屢與墨者纏子互相論難，纏子屈焉。孟子曰："能言距楊、墨者，聖人之徒也。"董子茲若人之儔與？惜乎其辯上同、兼愛、上賢、明鬼之非者，其詳不可得聞矣。玉海引中興館閣書目云："董子一卷，與學墨者纏子辯上同、兼愛、上賢、明鬼之非，纏子屈焉。"

虞卿

　　虞氏名字、里居皆無考。史記本傳云："虞卿者，遊說之士也。說趙孝成王，爲趙上卿，故號爲虞卿。"又云："不得意，乃著書，上采春秋，下觀近世，曰節義、稱號、揣摩、政謀，凡八篇，案疑本四篇，分上下，故八篇。以刺譏國家得失，世傳之曰虞氏春秋。"史記十二諸侯年表序云："趙孝成王時，其相虞卿，上采春秋，下觀近勢，亦著八篇，爲虞氏春秋。"漢志十五篇，入儒家，蓋後人有所附益。隋、唐志皆不著錄。佚已久。馬國翰有輯本一卷。

　　馬輯虞氏春秋序云：考戰國策載其論割六城與秦之失，及許、魏合從二篇，史記采入本傳，劉向新序亦采入善謀上篇，蓋本書謀篇之遺文也。其大旨主於合從，亦未離戰國說士之習，班志列入儒家者，其以傳左氏春秋，而荀況、張蒼、賈誼之學淵源所自乎？

　　今即虞氏書篇名考之：曰節義，殆猶新序節士、義勇，說苑立節、復恩諸篇之類，與論語所載"見義勇爲"、"臨大節而不可奪"者，意亦相合。曰稱號，殆猶白虎通德論爵號、謚諸篇之文，與孔子、荀子正名之意相類。此四篇者，蓋近乎儒家言也。惟揣摩二篇名同乎鬼谷，政謀二篇義本乎太公。參考上篇書目表。然則虞氏春秋乃由儒家而流爲縱橫者也。

　　上述儒學十家，<u>內業</u>一篇，附載四子，大都學儒者之業，受<u>孔子</u>之術者也。<u>曾子</u>、<u>子思</u>，本<u>孔</u>門嫡系。<u>世子</u>、<u>宓子</u>、<u>漆雕子</u>、<u>公孫尼子</u>之言性，與<u>孔子</u>稍異。其後遂分爲<u>孟</u>、<u>荀</u>二派，<u>宋</u>、<u>明</u>性論，蓋導源於茲焉。<u>孝經</u>有傳，始有<u>文侯</u>；<u>仲子</u>說<u>詩</u>，受諸<u>李克</u>。此亦<u>漢</u>、<u>唐</u>以來傳注箋疏之祖也。<u>內業</u>一編，<u>馬驌</u>稱其"精言奧義，可與<u>廣成</u><u>陰符</u>相參"。<u>繹史</u>卷四十四。餘則謂其治氣、養心之術，實兼<u>儒</u>、<u>道</u>之長，非若<u>法</u>、<u>墨</u>諸家，專務安人，不事修己也。至於<u>晏子</u>之諫，多類滑稽；<u>公孫</u>之書，惟論成敗；<u>董子</u>僅傳無鬼之論；<u>虞卿</u>終爲遊說之詞，雖附<u>儒</u>家，無甚深義。其他諸<u>儒</u>，姑從略焉。

第二章　道　家

中國學術,起原最古、陳義最高、範圍最廣者,其惟道家乎!
漢初崇尚道德家言,必推本於黃帝。太史談論道家,稱其"因陰
陽之大順,采儒、墨之善,撮名、法之要,立俗施事,無所不宜"。
劉向則云:"道家者,秉要執本,清虛無爲。及其持身接物,務崇
不競,合於六經。"列子敘錄。是則六藝、九流,皆入斯道之環中矣。
此派道術,蓋權輿於黃帝,其後伊尹、太公、鬻子、筦子,大都聞而
知之。惟老子之學,博大深遠,集其大成。班志云"道家者流,出
於史官"者,老子固周守藏室之史,而史官又設於黃帝之時也。
此後世黃、老道德之術所由並稱與? 今述道學,當以老子爲宗,然
其前後諸家,不可無述。爰依時代,以次論之,用符學史之例云。

一　黃　帝

黃帝姓公孫,名軒轅,一云姓姬,居軒轅之丘,因以爲名,又

以爲號。有熊國君少典氏之子，亦號有熊氏。伐炎帝，殺蚩尤，以土德王，故稱黃帝。參史記本紀及帝王世紀。漢志道家，黃帝四經四篇，黃帝銘六篇，又黃帝君臣十篇，則注云：“起六國時，與老子相似。”雜黃帝五十八篇，注云：“六國時賢者所作。”隋志以後無著錄，書佚已久。清儒嚴可均輯佚文十數條，皆本秦、漢以前諸子所引，蓋古代學黃帝道者所傳述之微言也。撮要分述於次。

道體　道本無形，然必有其本體，故古之論道者皆強爲之名，終不可以言思擬議者也。太公六韜兵道第十二引：

> 黃帝曰：“一者階於道，機於神。”階，基也，因也。機者，動之微也。

案此即老子“道生一”之義。許慎說文解一字云：“惟初太極，道立於一，造分天地，化成萬物。”立，猶見也。呂子適威篇高誘注。全本老子“道生一，一生二，二生三，三生萬物”之說。太極之道不可見，見之於一，與“一階於道”之說亦同。孔子曰：“陰陽不測謂之神。”易繫辭上。孟子曰：“聖而不可知之謂神。”告子章下。一本於道而動於神，萬物皆出於一，皆反於一，此言道體也。太公引以說兵道者，蓋後世百家之說，多探原於黃帝，惟其言不雅馴者，悉歸淘汰耳。

賈子新書修政語上云：

> 黃帝曰：“道若川谷之水，其出無已，其行無止。”（故服人而不爲讎，分人而不譚者，其惟道矣。服，用也。讎，讀爲酬，報也。分，猶遍也，予也。譚與覃同，謂相對談語也。供人之用而不爲報酬，普施於人而不相談語。故播之於天下而不忘者，其惟道矣。忘，讀爲亡。亡，失也。是以道高比於天，道明比於日，道安比於山。

故言之者見謂智，學之者見謂賢，守之者見謂信，樂之者見謂仁，行之者見謂聖人。故惟道不可竊也，不可以虛爲也。故黃帝職道義，經天地，紀人倫，序萬物，以信與仁爲天下先。然後濟東海，入江內，取綠圖，西濟積石，涉流沙，登於崑崙。於是還居中國，以平天下。天下太平，惟躬道而已。）“故服人”以下一節，乃賈子之言，以其引申黃帝之說，故備錄而識別之。下並同。

案老子曰：“譬道之在天下，猶川谷之於江海也。”於，一本作在，一本作與。又曰：“天地之間，其猶橐籥乎！虛而不屈，動而愈出。”屈，竭也。又曰：“上善若水，水善利萬物而不爭。”對辯曰爭。內業篇曰：“道滿天下，普在民所，民不能知也。”其義皆與此節同。呂子應同篇引：又見文子符言、上仁二篇，淮南子繆稱、泰族二篇引。

黃帝曰：“芒芒昧昧，因天之威，與元同氣。”廣雅云：“威，德也。”呂子舊校云：“威一作道。”易九家注云：“元者，氣之始也。”

案芒昧，即老子所謂“道之爲物，惟恍惟惚”，莊子所謂“至道之精，窈窈冥冥，至道之極，昏昏默默”也。因天之威，與元同氣，即孔子所謂“聖人與天地合其德”也。呂子又云：“黃帝之時，天先見大螾大螻。螾，丘蚓。螻，螻也，若龍而黃，北方謂之地螻。黃帝曰：‘土氣勝。’土氣勝，故其色尚黃，其事則土。”此言天人感應之理，乃陰陽家五德終始說之所本，亦與元同氣之義也。呂子圜道篇引：

黃帝曰：“帝無常處也，有處者乃無處也。”論語堯曰篇孔注云：“帝，天帝也。”書舜典馬注云：“上帝，太一神。”五經通義云：“天神之大者，曰昊天上帝,亦曰天皇大帝,亦曰太一。"案易緯乾鑿度有"太一行九宮法",逐年移宮,無常處也。呂子大樂篇云:"道也者,至精也,不可爲形,不可爲名,強爲之,謂之太一。"是太一即道也,道即帝也。史記天官書云:"中宮天極星,其一明者,太一常居也。"是太一有常處。然逐年下行九宮,實無常處也。高誘注:"以無常處爲無爲,有處爲有爲。"其義可通,惟帝字之義未詳釋。(以言不刑蹇,圜道也。)八字爲呂書解釋之詞。俞樾平議是也。刑與形通。蹇,停也,凝也。呂子大樂篇云:"萬物所出造於太一,化於陰陽,萌芽以震,凝湅以形,(湅與蹇音同字通。)形體有處,莫不有聲。"刑蹇者,謂停滯。成形則有處矣。若無常處,則周流不居,是圜道也。

案帝者,天帝,亦曰太一,實即天之道也。變動不居,雖有處而無常處。聖人因天之道者也,故老子曰:"聖人無常心。"又曰:"象帝之先。"

列子天瑞篇云:

(有生不生,有化不化;不生者能生生,不化者能化化;生者不能不生,化者不能不化,故常生常化。常生常化者,無時不生,無時不化。陰陽爾,四時爾,不生者疑獨,儀禮士昏禮注云:"疑,正立自定之貌。"疑獨,謂疑然獨立也。不化者往復。往復,二字原脫,今補。其際不可終;疑獨,其道不可窮。)黃帝書曰:"谷神不死,是謂玄牝。吳澄曰:"谷以喻虛,虛則神存於中。不死,謂元氣常生而不死也。牝以喻元氣便弱和柔,玄者贊美之辭。玄牝者,萬物之母也。"玄牝之門,是謂天地之根。吳澄曰:"門謂所由以出,根謂所由以生。虛無自然者,天地之所由以生,故曰天地根。天地根者,天地之始也。"綿綿若存,用之不勤。"蘇轍曰:"綿綿,微而不絕也。若存,存而不可見也。"王弼曰:"欲言存邪?則不見其形。欲言亡邪?則萬物以之生。故曰綿綿若存。無物不成,用而不勞也。故曰用之不勤。"(故生物者不生,化物者不化,自生自化,自形自色,自智自力,自消自息。張湛曰：“皆自爾耳，豈有尸而爲之者哉！”謂之生化、形色、智力、消息者，非也。）張湛曰：“若有心於生化、形色，則豈能官天地、府萬物、贍羣生而不匱乎？”俞樾曰：“謂當作爲，古書謂、爲通用。”

此引黃帝書六句，與老子第六章全同。班志云：“黃帝君臣十篇，與老子相似。”唐殷敬順云：“黃帝書與道經相類。”列子釋文。清魏源則云：“老子引古語。”老子本義上。近人胡懷琛云：“老子學説係祖述黃帝而來。”見國學彙編二。其説皆是也。

天瑞篇又云：

黃帝書曰：“形動不生形而生影，聲動不生聲而生響，無動不生無而生有。”形動生影，必借乎光明；聲動生響，必通乎空氣；無動生有，必本乎無始無有之道也。（形，必終者也。天地終乎？與我偕終。）無則無極，有則有盡，故有形則必有終。天地，空中之一細物，有中之最巨者，其終必歸於盡，當其終盡時，亦與我同耳。終進乎？不知也。張湛曰：“進當爲盡，列子盡字，例多作進。”案，謂天地之道果終盡乎？吾不能知也。道終乎？句。本無始。句。進乎？句。本不久。張湛曰：“久當爲有。無始，故不終；無有，故不盡。”有生則復於不生，有形則復於無形。不生者，非本不生者也；不形者，非本無形者也。張湛曰：“本不生者，初自無生無滅。本無形者，初自無聚無散。夫生生物者不生，形形物者無形，故能生形萬物而我體不變。今謂既生既形而復反於不生無形者，此固存亡之往復爾，非始終不變者也。生者，理之必終者也。終者不得不終，亦如生者之不得不生。而欲恆其生，畫其終，惑於數也。恆，常也，長也。畫，止也。數，謂必然之理也。精神者，天之久；骨骸者，地之久。殷敬順曰：“久音有，下同，本作又，篆文與久字相類。按漢書楊王孫曰：‘精神者，天之有；骨骸者，地之有。’王孫常讀此經。今國子監本作分。”任大椿曰：“今本久作分。即殷氏所云監本也。考淮南子精神訓文高誘注，皆引此二語，與漢書文同，然則漢人所見本並作有，不作分。殷氏釋文謂久音有，從古本也。"屬天清而散，屬地濁而聚。精神離形，各歸其真，故謂之鬼。鬼，歸也，歸其真宅。）張湛曰："真宅，太虛之域。"黃帝曰："精神入其門，骨骸反其根，我尚何存？"門即玄牝之門，根即天地之根。精神、骨骸和合爲身。形神既離，還諸天地，斯時我身，當在何處？

　　案此言有生於無，仍反於無，無者，道之本體也。據佛説圓覺經云："我今此身，四大和合。所謂髮毛爪齒，皮肉筋骨，髓腦垢色，皆歸於地；唾涕膿血，津液涎沫，痰淚精氣，大小便利，皆歸於水；煖氣歸火；動轉歸風。四大各離，今者妄身，當在何處？即知此身畢竟無體，和合爲相，實同幻化。"此經譯於唐初，而與黃帝、列子之説適合。晉張湛列子序云："所明往往與佛經相參。"此其一端也。

　　又力命篇云：

　　　　黃帝之書云："至人居若死，動若械。"張湛曰："此舉無心之極。"（亦不知所以居，亦不知所以不居；亦不知所以動，亦不知所以不動；亦不以眾人之觀易其情貌，亦不謂眾人之不觀不易其情貌。謂與爲古字通。張湛曰："不爲外物視聽改其度也。"獨往獨來，獨出獨入，孰能礙之？）

　　案莊子天下篇云："不離於真謂之至人。"消搖遊篇云："至人無己。"齊物論篇云："形固可使如槁木，心固可使如死灰乎？"郭象曰："夫任自然而忘是非者，其體中獨任天真，故止若立枯木，動若運槁枝，乃無心而自得也。"其義皆合乎黃帝之書也。案列子引黃帝書四條，嚴輯全上古文漏載。或曰："嚴氏蓋疑列子爲僞書也。"然則所輯鬻子文，何以又載列子四條乎？

　　慎言　説苑敬慎篇云：

　　孔子之周，觀於太廟，右陛之前有金人焉，三緘其口而銘其背曰："我，"我"字，據路史後紀五注引皇覽記太公陰謀，及御覽引太公金匱增。古之慎言人也。戒之哉！戒之哉！無多言，多言多敗；無多事，多事多害。害，原作患，茲據御覽引改。安樂必戒，無行所悔。王肅曰："雖處安樂，必警戒也。所悔之事，不可復行。"勿謂何傷，其禍將長；勿謂何害，其禍將大；勿謂何殘，其禍將然；殘，亦傷也。害也。然，成也。勿謂莫聞，天妖伺人。妖，説文作祅，云：巧也。熒熒不滅，炎炎奈何；涓涓不雍，將成江河；綿綿不絶，將成網羅；青青不伐，將尋斧柯。誠能慎之，福之根也，福，原作禍；能上有不字。茲據孔子家語改。曰：是何傷？禍之門也。强梁者不得其死，好勝者必遇其敵。梁讀爲勍，勍亦强也。"强梁"句，老子四十二章引之。盜怨主人，民害其貴。家語作"盜憎主人，民怨其上"。蓋依左氏傳文改。君子知天下之不可蓋也，故後之下之，使人慕之，執雌持下，莫能與之爭者。人皆趨彼，我獨守此；衆人惑惑，我獨不徙。徙，原作從，茲據家語校改。內藏我知，不與人論技。我雖尊富，人莫害我。夫江河長百谷者，以其卑下也。老子六十六章云："江海所以能爲百谷王者，以其善下之，故能爲百谷王。是以聖人欲上民，必以言下之；欲先民，必以身後之。是以聖人處上而民不重，處前而民不害，是以天下樂推而不厭。以其不爭，故天下莫能與之爭。"天道無親，常與善人。太公陰謀及老子七十九章，並有此二語。又史記伯夷傳引作或曰；後漢書郎顗傳引作易曰，蓋皆本於黃帝銘也。戒之哉！戒之哉！"孔子顧謂弟子曰："記之，此言雖鄙而中事情。鄙，俗也。鄙言，謂俗所傳言也。孔子尚文，故以金人銘爲鄙言，猶以先進禮樂爲野人也。詩曰：'戰戰兢兢，如臨深淵，如履薄冰。'行身如此，豈以口遇禍哉？"案此銘皆韻語：敗、害韻，戒、悔韻，傷、長韻，害、大韻，殘、然韻，聞、人韻，何、河、羅、柯韻，根、門韻，死、敵韻，貴、蓋韻，下、慕、下、者韻，此、徙韻，知、技韻，我、下韻(轉音叶)，親、人韻。

嚴氏可均曰：“金人銘舊無撰人名，據太公陰陽、太公金匱，知即黃帝六銘之一。金匱僅載銘首二十四字，今取說苑以足之。”案嚴說與路史後紀注同，是也。此銘戒人多言多事。老子云：“聖人處無爲之事，行不言之教。”又云：“多言數窮，不如守中。”又云：“知其雄，守其雌。”又云：“善用人者爲之下，是謂不爭之德。”太公金匱云：“金人三緘其口，慎言語也。吾聞道自微而生，禍自微而成。慎終與始，完如金城。”皆祖述黃帝之學者也。其餘文義相同者，前已注明。

去私 呂子去私篇云：

（天無私覆也，地無私載也，日月無私燭也，四時無私行也，行其德而萬物得遂長焉。）黃帝言曰：“聲禁重，黃氏震云：“重謂太過。”色禁重，衣禁重，香禁重，味禁重，室禁重。”

案此言口之於味，目之於色，耳之於聲，鼻之於臭，四肢之於安逸，即宮室、衣服之屬。皆當去其太甚，不得縱其一己之私。老子云：“聖人去甚、去奢、去泰。”又云：“聖人後其身而身先，外其身而身存。非以其無私邪，故能成其私。”皆本黃帝六禁之義也。或曰：六禁乃養生之術，與老子第十二章意同，然與呂子引書之意不合。今不從。

治民 呂子序意篇云：

文信侯曰：“嘗得學黃帝之所以誨顓頊矣：‘爰有大圜在上，大矩在下，汝能法之，爲民父母。’高誘曰：“圜，天也。矩，方地也。”案爾雅云：“爰，曰也。”蓋聞古之清世，是法天地……無爲而行。”

案法天地者,法其無爲也。天無爲而四時行,地無爲而萬物生,聖人無爲而天下化成。<u>呂子</u>亦尚<u>黃</u>、<u>老</u>之學者,故<u>高誘呂氏春秋序</u>云:"此書所尚,以道德爲標的,以無爲爲綱紀。"蓋得<u>黃帝</u>治民之術矣。

<u>魏徵羣書治要</u>卷三十一。引<u>太公陰謀</u>云:

<u>武王</u>問<u>尚父</u>曰:"五帝之戒,可得聞乎?""得"字,據<u>意林</u>引<u>太公金匱</u>補。<u>尚父</u>曰:"<u>黃帝</u>之時戒曰:'吾之居民上也,搖搖,恐夕不至朝。'搖搖,憂無告也。<u>意林</u>引<u>金匱</u>作"<u>太公</u>曰:<u>黃帝</u>云:'予在民上,搖搖,恐夕不至朝'"。故爲金人三封其口曰:'古之慎言人也。'十五字據<u>御覽</u>引增。<u>意林</u>引<u>金匱</u>作"故金人三緘其口,慎言語也"。<u>堯</u>之居民上,振振如臨深川;振,讀爲震。震震,恐懼貌。<u>舜</u>之居民上,兢兢如履薄冰;<u>禹</u>之居民上,慄慄恐不滿日;<u>湯</u>之居民上,戰戰恐不見旦。"王曰:"寡人今新并<u>殷</u>,居民上,翼翼懼不敢息。"<u>日本天明</u>刊本<u>治要</u>,息作息,誤,茲據<u>御覽</u>所引改正。案此文皆作韻語,搖與朝韻,振與川韻,兢與冰韻,慄與日韻,戰與旦韻,翼與息韻,故知<u>日本</u>刊本誤也。

案古之治民者,常自存恐懼之心;今之治民者,必使民存恐懼之心,此民生所以多艱也。讀<u>黃帝</u>此戒及<u>老子</u>七十四章、七十五章,庶可救其流弊乎!

<u>韓子揚權篇</u>引:

<u>黃帝</u>有言曰:"上下一日百戰。"下匿其私,以試其上;上操度量,以割其下。割,裁也,制也。

案<u>管子</u>曰:"<u>黃帝</u>之治天下也,其民不引而來,不推而往,不使而成,不禁而止。故<u>黃帝</u>之治也,置法而不變,使民安其法者

也。"<u>任法篇</u>。是<u>黃帝</u>本無爲而治，而此云操度量以割下者，蓋對於匿私詖上之民，不得不斷之以法也。<u>漢書胡建傳</u>引：

> <u>黃帝李法</u>曰：李讀爲理，治獄官也。黃帝時后土爲李。李法猶今刑律也。"壁壘已定，穿窬不繇路，是謂姦人，姦人者殺。"

案<u>李法</u>數語，<u>胡建</u>引以斬監軍御史，<u>孝武</u>制稱<u>建</u>之用法無疑。<u>說苑指武篇</u>載此爲<u>孝昭</u>時事，傳聞異詞也。考<u>黃帝</u>時至<u>漢天漢</u>中，已歷二千三百餘載，時殊世異，而斷獄者猶得引用古法，君主亦認爲有效，是<u>黃帝</u>之道，不僅"亡而民用其百年"也。本<u>大戴禮記孔子</u>語，見下。

附錄

<u>大戴禮記五帝德篇</u>云：<u>宰我</u>問於<u>孔子</u>曰："昔者，予聞<u>榮伊</u>言<u>黃帝</u>三百年，予，宰我名。榮伊，人名。請問：<u>黃帝</u>者，人邪？抑非人邪？何以至於三百年乎？"<u>孔子</u>曰："予，呼其名而告之也。<u>禹</u>、<u>湯</u>、<u>文</u>、<u>武</u>、<u>成王</u>、<u>周公</u>可勝觀邪？夫<u>黃帝</u>尚矣，女何以爲？<u>孔廣森</u>補注云："此六君，<u>子</u>已不能盡知，黃帝久遠，何以問爲？"先生難言之。"<u>孔</u>注云："上古之事，長者不能詳也。<u>太史公</u>曰：'百家言<u>黃帝</u>，其文不雅馴，薦紳先生難言之。'"<u>宰我</u>曰："上世之傳，隱微之說，卒業之辨，闇忽之意，謂窮究其事業而辨之，其意終荒忽而不明也。非君子之道也。則予之問固矣。"固，陋也。<u>孔子</u>曰："<u>黃帝</u>，<u>少典</u>之子也，曰<u>軒轅</u>。生而神靈，弱而能言，幼而慧齊，長而敦敏，成而聰明。治五氣，<u>王肅</u>云："五行之氣。"設五量，<u>孔</u>注云："黃鐘之實，千二百黍而成龠，龠兩爲合，合十爲升，升十爲斗，斗十爲斛，是謂五量。"案詳見<u>前漢律歷志</u>。撫萬民，度四方。度地居民。教熊、羆、貔、

貅、豹、虎，以與赤帝戰於版泉之野，三戰然後得行其志。司馬貞云："此六猛獸，可以教戰。周禮有服不氏，掌教擾猛獸也。赤帝，神農氏之後。版泉，在上谷。"黃帝黼黻衣，大帶黼裳，乘龍扆雲。周禮曰："馬八尺以上爲龍。"扆，如今屏風，樹之坐後，上畫雲氣，故曰扆雲。以順天地之紀，幽明之故，死生之說，存亡之難。孔注云："若內經素問之屬。"時播百穀草木，淳化鳥獸昆蟲，歷離日月星辰，淳，讀爲純；純，善也。離，謂次位之別也。歷離，謂以曆法次別七政也。極畋土石金玉，孔注云："畋，治也。極，言至於四遠。"勞勤心力耳目，節用水火材物。生而民得其利百年，死而民畏其神百年，亡而民用其教百年，故曰三百年。"孔注云："山海經曰：射者不敢西嚮，畏軒轅之臺。所謂畏其神也。亡，死之久也。"

案太史公曰："學者多稱五帝，尚矣。然尚書獨載堯以來，而百家言黃帝，其文不雅馴，薦紳先生難言之。孔子所傳宰予問五帝德及帝繫姓，儒者或不傳。戴德及其從子聖，皆漢初儒者，然大戴禮記中有五帝德、帝繫二篇，而小戴禮記不傳，故云或也。……予觀春秋、國語，其發明五帝德、帝繫姓章矣。"今考史記黃帝本紀多用大戴所傳五帝德及帝繫文，間亦采及他說，而於騎龍上天神怪之談，但附之封禪書，以見漢武之惑。且於帝紀末大書曰："黃帝崩，葬橋山。"則自秦漢以來方士者流造爲神仙之說悉附會諸黃帝者，不待辯矣。

又案孔子所稱黃帝之道，其曰順天地之紀，即呂子所引因天同元，及法大圜大矩之義也。其曰幽明之故，則尉繚子天官篇引黃帝曰"先神先鬼，先稽我智"之義也。史記引作幽明之占，蓋即五行大義，開元占經所引黃帝兵謀、兵法之類，張守節所謂"陰陽五行，黃帝占數而知之"是也。其曰死生之說，即列子所引谷神不死無動生有之說也。其曰存亡之難，司馬貞云："存亡，猶安危也。難，猶說也。"孔廣森以"素問、靈樞，黃帝、歧伯相問難"解之，似較切實。至若唐李筌所傳黃帝陰符經，明係僞書，後人以朱子曾爲考定文字，謂其時有精語，遂尊信之，斯又好古之弊矣。

二　伊　尹

伊尹名摯，字尹，姓伊，力牧之後，史記索隱引世紀。有侁之空桑人。侁一作蔥，通作莘。括地志云："古莘國在汴州陳留縣東五里故莘城。"一統志云："空桑城在陳留縣南十五里。"初事夏桀，後相商湯爲阿衡。詩商頌箋云："阿，倚也。衡，平也。伊尹，湯所依倚而取平，故以爲官名。"太甲尊爲保衡。書君奭篇鄭注云："保，安也。言天下所取安，所取平。阿衡、保衡，此皆三公之官，當時爲之號也。"漢志道家，伊尹五十一篇；小說家，伊尹說二十七篇，此二十七篇蓋即從五十一篇中別出者。書佚已久，後人輯本不爲分家。茲但取其說之衷於道者，分別述之。

先己　呂子先己篇云：

湯問於伊尹曰："欲取天下若何？"伊尹對曰："欲取天下，天下不可取。可取，身將先取。"老子曰："取天下常以無事。"河上公注云："取，治也。"朱駿聲曰："將，讀爲當。"（凡事之本，必先治身。舊校云："治一作取。"嗇其大寶，用其新，棄其陳，腠理遂通。嗇，謂少費也。大寶，即下文所謂精氣。用新棄陳，即莊子刻意篇所云"吐故納新"，淮南泰族篇所云"呼而出故，吸而入新"也。腠，謂津液滲泄之所。理，謂文理逢會之中。精氣日新，邪氣盡去，及其天年，俞樾曰："及當爲夂字之誤也。夂，古文終字。"此之謂真人。莊子刻意篇云："能體純素，謂之真人。"淮南精神篇云："所謂真人者，性合於道也。"昔者先聖王成其身而天下成，治其身而天下治。故善響者不於響，於聲；善影者不於影，於形；爲天下者不於天下，於身。聲善則響善，形善則

影善，身治則天下治。爲，治也。詩曰："淑人君子，其儀不忒。其
儀不忒，正是四國。"言正者身也。)"凡事之本"以至"不於天下於
身"乃呂子推論之詞，馬氏並輯爲伊尹書，誤矣。

　　案莊子云："道之真，以治身，其緒餘以爲國家，其土苴以治
天下。由此觀之，帝王之功，聖人之餘事也，非所以完身養生
也。"讓王篇文，又見呂子貴生篇。故老子有言："貴以身於天下，以身貴
於天下也。一說，於，猶爲也。則可以託天下；愛以身於天下，則可以寄
天下。"第十三章，又見莊子在宥篇。此呂子所以云"爲天下者不於天
下，於身"也。淮南子云："是故天下之事不可爲也，因其自然而
推之。"原道篇。又云："故天下神器，不可爲也。"二語本老子二十九章，
高誘注云："爲，治也。"與伊尹"天下不可取"之義正同。呂子先己篇
末引孔子曰："不出於門戶而天下治者，其惟知反於己身者乎！"
此與老子"不出戶知天下"意同，亦即伊尹先取己身則可取天下
之義也。

　　又案呂子以"嗇其大寶，用新棄陳，精氣日新，終其天年"諸
語，申明伊尹治身之義。蓋道家之治身，原以養生爲主。儒家亦
然，曾子之言心廣體胖，孟子之言見面盎背，公孫尼之言養氣，董
仲舒之言養身，胥是道也。

　　尸子引：本藝文類聚卷十八引尸子。

　　　湯問伊尹曰："壽可爲耶？"伊尹曰："王欲之則可爲，弗
欲爲則不可爲也。"

　　案孔子曰："仁者壽。"又曰："仁遠乎哉？我欲仁，斯仁至
矣。"然則欲得其壽者，自勉於仁而已。此亦孔子所謂"反於己
身"之意也。

任重　孟子萬章篇云：

伊尹曰："何事非君？何使非民？"朱注云："言所事即君，所使即民，無不可事之君，無不可使之民也。"治亦進，亂亦進。曰："天之生此民也，使先知覺後知，使先覺覺後覺。予，天民之先覺者也，予將以斯道覺斯民也，非予覺之而誰也？"思天下之民，匹夫匹婦有不與被堯舜之澤者，若己推而内之溝中，其自任以天下之重也。孟子云："禹思天下有溺者，由己溺之也。稷思天下有飢者，由己飢之也。是以如是其急也。"皆自任以天下之重者也。

案伊尹言行，孟子數稱之，又稱伊尹爲古聖人，公孫丑上。又稱曰："伊尹，聖之任者也。"萬章下篇。凡後世之以天下爲己任者，皆伊尹之徒也。宋儒周子雖志伊尹之所志，而僅稱伊尹爲大賢，詳見通書志學章。殆亦孟子所云"不同道"者乎！公孫丑曰："伯夷、伊尹何如？"孟子曰："不同道。"

附錄

呂子本味篇云：有侁氏女子採桑，得嬰兒於空桑之中，獻之其君。其君令烰人養之。劉師培云："烰，讀爲保，謂保母也。"察其所以然，曰：其母居伊水之上，伊水，出河南盧氏縣熊耳山，至偃師縣南入洛。孕，夢有神告之曰："白出水，而東走，毋顧。"而，汝也。明日，視白出水，告其鄰，東走十里而顧，其邑盡爲水，身因化爲空桑。身，謂生子免身也。淮南精神篇注云："化，猶死也。"王念孫釋詞云："爲，猶於也。"故命之曰伊尹。此伊尹生空桑之故也。長而賢。湯聞伊尹，使人請之有侁氏，有侁氏不可。伊尹亦欲歸湯，湯於是請取婦爲婚。列女傳云："有㜪氏女，殷湯娶

以爲妃。"有侁氏喜，以伊尹爲媵，送女。(中略)孔穎達曰:"凡送女適
人者，男女皆謂之媵。"左傳:"晉人以虞大夫井伯媵秦穆姬。"史傳稱伊尹，有
莘氏之媵臣。是送女者雖男，亦名媵也。湯得伊尹，祓之於廟，熏以
萑葦，四字從嚴輯古文補。爝以爟火，說文云:"爝，苣火祓也。舉火曰
爟。"釁以犧豭。高誘云:"殺牲以血塗之爲釁，小事不用大牲，故以犧豚
也。"明日設朝而見之，說湯以至味。湯曰:"可對而爲乎?"
對，讀爲儥。說文云:"儥，市也。"廣雅云:"市，買也。"對曰:"君之國小，
不足以具之。爲天子，然後可具。夫三羣之蟲，水居者腥，
肉攫者臊，草食者羶，羣，類也。水居，魚鱉之類;肉攫，虎豹鷹鸇之類;
草食，牛羊之類。臭惡猶美，皆有所以。腥、臊、羶之臭惡，猶可以爲美
者，皆有故也。凡味之本，水最爲始，五味三材，九沸九變。火
之爲紀，高注云:"三材，水、木、火。紀，猶節也。"時疾時徐，滅腥、去
臊、除羶，必以其勝，無失其理。謂勝去其臭，仍須得其火齊也。調
和之事，必以甘、酸、苦、辛、鹹，先後多少，其齊甚微，皆有自
起。鼎中之變，精妙微纖，口弗能言，志弗能喻，若射御之
微，陰陽之化，四時之數。故久而不弊，熟而不爛，甘而不
噥，噥，當爲噀字之誤也。噀謂食甘甚，字一作餷。酸而不酷，說文云:
"酷，酒厚味也。"鹹而不減，減，當讀爲緘。說文云:"緘，堅持意，口閉也。"
辛而不烈，烈，今謂之辣。通俗文云:"辛甚曰辣。"澹而不薄，肥而不
腴。玉篇引此文，腴作䐺，又引埤蒼:"䐺，無味也。"案侯、獲雙聲，古通用。
肉之美者:猩猩之脣，玃玃之炙，高注云:"玃玃，鳥名。"畢校云:"案
南山經青丘之山有鳥焉，其狀如鳩，其音若呵，名曰灌灌。注云:'或作濩濩'，
則此玃當作灌。舊校'玃一作獲'之獲亦當作濩。"巂燕之翠，巂燕，原作巂
鷰，今從王念孫說校正。說文云:"巂，周燕也。"本爾雅釋鳥文。禮記內則注
云:"翠，尾肉也。"案，字或作膵。玉篇:"膵，鳥尾上肉也。"述蕩之掔，大
荒南經云:"南海之外，赤水之西，流沙之東，有獸，左右有首，名曰跊踢。"即此
所云述蕩也。掔，古手腕之字也。旄象之約。高注云:"旄，旄牛也，在西

方。象，象獸也，在南方。"案約，當讀爲從筋省、勺聲之筋。字林云："筋，筋鳴也。"引申其義，則筋亦可謂之筋。流沙之西，丹山之南，有鳳之丸，沃民所食。高注云："丸，古卵字。"大荒西經云："西有王母之山、壑山、海山。有沃之國，沃民是處沃之野，鳳鳥之卵是食，甘露是飲。"魚之美者：洞庭之鱄，鱄與石鼓文鱒字同。廣雅云："鱄，鮂鮈也。"據王引之疏證即今之江豬，是也。今洞庭湖中有之。段玉裁以說文無鱄字，遂改此鱄字爲鱄，誤矣。東海之鮞，國語韋注云："鮞，未成魚也。"醴水之魚，名曰朱鱉，六足，有珠若碧，東山經云："葛山之首，無草木，澧水出焉，東流注於余澤，其中多珠鱉魚，其狀如肺，而四目六足，有珠，其味酸甘，食之無癘。"郭注引此文，醴作澧，鱉作螫，皆古字通用。郝懿行箋疏云："有珠，謂吐珠也。"若碧，原作百碧，郝氏疑青碧之訛。今從梁履繩、嚴可均校，並據下文，改作若碧。說文云："碧，石之青美者，從玉石，白聲。"雚水之魚名曰鰩，其狀若鯉而有翼，常從西海夜飛，游於東海。雚亦作觀。西山經云："泰器之山，觀水出焉。西流注於流沙，是多文鰩魚，狀如鯉魚，魚身而鳥翼，蒼文而白首，赤喙。常從西海游於東海，以夜飛，其音如鸞雞，其味酸甘，食之已狂，見則天下大穰。"菜之美者：崑崙之蘋，蘋通作蕡。西山經云："崐崙之丘有草焉，名曰蕡草，其狀如葵，其味如蔥，食之已勞。"壽木之華，文選思玄賦注引山海經云："有不死樹，食之長壽。"博物志云："員丘上有不死之樹，食之乃壽。"郝懿行云："壽木，即不死樹也。"括姑之東，中容之國，有赤木玄木之葉焉，括，原作指，據齊民要術引改。大荒東經云："大荒之中有山，名曰合虛，日月所出。有中容之國。中容人食獸木實。"郭注云："此國中有赤木玄木，其葉實美，見呂氏春秋。"案括、合雙聲，姑、虛疊韻。括姑，即合虛之轉音也。餘瞀之南，南極之崖，有菜，其名曰嘉樹，其色若碧，高注云："餘瞀，南方山名也，有嘉美之菜，故曰嘉樹，食之而靈。若碧，青色。"陽華之芸，陽華，秦藪名，在今陝西華陽縣南。芸，蒿菜也。雲夢之芹，雲夢，楚藪名，在今湖南華容縣東。說文云："芹，楚葵也。"芹，又通作菦。具區之菁，具區，吳越之閒藪名，古文以爲震澤，今太湖之地。說文云："菁，韭華也。"浸淵之草，名曰土英。高注云："浸淵，深淵也。土當爲玉字之誤也。草榮如玉，故名玉英。"尸子曰："龍淵有玉英。"和之美者：陽樸之薑，和，讀爲盉。說文："盉，調味也。"高注云："陽樸，地名，在蜀郡。"招搖之桂，南山經云："招搖之山，臨於西海之上，多桂。"郭注引此文。越駱之菌，高注："菌，竹筍也。"案，菌當作箘，文選蜀都賦劉逵注引神農本草經云："箘桂，出交趾，圓如竹，爲眾藥通使。"箘桂似竹，則箘當從竹，不從草。後漢書馬融傳注云："名駱者，越別名。此名越駱，即今交廣之地。箘桂，正調味之物也。"鱣鮪之醢，高注云："鱣鮪，大魚也。以爲醢醬。"大夏之鹽，大夏，國名。日人小川琢治據逸周書王會篇之伊尹令及管子小匡篇，考定大夏亦名西夏，在今寧夏省賀蘭山西。然則大夏之鹽，即吉蘭泰諸池所產也。宰揭之露，其色如玉，宰揭，未詳。唐宋人引或作雩揭，或作揭雩，或作揭雩。未知孰是。長澤之卵。禮記內則："濡魚卵醬，實蓼"，注云："卵，讀爲鯤；鯤，魚子也。"疏云："知卵讀爲鯤者，以鳥卵非爲醬之物，卵醬承濡魚之下，宜是魚之般類，故讀爲鯤。"案此卵亦謂和味之物，則亦當讀爲鯤也。飯之美者：玄山之禾，不周之粟，高注云："玄山處則未聞。不周，山名，在西北方，崑崙之西北。"海內西經云："崑崙之墟，方八百里，高萬仞，上有木禾，長五尋，大五圍。"注云："木禾，穀類也。生黑水之阿，可食。"案玄山蓋即黑水之阿也。陽山之穄，南海之秬。陽山，未詳。說文云："穄，糜也，似黍而不黏者。"高誘云："秬，黑黍也。"說文云："秏，稻屬，從禾毛聲。伊尹曰：飯之美者，玄山之禾，南海之秏。"案秬、秏，隸形相近，許、高所見本各異，未知孰是。水之美者：三危之露，崑崙之井，高注云："三危，西極山名。井，泉也。"沮江之丘，名曰搖水。未詳。疑當作沮丘之江。爾雅釋丘云："水出其後沮丘。"錢坫注云："京相璠曰：濮陽縣西南十五里有沮丘城，今爲曹州府濮州地。"白山之水，高泉之山，其上有涌泉焉，冀州之原。楚辭離騷王注云："淮南言，白水出崑崙之原，飲之不死。"案即此白山之水也。白原作白，今從畢沅、嚴可均說校改。中山經云："高前之山，其上有水焉，甚寒而清，帝臺之漿也，飲之者不心痛。"郝氏箋疏引此文證之云："泉、前聲同也。太平寰宇記云：內鄉縣高前山，今名天池。引此經云：高前之山，在翼望山東五十里。"果之美者：沙棠之實，西山經云："崑崙之丘有木焉，其狀如棠，黃華赤實，其味如李而無核，名曰沙棠，可以禦水，食之使人不溺。"注云："言體浮輕也。沙棠爲木，不可得沉。"案木，謂舟也。常山之北，投淵之上，有百果焉，羣帝所食。未詳。箕山之東，青鳥之所，有甘櫨焉，說文櫨字下引此文，青鳥作青鳬。玉篇同。大徐本說文甘櫨作櫨橘。史記司馬相如傳應劭注引青鳥作青鳥。文選注亦作青鳥。漢書注則作青馬。至引甘櫨作櫨橘，則三注皆同。海外北經郭注引箕山作其山，甘櫨作甘柤，又注云："音如柤梨之柤。"是漢、晉、唐人所見呂書，文各不同，今且以山海經證之。大荒東經云："大荒之中有蓁山(注音忌)，東北海外又有三青馬……三青鳥……甘華、甘柤、百穀所在。"(海外北經穀作果)據此，知箕山、其山(其)，籀文箕)即蓁山，同聲通用字也。青鳥，必爲青鳥或青馬之誤，青鬼又青鳥之誤也。櫨、櫨形聲俱近，故可通用。呂書借櫨爲櫨，許君引以說櫨字者，廣異義耳。郭氏引作柤，亦櫨之借字。說文云："櫨果，似梨而酢。"禮記内則注云："櫨，梨之不臧者。"故伊尹特云甘櫨。應劭不知櫨爲櫨之假借，引此以注司馬氏子虛賦之盧橘夏熟，更易原文，謬矣。二徐因之以校改說文，尤謬。江浦之橘，雲夢之柚，高注云："雲夢，楚澤，出柚。"說文云："橘果，出江南。柚，條也，似橙而酢。"列子湯問篇云："吳楚之國，有大木焉，其名爲櫾，碧樹而冬生，實丹而味酸，食其皮汁，已憤厥之疾。齊州珍之，渡淮北而化爲枳焉。"案櫾爲柚之假借。漢上石耳。高注云："漢水出蟠冢，東注於江。"石耳，菜名。本草綱目云："石耳，狀如地耳，作茹勝於木耳，佳品也。"所以致之，馬之美者：青龍之匹，遺風之乘。謂上言美味之物，皆出遠方，必得良馬始能致之也。周禮廋人職云："馬八尺以上爲龍。"王念孫云："遺讀曰隧。隧風，疾風也。"高注云："匹、乘皆馬名。"非先爲天子，不可得而具。天子不可彊爲，必先知道。道，謂治身之道，即先己篇"天下不可取，可取，身將先取"之義。道者亡彼在己，亡原作止，今從俞樾說改正。亡，謂不在也。言道不在他人，在於己身。己成而天子成，即呂子所謂成其身而天下成也。天子成則至味具。高注云："天下貢珍，故至味具。"故審近所以知遠也，成己所以成人也。聖王之道要矣，豈越越多業哉！"高注云："要，約也。越越，輕易之貌。業，事也。"

案許慎說文偋字下，引此篇“有侁氏以伊尹偋女”句，稱“呂不韋曰”；秏字下，引“飯之美者，玄山之禾，南海之秏”三句，稱“伊尹曰”；櫨字下，引“果之美者，箕山之東，青鳧之所，有甘櫨焉”四句，稱“伊尹曰”。而應劭注子虛賦引此四句則稱“伊尹書”。然則此篇自伊尹說湯以上，皆呂子之言；以下皆伊尹之言。實則呂子采諸伊尹書者也。嚴可均曰：“此疑即小說家伊尹說之一篇。”孟子萬章問：“人言伊尹以割烹要湯，有諸？”謂此篇也。今案篇末云：“天子不可彊爲，必先知道。道者亡彼在己，己成而天子成，天子成則至味具。”全歸重於修己治身之道。馬驌稱其“先設珍異而曲終奏雅”，其議至平，即屬小說家言，亦有可觀者，因全錄之。至翟灝所云：“伊尹說乃怪誕猥鄙之小說，何足掛唇？”四書考異下條考卅一。抑何言之過歟！

三　太　公

太公本姓姜氏，又姓呂，以其先祖嘗爲四岳，封於呂，子孫從其封姓故也。名尚，字牙，譙周曰：“姓姜，名牙。”則尚爲字。據孫武子用間篇以伊摯、呂牙並稱，詩有尚父之號，則尚當爲字也。東海人。初事商王紂，去隱海濱。後歸周，周文王以爲師，號曰太公望。武王嗣位，以爲司馬，號曰師尚父。漢志道家，太公二百三十七篇，分謀、言、兵三種，書佚已久。據近代諸儒所輯太公書，則志云謀者，蓋即太公陰謀；國策云：“蘇秦得太公陰符之謀。言者，蓋即太公金匱，凡善言書諸金版；羣書治要三十一引武韜太公曰云云，文王曰善，請著之金版。兵者，蓋即太公兵法六韜。司馬遷稱呂尚多兵權與奇計，故後世之言兵及周之陰權皆宗太公爲本謀。史記齊太公世家。班固稱太公本有道者，或有近世爲太公術者所增加也。漢志注。劉歆則云：“太公金版玉匱，雖近世之文，然多善者。”文選王文憲集序注引七略。

今據近儒輯本，擇其善者述之。

有道　賈誼新書修政語下篇云：

　　　師尚父曰："吾聞之於政也，曰：政，蓋古政典也，粥子嘗稱政曰。天下壙壙，壙與曠同；曠曠，廣大貌。一人有之；萬民叢叢，叢叢，眾多貌。一人理之。故天下者，非一家之有也，有道者之有也。故夫天下者，唯有道者理之，唯有道者紀之，唯有道者使之，唯有道者宜處而久之。故夫天下難得而易失也，難常而易亡也。故守天下者非以道，則弗得而長也。故夫道者，萬世之寶也。"周武王曰："受命矣。"案此章皆韻文，有、理、有、有、理、紀、使、久韻，得、失韻，常、亡、長韻，道、寶句中韻。

此所謂道，果何道乎？太平御覽卷八十四。引周書云：嚴可均云："此引周書即太公陰符之謀。"

　　　文王昌曰："吾聞之，無變古，無易常，無陰謀，無擅制，擅，即專也。無更創。爲此則不祥矣。"太公曰："夫天下，非常一人之天下也；天下之國，非常一人之國也。莫常有之，惟有道者取之。古之王者，未使民，民化；未賞民，民勸。不知怒，不知喜，愉愉然其如赤子，此古善爲政也。"治要三十一引虎韜云："故明王之民，不知所好，不知所惡，不知所從，不知所去，使民各安其生而天下靜矣。樂哉！聖人與天下之民皆安樂也。"

上言有道者之爲政，不教而民善，不賞而民勸，且不喜不怒，復歸於嬰兒。此無爲而治之道也，安用變古、易常、陰謀、擅制乎？老子論治天下亦復如是。今本六韜第一章則云：今六韜六卷，爲宋元豐間刪定本。

　　文王曰：“若何而天下歸之？”太公曰：“天下非一人之天下，乃天下之天下也。二語又見六韜第十三章。同天下之利者則得天下，擅天下之利者則失天下。天有時，地有財，能與人共之者仁也。仁之所在，天下歸之。免人之死，解人之難，救人之患，濟人之急者，德也。德之所在，天下歸之。與人同憂、同樂、同好、同惡者，義也。義之所在，天下歸之。凡人惡死而樂生，好德而歸利。能生利者，道也。道之所在，天下歸之。”文王再拜曰：“允哉！敢不受天之詔命乎？”乃載與俱歸，立爲師。莊子在宥篇云：“雲將謂鴻濛曰：‘天忘朕邪？天忘朕邪？’”爾雅釋詁云：“天，君也。古者稱人曰君，亦曰天，皆尊之也。”

　　案易傳云：“乾道變化，各正性命，保合太和，乃利貞。”又云：“乾始能以美利利天下，不言所利，大矣哉！”孔子云：“因民之所利而利之，斯不亦惠而不費乎？”孟子云：“得天下有道，得其民，斯得天下矣；得其民有道，得其心，斯得民矣。”荀子云：“天下歸往謂之王。而其本同歸於仁義道德。”至云“天下非一家之有，非常一人之天下，乃天下之天下，唯有道者處之”，亦即孔子所謂“大道之行，三代之英”，以天下爲公者也。禮記禮運文。

　　敬義　大戴禮記武王踐阼篇云：

　　武王踐阼三日，召士大夫而問焉，曰：“惡有藏之約，行之行，萬世可以爲子孫常者乎？”諸大夫對曰：“未得聞也。”然後召師尚父而問焉，曰：“昔黃帝、顓頊之道存乎句？意亦忽不可得見與？”意，讀爲抑，語詞。師尚父曰：“在丹書。王欲聞之，則齊矣。”丹書，古典之書，以丹寫文字者。齊，讀爲齋。王齊三日，端冕，師尚父亦端冕，奉書而入，負屛而立。王下堂，南面而立。師尚父曰：“先王之道不北面。”王行西折而南，東面而立。師尚父西面，道書之言曰：孔廣森注云：“古人尊東，故王自就西方之位。”學記曰：“大學之禮，雖詔於天子，無北面，所以尊師也。”“敬勝怠者吉，怠勝敬者滅；義勝欲者從，欲勝義者凶。凡事不強則枉，弗敬則不正；枉則滅廢，敬者萬世。藏之約，行之行，可以爲子孫常者也。且臣聞之：以仁得之，以仁守之，其量百世；以不仁得之，以仁守之，其量十世；量，數也。以不仁得之，以不仁守之，必及其世。”及，累也。謂必累及一生。禮疏引及作傾。史記周本紀正義引作“不及其世”。按尚書緯帝命驗曰：“季秋之甲子，赤爵銜丹書，入於豐，止於昌戶。”其書曰“敬勝怠者吉”，至“不及其世”，全與此同，惟無中間“藏之約”至“臣聞之”十八字。王聞書之言，惕若恐懼，退而爲戒書。戒書即十七銘，未錄。

案今本六韜明傳篇載太公對文王問至道曰：“故義勝欲則昌，欲勝義則亡，敬勝怠則吉，怠勝敬則滅。”羣書治要卷三十一。引此篇，末多“義勝怠者王，怠勝敬者亡”二語，與大戴所記文異而義同。至太公陰謀及金匱，對武王所述五帝之戒，詳見上文第一節，黃帝慎言、治民各條。五帝：黃帝、堯、舜、禹、湯。仍不外戒慎恐懼之意而已。易坤文言傳云：“直其正也，方其義也。君子敬以直內，義以方外。敬義立而德不孤，直方大，不習無不利，則不疑其所行也。”疑，止也。不疑謂不凝滯也。孔子以敬義不孤說易，與敬勝怠吉、義勝欲從之誼正同。明道程子曰：“敬義夾持，直上達天德，自此。古之人，耳之於樂，目之於禮，左右起居，盤盂几杖，有銘有戒，動息皆有所養。今皆廢此，獨有理義之養心耳。但存此涵養意，久則自熟矣。敬以直內，是涵養意，言不莊不敬，則鄙詐之心生矣。”此則明引武王戒書，實本丹書之誼耳。論敬義之學，莫備於程、朱。二語本清儒長沙彭申甫說，見所著易經傳注辯正三十九。二子語錄，當參考之也。

行法 羣書治要三十一。引文韜云：

> 文王問太公曰："願聞治國之所貴。"太公曰："貴法令之必行。法令必行，則治道通，治道通則民大利，民大利則君德彰矣。君不法天地而隨世俗之所善以爲法，故令出必亂。亂則復更爲法，是以法令數變而君沉於世，是以國不免危亡矣。"（下略） 又云：

> 文王問太公曰："願聞爲國之大失。"太公曰："爲國之大失者，爲上作事而不法法，國君不悟，是大失也。（中略）不法法則令不行，令不行則主威傷；不法法則邪不止，邪不止則禍亂起矣；不法法則刑妄行，刑妄行則賞無功；不法法則國昏亂，國昏亂則臣爲變；不法法則水旱發，水旱發則萬民病。君不悟則兵革起，兵革起則失天下也。"文王曰："誠哉！"

案上古無爲而治，蓋出學者之理想。是以法律之意原於道德，老、莊之後流爲申、韓，太公論道德則尚無爲，今本六韜文啓篇云："是以天無爲而成事，民無與而自富，此聖人之德也。"論政治則貴法令。此其意可深長思也。

用兵 說苑指武篇引：

> 太公兵法曰："致慈愛之心，立威武之戰，以卑其眾；卑，讀爲俾；俾，使也。練其精銳，砥礪其節，以高其氣。分爲五選。五選，蓋謂五陣。嚴輯太公陰符云："春爲牝陣，弓爲前行；夏爲方陣，戟爲前行；季夏圓陣，矛爲前行；秋爲牡陣，劍爲前行；冬爲伏陣，楯爲前行；是謂五陣。"本御覽三百一引周書。異其旗章，勿使冒亂；堅其行陣，連其什伍，以禁淫非。壘陳之次，車騎之處，勒兵之勢。軍之法

令，賞罰之數，使士赴火蹈刃，陷陣取將，死不旋踵者，多異於今之將者也。"案嚴輯太公兵法未載此條。

　　案道家不諱言兵，故黃帝有兵謀、有兵法；太公有兵法、有六韜，今本六韜及諸書所引六韜多言兵事。管子外言亦有兵法篇也。老子云："兵者，不祥之器，不得已而用之，以恬淡爲上。……殺人之衆，以哀悲泣之。羅運賢云："泣，當爲涖字之訛也。"戰勝，以喪禮處之。"三十一章。又云："故抗兵相加，哀者勝矣。"六十九章。又云："夫慈，以戰則勝，以守則固。"六十七章。此即太公所云"致慈愛之心，立威武之戰"也。易順鼎讀老子札記云："哀與愛古字通。"羣書治要引龍韜云：

　　　武王問太公曰："凡用兵之極，天道、地利、人事三者孰先？"太公曰："天道難見，地利、人事易得。天道在上，地道在下，人事以飢飽、勞逸、文武也。故順天道，不必有吉，違之不必有害；失地之利，則士卒迷惑；人事不和，則不可以戰矣。故戰，不任天道，飢飽、勞逸、文武最急，地利爲寶。"武王曰："天道鬼神，順之者吉，逆之者亡，何以獨不貴天道？"太公曰："此聖人之所生也。生，猶造也。欲以止後世，故作爲譎書而寄勝於天道，無益於兵勝，而衆將所拘者九。"衆將，謂庸衆之將也。武王曰："敢問九者奈何？"太公曰："法令不行而任侵誅，任，信也。誅，當爲詳字之誤也。侵詳讀爲祲祥。祲，妖氛也。祥，變異之氣。無德厚而用日月之數，不順敵之強弱而幸於天道，無智慮而候氛氣，少勇力而望天福，不知地形而歸過敵人，句疑有誤字。怯弗敢擊而待龜筮，士卒不募而法鬼神，說文："募，廣求也。"設伏不巧而任背向之道。任，信也。凡天道鬼神，視之不見，聽之不聞，索之不得，不可以治勝敗，不能制死生，故明將不法也。"嚴輯<u>太公六韜</u>據<u>通典</u>、<u>御覽</u>所引云："<u>武王</u>伐<u>紂</u>，師
至<u>汜水牛頭山</u>，風甚，雷疾，鼓旗燧折，王之驂乘惶震而死。<u>太公</u>曰：'用兵者，
順天之道，未必吉，逆之不必凶；若失人事，則三軍敗亡。且天道鬼神，視之不
見，聽之不聞，智將不法而愚將拘之。若乃好賢而能用，舉事而得時，則不看
時日而事利，不假卜筮而事吉，不禱祀而福從。'遂命驅之前進。<u>周公</u>曰：'今
時逆太歲，龜灼言凶，著筮不吉，星變爲災，請還師。'<u>太公</u>怒曰：'今<u>紂</u>刳<u>比干</u>，
囚<u>箕子</u>，以飛廉爲政，伐之有何不可？枯草朽骨，安可知乎？'乃焚龜折著，援
枹而鼓，率眾先涉河，<u>武王</u>從之，遂滅<u>紂</u>。"

案<u>太公</u>所云天道，即古兵陰陽家言、<u>漢志</u>所謂"陰陽者，順時
而發，推刑德，隨斗擊，假鬼神而爲助者也"。儒家則以此之天道
稱曰天時。<u>孟子</u>之論戰曰："天時不如地利，地利不如人和。"<u>公孫</u>
<u>丑下篇</u>趙注云："天時謂時日支干、五行王相孤虛之屬也。地利，險阻、城郭之固也。
人和，得民心之所和樂也。"<u>荀子</u>之議兵曰："兵要在乎善附民"，而不在
乎"上得天時，下得地利"。兵家<u>尉繚子</u>亦曰："天官時日，不若人
事。"<u>天官篇</u>又曰："天時不如地利，地利不如人和，古之聖王，謹
人事而已。"<u>武議篇</u>皆本<u>太公</u>不貴天道，惟貴人事之說也。然<u>太</u>
<u>公</u>用兵，又云"地利爲寶"，此在<u>孫武子</u>行軍、地形、九地三篇，已
詳說之矣。

附錄

<u>太公金匱</u>云：據嚴氏輯本。

武王伐<u>紂</u>，都<u>洛邑</u>，未成。海內神相謂曰："今<u>周王</u>聖
人，得民心乎？當防之。"隨四時而風雨陰寒，雨雪十餘日，
深丈餘。甲子平旦，有五丈夫乘車馬，從兩騎，止門外，欲謁
<u>武王</u>。<u>武王</u>將不出見。<u>太公</u>曰："不可。雪深丈餘而車騎無

跡，恐是聖人。”……乃使人持一器粥，開門而進五車兩騎曰：“王、大夫在內方對，天子未有出時。天寒，故進熱粥以禦寒。未知長幼從何起？”五行大義引周書作“不知客尊卑何從”。兩騎曰：“先進南海君，次東海君，次西海君，次北海君，次河伯、雨師、風伯。”粥既畢，使者具以告尚父。尚父謂武王曰：“客可見矣，五車兩騎，四海之神與河伯、雨師、風伯耳。”王曰：“不知有名乎？”曰：“南海之神曰祝融，東海之神曰句芒，西海之神曰蓐收，北海之神曰玄冥，河伯名爲馮夷，夷，或引作修。雨師名詠，風伯名姨。請使謁者各以其名召之。”武王乃於殿上，謁者於殿下門外引祝融進。五神皆驚，相視而嘆。祝融拜。武王曰：“天陰乃遠來，何以告之？”皆曰：“天代殷立周，謹來受命，願敕風伯、雨師，各使奉其職。”五行大義第二十二篇引周書，舊唐書禮儀志引六韜，皆載此事，文句小異。　　又云：亦據嚴輯太公金匱。

　　武王伐殷，丁侯不朝。尚父乃畫丁侯，三旬射之。丁，蓋國名。白虎通義五鄉射篇云：“名之爲侯者何？明諸侯有不朝者，則當射之，故禮射祝曰：‘嗟爾不寧侯，爾不朝於王所，故亢而射爾。’”（又見考工記梓人。）漢書郊祀志云：“周靈王時，諸侯莫朝，周萇弘乃明鬼神事，設射下來；不來者，諸侯之不來朝者也。”禮云：“天子射貍首。”儀禮大射注云：“貍之言不來也。”逸詩有貍首之篇，射時歌之。此事蓋緣太公射丁侯而成，爲射禮之一，但禮經不言其神怪耳。萇弘之設射不來，殆得太公之遺法歟！丁侯病大劇，使人卜之，祟在周，恐懼，乃遣使者請之於武王，願舉國爲臣虜，武王許之。尚父乃以甲乙日拔其頭箭，丙丁日拔目箭，戊己日拔腹箭，庚辛日拔股箭，壬癸日拔足箭，謂使者曰：“歸矣。吾已告諸神，言丁侯前畔義，今者遣人來歸，勿復過之。”督責，或讀爲禍，亦通。比使者歸，丁侯病乃愈。四夷聞之皆懼，各以其職來貢。越裳氏獻白雉，重譯而至。御覽引六韜亦載此事，文稍略。

易觀象傳曰：“觀天之神道而四時不忒，聖人以神道設教而
天下服矣。”太公用兵不信天時，而其服天下也亦以神道。故六
韜又云：“聖人恭天靜地，和人敬鬼。”意林引。蓋攻戰之術與陰符
之謀並行而不悖者也。考之國語楚語云：“少皞之衰，民神雜糅，
不可方物。顓頊受之，乃命南正重司天以屬神，北正黎司地以屬
民，使復舊常，無相侵瀆，是謂絕地天通。”韋昭注云：“絕地民與天神相
通之道。”然而後世天神，猶有與地民相通者。左氏莊三十二年傳
云：“秋七月，有神降於莘，韋昭注云：“降，下也。言自上而下，有聲象以接人
也。”惠王問諸內史過曰：‘是何故也？’對曰：‘國之將興，明神降
之，監其德也；將亡，神又降之，觀其惡也。故有得神以興，亦有
以亡。虞、夏、商、周皆有之。’”周語並載夏、商、周興亡之神異。然則在
太公時，周王見四海之神，丁侯遭三旬之射，不可謂必無其事也。
後世神怪小說如封神傳等荒唐之言，亦本此意而推演之者也。

太公弟子考

散宜生、南宮括、閎夭。　　尚書大傳云：據皮氏疏證本。“散宜
生、閎夭、南宮括三子者，學乎太公。太公見三子，知爲賢人，遂
酌酒切脯，除爲師學之禮，約爲朋友。”又云：“散宜生、南宮括、閎
夭三子，相與學訟於太公。皮疏云：“訟、誦，古通用。學訟，謂學誦說之事。
王逸注楚辭，以學誦爲吟詩、禮，即此學訟之義。”遂與三子見文王於羑里，
獻寶以免文王。”

四　辛甲　廣韻云：夏啟封支子於莘，莘、辛聲相近，遂爲辛氏。

辛甲故事紂，七十五諫而不聽，去至周。召公與語，賢之。

告<u>文王</u>，<u>文王</u>親自迎之，以爲公卿，封<u>長子</u>。_{今<u>山西長子縣</u>。}<u>武王</u>時爲太史。<u>漢志</u>道家，<u>辛甲</u>二十九篇。書久佚。<u>馬</u>輯二條，皆近道家。因具述之。

官箴　<u>春秋襄四年左傳</u>云：_{<u>晉魏絳對晉悼公</u>語。}

　　昔<u>周辛甲</u>之爲太史也，命百官官箴<u>王</u>闕。_{<u>王</u>謂<u>周武王</u>。}於<u>虞人</u>之箴曰：“芒芒<u>禹</u>迹，畫爲九州，經啟九道。民有寢廟，獸有茂草，各有攸處，德用不擾。在帝<u>夷羿</u>，冒於原獸，_{冒，貪也。}忘其國恤，而思其麀牡。武不可重，_{<u>服虔</u>云：“重，猶大也。言武事不可大任。”}用不恢於<u>夏</u>家。_{<u>杜預</u>云：“<u>羿</u>以好武，雖有<u>夏</u>家，而不能恢大之。”}獸臣司原，謂司原野狩獵之臣也。敢告僕夫。”_{<u>杜預</u>云：“告僕夫，不敢斥尊。”}

兵謀　<u>韓子說林上篇</u>云：

　　<u>周公旦</u>已勝<u>殷</u>，將攻<u>商蓋</u>，_{<u>江聲</u>曰：“<u>商蓋</u>，<u>商奄</u>也。”案<u>商</u>，謂<u>武庚</u>。<u>奄</u>、<u>蓋</u>，義同。故<u>商蓋</u>亦呼<u>商奄</u>。<u>鄭玄</u>云：“<u>奄</u>在<u>淮夷</u>之北。”}<u>辛公甲</u>曰：“大難攻，小易服，不如服眾小以劫大。”乃攻<u>九夷</u>而<u>商蓋</u>服矣。_{<u>書序</u>云：<u>成王</u>黜<u>殷</u>命，殺<u>武庚</u>，東伐<u>淮夷</u>，遂踐<u>奄</u>。即此時事。}

　　<u>馬國翰</u>曰：“<u>虞箴</u>似<u>太公金匱</u>、<u>陰謀</u>所載<u>武王</u>諸銘，其言兵亦略似。<u>班志</u>以<u>辛甲</u>與<u>太公</u>同列道家，知非課虛而叩寂也。”今案<u>辛公</u>與<u>周公</u>議伐<u>商奄</u>，勸其服小以劫大，此即<u>周</u>之陰權。<u>虞箴</u>謂民不可擾、武不可重，尤合道家宗旨。惜乎二十九篇之僅遺鱗爪也。

五　鬻子　鬻亦作粥，古字通用。

鬻子姓羋，羋本字作嬭。薛尚功鐘鼎款識載楚南龢鐘銘云：楚王媵邟仲嬭南龢鐘。案即左氏春秋文元年傳之江羋也，邟即春秋江國之本字。名熊，祝融之後，陸終第六子季連之裔。年九十，見周文王。文王曰：“嘻！老矣！”鬻子曰：“若使臣捕虎逐麋，則臣已老矣；使臣坐策國事，則臣年尚少。”因立爲師。至武王、成王，皆師事之。成王大封異姓，會先卒，子熊麗、孫熊狂亦卒，因封其曾孫熊繹於楚，子孫皆以熊爲氏。漢志道家，粥子二十二篇；小說家，鬻子說十九篇。隋志鬻子一卷列道家，舊唐志鬻子一卷列小說家，新唐志又列道家。今存一卷，止十四篇，本唐永徽中逢行珪所獻。近儒亦多輯佚本，何者爲道家，何者爲小說，不能辨也。茲兼採而別擇之，略述於下。今本鬻子蓋小說家言，此不具述。

天運　列子天瑞篇云：

粥熊曰：“運轉亡已，天地密移，疇覺之哉？故物損於此者盈於彼，成於此者虧於彼，損盈成虧，隨世隨死。世，生也。列子書多以世爲生。往來相接，間不可省，疇覺之哉？”（凡一氣不頓進，一形不頓虧，亦不覺其成，不覺其虧。亦如人自世至老，世亦生也。貌色智態，態讀爲能。亡日不異，皮膚爪髮，隨世隨落，非嬰孩時有停而不易也。閒不可覺，俟至後知。）據嚴輯本，則“凡一氣”以下，皆列子引申語也。

張湛列子注云：“夫萬物與化爲體，體隨化而遷，化不暫停，物豈守故？故向之形生，非今形生，俯仰之間，已涉萬變。氣散形朽，非一旦頓至，而昧者操必化之器，託不停之運，自謂變化可逃,不亦悲乎！成者方自謂成,而已虧矣;生者方自謂生,潛已死矣。皆在冥中而潛化,固非耳目所瞻察。形色髮膚,新故相換,猶不可識,況妙於此者乎?"今案張注洵足發明粥子及列子之精意,然其言受彼時佛學之影響,亦甚深也。

道要　賈誼新書修政語下云:

周成王曰:"敢問於道之要,奈何?"鬻子對曰:"唯。句。疑請以上世之政,詔於君王。疑讀爲擬。政曰:政,蓋古政典也。爲人下者敬而肅,爲人上者恭而仁,爲人君者敬士愛民以終其身,此道之要也。"周成王曰:"受命矣。"　　列子黃帝篇云:

天下有常勝之道,有不常勝之道。常勝之道曰柔,常不勝之道曰強。二者亦知,亦讀爲難易之易。而人未之知。故上古之言:強,先先猶勝也。不己若者;柔,先出於己者。先不己若者,至於若己,則殆矣;先出於己者,亡所殆矣。以此勝一身若徒,以此任天下若徒,勝,亦任也。若徒謂如無事然。謂不勝而自勝,不任而自任也。粥子曰:"欲剛必從柔守之,欲強必以弱保之。張注云:"守柔,不以求剛而自剛。保弱,不以求強而自強。故剛強者,非欲之所能致也。"積於柔必剛,積於弱必強,觀其所積,以知禍福之鄉。強勝不若己,至於若己者剛;張注云:"必有折也。"說文云:"剛,強斷也。"柔勝出於己者,其力不可量。"老聃曰:"兵強則滅,木強則折。柔弱者,生之徒;堅強者,死之徒。"老子七十六章,文小異。

案鬻子守己則以柔弱,即老子所云"柔弱勝剛強"也。治人則以恭敬,即孔子所云"恭己正南面"也。漢志稱道家清虛以自守,卑弱以自持,君人南面之術也。其曰"去名者無憂",列子楊朱篇引鬻子曰。則道家尚無名之義也。其語文王曰："自長非所增，自短非所損，算之所亡若何。"張注云："算猶智也。"案算，猶數也。亡若何，猶言無奈何。本列子力命篇引鬻熊語。則道家順自然之義也。至道之要，其在斯乎！

治國　賈誼新書修政語下云：

　　周成王曰："敢問治國之道，若何？"鬻子對曰："唯。疑請以上世之政，詔於君王。政曰：治國之道，上忠於主，而中敬其士，而下愛其民。故上忠其主者，非以道義則無以入忠也；而中敬其士，不以禮節則無以諭敬也；而下愛其民，非以忠信則無以諭愛也。故忠信行於民，而禮節諭於士，道義入於主，則治國之道也。雖治天下者由此而已。"周成王曰："受命矣。"

　　案鬻子以道義、禮節、忠信為治國之道，與太公以道德、仁義為得天下之道，殆無以異。此隋志經籍所為以鬻子冠道家之首，明刊子彙徑以鬻子列入儒家也。

民生　賈誼新書修政語下云：

　　周成王曰："寡人聞之，聖王在上位，使民富且壽云。若夫富則可為也，若乎壽，則不在天乎？"粥子曰："唯。疑請以上世之政，詔於君王。政曰：聖王在上位，則天下不死軍兵之事，故諸侯不私相攻，而民不私相鬥鬮，不私相殺也。故聖王在上位，則民免於一死而得一生矣。聖王在上，則君積於道而吏積於德，而民積用於力，故婦人為其所衣，丈夫為其所食，而民無凍餒矣。故聖王在上，則民免於二死而得二生矣。聖王在上，則君積於仁而吏積於愛，而民積於順，則刑罰廢矣，而民無大過之誅。故聖王在上，則民免於三死而得三生矣。聖王在上則使民有時，而用之有節，則民無厲疾矣。故聖王在上，則民免於四死而得四生矣。故聖王在上，則使盈境内，興賢良以禁邪慝，故賢人必用，而不肖人不作，則已得其命矣。故夫富且壽者，聖王之功也。"周成王曰："受命矣。"

案此所云民生，僅就人民生命而言，尚未切籌國民生計。蓋粥子本道家，亦尚無爲之治者，人人能保全其壽命，則生計自在其中，此斯民之所以但求免死而得生也。

六　管子　管一作筦，古字通用。

管子名夷吾，字仲，潁上人，說文：潁水出潁川陽城乾山，東入淮。案今潁水出河南登封縣少室山，經安徽潁川潁上縣與淮合，曰潁口。史記之潁上，必在今豫皖二省潁水流域，不必即今潁上縣也。管莊仲山之子。見世本。初事齊公子糾，糾死於魯，管子歸齊。桓公以爲上卿，號曰仲父，卒諡敬子，亦稱管敬仲。劉向校讎管子書，定著八十六篇。劉歆七略云：管子十八篇在法家，史記正義引七略。蓋由八十六篇中裁篇别出者。漢志，管子八十六篇列道家，從别録也。今存七十六篇，書多後人增輯，然爲稱述管氏之學者，則無疑也。

　　道德　管子書中論修己莫精於内業，論誨人莫先於弟子職。二篇一列儒家，一列孝經家。内業已載前章，兹不複述，僅撮録其本於道德者，約略言之。管子心術上篇云：略依王氏雜志、俞氏平議校録。

　　　　心之在體，君之位也；九竅之有職，官之分也。心處其道，九竅循理；嗜欲充盈，目不見色，耳不聞聲。故曰上離其道，下失其事。毋代馬走，使盡其力；毋代鳥飛，使弊其羽翼；毋先物動，以觀其則；動則失位，靜乃自得。道不遠而難極也，極，至也。與人並處而難得也。虛其欲，神將入舍，掃除不潔，神不留處。人皆欲智，而莫索其所以智。所以智者，去欲而存神也。智乎！智乎！投之海外無自奪，求之者不得處。奪，失也。言智周乎海外而不自失，然求之者，終不得其處也。夫聖人無求也故能虛，虛而而原作無，從王志改。無形謂之道。化育萬物謂之德。君臣父子人間之事謂之義。登降、揖讓、貴賤有等、親疏有體謂之禮。簡物小未一道，殺僇禁誅謂之法。句首有誤字。舊注云：“謂簡擇於物，未有能與道爲一者，乃殺戮禁防之，此法之用也。”其義不瞭，故疑有誤字。大道可安而不可說。真人之言，不義不顧，義讀爲儀；儀，度也。真人之言，因而應之，不儀度，不顧念也。不出於口，不見於色，四海之人，又孰知其則？天曰虛，地曰靜，乃不伐。伐，謂自稱其能也。潔其宮，開其門，下解云：“宮者，謂心也。門者，謂耳目也。”去私毋言，神明若存。紛乎其若亂，靜之而自治。強不能徧立，智不能盡謀。物固有形，形固有名，名當謂之聖人。故必知不言之言，無爲之事，然後知道之紀。殊形異勢，與萬物異理，故可以爲天下始。人之可殺，以其惡死也；其可不利，不利，謂害之也。以其好利也。是以君子不怵乎好，不迫於惡，謂不爲利所怵誘，不爲死所促迫也。恬愉無爲，去智與故。其應也，非所設也；其動也，非所取也。過在自用，罪在變化。下解云：“自用則不虛，不虛則仵於物矣。變化則爲生，爲生則亂矣。”是故有道之君，其處也若無知，其應物也若偶之，下解云：“若偶之，言時適也。”靜因之道也。下解云：“因也者，舍己而以物爲法者也。”

案原書篇末，尚有千餘言，皆後人解說之詞，則此上篇爲<u>管</u>

子所著無疑。且篇中多用韻之文,與牧民、山高、即形勢篇。版法、內業、弟子職諸篇,文體一律,尤明徵矣。所述皆真人無爲之事,人君南面之術,其爲道家言,亦可無疑。班志列管子於道家,即以此耳。心術下篇文義,多與內業同,已詳儒家,可參觀也。管子白心篇末云:

　　　道之大如天,其廣如地,其重如石,其輕如羽。民之所以知者寡,故曰:何道之近而莫之與能服也? 舊注:服,行也。棄近而就遠,何以費力也? 孟子曰:"道在邇而求諸遠,事在易而求諸難。"故曰:欲愛吾身,先知吾情,君親六合,以考內身,謂六合之內皆尊而親之,以內省於吾身。以此知象,乃知行情,象,效法也。行,使用也。情,謂五性之情。既知行情,乃知養生。左右前後,周而復所,左右前後,謂四方。所,謂中央。執儀服象,敬迎來者。來者,謂德也。心術下云:"形不正者德不來,中不精者心不治,正形飾德,萬物畢得,翼然自來,神莫知其極。"今夫來者,必道其道,無遷無衍,命乃長久。遷,移也。衍,溢也。和以反中,形性相葆,一以無貳,是謂知道。將欲服之,必一其端,而固其守。責其往來,莫知其時,責,求也。索之於天,謂求之於自然也。與之爲期,不失其期,乃能得之。期亦時也,互文耳。

　　案此節乃述道家養生之術,其精義多與內業相通。後漢魏伯陽之周易參同契文法、學理,多源於此。此篇亦必管子手著之文。宋張嵲字巨山。讀管子曰:"管子天下奇文也,讀心術上下、白心、內業諸篇,知其功業所本。"誠知言也。

　　政教　古代君師合一,政教不分,在管子時尚如是也。今略爲分述如下。管子牧民篇曰:

凡有地牧民者，務在四時，守在倉廩。國多財則遠者來，地辟舉則民留處，辟舉，謂舉行開辟也。倉廩實則知禮義，衣食足則知榮辱，史記引此二句，則作而，字異義同。上服度則六親固，服行禮度也。王弼云：“六親，父、母、兄、弟、妻、子。”四維張則君令行，故省刑之要在禁文巧。魏李克謂不禁技巧爲刑罰之起原，語詳儒家。守國之度，在飾四維。飾，讀爲飭。飭，勤力整治也。……四維不張，國乃滅亡。……何謂四維？一曰禮，二曰義，三曰廉，四曰恥。禮不逾節，義不自進，廉不蔽惡，恥不從枉。……又曰：政之所興，在順民心；政之所廢，在逆民心。……故刑罰不足以畏與威通。其意，殺戮不足以服其心。……故從其四欲，則遠者自親；四欲，謂佚樂、富貴、存安、生育。行其四惡，則近者叛之。四惡，謂憂勞、貧賤、危墜、滅絕。故知予之爲取者，政之寶也。

　　案管子論政，全本其道德家言。故開宗明義第一章，即以四維爲國民道德之標準。其以禁文巧爲省刑之要，即老子所謂“絕巧棄利，盜賊無有”也。又以順民心爲行政之道，即老子所謂“聖人無常心，以百姓心爲心”也。其曰刑罰不足以畏其意，……即老子所謂“民不畏死，奈何以死懼之”也。又曰知予之爲取，政之寶也，二語史記亦引之。即老子所謂“將欲取之，必固予之”也。其第二章云：形勢篇。“得天之道，其事若自然；失天之道，雖立不安。其道既得，莫知其爲之；其功既成，莫知其釋之。釋，捨也。謂功成身退。藏之無形，天之道也。”其第五章云：乘馬篇。“無爲者帝，爲而無以爲者王，爲而不貴者霸。”其第十二章云：“樞言曰：愛之、利之、益之、安之，四者道之出，帝王者用之，而天下治矣。”是管子固身通帝王之道者，惜夫齊桓之僅能勉霸耳。事詳大匡篇。

大匡篇云：管仲至，公問曰：“社稷可定乎？”管仲對曰：“君霸王，社稷定，君不霸王，社稷不定。"公曰："吾不敢至如此其大也。定社稷而已。"管仲又請。君曰："不能。"管仲辭於君……乃走出。至門，公召管仲。管仲反。公汗出曰："勿已，其勉霸乎!"管仲再拜稽首承命，趨立於相位。至於政教設施之條目，撮其大要，約有四端。版法篇包舉政教之要，宜參考。

（甲）文政　小匡篇云："十卒爲鄉，鄉有良人；三鄉爲屬，屬有帥。武政聽屬，文政聽鄉。"　文政即内政，亦謂之鄉治。文政二字出鶡子，見賈子修政下。管子云："朝不合眾，鄉分治也"是已。權修篇文。其立政篇云：

分國以爲五鄉，鄉爲之師；分鄉以爲五州，州爲之長；分州以爲十里，里爲之尉；分里以爲十游，游爲之宗。十家爲什，五家爲伍，什伍皆有長焉。築障塞匿，藩隔曰障。匿，隱藏也。一道路，摶出入，王念孫云："摶，古專字，專與一同義。"審閭閈，慎筦鍵。筦藏於里尉，置閭有司以時開閉，閭有司觀出入者，以復於里尉。觀，諦視也。復，白也，明告也。凡出入不時，衣服不中，圈屬羣徒，洪頤煊云："圈讀圈聚之圈。屬，係也。羣徒，謂朋輩，言環結交遊之人。幼官篇云：'強國爲圈，弱國爲屬。'即其證也。"今案圈屬即今眷屬字，取圈聚眷戀之意。史記樊噲傳作婘屬，乃後起之專字。此稱圈屬，即下所謂子弟、臣妾、屬役，不皆女子也。不順於常者，閭有司見之，復無時。無定時也，猶言隨時報告。若在長家子弟、臣妾、屬役、賓客，長家，謂一家之長。臣妾，謂僕婢。役，亦徒也。則里尉以譙於游宗，譙，責讓也，古文作誚。游宗以譙於什伍，什伍以譙於長家。譙敬而勿復。敬謂自儆戒也。勿復，不上白。一再則宥，三則不赦。凡孝悌忠信賢良俊材，若在長家子弟、臣妾、屬役、賓客，則什伍以復於游宗，游宗以復於里尉，里尉以復於州長，州長以計於鄉師，鄉師以著於士師。計，謂上其計簿也。著，謂以書表明之。凡過黨，黨，類也。過謂責罰。其在家屬，及於長家；及，連也，累也。其在長家，及於什伍之長；其在什伍之長，及於游宗；其在游宗，及於里尉；其在里尉，及於州長；其在州長，及於鄉師；其在鄉師，及於士師。三月一復，六月一計，十二月一著，凡上賢不過等，使能不兼官。孔子謂管氏官事不攝。孟子述葵丘之命曰：“官事無攝。”案，攝猶兼也，即使能不兼官之義。罰有罪不獨及，賞有功不專與。不獨及，謂連坐。不專與，謂兼賞上賢使能者。

案管子所言鄉治，與周禮大司徒職“五黨爲州，使之相賙；五州爲鄉，使之相賓”，鄭注云：“使之者，皆謂立其長而教令使之。賓，賓客其賢者。”杜子春云：“賙當爲糾，謂糾其惡。”及“以鄉三物教萬民而賓興之”，又“以鄉八刑糾萬民”，大旨相合，此王道也。管子著書之時，已定此制。及對桓公之問，又加變更，則以桓公僅欲稱霸，不能勉之至王耳。近人梁啓超云：“此種制度，曾否實行，不敢斷言。即以理想論，其高尚完密，則既可師矣。”先秦政治思想史廿一章。

（乙）武政　武政即軍政，亦謂之軍令。管子小匡篇云：

管仲對桓公曰：“君若欲正卒伍，修甲兵，則大國亦將正卒伍，修甲兵。君有征戰之事，則小國諸侯之臣，有守圉之備矣。然則難以速得意於天下。國語意作志。君若欲速得意於天下諸侯，則事有所隱，而政有所寓。”公曰：“爲之奈何？”管子對曰：“作內政而寓軍令焉。國語寓作寄。令，亦政也。爲高子之里，爲國子之里，爲公里，三分齊國以爲三軍，擇其賢民，使爲里君。鄉有行伍卒長，則有制令，則有，原作則其。從孫星衍說改。且以田獵，廣雅云：“且，借也。”因以賞罰，則百姓通於軍事矣。”桓公曰：“善。”於是乎管子乃制五家以爲軌，軌爲之長；十軌爲里，里有司；四里爲連，連爲之長；十連爲鄉，鄉有良人，韋昭云：“良人，鄉大夫也。”以爲軍令。是故五家爲軌，此當有故字。五人爲伍，軌長率之；以此內政用爲軍令時，家出一人，則

居爲軌、里、連、鄉,出爲伍、小戎、卒、旅。所謂隱事而寓政也。十軌爲里,
故五十人爲小戎,里有司率之;四里爲連,故二百人爲卒,連
長率之;十連爲鄉,故二千人爲旅,鄉良人率之;五鄉一師,
故萬人一軍,五鄉之師率之。師,長也。國語作帥。三軍,故有
中軍之鼓,即公里之鼓。有高子之鼓,有國子之鼓。春以田曰
蒐,振旅;秋以田曰獮,治兵。周禮大司馬:"中春教振旅,遂以蒐田;
中秋教治兵,遂以獮田。"鄭注云:"凡師出曰治兵,入曰振旅,皆習戰也。管子
隱事以教戰,春曰蒐田,其實振旅;秋曰獮田,其實治兵。"是故卒伍政定
於里,軍旅政定於郊。人少則習戰於鄉里,人多則習戰於郊野。政定二
字,國語作整。內政既成,令不得遷徙。故卒伍之人,人與人
相保,家與家相受,受,原作愛,從戴望校正改。周禮云:"令五家爲比,
使之相保;五比爲閭,使之相受。"鄭玄注云:"保猶任也。受者,宅舍有故,相
受寄託也。"少相居,長相遊,祭祀相福,相福,謂致福胙也。死亡相
恤,禍福相憂,福,當爲災。國語作"禍災共之"。居處相樂,行作相
和,和,謂歌聲相應答也。哭泣相哀。是故夜戰,其聲相聞,足以
無亂;晝戰,其目相見,足以相識,歡欣足以相死。韋昭云:"致
死以相救也。"是故以守則固,以戰則勝。君有此教士三萬人
以橫行於天下,誅無道以定周室,天下大國之君,莫之能圉
也。橫,齊語作方。案橫,當讀爲廣。禮記孔子閒居云:"以橫於天下。"

案此言小戎、卒、旅、師、軍,與大司馬職軍、師、旅、卒、兩不
同。周禮云:"凡制軍,萬有二千五百人爲軍,二千有五百人爲師,五百人爲旅,百人
爲卒,廿有五人爲兩。"韋昭所謂此管子所定齊制,非周法也。國語齊語
注。然軌、里、連、鄉之制,亦與立政篇之鄉、州、里、游、什、伍,不
盡相符。蓋立政所著,尚多託之空言,小匡所記,則已見諸行事
者也。故小匡篇又云:

高子、國子退而修鄉,鄉退而修連,連退而修里,里退而修軌,軌退而修伍,伍退而修家。是故匹夫有善,可得而舉也;匹夫有不善,可得而誅也。政既成,鄉不越長,朝不越爵。<u>孟子</u>曰:"朝廷莫如爵,鄉黨莫如齒。"罷士無伍,罷女無家。罷,謂不慭作勞,有似於疲也。無伍者,眾不與爲伍;無家者,人不娶爲妻也。士三出妻,逐於境外,詩所謂"士也罔極,二三其德"者也。女三嫁,入於舂穀。舊注云:"三出而嫁,是不貞順者也。"案當指棄夫而嫁,非謂被出者也。周制,坐爲盜賊而爲奴者,女子入於舂稿(見<u>秋官司厲職及鄭司農注</u>)。是故民皆勉爲善士,與其爲善於鄉,不如爲善於里;與其爲善於里,不如爲善於家。是故士莫敢言一朝之便,皆有終歲之計;莫敢以終歲爲議,議,猶謀也,與計義同。皆有終身之功。謂皆計及歿世之功業也。

案此種制度,古稱寓兵於農制,今稱全國皆兵制。然考<u>管子</u>創制之意,尚有二端:一爲順應民心,一爲養成民德。凡人之情,與鄉里之人相友相助者,戰時必樂爲效死;有鄉里之長相糾相賓者,士民必勉爲善人。斯二端乃<u>管子</u>政治原於道德之意者也。

(丙) 財政　國家財政之盈虛,全視國民生計,農、工、商業,其最要者也。自來爲國理財者,常有所偏重,殆因其時地之不同耳。惟<u>管子</u>則三者並重焉。<u>治國篇</u>云:

凡治國之道,必先富民,民富則易治也,民貧則難治也。……是以善爲國者,必先富民而後治之。昔者七十九代之君,法制不一,號令不同,然俱王天下者何也? 必國富而粟多也。夫富國多粟,生於農,故先王貴之。凡爲國之急者,必先禁末作文巧;末作文巧禁,則民無所遊食;民無所遊食,則必農;民事農則田墾;田墾則粟多,粟多則國富;國富者兵強，兵強者戰勝，戰勝者地廣。是以先王知眾民、強兵、廣地、富國之必生於粟也，故禁末作，止奇巧，而利農事。今爲末作奇巧者，一日作而五日食，農夫終歲之作，不足以自食也，然則民舍本事而事末作；舍本事而事末作，則田荒而國貧矣。凡農者，月不足而歲有餘者也。……故先王使農、士、商、工四民交能易作。舊注云：「謂士亦善於農、工，農亦通於士、商也。」終歲之利，無道相過也，舊注云：「道，從也。四民均能，故其利無從相過。」是以民作一而得均，民作一則田墾，姦巧不生。田墾則粟多，粟多則國富，姦巧不生則民治。富而治，此王之道也。……

案此管子重農之學說也。或謂此篇言「使四民交能易作」，與小匡篇言「四民勿使雜處」大相矛盾，此篇必爲後人僞作。余謂篇中累稱先王，又明言「此王之道也」，此乃管子平居自著之書。漢初晁錯貴粟一疏，即源於此。及對桓公之問，不得已勉談霸術，取合時君，此所以同載一書，而先後矛盾也。即謂此篇爲後人所附益，而所云「粟多姦巧不生」實即「倉廩實則知禮節，衣食足則知榮辱」之義，仍爲發明管子之學者也。

史記貨殖傳云：「太公望封於營丘，地潟鹵，潟鹵，鹹地。人民寡，於是太公勸其女功，極技巧，通魚鹽，則人物歸之，繦至與襁通。說文：襁，負兒衣；褓，小兒被也。而輻湊。故齊冠帶衣履天下，海岱之閒斂袂而往朝焉。其後齊中衰，管子修之，設輕重九府，則桓公以霸。」是管子治齊固修太公之業，而兼重工、商者也。

海王篇云：依王氏雜志校正本錄。

桓公問於管子曰：「吾欲藉於臺雉，原作雉，從王校正。王引之云：「雉與射同，榭之假借。」案藉，稅也。字亦通作籍。藉於臺榭，猶後世房

屋稅也。何如?"**管子**對曰:"此毀成也。"人民爲免稅計,則臺榭不成
矣。"吾欲藉於樹木。"猶後世竹木稅也。**管子**對曰:"此伐生
也。""吾欲藉於六畜。"猶後世牲畜屠宰諸稅。**管子**對曰:"此殺
生也。"謂減少牲畜也。"吾欲藉於人,何如?"猶後世丁口稅。**管子**
對曰:"此隱情也。"情,實也。爲逃稅計,必隱匿丁口之實數。**桓公**
曰:"然則吾何以爲國?"**管子**對曰:"唯官山海爲可耳。"**桓公**
曰:"何謂官山海?"**管子**對曰:"海王之國,謹正鹽筴。"王,勝
也。謂近海而擅勝利之國。正讀爲征。征,稅也。筴讀爲策,算也,數也。
桓公曰:"何謂正鹽筴?"管子對曰:"十口之家,十人食鹽;百
口之家,百人食鹽。終月,大男食鹽五升少半,三分之一爲少
半。大女食鹽三升少半,吾子食鹽二升少半,舊注:"吾子謂小男
小女也。"案吾古讀爲牙。**後漢書崔駰傳**注云:"童牙謂幼小也,今俗作犽,後
起專字。"**地數篇**大男作丈夫,大女作婦人,吾子作嬰兒。此其大歷也。大
歷,大凡之數。**地數篇**所云:凡食鹽之數也。鹽百升而釜。米以六斗四升
爲釜,鹽之重量,須百升當米一釜。令鹽之重升加分彊,釜五十也。
重,猶貴也。分,猶半也。彊通作強。**九章算術**:"凡有餘贏,命曰強。"升加分
彊者,謂每鹽一升,多加價半錢,則一釜適贏五十錢也。**地數篇**作"升加分耗
而釜五十,升加一耗而釜百"。案耗,謂餘費也,與彊有餘贏之義同。升加
一彊,釜百也;升加二彊,釜二百也。鍾二千,十釜爲鍾。十鍾
二萬,百鍾二十萬,千鍾二百萬。萬乘之國,大數開口千萬
也。開口,謂食鹽者。曰千萬,亦舉大數而言。禺筴之,句。商曰二百
萬。禺,讀爲耦,耦合也,今通作偶。商,度也,計也。據上文大男、大女、吾
子食鹽之數,而以十口之家計之,假令一家大男大女四人,吾子六人,則終月
食鹽共三斗一升少半,又以十人三十日分之,人日食鹽一合有奇。人口千萬
之國,則日食鹽千鍾,合其增加之贏餘而策算之,約計每日可得二百萬。十
日二千萬,一月六千萬。萬乘之國,句。正人百萬也。**揆度篇**
云:"萬乘之國,爲戶百萬戶,爲開口千萬人,爲當分者百萬人。"(分猶事也。)
國蓄篇云:"以正人籍者,謂之離情;以正戶籍者,謂之養贏。"案正人即當分

者,猶今家長也。月人三十錢之藉,爲錢三千萬,此謂以正人藉者。今吾非藉之諸君吾子,而有二國之藉者,六千萬。諸君謂大男大女。非藉諸君吾子者,言非藉於人也。王引之曰:"人藉三十錢,每月但有三千萬而已。今吾之征鹽筴也,不待藉之諸君吾子,而每月自有六千萬錢倍於一國三千萬之藉,是有二國之藉也。"使君施令曰'吾將藉於諸君吾子',則必囂號,若明發號令將藉於人,則民必怨咨。令夫給之鹽筴,則百倍歸於上,人無以避此者,數也。百字可從俞樾說刪。人不能不食鹽,故征鹽筴至升加二錢,人亦無從避免者,必然之理也。

　　"今鐵官之數曰:數,計也。一女必有一針、一刀;若,其事立。若,如此也。謂如此,則其事成立。耕者必有一耒、一耜、一銚;若,其事立。耒,手耕曲木也。此因耜而連言之。行服連軺輦者,必有一斤、一鋸、一錐、一鑿;若,其事立。服,用也。連,讀爲輦,人挽行之車也。軺,立乘小車也。輦,大車駕馬也。不爾而成事者,天下無有。令針之重加一也,三十針,一人之藉也。若使針價加貴一錢,則三十針得一人一月之藉。刀之重加六,五六三十,五刀,一人之藉也。耜鐵之重加十,三耜鐵,一人之藉也。其餘輕重,皆准此而行。准爲準字之誤省,今尚沿用之。然則舉臂勝事,無不服藉者。"勝,任也。服,被也。

　　桓公曰:"然則國無山海,不王乎?"不王,謂不興盛也。管子曰:"因人之山海假之名。謂己國雖無山海,而仍有鹽鐵之官,亦可名之爲官山海也。有海之國,讎鹽於吾國,釜五十,吾受而官出之以百,王引之曰:"釜五十者,升加分彊也。出之以百者,升加一彊也。售鹽於吾國者,每升加錢之半,百升而釜,故釜五十也。吾國受而使鹽官出之,則倍其數而升加一錢,百升而加百錢,故以百也。"我未與其本事也。本事謂製鹽之事。受人之事,以重相推,此人用之數也。"但買受他人已成之鹽,以重價相推進,此他人爲我利用之法也。鹽利如此,鐵利可知。

案此特設鹽官、鐵官,經營山海之工業,即加重其價,以爲國家收入之財源,且使私人不能求壟斷而罔市利。近世所謂"國家營業之政策"、"租稅普遍之原則",亦與管子之制大旨相類也。

地數篇云:從王氏校本錄。

桓公曰:"地數可得聞乎?"管子對曰:"地之東西二萬八千里,南北二萬六千里,其出水者八千里,受水者八千里,出銅之山四百六十七,出鐵之山三千六百有九。此人之所以分壤樹穀也,戈矛之所發,刀幣之所起也。能者有餘,拙者不足。封於泰山,禪於梁父。封禪之君七十二家,得失之數,皆在此內。是謂國用。……"

桓公問於管子曰:"請問天財所出,地利所在?"管子對曰:"山上有赭者,其下有鐵;上有鉛者,其下有銀;一曰:上有鉛者,其下有鉒銀。上有丹沙者,其下有鉒金;一曰:下有黃金。上有慈石者,其下有銅釜。此山之見榮者也。苟山之見榮者,謹封而爲禁,有動封山者,罪死而不赦。有犯令者,左足入,左足斷;右足入,右足斷。然則其與犯之者遠矣。與,干與也。犯,侵犯也。此天財、地利之所在也。"

案此言凡有金銀銅鐵之山,皆由官封禁,定以嚴刑,使人民不敢過問,遠而避之。惟國家得以採冶而爲戈矛刀幣之用,此亦富強之基也。

國蓄篇云:

凡將爲國,不通於輕重,不可爲籠以守民;不能調通民利,不可以語制爲大治。是故萬乘之國,有萬金之賈;千乘之國,有千金之賈。然者何也? 然,如是也。國多失利,則臣不盡其忠,士不盡其死矣。歲有凶穰,故穀有貴賤;令有緩急,故物有輕重。然而人君不能治,梁啟超云:"猶言政府無辦法。"故使蓄賈遊市,謂蓄積餘業之坐賈,亦遊行於市也。乘民之不給,百倍其本。……智者有什倍人之功,愚者有不廣本之事,舊注:廣,猶償也。然而人君不能調,故民有相百倍之生也。生,謂財業也,言貧富生計相去百倍。夫民富則不可以祿使也,貧則不可以罰威也。法令之不行,萬民之不治,貧富之不齊也。且君引鋝量用,鋝,策也。耕田發草,謂躬耕籍田也。上得其數矣。民人所食,人有若干步畝之數矣,計本量委則足矣。委,積也。然而民有飢餓不食者,何也? 穀有所藏也。謂商賈皆積貨以逐利也。人君鑄錢立幣,民庶之通施也,舊注云:"錢幣無補於飢寒之用,人君所立以均制財物,通變有無,使人之所求各得其欲。"案施,行也,用也。人有若干百千之數矣,然而民事不及,用不足者,何也?舊注云:"民事,常費也。"利有所并藏也。謂富豪皆爭匿財也。輕重甲篇作"財有所并也"。案并讀爲屏。屏,藏也。然則人君非能散積聚、鈎羨不足、分并財利,而調民事也。利字當據輕重甲篇删。則君雖強本趣耕,舊注:本謂務農。趣,讀爲促。而日爲鑄幣而無已,乃令使民下相役耳,惡能以爲治乎? 言人君若不能使積聚穀米者散之,有餘不足者均之,屏藏財利者分之,以均調民生之常費,則雖促進農業,多鑄金錢,是明使富豪侵奪貧弱耳,烏能治國家?

此種"富商大賈蹛財役貧"之幣,二語本平準書。將何法以補救之? 故國蓄篇又云:

凡輕重之大利,以重射輕,以賤泄平,萬物之滿虛隨財,句。准平而不變,衡絕則重見。而,猶則也。人君知其然,故守之以准平。使萬室之都,必有萬鍾之藏,藏繦千萬;使千室之都,必有千鍾之藏,藏繦百萬。漢書食貨志下引都作邑,義同。繦

今字作鎔。鎔，錢也。各都錢穀皆公家之所藏也。春以奉耕，夏以奉
芸。奉猶供給也。耒耜、械器、種饟、糧食，畢取贍於君，饟與餉
同，謂餉田之具也。贍，足也。故大賈蓄家不得豪奪吾民矣。
又云：

　　夫物多則賤，寡則貴；散則輕，聚則重。人君知其然，故
視國之羡不足而御其財物。穀賤則以幣錢幣。予食，布帛賤
則以幣予衣，方言：予，讎也。讎今通作售。視物之輕重而御之以
准，故貴賤可調，而君其利。　　　又云：

　　夫民有餘則輕之，故人君斂之以輕；民不足則重之，故
人君散之以重。斂積之以輕，散行之以重。故君必有什倍
之利，而財之橫可得而平也。橫，本橫之假借。朱說，當讀爲權衡之
衡。衡與準義同，衡平即準平也。漢書食貨志下引此文"民有餘則輕之"四
句，即繼之曰："凡輕重斂散之以時，則準平。"是其證已。

　　案此以錢穀輕重之權收歸政府，利益均爲公有，蓄家大賈不
能豪奪平民。其道則在於"視國之羡不足而御其財物"、"視物之
輕重而御之以准"，近世所謂"資本國有"、"商業官營"者，殆同管
子之意歟。
　　（丁）教育　管子之教育學，可別爲三端：一教軍士，一教弟
子，一教四民。軍事教育，即上所述"作內政寄軍令"。兵法篇有五
教：一曰教其目以形色之旗，二曰教其耳以號令之數，三曰教其足以進退之度，四曰
教其手以長短之利，五曰教其心以賞罰之誠。五教各習，而士負其勇矣。茲但舉
後二端分別詳之。
　　（一）教弟子　弟子職篇云：

先生施教，弟子是則。溫恭自虛，所受是極。極，謂窮理至乎其極也。易曰：“君子以虛受人。”見善從之，聞義則服。服，行也。溫柔孝悌，毋驕恃力。志毋虛邪，考工記輈人注：“鄭司農云：穿，讀爲志無空邪之空。”惠棟云：“弟子職志無虛邪，或古本虛作空，故讀從之。”宋翔鳳云：“虛作空，是也。”行必正直。遊居有常，必就有德。顏色整齊，中心必式。式，法也。言心必與貌合。夙興夜寐，衣帶必飾。飾，修整也。朝益暮習，小心翼翼。翼翼，恭慎貌。一此不解，是謂學則。解，讀爲懈，怠也。則，法則也。

少者之事，夜寐蚤作。既拚盥漱，執事有恪。拚，讀爲坌；坌，掃除也。禮記少儀云：“掃席前曰拚。”攝衣共盥，先生乃作。攝，猶斂著也。共讀爲供；供，進也。作，起也。沃盥徹盥，既盥即徹盥器。氾拚正席，先生乃坐。氾，廣也。席謂先生之所坐。出入恭敬，如見賓客。危坐鄉師，顏色無怍。危，正也。鄉讀爲向。怍，顏色變也。

受業之紀，必由長始。紀，猶法也。一周則然，其餘則否。舊注云：“謂始教一周，則從長始，一周之後則不然。”始誦必作，其次則已。凡言與行思，中以爲紀。中者，不偏不倚，無過不及也。古之將興者，必由此始。興，謂興起在位也。此，謂受業。後至就席，狹坐則起。狹，近也。謂與後至者之席左右相接近，則起也。

若有賓客，弟子駿作。駿，速也。對客無讓，應且遂行。無讓，不詰問以辭也。但應客所語而即行。趨進受命，舊注云：受先生命。今案，受客之命也。所求雖不在，必以反命。求，請也，問也。謂客所請問者，雖不在，亦必復客之命也。反坐復業，若有所疑，奉手問之。奉，與捧同。師出皆起，至於食時。謂自師出至食時爲休息時間也。莊述祖集解本以“至於食時”屬下節，亦通。

先生將食，弟子饌饋。饌，具也。饋，食也。攝衽盥漱，跪坐而饋。衽，袖也。進食亦謂之饋。置醬錯食，陳膳毋悖。錯，讀爲措，措亦置也。悖，亂也。凡置彼食，鳥獸魚鱉，必先菜羹，羹胾中別。截，切肉也。截在醬前，其設要方，陳設食器，要令方正也。飯是爲卒，左酒右醬。朱子注云：“醬當作漿”，鄭注二禮，兩引皆作漿。案說文：漿，酢漿也。此酒漿爲食畢以漱口者。卒，終也。凡進食之次序，先菜羹次截次醬，終置飯，故云飯是爲卒。告具而退，奉手而立。三飯二斗，考工記云：“食一豆肉，飲一斗酒，中人之食也。”然則中人以上可飲二斗也。或讀二斗爲貳豆。改字過多，不敢從。宋翔鳳云：“斗當作升。”此說近是。左執虛豆，右執挾匕，周還而貳，唯嗛之視。挾讀爲梜，梜猶箸也。還讀爲旋。貳，再益也。嗛，食盡不足也。謂先生食已三飯，酒已二斗，則執虛豆匕箸，周旋審視，視其食盡而不足者，則再益之。同嗛以齒，周則有始。齒，序次也。有，讀爲又。謂同時食盡者，仍依進食之次序再益，周而復始也。柄尺不跪，是謂貳紀。豆柄長尺，可以立而進之，不必如前之跪坐而饋也。此再益之儀則也。

　　先生已食，弟子乃徹。趨走進漱，拚前斂祭。古人飲食，必種種出少許置豆籩間，以祭先代造食之人，已食則收之，故云斂祭。先生有命，弟子乃食。以齒相要，坐必盡席。要，約也。曲禮曰：“食坐盡前。”飯必奉擥，羹不以手，擥，古腕字，謂飯必捧手腕也。曲禮注疏云：“古禮，飯不用箸，但用手。羹之有菜者用箸，無菜者用匕，故不用手。”亦有據膝，毋有隱肘。隱，讀爲㫪，㫪亦據也。隱肘謂以肘據席也。既食乃飽，循咡覆手。口旁曰咡，謂食飽，必復手以循口邊，恐有殽粒汙著之也。振衽掃席，已食者作。摳衣而降，旋而鄉席。各徹其饋，如於賓客。禮記少儀云：“客自徹，辭焉則止。”此謂先食者旋而自徹，則後食者辭其徹，如待賓客之禮。禮記玉藻云：“一室之人，非賓客，一人徹。”注云：“同事合居者也，賓客則各徹其饌也。”既徹并器，謂屛藏食器也。乃還而立。謂仍待立於師側也。

　　凡拚之道，實水於盤，攘臂袂及肘，堂上則播灑，室中握手。播灑，泛灑也。握手，掬灑也。執箕膺擖，厥中有帚。膺，胸前也。擖亦作枼，謂箕舌也。禮少儀作揲。曲禮曰：“凡爲長者糞之禮，必加帚於箕上。”糞通作拚。謂初執箕往時，箕中置帚，箕舌當胸，所以示敬也。入戶而立,其儀不忒。執帚下箕,倚於戶側。謂倚箕也。

凡拚之紀,必由奧始。室西南偶謂之奧。俯仰磬折,拚毋有徹。舊注:徹,動也,不得觸動他物也。拚前而退,聚於戶內,坐板排之,以葉適己,實帚於箕。板當爲扱,字形之誤,扱,收也。排,壅也。曲禮曰:"以箕自向而扱之。"鄭注:謂收糞時也。先生若作,乃興而辭,當坐而收拚時,若先生將作,乃起立,辭以拚未畢。坐執而立,遂出棄之。既拚反立,是協是稽。舊注:"協,合也。稽,考也。謂合考書義也。"

暮食復禮,謂如朝食之禮。昏將舉火,執燭隅坐。禮檀弓篇云:"童子隅坐而執燭。"錯總之法,橫於坐所。錯,置也。總謂燭束。橫讀爲光,謂須燭光照四坐也。總者,熜之假借。說文:熜,然麻蒸也。櫛之遠近,乃承厥火。櫛謂火蒸處,或作燗,或作炯,皆後起專字。承,繼也。謂視燭蒸之遠近,更以燭繼之。居句如矩,蒸間容蒸,然者處下。居,讀爲倨。禮樂記云:"倨中矩,句中鉤。"周髀算經云:"故折矩以爲句,廣三股,修四,徑隅五。"此倨謂股也。蒸,析麻中幹也,古燭用之,故凡可用爲燭者,皆曰蒸。此言承火之法,兩蒸相接,未然者在上,尚然者在下,適成一句股形,故曰倨句如矩。然兩蒸之間,必令可容一蒸,始易承火,不宜密接也。奉椀以爲緒,緒,燼餘也。椀,所以貯緒者。右手執燭,左手正櫛,案此文左右字宜互易。禮檀弓注云:"火蒸曰聖。弟子職曰:右手折聖。"有墮代燭。墮讀爲惰,倦怠也,謂執燭者有倦怠時,則以他人代之。交坐,小爾雅:交,易也,更也。毋倍尊者。倍與背同。乃取厥櫛,遂出是去。去,謂棄之也。

先生將息,弟子皆起。敬奉枕席,問何所趾。所,處所。趾,謂足所向。俶衽則請,有常則否。俶,始也。衽,臥席也。一曰:俶,動也。謂更動臥處也。

先生既息,各就其友。相切相磋,各長其儀。周則復始,是謂弟子之紀。

案此篇，漢志列入孝經家，宋儒編入儀禮經傳通解。朱子有言："弟子職一篇，若不在管子中，亦亡矣。此或是他存得古人底，亦未可知；或是自作，亦未可知。竊疑是他作內政時，士之子常爲士，因作此以教之。想他平日這樣處，都理會來，然自身又卻在規矩準繩之外。"語類卷六。今考篇中所記，多屬灑掃、應對、進退之事，此固小學教育也。朱子又以此編入小學書中。然篇首學則一節，純爲精理名言，即大學之教亦不能外此。茲具錄之，藉以考見古代幼學之儀則云。

（二）教四民　小匡篇云：乘馬篇士農工商一章可參考。

桓公曰："定民之居，成民之事，奈何？"管子對曰："士、農、工、商四民者，國之石民也。石，謂柱下之石。四者，國之基礎，故曰石民。不可使雜處，雜處則其言哤，其事亂。哤，雜語也。是故聖王之處士，必於閒燕，舊注："閒燕，謂學校之處。"韋昭云："閒燕猶清淨也。"處農必就田墅，野之古文，從林從土予聲。處工必就官府，論語子夏曰："百工居肆，以成其事。"肆者，陳工作物之處也。處商必就市井。舊注："立市必四方，若井田之制，故曰市井。"

"令夫士，羣萃而州處閒燕，令原作今，依國語改正，下並同。萃，聚也。州讀爲儔。儔，類也。則父與父言義，子與子言孝，其事君者言敬，長者言愛，幼者言弟。旦昔從事於此，昔與夕通。以教其子弟。少而習焉，其心安焉，不見異物而遷焉。舊注：異物謂異事，非其所當習者。是故其父兄之教，不肅而成；其子弟之學，不勞而能。夫是，故士之子常爲士。

"令夫農，羣萃而州處，審其四時，權節其用，具備械器，耒耜枷芟。上三句，依王氏雜志及齊語校改。枷即擊禾之梯。芟謂芟草之鐮。及寒，擊稿除田以待時。韋昭云："寒謂大寒之時。稿，枯草也。時謂立春之後。"及耕、深耕、均種、疾耰。耰，覆種也。先雨芸耨，以待時雨，時雨既至，挾其槍、刈、耨、鎛，槍，謂木兩頭銳者也，今謂之槍擔。刈，鐮也。耨，所以薅禾者也。鎛，鉏類。以旦昔從事於田野，稅衣就功，稅讀爲挩，解挩也。今通作脫。別苗莠，列疏邀，邀，籀文速，讀爲促，促謂密近也，首戴芐蒲，身服襏襫，芐亦作苧，國語誤作茅。芐蒲謂以二草編成之笠。襏襫，簑衣也。沾體塗足，暴其髮膚。盡其四支之力，以疾從事於田野。少而習焉，其心安焉，不見異物而遷焉。是故其父兄之教，不肅而成；其子弟之學，不勞而能。夫是，故農之子常爲農。夫字依上下文例補。樸野而不慝，其秀才之能爲士者，則足賴也。賴，恃也。故以耕則多粟，以仕則多賢，是以聖王敬農戚農。敬農原作敬畏，從王志校改，謂敬重之、親愛之也。

"令夫工，羣萃而州處，相良材，審其四時，辨其功苦。舊注，功謂堅美，苦謂濫惡。權節其用，論比計制斷，論讀爲掄，謂掄擇比較而以計裁截之。器尚完好。相語以事，相陳以巧，相高以知事。以知工事爲高尚。旦昔從事於此，以教其子弟。少而習焉，其心安焉，不見異物而遷焉。是故其父兄之教，不肅而成；其子弟之學，不勞而能。夫是，故工之子常爲工。

"令夫商，羣萃而州處，觀凶飢，審國變，察其四時，而監其鄉之貨，以知其市之賈。監，視也。賈同價。負任擔荷，服牛軺馬，以周四方。韋昭云："服，牛車。軺，馬車。周，遍也。"料多少，計貴賤，以其所有，易其所無，買賤鬻貴。是以羽旄不求而至，竹箭有餘於國，奇怪時來，珍異總聚。總原作物，從俞氏平議改。旦昔從事於此，以教其子弟，相語以利，相示以時，相陳以知賈。陳說物價而使知之。少而習焉，其心安焉，不見異物而遷焉。是故其父兄之教，不肅而成；其子弟之學，不勞而能。夫是，故商之子常爲商。"

案此就四民職業,分地而居,以施教育,不必分設教師,即各使其父兄爲其子弟之模範。今之士族、農家、工場、商店,猶有行此遺制者。此制之長,在旦夕從事於斯,使其習久心安,故能見異而不思遷也。惟獨云農家有秀出之材能爲士者,而工商之子無之。非無也,特不若農家子之樸野不罷,爲足賴耳。

法治 自隋志法家首列管子,後之考經籍、修學史者,僉以管子爲申、商之前驅,非、斯之先覺。不思劉略法家之管子書僅十八篇,班志道家之管子爲八十六篇,其中原包有法治學說也。陳振孫曰:"管子似非法家,而世皆稱管、商,豈以其標術用心之同故耶? 然以爲道家則不類。"直齋書錄解題。陳澧曰:"七略原作藝文志,誤,今校正。以管子列於法家,或後之法家以其說附於管子書歟!"東塾讀書記。

今案二陳之說,皆未盡然。道家之學,施諸後世,其流必爲刑名法術之學,此史公所爲以老子、韓非合傳也。管子治齊,原修太公之業。至其貴法令,立威武,亦皆私淑太公之道術耳。據劉歆所錄管子之法十有八篇,蓋已散見現存之七十六篇中,名言絡繹,不可殫論。茲但取其溯法之原、明法之用者,略分述之。

(甲) 論法之原 自來論法原者,或曰天神所授予,或曰人君所創制,或曰國家所制定,或曰全民所議定。管子乃主張人君創制說者,而又上溯乎法所從出之原。心術上篇解云:此解乃管氏後學所作,抑或心術本古書,而管子解之,如韓子之解老歟!

以無爲之謂道,舍之之謂德,故道之與德無閒,故言之者不別閒之。別下此字今刪。理者,謂其所以舍也;義者,謂各處其宜也;禮者,因人之情,緣義之理,而爲之節文者也。故禮者謂有理也。理也者,明分以論義之意也。故禮出乎義,義出乎理,理因乎宜者也。法者,所以同出,不得不然者也。

謂法與道德禮義,同出而異名,乃不得已而用之者也。故殺僇禁誅以一之也。故事督乎法,督,猶統也。法出乎權,權出乎道。道也者,動不見其形,施不見其德,萬物皆以得,然莫知其極。故曰:可以安而不可說也。　　樞言篇云:

人故相憎也,人之心悍,故爲之法。此與荀子性惡說相似。法出於禮,禮出於治。治禮,道也。萬物待治禮而後定。任法篇云:

萬物百事,非在法之中者,不能動也。故法者,天下之道也,聖君之實用也。

以上皆言法之大原出於道,其所謂道,仍不外乎道德禮義,而要歸於無爲之大道。惟任大道,始能以法治國;惟明法令,始能無爲而成。故任法篇云:任,信也,用也。

聖君任法而不任智,任數而不任說,數,謂定理。說,謂遊說。任公而不任私,任大道而不任小物,物,猶事也。然後身佚而天下治。……守道要,處佚樂,馳騁弋獵,鐘鼓竽瑟宮中之樂,無禁圍也。不思、不慮、不憂、不圖,利身體,便形軀,養壽命,垂拱而天下治。……昔者堯之治天下也,猶埴之在埏也,埏,和土也。惟陶之所以爲;猶金之在爐,恣冶之所以鑄。其民引之而來,推之而往,使之而成,禁之而止。故堯之治也,善明法禁之令而已矣。黃帝之治天下也,其民不引而來,不推而往,不使而成,不禁而止。故黃帝之治也,置法而不變,使民安其法者也。所謂仁、義、禮、樂者,皆出於法,此先聖之所以一民者也。

前言法出於道德禮義，此又言仁、義、禮、樂皆出於法，蓋法與道二者，同源而異流，同體而異用。管子之法治，決非純恃殺戮禁誅者也。故牧民篇云：“……刑罰不足以威其意，殺戮不足以服其心。”立政篇首云：“國之所以治亂者三，殺戮刑罰，不足用也。”三謂三本：一曰德不當其位，二曰功不當其祿，三曰能不當其官。詳見本篇。又云：“好惡形於心，百姓化於下，罰未行而民畏恐，賞未加而民勸勉，誠信之所期也。”所論立法、行法之意，至爲深厚；其餘專言法令者乃治之具，而非制治清濁之原也。近儒或僅推管子爲法家，或謂管子非法理學家，皆一曲之論耳。

（乙）論法之用　謂法以治民，爲下民所當遵守者，古說也；謂法以治人，爲人類所當共守者，今說也。管子論法，已通今義。任法篇云：

> 夫生法者君也，守法者臣也，法於法者民也。君臣、上下、貴賤皆從法，此之謂大治。生，猶造也，專事之辭。從法，謂隨法而行也。

是法爲君主所造以爲民法者也，然君臣、上下、貴賤皆當從之，則守法者不獨臣也。故法法篇云：

> 雖聖人能生法，不能廢法而治國。故雖有明智高行，倍法而治，是廢規矩而正方圓也。　　明法篇云：

> 是故先王之治國也，不淫意於法之外，不爲惠於法之內也。動無非法者，所以禁過而外私也。謂止己之過，去己之私也。威不兩錯，政不二門，錯與措通。措，施也。以法治國，則舉錯而已。禮記仲尼燕居云：“舉而錯之而已。”鄭注：“錯，施行也。”韓子有度篇引

此二語，錯作措，古字通。　　又云：

　　是故先王之治國也，使法擇人，不自舉也；使法量功，不自度也。……主雖不身下爲，_{舊注：謂不身爲其事。}而守法爲之，可也。

以上皆言君主亦當守法，然不僅守法以治國而已，尤當守法以自治其身心也。法法篇云：

　　不法法則事毋常，法不法則令不行。令而不行，則令不法也；法而不行，則修令者不審也；審而不行，則賞罰輕也；重而不行，則賞罰不信也；信而不行，則不以身先之也。故曰：禁勝於身，則令行於民矣。　　又云：

　　是故明君知民之必以上爲心也，故置法以自治，立儀以自正也。故上不行則民不從，彼民不服法死制，則國必亂矣。服，從也，行也。說文云："死，民之卒事也。"死制者，謂民終身從事法制也。是以有道之君，行法修制，先民服也。

案淮南子主術篇云："法生於義，義生於眾適，眾適合於人心，此治之要也。故通於本者不亂於末，睹於要者不惑於詳。法者非天墮，非地生，發於人間，而反以自正。是故有諸己不非諸人，無諸己不求諸人。所立於下者不廢於上，謂立法治民，上亦行之。所禁於民者不行於身。所謂亡國者，非無君也，無法也。變法者，非無法也，有法而不用，與無法等。是故人主之立法，先以身爲檢式儀表，故令行於天下。孔子曰：'其身正，不令而行；其身不正，雖令不從。'故禁勝於身，則令行於民矣。"劉氏此節，適足發明管子立法、用法之意，又折中以孔子之言，故具錄之，實則法法篇乃原於文韜“爲上作事而不法法，則令不行”之意也。又云：

> 君有三欲於民，三欲不節，則上位危。三欲者何也？一曰求，二曰禁，三曰令。求必欲得，禁必欲止，令必欲行。求多者其得寡，禁多者其止寡，令多者其行寡。求而不得則威日損，禁而不止則刑罰侮，侮，謂輕慢也。令而不行則下凌上。故未有能多求而多得者也，未有能多禁而多止者也，未有能多令而多行者也。故曰：上苛則下不聽，下不聽而強以刑罰，則爲人上者眾謀矣。爲人上而眾謀之，雖欲毋危，不可得也。

案法法篇末又云：“不爲君欲變其令，令尊於君”，皆謂君主當節欲以施行法令也。節欲之道奈何？法法篇有云：

> 政者正也。正也者，所以正定萬物之命也。是故聖人精德立中以生正，明正以治國，故正者所以止過而逮不及也。舊注云：“正者中正，故過者令止之，不及者令逮之。”過與不及，皆非正也，非正則傷國一也。勇而不義傷兵，仁而不法傷正。故軍之敗也，生於不義；法之侵也，生於不正。

人生不能無欲，但須節之以中正之道而已。內業篇云：“節其五欲，平正擅匈。”此言“聖人精德立中以生正，明正以治國”，即老子所謂以正治國之義也。正者，中也，此言“故正者所以止過而逮不及也”，即朱子以無過不及釋中字之義也。中庸章句。人能精德立中以生正，自能節欲以施法令，而法令無不行，所謂“下令如流水之原者，令順民心也”。牧民篇語。管子論法，推本於正身節欲，其義至精。後人但尊管子爲法家之祖者，誣矣。

　　綜而論之：管子當春秋初期，道術未甚分裂，故其所著，囊括大道，包舉百家。後之學者，又各加以說解，輯其言行而附益之。太史公讀管氏書，稱其言之詳；朱子則謂管子之書雜。語類百三十七。皆篤論也。近人以孔子嘗言管仲之器小，孟子述曾西言，管仲功烈如彼其卑，遂謂"管子言道德不及老、莊，言功利不及晏、墨，言法律不及申、韓，言兵略不及孫、吳，但爲實行之政治家耳"。謝無量中國哲學史。然則管子實能坐言、起行者，其所以不及諸家，正其能兼綜諸家也，則管子道術之博大，從可見矣。昔者孔子嘗自謂"仁不如回，辨不如賜，勇不如由，莊不如師"，而四子皆爲孔子役。詳見孔子集語五性篇。此孟子所謂"孔子兼之"也。管子之不及諸子，殆猶是歟！

七　老子　事略全錄史記列傳。

　　老子者，楚苦縣厲鄉曲仁里人也，高士傳云："以其年老，故號其書爲老子。"司馬貞云："苦縣本屬陳，春秋時楚滅陳，而苦縣又屬楚，故云楚苦縣。"正義曰："括地志云：苦縣在亳州谷陽縣界，有老子宅及廟，廟中有九井尚存。在今亳州真源縣也。厲音賴。晉太康地記云：苦縣東有瀨鄉祠，老子所生地也。"今案唐真源縣，即今河南鹿邑縣東十里。姓李氏，名耳，字聃，周守藏室之史也。司馬貞云："說文：'聃，耳曼也。'故名耳字聃。有本字伯陽，非正也。藏室史，周藏書室之史也。"又張蒼傳："老子爲柱下史。"蓋即藏室之柱下，因以爲官名。孔子適周，將問禮於老子。老子曰："子所言者，其人與骨皆已朽矣，獨其言在耳。且君子得其時則駕，不得其時則蓬累而行。駕，謂駕車而行。司馬貞引說者云："頭戴物，兩手扶之而行，謂之蓬累也。"案莊子大宗師篇音義引崔譔曰："齊人以風塵爲塿堁。"疑蓬累即塿堁，謂風塵也。漢書賈山傳云："蓬顆謂塵土也。"禮記曲禮上云："削瓜者爲大夫累之。"鄭氏："累，倮也，謂不巾覆也。"蓋累、果雙聲，古字通用，則此蓬累即蓬顆，亦即塿堁。吾聞之，良賈深藏若虛，君子盛德，容貌若愚。去子之矜氣與多欲，態色與淫志，態謂智能。淫，大也。是皆無益於子之身。吾所以告子，若是而已。"孔子去，謂弟子曰："鳥，吾知其能飛；魚，吾知其能游；獸，吾知其能走。走者可以爲罔，游者可以爲綸，飛者可以爲矰。至於龍，吾不能知，其乘風雲而上天？吾今日見老子，其猶龍邪！"

老子修道德，其學以自隱無名爲務。居周久之，見周之衰，乃遂去。至關，或云函谷關，或云大散關，說詳史注。關令尹喜曰："子將隱矣，強爲我著書。"強，猶勉也。於是老子乃著書上下篇，言道德之意五千餘言而去，莫知其所終。梁玉繩史記志疑云："莊子養生主篇載老聃死，秦佚吊之。則老子非長生神變，莫知其所終者。"釋道宣廣弘明集辨惑篇序曰："李叟生於厲鄉，死於槐里，莊生可爲實錄，秦佚誠非妄論。"又道宣跋孫盛老子疑問反訊曰："老子遁於西裔，行及秦壤，死於扶風，葬於槐里。"水經注十九言就水出南山就谷，北逕大陵西，世謂之老子陵，路史後紀七注云："鄠縣柳谷水西有老子墓。"

或曰：老萊子亦楚人也，張守節云："太史公疑老子或是老萊子，故書之。"著書十五篇，言道家之用，與孔子同時云。案仲尼弟子列傳云："孔子之所嚴事，於周則老子，於楚則老萊子。"是史公亦明知其爲二人也。

蓋老子百有六十餘歲，或言二百餘歲，以其修道而養壽也。

自孔子死之後百二十九年，而史記周太史儋見秦獻公曰："始秦與周合，合五百歲而離，離七十歲而霸王者出焉。"或曰儋即老子，或曰非也，世莫知其然否。畢沅曰："古聃、儋字通。"汪中曰："孔子所從問禮者，聃也；言道德之意五千餘言者，儋也。"案汪說甚辨。近儒以無確據，多不信從。或引論語述而篇邢疏曰："老彭云即老子。"王夫之四書稗疏云："聃、儋、彭音相近，老彭即問禮之老子也。"一近人或本邢、王之說，竟謂老聃爲彭祖之後，故又稱老彭，說亦甚辨，余尚未敢信也。老子，隱君子也。

老子之子名宗，宗爲魏將，封於段干。宗子注，注子宮，宮玄孫假。假仕於漢孝文帝。而假之子解爲膠西王卬太傅，因家於齊焉。史記考證云："漢武惑於神仙方士，故司馬遷作老子傳，著其鄉里，詳其子孫，以明老子亦人耳，非所謂乘雲氣、御飛龍，不可方物者也。"

世之學老子者則絀儒學，儒學亦絀老子。"道不同，不相爲謀"，豈謂是邪？（李耳無爲自化，清靜自正。）汪中舊學蒠疑云："李耳無爲自化二句，乃太史公自序文，誤入於此。"案汪說是，今據删。

案近世考老子行實者，言人人殊，引據小書，未足憑信，轉不若史公列傳之一言。蓋兩言"莫知"、四言"或曰"，既合多聞闕疑之義，尤足傳老子"猶龍"之神也。故具錄史傳如上。據此，已可知老子姓李，名耳，字聃，與孔子同時，先爲守藏史，後爲隱君子，著書五千餘言，皆言道德之意。至於是否即老萊子，或太史儋，或老彭，姑置弗論，但就其書靜心讀之可已。

漢志載道家之書，老子以前，有伊尹、太公、辛甲、鬻子、筦子五家，則道家者流，必不創始於老子，惟老子爲集古來道術之大成者耳。其說之與黃帝相合者，前第一節已述及之。今考本書常有徵引古人之說者。二十二章云："古之所謂曲則全者，豈虛言哉？誠全而歸之。"六十二章云："古之所以貴此道者何也？不曰求以得、有罪以免耶？故爲天下貴。"四十一章云："故建言有之曰：建言，古之立言也。明道若昧，進道若退，夷道若纇。"五十七章云："故聖人云：我無爲而民自化，我好靜而民自正，我無事而民自富，我無欲而民自樸。"六十九章云："用兵者有言曰：古兵家有此言也。吾不敢爲主而爲客，不敢進寸而退尺。"七十八章云："是以聖人云：受國之垢，是謂社稷主；受國之不祥，是爲天下王。"其餘稱"是以聖人……"者，凡十八處，詳見胡懷琛論老子學說之來歷。據此足證老子學說，多本古聖人之遺言，不得謂"老子之思想，專爲對於時勢之反動而起者也"。此說始見於日人遠藤隆吉之支那思想發達史，近人胡適氏著中國古代哲學史猶承用遠藤氏之說。胡懷琛氏曾著論駁之，論載國學彙編，可參考。又案朱子語類云："先儒論老子，多云老子乃矯時之說。以某觀之，不是矯時，只是不見實理，故不知禮、樂、刑、政之所出，而欲去之。"又云："莊子、老子，不是矯時。"是此說起原最古，朱子已先駁之矣。茲但取其說明此道之全體大用者,略分述之。

道體 老子以道爲天地之始,萬物之奧,生於萬有之先,故其言道之本體曰:(第二十五章。)此引老子,閒依別本,不盡從王弼本也。

有物混成,先天地生。寂兮寥兮,獨立而不改,周行而不殆,可以爲天下母。吾不知其名,字之曰道,強爲之名曰大。大曰逝,逝曰遠,遠曰反。反,復歸也。逝、遠,言其周行。復歸,言其獨立。故道大,天大,地大,人亦大,域中有四大,而人居其一焉。域中,猶云宇宙內也。人字從傅奕本,與說文大字解合。作王者,後人肊改也。人法地,地法天,天法道,道法自然。

道本於自然,不獨無名字,且亦無形聲。第十四章云:

視之不見名曰夷,聽之不聞名曰希,搏之不得名曰微。此三者不可致詰,故混而爲一。其上不皦,其下不昧。繩繩兮不可名,復歸於無物。是謂無狀之狀,無象之象,是謂忽恍。迎之不見其首,隨之不見其後,執古之道以御今之有。能知古始,是謂道紀。周易乾鑿度云:"太初者,氣之始也。太始者,形之始也。太素者,質之始也。"蓋夷即太始,希即太初,微即太素也。

然則道果無物無名乎? 未必然也。第二十一章云:

孔德之容,惟道是從。以空爲德,無不包容,惟道而已。道之爲物,惟恍惟惚。惚兮恍兮,其中有象;恍兮惚兮,其中有物;窈兮冥兮,其中有精。其精甚真,其中有信。王注:"信,信驗也。"自古及今,其名不去,以閱眾甫。王注:"至真之極,不可得名,無名則是其名也。自古及今,無不由此而成。"案,閱,容也。甫,始也。眾甫,謂天地萬物之始也。惟道能容之。<u>文子道</u>原篇云:"萬物之總,皆閱一孔;百事之根,皆出一門。"即本此孔德閱眾甫之義。吾何以知眾甫之狀哉? 以此。物情萬變,而可以此道推知。

明<u>薛蕙氏集解</u>曰:"予觀<u>老子</u>之言道如此,蓋極言道體之實有也。則其所謂虛無者,豈真斷滅而無物耶? 其意可知矣。論者徒譏<u>老子</u>爲虛無之學,不亦異乎!"今案此章雖言道之本體,然已略示道之現象。蓋道非可以言思擬議者,<u>老子</u>嘗隱約其詞以示之。或云:"眾妙之門。"第一章。或云:"玄牝之門,是謂天地根。"第六章。或云:"道者,萬物之奧。"六十二章。或云:"大道汎兮,其可左右,……可名於小,……可名爲大。"三十四章。猶恐斯道之不明也,又廣爲設譬以喻之。三十二章云:

譬道之在天下,猶川谷之於江海也。參看前黃帝節。

第四章云:

道盅而用之,又不盈,淵兮似萬物之宗,湛兮似或存。吾不知誰之子,象帝之先。象,似也。帝,天帝也。原多"挫其銳"四句,茲依<u>馬敍倫氏覈詁</u>本。

是以<u>老子</u>言道,嘗以有、無二字爲本體與現象之區別。第四十章云:

天下萬物生於有,有生於無。萬字一本作之。

此謂有自無生,則無者本體,有者現象,然有者必復歸於無,即所謂"有無相生"也。第二章語。<u>朱子</u>曰:"<u>易</u>不言有無,<u>老子</u>言

有生於無，便不是。"語類卷百廿五。張子通書亦有此說。然考之黃帝書
曰："無動不生無而生有。"見本章第一節。周易乾鑿度曰："夫有形
者，生於無形。"又見列子天瑞篇。老子所謂無，蓋對於有之現象而
言，其本體也，否則，何以云忽恍中有象，恍忽中有物，窈冥中有
精乎？若純係真空絕無，又何以能生萬物乎？於是元儒吳澄氏
謂老子"無字是說理字，有字是說氣字"，草廬精語。此亦隱用宋儒
理、氣之說，未必適當於老子之旨也。略本日人高瀨武老莊哲學第一篇。
老子第一章，即以有、無對言云：

> 道可道，非常道；名可名，非常名。無，名天地之始；有，
> 名萬物之母。故常無，欲以觀其妙；常有，欲以觀其徼。此
> 兩者同出而異名，同謂之玄。玄之又玄，眾妙之門。王注云：
> "妙者，微之極也。徼，歸終也。"說文："徼，循也。"案謂循行邊境，有周而復始
> 之意。或讀爲竅，訓爲微妙，與上句義複，非也。天下萬物生於有，故有名萬
> 物之母。常有欲以觀其曒者，即萬物並作，吾以觀其復也。

"此兩者"，謂有、無也，無名、無欲四句，自漢以來諸家，皆以名字、欲字
爲讀，惟宋儒司馬光、王安石、蘇轍，皆以有、無爲讀。今案宋儒讀近是。老子固嘗言
無名、有名、無欲，必不主張常有欲也。而又同謂之玄，則此所云有者，乃
謂忽恍中之象，恍忽中之物，窈冥中之精耳。乾鑿度云："氣、形、
質具而未相離，故曰渾淪。"精也者，氣之精者也。象即形也。物即質也。
亦即此義。此因說明道體之本無，而微示其無中之有也。其明
示道之現象曰：(第四十二章。)

> 道生一，一生二，二生三，三生萬物。萬物負陰而抱陽，
> 沖氣以爲和。司馬光云："道生一，自無而有；一生二，分陰分陽；二生三，
> 陰陽變而生和；三生萬物，和氣聚而生萬物。"董思靖云："凡動物，背止於後，
> 陰靜也；耳、目、口、鼻居前，陽動也。故曰負陰抱陽。植物則背寒向暖，而沖

氣運乎其間。”宋刊范應元注本沖作盅,是也。盅氣,謂盅虛之氣也。又案,淮
南精神篇引此六句,高誘注云:“一謂道也,二曰神明也,三曰和氣也。或說一
者,元氣也。生二者,乾坤也。二生三,三生萬物,天地設位,陰陽通流,萬物
乃生。萬物以背爲陰,以腹爲陽,身中空虛,和氣所行。爲陰故腎雙,爲陽故
心特,陰陽與和,共生物形。”

舊說二生三,皆謂陰陽二氣合而生沖和之氣。近人則謂“陰
陽二氣變感和合而生氣、形、質三者,此三者具而萬物生焉”。見
日人高瀨武老莊哲學。其義與乾鑿度、列子相合,此即由形上之道,
變而成形下之器也。人受天地中和之氣以生,修而養之,即爲
“玄德”,即可謂“善爲道者”也。第五十一章云:

道生之,德畜之,物形之,勢成之,是以萬物莫不尊道而
貴德。道之尊,德之貴,夫莫之命而常自然。故道生之,德
畜之,長之,育之,亭之,毒之,蓋之,覆之。說文云:“亭,居所安
定也。”毒,厚也,通作篤,亦厚也。生而不有,爲而不恃,長而不宰,
宰,謂制治也。是謂玄德。　　　第十五章云:

古之善爲道者,道字從傅奕本。後漢書竇錮傳注引亦作道。微
妙玄通,深不可識。夫惟不可識,故強爲之容。曰:豫兮若
冬涉川,猶兮若畏四鄰,儼兮其若客,渙兮若冰之將釋,敦兮
其若樸,曠兮其若谷,混兮其若濁。孰能濁以止? 靜之徐
清。孰能安以久? 動之徐生。保此道者,不欲盈。夫惟不
盈,故能弊而不新成。末句從淮南道應篇引校正。能讀爲耐。能弊,猶
言耐久也,故不必新成。

上之二章,乃言修德、學道之象徵也。至言體道之功夫,則
第十六章云:

致虛極，守靜篤，萬物並作，吾以觀其復。作，始也，動也。復，返也，歸也。夫物芸芸，各復歸其根。歸根曰靜，是謂復命。復命曰常，知常曰明。不知常，妄作凶；知常，容。容乃公，公乃王。王乃天，天乃道。此文與二十五章"人法地，地法天，天法道"數語意相通貫。道乃久，歿身不殆。以上言道體竟。

體道之人，皆務爲治者，特先治己而後治人耳。此即道之用也。下文述之。

　　道用　莊子稱關尹、老聃"建之以常無有，或云：即老子第一章之常無常有。主之以太一。易乾鑿度及列子並云："太易者，未見氣也"，疑即此太一，與禮運所云"禮必本於太一"義亦相近。以濡弱謙下爲表，濡，柔也。呂子不二篇云："老聃貴柔。"以空虛不毀萬物爲實。"成疏云："表謂權智外行。實謂實智內德也。司馬談論道家云："其術以虛無爲本，以因循爲用。"司馬遷贊老子云："老子所貴道，虛無，因應變化於無爲。"班志稱道家云："清虛以自守，卑弱以自持。"朱子說史贊云："道家之說，最要這因。萬件事且因來做。虛無是體，因應是用，因而應之之義云爾。"語類百二十五。其以因循爲用者，由其以濡弱謙下爲表也。故老子云：四十章。

　　　　反者，道之動；弱者，道之用。薛蕙集解云："反，復也。道之動以復爲本，蓋不復則不可以動，必凝聚收斂而後有發揮之盛，故反者道之所以爲動也。道之用以弱爲常，蓋不弱則不可以久，必沖和濡弱而後無亢盈之患，故弱者道之所以爲用也。"

道之本體，靜也。動，則其本體之作用也。雖動而逝，逝而遠，然必歸於靜，所謂"反"也。反，復也，見詩毛傳、鄭箋，周禮、禮記鄭注。歸也。廣雅云："返，歸也。"孟子盡心下篇趙注云："反，歸也。"案反、返，古今字。老子第十四章云：“繩繩兮不可名，復歸於無物。”十六章云：“萬物並作，吾以觀其復。夫物芸芸，各復歸其根。歸根曰靜，是謂復命。復命曰常，知常曰明。”五十二章云：“見小曰明，小，微也。守柔曰強。用其光，復歸其明，無遺身殃，是謂襲常。”吳澄注云：“謂能掩藏常光之用，以復歸常明之體，故曰襲常。”二十八章云：“知其雄，守其雌，爲天下谿。爲天下谿，常德不離，離，讀爲漓。復歸於嬰兒。嬰兒，未知牝牡之合者也。復歸之，故雖知雄而守雌。知其白，守其黑，爲天下式。式，讀爲軾。釋名釋車云：“軾，式也。所伏以式敬者也。”曲禮正義云：“式謂俯下頭也。”爲天下式，常德不忒，復歸於無極。無極者，陰陽未分之始也。復歸之，故雖知白而守黑。知其榮，守其辱，爲天下谷。爲天下谷，常德乃足，復歸於樸。”樸，即無名之樸，超然誹譽之外者也。復歸之，故雖知榮而守辱。吳澄注云：“乘車之式，流水之谿谷，皆謂自處於下也。”諸言復歸，即所云“反者道之動”，及“大曰逝，逝曰遠，遠曰反”諸反字之故訓也。其以弱爲道之用者，蓋老子歷觀萬物，無不生於柔弱，而死於剛強，故常云：“柔勝剛，弱勝強。”三十六章，七十八章。昔人已稱“老聃貴柔”，呂子不二。無待詳證矣。惟是其動也必反復，其用也必柔弱。自漢迄今，研究老學之原者，約有數說，舉其要者略平議之。

（一）謂老之守柔，學於常樅。說苑敬慎篇云：“常樅有疾，老子往問焉，曰：‘先生疾甚矣，無遺教可以語諸弟子者乎？’常樅曰：‘子雖不問，吾將語子。過故鄉而下車，子知之乎？’老子曰：‘非謂其不忘故邪？’曰：‘嘻！是已。過喬木而趨，子知之乎？’老子曰：‘非謂敬其老邪？’曰：‘嘻！是已。’張其口而示老子曰：‘吾舌存乎？’老子曰：‘存。’‘吾齒存乎？’老子曰：‘亡。’常樅曰：‘子知之乎？’老子曰：‘舌之存也，豈非以其柔邪？齒之亡也，豈非以其剛邪？’常樅曰：‘嘻！是已。天下之事已盡矣，無以復語子矣。’”

（二）謂老之道術，皆出於易。史記日者傳褚云："司馬季主通易經，術黃帝、老子。"術讀爲述。班志云："道家合於堯之克攘，攘，爲揖讓之本字。易之嗛嗛，一謙而四益。"劉奉世曰："嗛若與謙同，何爲作兩字？蓋易文辭有云嗛嗛者。後漢逸民傳云：向長'好通老易'。"王弼注易，多假諸老子之旨。本晁說之老子王注記。阮籍通老論云："易謂之太極，春秋謂之元，老子謂之道。"裴頠崇有論云："老子甄舉靜一之義，合於易之損、謙、艮、節之旨。"邵子嘗言："老子得易之體，孟子得易之用。"程大昌著有易老通言十卷，見經籍考。案魏晉以後談玄學者，常以易、老並稱。清汪縉讀道德經私記二卷，專以易義解老子。見四庫存目。皆屬此派者也。

（三）謂老之體用，純主乎陰。清儒魏源老子本義論四略云："老子與儒合乎？曰：否，否。天地之道，一陰一陽。而儒者之道，恆以扶陽抑陰爲事，其學無欲則剛，是以乾道純陽，剛健中正，而後足以綱維三才，主張皇極。老子主柔賓剛，而取牝、取雌、取母、取水之善下，其體用皆出乎陰。陰之道雖柔，而其機則殺。故學之而善者，則清淨慈祥，不善者則深刻堅忍，而兵謀權術宗之。雖非其本真，而亦勢所必至也。"

今案，第（一）說之常樅，蓋古有道之士，然高士傳則作商容。淮南謬稱篇云："老子學商容，見舌而知守柔矣。"注云："商容，神人也，吐舌示老子，老子知舌柔齒剛。"世說新語德行篇注亦云："商容，老子師。"此以聲轉致訛，莫詳孰是。若列仙傳云："容成公者，自稱黃帝師，見周穆王，……亦云老子師也。"斯則神仙家言，尤不足徵矣。至於舌存齒亡之說，戰國策楚策則云："老萊子之教孔子事君，示之其齒之堅也，六十而盡相靡也。"孔叢子抗志篇則云："老萊子謂子思曰：'齒堅剛，卒盡相磨；舌柔順，終以不敝。'"此又傳聞異詞，無可質正。吾意老子之貴柔持弱，決非僅守常樅將死之一言而終身行之者也。老子嘗云："能知古始，是謂道紀。"非執古之道，何以御今之有乎？

　　第(一)說既多異議,故惟第(二)、第(三)說尚有足徵。惜未嘗探厥淵源,別其流派耳。王弼注易,資於老子,而注老子,無資於易。蓋王氏深於老學,知老子不出於周易也。義本晁氏讀書志。邵康節嘗言:“老子得易之體。”而朱子非之。蓋朱子精於易理,知周易不同乎老子也。張子正蒙云:“大易不言有無,言有無,諸子之陋也。”朱子亦云:“易不言有無,老子言有生於無,便不是。”見語類百廿五。班固云“道家合於易之嗛嗛”者,歸藏謙卦,字本作嗛。歸藏後漢猶存,至宋始佚。茲據馬國翰氏輯本周易釋文云:“謙,子夏作嗛,云:嗛,謙也。”案此作子夏易傳者,用歸藏文,非周易作嗛也。嗛嗛二字,當出初經。劉奉世云:“蓋易文辭有云嗛嗛者。”案羅蘋路史注曾引歸藏初經。國語晉語引商銘云:“嗛嗛之德,……嗛嗛之食……”,字義亦合於易之嗛嗛,蓋用殷易也。班氏又云“一謙而四益”者,乃約舉周易謙卦彖辭,故其字作謙,不作嗛。據此,可知班氏所引易之嗛嗛,非周易,乃殷易,即黃帝之歸藏易也。周禮:“太卜掌三易之法,一曰連山,二曰歸藏,三曰周易。”杜子春注云:“連山宓羲,歸藏黃帝。”賈疏引鄭志云:“近師皆以爲夏、殷也。”殷易本於黃帝,仍曰歸藏,御覽六百九引帝王世紀云:“殷人因黃帝曰歸藏。”又曰坤乾。禮記禮運云:“孔子曰:‘我欲觀殷道,是故之宋而不足徵也,吾得坤乾焉。’”鄭注云:“得殷陰陽之書也,其書存者有歸藏。”歸藏者,萬物莫不歸而藏於其中也。本周禮太卜鄭注文,及淳于俊說。賈疏云:“此歸藏易以純坤爲首,坤爲地,故萬物莫不歸而藏於中,故名爲歸藏也。”坤乾者,歸藏以坤爲首,先坤後乾也。禮運孔疏引熊安生云:“殷易以坤爲首,故先坤後乾。”老子上承黃帝之學,其言萬物芸芸,復歸其根者,歸藏之義也。宋翔鳳論語說義云:“殷易爲歸藏。歸藏,黃帝易,老子之學出於黃帝,故曰黃老。”又云:“老子雖生周代,而所傳之學,則歸藏之學。”其以陰柔爲先,陽剛爲後者,坤乾之義也。動必復其命,反者,道之動,即歸藏也。用必後其身,弱者,道之用,即坤乾也。老學之本乎易而主乎陰者,意在斯乎?

　　道之用以治身爲本,至用以治國家、治天下,則視爲餘事,此莊子之說也。詳見讓王篇。老子似不其然。第五十四章云：

善建者不拔，善抱者不脫，子孫以祭禮不輟。善建，即建之以常無有也。善抱，謂抱一，即主之以太一也。韓非解云：“物不能引之謂不拔。神不爲動之謂不脫。爲人子孫者體此道，以守宗廟不滅之謂祭祀不絕。”修之身，其德乃真；修之家，其德乃餘；修之鄉，其德乃長；修之邦，其德乃豐；修之天下，其德乃普。故以身觀身，以家觀家，以鄉觀鄉，以邦觀邦，以天下觀天下。吾何以知天下之然哉？以此。

曰修之，曰其德，謂修其所建、所抱之道，以成其不拔、不脫之德，可以永傳於後世，何難施行於一時？是以推己及人，由身、家以至鄉、國、天下，壹是皆以修德爲本，故能因物付物，靜觀而自得也，何嘗僅以緒餘治國家，以土苴治天下乎？

德者，道之用也。本老子釋文，及素問王冰注。魏劉邵人物志云：“老子以虛爲道，以無爲德。”人觀篇。故老子嘗言無有之爲用。曰：第十一章。

三十輻共一轂，當其無有車之用；考工記輪人云：“轂也者，以爲利轉也。”鄭注云：“利轉者，轂以無有爲用也。”賈疏引老子道德經注云：“無有，謂空虛。轂中空虛，輪得行。輿中空虛，人居其上。”埏埴以爲器，當其無有器之用；鑿戶牖以爲室，當其無有室之用。故有之以爲利，無之以爲用。

近世讀此章者，皆以“當其無”斷句，其義可通。惟據周禮冬官注疏所引，則漢唐學者，皆讀無有連文，清畢沅、陶方琦，近人馬敘倫，皆以此讀爲是。故莊子稱其建之以常無有也。老子之道，體用一源,以無有爲體,乃以無有爲用。無有者,對於有有而言。車、器、室皆有也,有此有,所以爲天下利,然其爲用,則在乎無有之中也。故其論修己安人也,皆以無有爲用。分述於下。

修己以無私爲主。第七章云:

> 天長地久。天地所以能長且久者,以其不自生,故能長久。案不自生,即不自私也。長久亦作長生。是以聖人後其身而身先,外其身而身存。非以其無私耶? 故能成其私。薛氏集解云:"聖人之無私,初非有欲成其私之心也。然而私以之成,此自然之道耳。如欲成其私,即有私矣。未有有私而能成其私者也。"

王弼注云:"無私者,無爲於身也。爲,去聲。是無私即無身。"第十三章云:

> 寵辱若驚,貴大患若身。二語蓋古之遺言。何謂寵辱若驚? 寵爲上,辱爲下,得之若驚,失之若驚。得寵失辱則驚喜,失寵得辱則驚憂。驚謂感動於中,未能淡然忘之也。何謂貴大患若身? 吾所以有大患者,爲吾有身。苟吾無身,吾有何患? 魏氏本義云:"人惟自私其身,有欲斯有患,苟能外其身,後其身,何患得患失之有?"故貴以身爲天下,則可以寄天下;愛以身爲天下,則可以託天下。上辨大患若身,此辨貴若身爲天下,謂貴爲天子也。在自私其身者,以天下爲一己之天下,是謂貴若身,斯其人不可以寄託天下也。故惟貴愛其身甚於貴愛天下者,必不肯舍治身而治天下。然惟不以天下損益其身者,始可寄託以天下。以其能行所無事,雖有天下而不與,則天下蒙其福利矣。

寵與辱,貴與大患,斯四者,皆由外鑠我者也。人或不知外物之輕視,同身心之重尚,未達知榮守辱之義,違能無身乎? 苟能無身,爾雅釋詁:"身,我也。"無身,即無我也。則視富貴如浮雲,歷患難如坦塗矣，何但寵辱不驚邪？

老子既言無身，又言貴愛其身，何也？蓋老子之無身，即所以貴愛其身也。諸云："以其無私，故能成其私。"第七章。"以其不爭，故天下莫能與之爭。"六十六章。又二十二章，以其作夫唯。"以其終不自大，故能成其大。"三十四章，六十三章。"夫唯無以生爲者，是賢於貴生。"七十五章。賢猶善也。胥此義耳。舊注誤讀貴大患之貴，與貴以身之貴，皆仍爲動詞，貴大患與寵辱二字對文，貴以身與愛以身對文，不得皆仍爲動詞。近人遂謂老子"非直貴身，又貴大患"，且謂老子"貴愛用身，爲留人我見；寶嗇大患，爲留煩惱障"，以佛解老，尤所不取。章炳麟檢論道本篇。夫無身者必無私，安有人我見？無身者必不求名利，安有煩惱障？老子嘗以名利與身相較。其第四十四章云：

　　　名與身孰親？身與貨孰多？說文："多，重也。"得與亡孰病？是故甚愛必大費，多藏必厚亡。知足不辱，知止不殆，可以長久。

此因貴愛其身而輕視乎名貨，故云："道常無名樸。"三十二章。常讀爲尚。又云："不貴難得之貨。"第三章，又六十四章。夫不尚名貨者，其中必一無所欲，故云："無名之樸，夫亦將無欲，無欲以靜，天下將自定。"三十七章。又引古聖人云："我無欲而民自樸。"五十七章。漢、宋大儒"無欲故靜"之說，皆原於此。

無欲之德，同乎無知，無知之極，莫如嬰兒，故老子嘗言"無知無欲"。第三章。又云："專氣致柔，能知嬰兒乎？"第十章。又云："眾人熙熙，如享太牢，如登春臺。我獨怕兮其未兆，如嬰兒之未孩。"二十章。說文云："怕，無爲也。""咳，小兒笑也，古文咳從子。"又云："知其雄，守其雌，爲天下谿。爲天下谿，常德不離，復歸於嬰兒。"二十八章。王弼注云:"嬰兒不用知,而合自然之知。"嬰兒亦謂之赤子。孟子離婁下趙注云:"赤子,嬰兒也,少小之心,專一未變化,人能不失其赤子時心,則爲貞正大人也。"故五十五章云:"含德之厚,比於赤子。……"亦謂之兒子。莊子庚桑楚篇引:

　　　　老子曰:"衛生之經,能抱一乎? 能勿失乎? 能無卜筮而知凶吉乎? 能止乎? 能已乎? 能舍諸人而求諸己乎? 參觀中編第一章內業第十一。能翛然乎? 能侗然乎? 能兒子乎? 兒子終日嗥而嗌不嗄,和之至也;終日握而手不掜,共其德也。俞樾云:"手不掜,謂手不拳曲也。"終日視而目不瞚,偏不在外也。瞚與瞬同。行不知所之,居不知所爲,與物委蛇,而同其波。謂無心應物,隨順波動也。是衛生之經已。"　　　又引:

　　　　老子曰:"兒子動不知所爲,行不知所之,身若槁木之枝,而心若死灰矣。若是者,禍亦不至,福亦不來,禍福無有,惡有人災也?"即五十五章所云:"毒蟲不螫,猛獸不據,攫鳥不搏也。"

　　莊子所稱老子之言,蓋本下經第五十五章之義而推闡之,謂修己者當同乎嬰兒之無知也。夫嬰兒無知,僅在初生耳;及知咳笑以後,能言能行,智識日益,遂以有涯隨無涯矣。故老子誡之以"知足"、"知止",四十四章,四十六章,三十二、三章。進之以"知和"、"知常",五十五章,十六章。又曰"自知",三十三章,七十二章。曰"知古始",第十四章。曰"知天下",四十七章。曰:"吾言甚易知,無非知者,豈必形如槁木,心如死灰,塊然一無知之物乎? 惟知雄而守雌,知白而守黑,知榮而守辱,有知仍若無知耳。"孔子亦云:"吾有知乎哉? 無知也。"故曰:"知者不言,言者不知。"五十六章。又曰:"知者不博,博者不知。"八十一章。是深知"不言之教,無爲之益"也。四十三章。參第二章。**其七十一章云：**

　　知不知，上；不知知，病。淮南道應篇引老子曰："知而不知，上
矣；不知而知，病矣。"夫惟病病，是以不病。病，困也。禮學記云："是故
學然後知不足，教然後知困。知不足然後能自反也，知困然後能自强也。故
曰教學相長也。"病病者，謂知妄之爲病而病之，與知困義近。知困自强則不
困矣。案老說涵義甚廣，姑舉一端明之。聖人之不病也，以其不病，
是以無病。三句依韓子喻老篇引校正。聖人胸有真知，貌若無知，必不以
不知爲知，故不病。俞樾云："不病者，不以爲病，無病則莫之能病矣。"

　　觀上述知而不知之義，可見老子所云"絕聖棄知"、"絕學無
憂"，十九章，二十章。皆本有知而無知，非純粹絕而棄之也。故曰：
"自知不自見，自愛不自貴。"七十二章。見，謂顯露也。自貴，謂自矜貴也。
惟其"不自見故明，不自是故彰，不自伐故有功，不自矜故長"，二
十二章。無私之爲用大矣哉！道之真，以治身。治身者，完身以
養生也。詳前伊尹篇。老子無身而貴養生者，蓋以無生爲生，所謂
"無以生爲賢於貴生"也。無生則無死矣。五十章云：

　　出生入死。韓子解老篇云："人始於生而卒於死。始之謂出，卒之謂
入，故曰'出生入死'。"生之徒十有三，死之徒十有三。人之生，
生而動，動皆之死地，亦十有三。從韓子解老篇校補。夫何故？
以其生生之厚。淮南精神篇用此語。下云："夫惟能無以生爲者，則所以
得修生也。"文子十守篇云："夫人所以不能終其天年者，以其生生之厚。夫惟
無以生爲者，即所以得長生。"吳澄注云："生生，求生其生也。厚，謂用心太
重，意欲生生，而動作輒適於死地者，爲其求生之心太重，而不順乎自然也。"
蓋聞善攝生者，陸行不遇兕虎，入軍不被甲兵。兕無所投其
角，虎無所措其爪，兵無所容其刃。夫何故？以其無死地。
薛氏解云："攝，持也。上言生之徒十有三，死之徒十有三。人之生，動之死地

者,亦十有三,是十分之中總爲九矣。九之外有其一,則善攝生者是也。所,
處也。無死地者,由無生也。由無生,斯無死地矣。由無死地,斯物莫之能
傷矣。"

　　無生者,不生生也;無死者,不死死也。惟不生生,是以長
生;惟不死死,是以無死。<u>老子</u>嘗言:"夫唯無以生爲者,是賢於
貴生。"七十五章。又云:"故堅強者死之徒,柔弱者生之徒。"七十六
章。其所以柔弱自守,而無以生爲者,則在於嗇。五十九章云:

　　　　治人、事天莫若嗇。<u>韓子解老</u>云:"聰明睿智,天也;動靜思慮,人
也。……書之所謂治人者,適動靜之節,省思慮之費也。所謂事天者,不極聰
明之力,不盡智識之任。苟極盡則費神多,費神多則盲聾悖狂之禍至,是以嗇
之。嗇之者,愛其精神,嗇其智識也。故曰:治人、事天莫如嗇。"夫唯嗇,是
以早服。<u>韓子解</u>云:"眾人之用神也躁,躁則多費,多費之謂侈。聖人之用
神也靜,靜則少費,少費之謂嗇。嗇之爲術也,生於道理。夫能嗇也,是從於
道而服於理者也。眾人離於患,陷於禍,猶未知退,而不服從道理。聖人雖未
見禍患之形,虛無服從於道理,以稱早服。故曰:夫謂嗇,是以早服。"<u>王弼</u>本
作早復。故<u>釋文</u>云:"早復音服。"<u>俞樾</u>云:"<u>困學紀聞</u>十引作復,且引<u>司馬公</u>、
<u>朱文公</u>說,並云:'不遠而復。'然<u>韓子解老</u>以服從爲說,則古本自是服字。"今
案作復義較長。早服,是謂重積德。<u>韓子解</u>云:"知治人者,其思慮靜;
知事天者,其孔竅虛。思慮靜則故德不去,孔竅虛則和氣日入。故曰:重積
德。夫能令故德不去,新和氣日至者,早服者也。故曰:早服是謂重積德。"<u>朱
子語類</u>云:"<u>老子</u>之術,謙沖儉嗇,全不肯役精神。"又云:"早服者,言能嗇,則
不遠而復,重積德者,言先已有所積未有損失,又加以嗇養,是謂早服而重積。
若待其已損而後養,則養之方足以補其所損,不得謂之重積矣。所以貴早服
者,早覺其未損而嗇之也。"重積德則無不克,無不克則莫知其極,
莫知其極,可以有國。<u>韓子解</u>云:"凡有國而後亡之,有身而後殃之,不
可謂能有其國、能保其身。夫能有其國必能安其社稷,能保其身必能終其天
年,而後可謂能有其國、能保其身矣。夫能有其國、保其身者,必且體道,體道

則其智深，其智深則其會遠，其會遠，眾人莫能見其所極。夫唯能令人不見其事極者，爲能保其身、有其國，故曰：莫知其極，則可以有國。”案韓子此解，屢以有其國、保其身連言，蓋猶周易參同契君臣御政章以“明堂布政，國無害道”喻修養之術也。吳氏澄注云：“有保有之國，以喻人之身。”其義與韓解合，是也。有國之母，可以長久，是謂深根固柢，長生久視之道。韓子解云：“母者，道也。道也者，生於所以有國之術，所以有國之術，故謂之有國之母。夫道以與世周旋者，其建生也長，其持祿也久，故曰：有國之母，可以長久。樹木有曼根，有直根。直根者，書之所謂柢也。柢也者，木之所以建生也；曼根者，本之所以持生也。德也者，人之所以建生也；祿也者，人之所以持生也。今建於理者，其持祿也久，故曰：深其根。體其道者，其生日長，故曰：固其柢。柢固則生長，根深則視久，故曰：深其根，固其柢，長生久視之道也。”案有其國，謂保其身也。國之母，謂生身受氣之元也。保而有之，故可長久。

呂子先己篇云：“凡事之本，必先治身。嗇其大寶，用其新，棄其陳，腠理遂通。精氣日新，邪氣盡去，終其天年，此之謂真人。”蓋本老子“治人、事天莫若嗇”之義。自韓子解老後，若河上公之注，朱子之語類，卷百二十五老子書。吳澄氏之道德經注，皆以此章爲言修養之學。夫道家固以養生爲主者，特不若神仙家之索隱行怪，益以誕欺怪迂之文耳。老子嘗言：“以其不自生，故能長生。”第七章，長生一作長久。又云：“夫惟能無以生爲者，即所以得修生。”淮南精神篇。又云：“死而不亡者壽。”三十三章。又云：“谷神不死。”第六章。由是而知不生生者形不敝，不死死者神不滅。昔之注老者，多謂老子全言丹訣；今之說老者，則謂老子不重攝生，皆一偏之見也。以上述修己竟。

老子之論安人，亦在治國平天下。惟以無爲爲主，仍本清虛自守、卑弱自持之道耳。國有大小，其治之也亦異。六十章云：

治大國，若烹小鮮。韓子解老云：“事大眾而數搖之，則少成功。

藏大器而數徙之,則多敗傷。烹小鮮而數撓之,則賊其澤。治大國而數變法,則民苦之。是以有道之君貴虛靜而重變法,故曰:治大國若烹小鮮。"詩匪風篇毛傳云:"烹魚煩則碎,治民煩則散。知烹魚則知治民矣。" 六十一章云:

　　大國者下流,天下之交,治大國而如處下流,則爲天下諸小國之所交會也。天下之牝。牝常以靜勝牡,以靜爲下。吳氏注云:"牝字其一疑衍。下流以喻大國,非在人下,而能下者;牝以喻小國,素在人下而能下者。"案大國以動爲下,小國以靜爲下也。故大國以下小國,則取小國。左氏昭四年傳云:"凡克邑不用師徒曰取。"小國以下大國,則取大國。取,讀爲聚。說文云:"聚,會也。"一本取或作聚。或下以取,或下而取。以、而疊韻,古字通用。一本而取作而聚,成玄英疏云:"大國用下,故取得小國之歡心;小國用柔,故聚會於大國之中。用下則同,取聚斯別,故言或也。"大國不過欲兼畜人,小國不過欲入事人,兩者各得其所欲,故大者宜爲下。

上言內政在於不擾民,外交在於能下人,此論治大國之道也。其治小國則曰:第八十章。

　　小國寡民,使民有什伯之器而不用,俞樾云:"軍法,五人爲伍,二五爲什,百人爲伯,什伯皆士卒、部曲之名,所用之器故謂之什伯之器。徐鍇說文繫傳引老子曰:'有什伯之器。每什伯共用器,謂兵革之屬。'"是也。使民重死而不遠徙。雖有舟輿,無所乘之;雖有甲兵,無所陳之。所,處也。國小則民寡,民不遷徙則無資乎舟車,民不戰爭則無恃乎甲兵。使民復結繩而用之。吳氏注云:"民淳事簡,上古結繩之治可復,雖有書契,亦可不用,不但不用什伯之器而已。"甘其食,美其服,安其居,樂其俗。鄰國相望,雞犬之聲相聞,民至老死不相往來。王弼注云:"無所欲求。"

　　莊子載此文，稱曰"至德之世"。胠篋篇。司馬遷引此文，稱
曰"至治之極"。貨殖傳。蘇氏轍曰："老子生於衰周，文勝俗弊，
將以無爲救之，故言所志，願得小國寡民以試焉，而不可得耳。"
近人所以謂此章爲老子之"理想國"也。日人高瀨武說。雖然，老子
之志，實欲以無爲治天下者也。四十八章云：

　　爲學者日益，爲道者日損，損之又損之，以至於無爲。
無爲而無不爲，淮南原道篇云："是故聖人內修其本而不外飾其末，保其
精神，偃其知，故漠然無爲而無不爲也。所以無爲者，不先物爲也，所謂無不
爲者，因物之所爲。"故取天下，常以無事。河上公注："取，治也。"及
其有事，不足以取天下。　　　　五十七章云：

　　以正治國，以奇用兵，以無事取天下。正，一作政。奇，讀爲
掎。說文云："掎，偏引也。"治國可以正，用兵可以奇，惟治天下當以無事。
吾何以知其然哉？以此。此，指下文而言。天下多忌諱而民彌
貧，多利器而國家滋昏。人多技巧，奇物滋起。法令滋彰，
盜賊多有。忌諱，謂禁網嚴密也。人民多所畏避，不得安居樂業，則日趨於
貧矣。利器謂兵也。昏，亂也。技巧，謂兵技巧。漢志云："技巧者習手足，便
器械，積機關，以立攻守之勝者也。"奇物，猶言邪事也。天下多忌諱，則必各
制法令以治其民，是以民彌貧而流爲盜賊。此言政法不足以治天下也。天下
多利器，則必人習技巧以衛其國家，是以國家愈亂而民益奇邪，此言奇兵不足
以治天下也。故聖人云："我無爲而民自化，我好靜而民自正，
我無事而民自富，我無欲而民自樸。"一本此下有"我無情而民自
清"句。此引古言，證明以無事取天下之義。

　　好靜、無事、無欲、無情，其要歸本於無爲。無爲有二義，一
謂"無爲而無不爲"，一謂"爲之而無以爲"，皆見三十八章。此其所
以能治天下也。至其化民之道，則第三章云：

不尚賢，使民不爭；不貴難得之貨，使民不爲盜；上不好名，人必不與之爭名；上不好利，人必不與之奪利。<u>老子</u>云："夫唯不爭，故天下莫能與之爭。"<u>孔子</u>云："苟子之不欲，雖賞之不竊。"即此義也。不見可欲，使民心不亂。<u>吳氏注</u>云："見，示也。名利可欲者也，不尚不貴，是不示之以可欲，則民心不亂矣。此所以不爭、不爲盜也。"是以聖人之治，虛其心，實其腹，弱其志，強其骨，虛其心云者，使民無名利之心，而又使之足食以實其腹。弱其志云者，使民無爭盜之志，而使之盡力以強其骨。常使民無知無欲，<u>吳注</u>云："不知名利之可欲，而無欲之之心。"使夫知者不敢爲也。智者雖知名利可欲，亦不敢爲爭盜之事，<u>莊子</u>所謂"人含其知"也。爲無爲則無不治矣。

<u>莊子</u>有言："夫至德之世，同與禽獸居，族與萬物並，方百里爲同，百家爲族。惡知乎君子小人哉？君子小人有別賢否者，有明貴賤者，二義皆合。同乎無知，其德不離；同乎無欲，是謂素樸，素樸而民性得矣。"<u>馬蹄篇</u>。即申明此章"常使民無知無欲"之義。何以必使民無知無欲也？六十五章云：

古之善爲道者，非以明民，將以愚之。<u>吳澄</u>云："古人以道化民，還淳返樸，非欲使之明，但欲使之愚而已。"<u>王弼</u>云："明謂多見巧詐，蔽其樸也。愚謂無知守真，順自然也。"民之難治，以其智多。故以智治國，國之賊；不以智治國，國之福。<u>王弼</u>云："多智巧詐，故難治也。"<u>吳澄</u>云："以智治國，謂聰明睿智以有臨，則其民亦化而機巧變詐，斯難治矣。故以智治國者，國之賊害也。不以智治國，謂自晦其明以莅眾，則其民亦化而倥侗顓蒙，斯易治矣。故不以智治國者，國之福利也。"

<u>老子</u>之欲民愚，乃因民之好惡而使同歸於素樸。非若後世之愚民者，惟塗民之耳目，而實自逞其私智也。是以<u>老子</u>將使民無知無欲，必先使己無知無欲。故曰："愛民治國，能無知乎？"第

十章。又曰："我無欲而民自樸。"五十七章。其第十九章云：

> 絕聖棄智，民利百倍；上不尚賢，則民不爭，而多受福利矣。絕
> 仁棄義，民復孝慈；道德廢而後有仁義，上以道德治民，則民無不孝慈者
> 矣。絕巧棄利，盜賊無有。上不貴難得之貨，則民不爲盜矣。此三
> 者以爲文不足，故令有所屬：徐大椿云："聖智、仁義、巧利三者，皆後
> 世尚文之事，聖人以爲此不足以治天下，故絕棄之，而令別有所屬意。"如下文
> 所云也。見素抱樸，少私寡欲。見素者，示以太素之質；抱樸者，鎮以
> 無名之樸。上以素樸示民，民之私欲自然寡少。

此皆深戒爲民上者多欲而好知也。莊子曰："天下每每大
亂，罪在於好知。"又曰："上誠好知而無道，則天下大亂矣。"胠篋
篇。天下何以大亂？以民之難治也。民何以難治？老子曰："民
之難治，以其上之有爲，是以難治。"七十五章。上有爲，則必多欲
而好知，多欲則必損下以益上，好知則必飾智以驚愚。民不畏死
而又多智，非以力抗，即以詐應。此民所以難治，而天下所由大
亂也。安得無爲自化、清靜自正者，常使民無知無欲乎！

天下之亂，由於上無道揆，即孔子所謂"大道既隱，天下爲
家，以賢勇知，以功爲己。故謀用是作，而兵由此起"也。禮記禮
運。老子嘗云："兵者，不祥之器，非君子之器，不得已而用之。"三
十一章。故其言兵，仍本柔弱無爲之道，而以知足不爭、慈儉不先
爲主旨，非若後世兵權謀家，專談作戰計劃也。四十六章云：

> 天下有道，卻走馬以糞；天下無道，戎馬生於郊。糞，除
> 也。謂除田也。孟子曰："百畝之糞。"天下有道，兵戎不起，善走之馬，積力於
> 田疇。天下無道，爭戰不息，戎車之馬，生育於郊野。罪莫大於可欲，咎
> 莫大於欲得，禍莫大於不知足，故知足之足，常足矣。吳氏注

云："咎、禍皆災害，而禍重於咎。兵端之起，其罪由於知土地之可欲，務求得
之，則貪奪矣，此災害之始也。得之不知饜足，得隴望蜀，則戰爭無已時，此災
害之極也。倘以各有分地，不以廣闢爲心，知自足之爲足，則不貪奪戰爭而常
自足矣。"

此言兵禍生於不知足。知足不欲，各修其內，無求於外，安
事戰備哉？三十章云：

　　　以道佐人主者，不以兵強天下，其事好還。師之所處，
荆棘生焉，大兵之後，必有凶年。魏氏本義云："天道好還，則以兵強
天下，非知道者也。以道佐人主者尚不可，而況人主之躬於道者乎？下奪民
力，故荆棘生，上違天時，故有凶年。"（案四語本宋徽宗注。）善者果而已，
不敢以取強。王弼注云："果，猶濟也。善用師者，趣以濟難而已，不以兵
力取強於天下也。"果而勿矜，果而勿伐，果而勿驕，果而不得
已，果而勿強。王弼云："言用兵雖趣，功果濟難，然時故不得已當復用者，
但當以除暴亂，不遂用果以爲強也。"物壯則老，是謂不道，不道早
已。物壯，喻以兵力強天下者也。物壯則老，與列子引老聃曰"兵強則滅，木
強則折"意同。道以柔弱而能長久，強壯則不合乎道，何以能久？此善用兵者
所以果而勿強也。

老子論兵，一以柔道行之，但求勝敵而濟難，不敢恃力而爭
強。考其所操之術，有三寶焉。六十七章云：

　　　我有三寶，持而保之。保、寶音同義通。一曰慈，二曰儉，
三曰不敢爲天下先。慈故能勇。慈，愛也。仁者愛人。孔子曰："仁
者必有勇。"儉故能廣。韓子解老云："智士儉用其財則家富，聖人愛寶其神
則精盛，人君重戰其卒則民眾，民眾則國廣，是以舉之曰：儉故能廣。"不敢爲
天下先，故能爲成器長。俞氏樾云："成器，大器也，大器以言天下。"

今舍慈且勇，舍儉且廣，舍後且先，死矣。以用兵言之，如恃其地廣兵強，先發以制人，則滅亡無日矣。夫慈，以戰則勝，以守則固。天將救之，以慈衛之。葉氏夢得云：“三者推慈以爲先，而復申之以爲戰則勝，守則固，是今之所急也。天若救斯民，必使慈者出而衛之，此老子之所怛然有期於天下者歟！”

魏氏源曰：“道以虛無爲體，其運而爲德，則以慈儉謙退爲用。夫德爲萬物之母，而慈乃善之長也。與慈相反者，莫如兵，故專以兵明慈之爲用，而儉與不敢先，皆在其中矣。”六十八章云：

善爲士者不武，善戰者不怒，王弼云：“士，卒之帥也。武，尚先陵人也。後而不先，應而不唱，故不在怒。”善勝敵者不與，言不必相對敵也。善用人者爲之下。用人，謂利用他人。爲之下者即大國下小國，小國下大國之義。是謂不爭之德，是謂用人之力，是謂配天之極。七十三章云：“天之道，不爭而善勝。”善用兵者，亦不爭而善勝，故曰：“配天之極。”

此章申言儉之寶，儉猶斂也，能收斂始能擴張。善用兵者不以威武屈人，不以強大上人，斯儉之至已。故與人無爭而能用人之力，天之道也。六十九章云：

用兵者有言曰：“吾不敢爲主而爲客，不敢進寸而退尺。”吳氏澄云：“爲主，肇兵端以伐人也；爲客，不得已而應敵也。不敢進寸，難進也；退尺，易退也。不爲兵首，但爲應兵，而亦不欲合戰，故不敢近進以與敵爭，寧遠退以避敵也。”是謂行無行，攘無臂，執無兵，扔無敵。行，謂軍行列也。扔，摧也。言爲客而退尺者，雖用兵猶不用也。是以啟行、攘臂、執兵、摧敵，亦視若無事矣。禍莫大於無敵，無敵幾喪吾寶。

故抗兵相加，哀者勝矣。王弼云："言吾哀慈謙退，非欲以取強無敵於天下也，不得已而卒至於無敵，斯乃吾之所以爲大禍也。寶，三寶也。抗，舉也。加，當也。哀者必相恤而不趨利避害，故必勝矣。"

呂氏惠卿曰："所謂三寶，皆人之所難持者也，惟無我不爭者能持之。然惟慈故儉，惟儉故不敢爲天下先，則慈者三寶之所自始也。夫道之動，常在於迫。迫，一作返。而其用主於不爭。施之於兵，宜若有所不行者，不知主逆而客順，主勞而客逸，進驕而退卑，進躁而退靜。以順待逆，逸待勞，卑待驕，靜待躁，皆非所敵。然則道之用，常主於無爲，雖兵亦猶是矣。"

案此章申言不敢爲天下先之寶，其用心要歸於慈。慈以戰則勝，故曰"哀者勝"也。三十一章云：

夫佳兵者，不祥，物或惡之，故有道者不處。袁氏昶云："王石臞言：'夫佳乃夫佳之誤，佳，古唯字，逶寫誤而爲佳。'其說良是。然漢人已有佳兵不祥之語，則作佳兵亦古本也。"君子居則貴左，用兵則貴右。（兵者，不祥之器。非君子之器，不得已而用之，恬憺爲上，勝而不美。而美之者，是樂殺人。夫樂殺人者，則不可以得志於天下矣。吉事尚左，凶事尚右，偏將軍居左，上將軍居右，言以喪禮處之。）晁氏說之云："王弼老子注謂'兵者，不祥之器'以下至末，皆非老子本文。"王氏道云："自'兵者，不祥之器'以下，似經、注相間，疑古之義疏，混入經文者。"魏氏源云："王弼此章注已闕，晁氏生宋初，故猶及見之，但文句相沿已久，姑並仍其舊。"今案此節全係舊注，故以括弧別之。文中"美"字，釋經"佳"字也。云"樂殺人者""不可以得志於天下"，釋經"物或惡之"也。"兵""非君子之器"四句，釋經"故有道者不處"也。"吉事尚左"五句，釋經"貴左""貴右"二句也。禮記檀弓記孔子有姊之喪，拱而尚右，鄭玄注云："喪尚右，右陰也；吉尚左，左陽也。"故舊註釋用兵貴右，言以喪禮處之也。殺人之眾，以哀悲泣之；戰勝，以喪禮處之。成玄英疏云："人謂

敵人，眾謂士卒。"羅運賢云："泣當爲涖字之誤也，本字作逮。"說文云："逮，
臨也"。

　　有道者固不好兵，有時不得不用兵。用兵必戰，戰必殺人。
然非樂殺人也，故臨之以悲哀，葬之以喪禮，仍保持其慈儉、謙
退、不爭之德而已。此與太公兵法所謂"致慈愛之心，立威武之
戰"者，殆同一救世之微旨歟？以上述安人竟。後半述用兵，略本高瀨武老
子之戰爭論。
　　上述老子安人之道，皆以慈弱爲用，而世之論者，謂其貌慈
而心忍，賈子道術篇云："惻隱憐人謂之慈，反慈爲忍。"陽弱而陰強，乃權詐
之術也。其所持以攻老子者，常以"天地不仁"及"將欲歙之"二
章爲論據。茲就二章略說明之。第五章云：

　　　　天地不仁，以萬物爲芻狗；聖人不仁，以百姓爲芻狗。
　　仁謂有心親愛之也。芻狗，古者結草爲狗，巫祝用之祈禱，禱畢則棄之，無有
　　愛惜之心也。天地無心於萬物，而任其自生自化。聖人無心於愛民，而任其
　　自作自息。故以芻狗爲喻。大仁不仁，此之謂也。（參用吳注、薛解。）天地
　　之間，其猶橐籥乎！虛而不屈，動而愈出。外橐內籥，冶鑄所用
　　噓氣熾火之器也。元氣流行天地之間，有似橐籥。屈，竭也。虛而無心，故其
　　用不竭；迫而後動，故其出不窮。多言數窮，不如守中。數，謂理數、勢
　　數也。（釋文。）發號施令，繁稱文辭，欲如橐籥之噓氣，必有窮時，不如虛中，
　　而守不言之教也。

　　案人於芻狗時貴時賤，詳見莊子天運篇及郭注。非有心貴賤之
也。天地之於萬物，聖人之於百姓，有生有殺，大抵隨時之宜，因
物付物，何嘗有仁不仁之見存乎其中哉？亦如人之視芻狗而已。
老子曰："天道無親，常與善人。"七十九章。莊子天運篇云："至仁無親。"
又曰："聖人無常心，以百姓心爲心。"四十九章。又曰："我無情而

民自清。"五十七章。大程子曰："天地之常，以其心普萬物而無心；
聖人之常，以其情順萬事而無情。故君子之學，莫若廓然而大
公，物來而順應。"二程遺書定性篇。曰無親，曰無心，曰無情，與此
所云"不仁"大旨相同，仁則有爲，不仁則無爲矣。雖然，道尚無
爲而無不爲也。故曰："聖人常善救人，故無棄人；常善救物，故
無棄物，是謂襲明。"二十七章。吳氏澄云："聖人之救人救物，以不救爲救，以
不爲其事爲善也。蓋有所救者，必有所棄，無所救則亦無所棄矣，不見其爲救此而棄
彼也，故無一人一物棄而不救者。襲，猶掩藏也。救人救物而不見其救之之迹，是爲
善救，故曰襲明。又雖無不爲而無以爲也。故曰："聖人生而不有，
爲而不恃。"二章，十章，五十一章。又曰："上仁爲之而無以爲。"三十八
章。蓋聖人之爲仁，不自見其仁，故人但見爲不仁耳。安得謂其
貌慈而心忍乎？且仁之名，後於道而次於聖。老子云："大道廢，有仁
義。"孔子謂博施濟眾者，何事於仁，必也聖乎！天地法道之自然，聖人法天
地之道，仁固不足以盡之也。近儒說老子者，或於不仁下增一乎
字，以示悲憫之意。魏源老子本義。或據朱子解詩"有周不顯，帝命
不時"云："不，豈不也。"不仁，猶言豈不仁也，郎擎霄老子學案，與魏氏
意同。或云，言不仁者，所謂"正言若反"，七十八章。不仁即所以爲
仁也。鍾泰上古哲學史。是於老子之學，皆能慎思明辨者，然尚未
達其所謂不仁之意也。至謂"仁字即是人字，云天地不仁，猶言
天地不與人同類，即言天地無有恩意"，胡適中國哲學史語。然則云
聖人不仁，亦可謂聖人不與人同類乎？鍾泰中哲史語。此則說之難
持者矣。第三十六章云：

　　　將欲歙之，必固張之；將欲弱之，必固強之；將欲廢之，
　　必固興之；將欲奪之，必固與之。是謂微明。薛氏集解云："歙，
　　闔也。張，開也。固者，本然之辭。微明者，其理雖明，而實隱微也。"董氏思
　　靖云："必固云者，言物之將歙，必是本來已張，然後歙者隨之，此消息盈虛相

因之理也。"案固字，一本或作故久之故，一說當讀爲姑且之姑，義並可通。柔勝剛，弱勝強。薛氏云："物盛則衰，有如上文所云者，則柔能勝剛，弱能勝強，明矣。"魚不可脫於淵；邦之利器，不可以示人。薛氏云："利器，喻國之威武權勢也。魚能深潛則常活，不可躁動而脫於淵，否則爲人所制矣，譬之國能守柔則常安，不可矜其威力以觀示於天下。不爾，則勢窮力屈，而國家不可長保矣。"

王氏道曰："造化有消息盈虛之運，人事有吉凶倚伏之理。故物之將欲如彼者，必其已嘗如此者也。將然者未形，已然者可見。能據其已然而逆睹其將然，非微明不能。然微而明可也，明其微不可也。是故韜此理以自養，深靜斂退，優柔自得，如魚之不脫於淵，是也。炫此理以示人，啟釁招尤，借寇誨盜，如以邦之利器示人，則非也。莊子胠篋篇實明此意。蓋聖人用之則爲大道，奸雄竊之則爲縱橫捭闔之術，其害有甚於兵刃也，故聖人不以利器示之。"

案王氏道說，已足申明此章之意。而儒生猶多拘守程、朱之論，以老子爲竊弄權詐者。二程全書卷十九：程子曰："予、奪、翕、張，理所有也，而老子言非也。與之之意乃在乎取之，張之之意乃在乎翕之，權詐之術也。"又曰："老子書，其言自不相入處如冰炭，其初意欲談道之極玄妙處，後來卻人做權詐者上去，如'將欲取之，必固與之'之類。"朱子語類卷百廿五：伯豐問程子曰："'老子之言，竊弄闔闢者'，何也？"曰："如'將欲取之，必固與之'之類是。他亦窺得些道理，將來竊弄，如所謂'代大匠斲，則傷其手'者，謂如人之惡者，不必自去治他，自有別人與他理會。只是占便宜，不肯自放手做。"又云："老子不犯手。"薛氏蕙解之曰："程、朱之言，豈可謂其不然？然學者務在求是而已，理苟未安，雖大儒之言，固未可盡執以爲是也。"竊謂此章首明物盛則衰之理，次言剛強之不如柔弱，末則戒人之不可舍柔而用剛也。豈誠權詐之術，而與各章之言相反哉？夫聖智仁義，老子且猶病之，況權詐乎？按史記陳平本治黃帝、老子之術，及其封侯，嘗自言曰：“我多陰謀，道家之所禁。吾世即廢亦已矣，終不能復起，以吾多陰禍也。”由是言之，謂老子爲權數之學，是親犯其所禁，而復爲書以教人，必不然矣。

今案上述張、翕、強、弱、興、廢、與、奪八句，先輩多以爲明消息盈虛之理，乃言天道之自然，非謂人謀之使然，其義精矣。略舉老子之言天道者證之。其言曰：第七十七章。

　　　天之道其猶張弓乎！高者抑之，下者舉之，有餘者損之，不足者補之。吳氏澄云：“凡弛弓俯其體，則弣在上，弰向下。（弣謂弓把處，弰謂弓兩端斜出者。）張之而仰其體，則弣向下，弰在上，是抑弣之高使之向下，舉弰之下者使之在上也。”薛氏解云：“高者抑之四句，言弓人爲弓，調適弓幹，使之相稱也。”今案考工記稱九和之弓六材，輕重不可加減，故云“上工以有餘，下工以不足”。然則有餘、不足，皆以弓言。下文始言天道也。天之道，損有餘而補不足；人之道則不然，損不足以奉有餘。孰能以有餘奉天下？惟有道者。是以聖人爲而不恃，功成而不居。其不欲見賢邪？

魏氏源曰：“此承上柔弱處上、強大處下之意，而舉天道以申之也。老子云：‘將欲翕之，必固張之。’則張者，剛強之意。天道虧盈而益謙，猶弓之張者不久則廢弛，弛者有時而張。是故凡高者必至於自抑，而自下者必舉；有餘者必至於自損，而自謙者必盈。天之於物，有常然也。人則不然，損天下之不足以奉一己之有餘，失天意矣。有道之聖人，雖有至賢之行，而不欲以自見。此爲道日損，必至於損之又損也。”

再以他書證之。古之言道用者，多與老子三十六章文義隱相契合，如周易謙彖傳云：“天道虧盈而益謙，地道變盈而流謙，鬼神害盈而福謙，人道惡盈而好謙。”中庸云：“故天之生物，必因其材而篤焉。故栽者培之，傾者覆之。"韓非子說林上篇引周書曰："將欲敗之，必姑輔之；將欲取之，必姑予之。"戰國策魏策與韓同。呂子行論篇云："潛王以大齊驕而殘，田單以即墨城而立功，詩曰：'將欲燬之，必重累之；將欲踣之，必高舉之。'其此之謂乎！累矣而不燬，舉矣而不踣，其唯有道者乎？"列子黃帝篇引鬻子曰："欲剛必以柔守之，欲強必以弱保之。積於柔必剛，積於弱必強。觀其所積，以知禍福之鄉。強勝不若己，至於若己者剛；柔勝出於己者，其力不可量。"管子牧民篇云："故知予之為取者，政之寶也。"據上引逸周書、逸詩、鬻子、管子之文，知老子此章皆述古說；而孔子所云"一謙四益"，子思所云"栽培傾覆"，列子所云"常勝之道曰柔，常不勝之道曰剛"，呂子所云"累矣而不燬，舉矣而不踣"，皆引申老子之義者也。安得謂為權詐之術乎？

更以人物之性證之，列子仲尼篇云："目將眇者先睹秋毫，耳將聾者先聞蚋飛，口將爽者先辨淄澠，鼻將窒者先覺焦朽，體將僵者先亟奔佚，心將迷者先識是非，故物不至者則不反。"古諺云："將飛者翼伏，將奮者足跼，將噬者爪縮，將文者且樸。"此皆言將如彼者，必先如此，乃極盛必衰，欲進先退之理，人物、自然之性之本乎天道者也。若謂耳、目、口、鼻之屬，飛禽走獸之倫，亦皆知竊弄權詐之術，豈其然乎？

以上述道用竟。或者猶疑無為不足以治天下，請以魏源氏之說解之。魏氏老子本義序云："有黃、老之學，有老、莊之學。黃、老之學出於上古，故五千言中，動稱'古之所謂'，稱'建言有之'，稱'故聖人云'，又嘗引兵家之言，禮家之言。其宗旨見於莊子天下篇，其旁出者見於淮南精神訓，其於六經也近於易。其末章欲得小國寡民而治之，又言以身治身，以家國天下治家國天下，則其輒言天下無為者，非枯坐拱手而化行若馳也。靜制動，牝勝牡，先自勝而後能制天下之勝。其言三寶：一慈，二儉，三不敢爲天下先。故含德之厚，比於赤子，致柔之極，有若嬰兒。乃混沌初開之無爲也。及世運日新，如赤子嬰兒日長，則其教導涵育，有簡易繁難之不同。惟至人能因而應之，與民宜之。故堯稱無名，舜稱無爲，夫子以仲弓居敬行簡可使南面，其贊易惟以乾坤易簡爲言。此中世之無爲也。天下之生久矣，一治一亂，如遇大寒暑、大病苦之後，則惟診治調息以養復其元，而未可施以肥醲胺削之劑。如西漢承周末文勝、七國嬴秦湯火之後，當天下生民大災患、大痌瘝之時，故留侯師黃石，佐高祖，約法三章，盡革苛政酷刑；曹相師蓋公，輔齊漢，不擾獄市，不更法令，致文、景刑措之治。亦不啻重睹太古焉。此黃、老無爲可治天下。後世如東漢光武、孝明，元魏孝文，五代唐明宗，宋仁宗，金世宗，皆得其遺意。是古無爲之治，非不可用於世，明矣。至魏晉之世，則不言黃、老，而言老、莊。其言莊也，又不師其無欲，而專排禮法，以濟其欲。故不勇於不敢，而勇於敢。動行一切之法，使天下屛息待命，而已得以清靜自在，遂至萬事蠱廢。而後王衍之流，始自悔其弊，與黃、老慈、儉、不敢先天下之旨，若冰炭之相反。而後人不分，動以黃、老爲訽厲，豈不誣哉！"

又案老子之學，上觀往古，下啟來茲，其於治化之升降，學派之變遷，持論尤切。第三十八章云：

上德不德，是以有德；下德不失德，是以無德。上德無爲而無以爲，薛氏蕙云："無以爲，謂無所爲而爲之。"下德無爲而有以爲。馬氏其昶云："無爲舊作爲之，誤同上義句。傅奕本誤同上仁句。注家強爲之說，皆非是。今爲正之。德有上下，其無爲一也，以其不失德，故雖無爲之中而仍有以爲。"上仁爲之而無以爲，上義爲之而有以爲。上禮爲之而莫之應，則攘臂而扔之。陸氏德明云："扔，引也，因也。"薛氏云："禮者，盛揖讓之儀，繁登降之節，其爲之也，視仁義爲愈甚矣。

倡則必其應,施則責其報,一有不答,則起而相校,而忿爭之態作矣。蓋禮尚往來,故其弊必至於此,尤次於上義之有以爲也。"故失道而後德,失德而後仁,失仁而後義,失義而後禮。夫禮者,忠信之薄而亂之首也。前識者,道之華而愚之始也。前識謂智。白虎通情性篇云:"智者,知也,獨見前聞,不惑於事,見微知著也。"是以大丈夫處其厚,不處其薄;處其華,不處其實。故去彼取此。

老子所謂道德,與儒家言名同而義小異。故其言道、德、仁、義、禮、智之遞降,皆有次第。茲舉二證以明之。(一)證以往古之治化:上皇之世,皆以無爲之道而治,五帝以德化,三王以仁政,五伯以義兵,六國以法術,法所以輔禮制,而術則任智以愚民也。此六者遞降之合乎治化者也。(二)證以周末之學派:自老子倡言道德,以爲道德廢失,始以次發生仁義禮智。果也,孔子繼起其學說,即以仁爲貴。去孔子約百年,而孟子出,言仁又兼言義,仁義之說數見於七篇。去孟子約六十餘年,而有荀卿子,始專重於禮,且以禮爲道德之極,爲仁、義之經緯蹊徑。其門人韓非、李斯,不守師法,一變而爲刑名法術之學,專以智巧狙詐相尚,無復知有仁義忠信者。非所謂亂之首而愚之始耶?此其次第,有合乎學派之變遷者也。老子之言,簡而有至理,皆此類也。此段略本高瀨武老子哲學。

附錄

老子弟子考茲但就今有傳書者明辨之。其餘諸弟子,當別作詳考。

關尹子

關尹子,姓尹名喜,字公度。見莊子天下篇釋文、達生篇成疏,列子黃帝篇釋文。秦人也。四庫提要云：“李道謙終南祖庭仙真內傳稱終南樓觀爲尹喜故居，則秦人也。”爲關吏。老子過關，喜去吏而從之，漢志注。故稱曰關令尹喜，史記老子列傳。亦曰關尹喜，列子仲尼篇。亦曰關尹，莊子達生篇、天下篇。亦曰關令子，劉向列仙傳。亦曰尹子。列子說符篇。後世詩人有稱曰關門令尹者。唐崔曙詩。漢志，關尹子九篇，隋、唐志皆不著錄，其佚已久。元修宋志，始見劉向關尹子九卷。陳氏振孫云：“徐藏子禮得此本於永嘉孫定，首載劉向校定序，末有葛洪後序，未知孫定從何得授，殆皆依託也。序亦不類向文。”故宋氏濂諸子辨疑即孫定之所爲。四庫提要則云：“此書未必出於定，或唐、五代間方士解文章者所爲也。至濂謂‘其書多法釋氏及神仙方技家，如變識爲智，一息得道，嬰兒蕊女，金樓絳宮，青蛟白虎，寶鼎紅爐，誦咒土偶之類，老聃時皆無是言。……’則所論皆當。”然則今現存之關尹九篇，乃宋人僞書也。茲采諸子所引者撮要述之。

無心　莊子達生篇云：

子列子問關尹曰：“至人潛行不窒，蹈火不熱，行乎萬物之上而不慄。敢問何以至於此？”關尹曰：“是純氣之守也，非智巧果敢之列。居，予語女。凡有貌象聲色者，皆物也。物與物何以相遠？向秀曰：“唯無心者獨遠耳。”夫奚足以至乎？先是色而已。向秀曰：“同是形色之物耳，未足以相先也。以相先者，唯自然耳。”則物之造乎不形，而止乎無所化。張湛曰：“有既無始，則所造者無形矣。形既無終，則所止者無化矣。”案造，始也。止，終也。夫得是而窮之者，物焉得而止焉？成玄英曰：“夫得造化之深根，自然之妙本，而窮理盡性者，世間萬物，何得止而控馭焉？故當獨往獨來，出沒自在，乘正御辯，於何待焉。”彼將處乎不淫之度，而藏乎無端之紀，遊乎萬物之所終始。壹其性，養其氣，合其德，以通乎物之所造。夫若是者，其天守全，其神無郤，物奚自入焉？夫醉者之墜車，雖疾不死，骨節與人同，而犯害與人異，其神全也。乘亦不知也，墜亦不知也，死生驚懼，不入乎其胸中，是故逆物而不慴。彼得全於酒而猶若是，向秀曰：“醉故失其所知耳，非自然無心也。”而況得全於天乎？”向秀曰：“得全於天者，自然無心，委順至理也。”聖人藏於天，故莫之能傷也。郭象曰：“不窺性分之外，故曰藏也。”

此章又見列子黃帝篇，言得道之人，自然無心，氣純神全，物莫之能侵。老子曰：“善攝生者，陸行不遇虎兕，入軍不被甲兵。兕無所投其角，虎無所措其爪，兵無所容其刃。夫何故？以其無死地。”五十章。又曰：“含德之厚，比於赤子。毒蟲不螫，猛獸不據，攫鳥不搏。”五十五章。尹子此章，即申老義。莊子所云：“人能虛己以遊世，其孰能害之。”山木篇。亦有此意也。

莊子天下篇引：

　　關尹曰：“在己無居，形物自著。其動若水，其靜若鏡，其應若響。芴乎若亡，寂乎若清。呂子不二篇云：“關尹貴清。”同焉者和，得焉者失。未嘗先人而常隨人。”

案在己無居，形物自著者，無爲自化，清靜自正也。其動若水者，上善若水也。其靜若鏡者，用其光，復歸其明也。其應若響者，音聲相和也。芴乎若亡者，微妙玄通，深不可識也。寂乎若清者，能濁以止，靜之徐清也。顧氏實云：“同焉者和，則和光同塵也。得焉者失，則上德不德也。未嘗先人而常隨人，則不敢爲天下先也。漢志，關尹子九篇亡，今傳者僞書，其真者蓋僅留此四十四字而已。”莊子天下篇講疏。今案列子仲尼篇所引較此爲詳。其詞曰：

關尹喜曰:"在己無居,張湛曰:"汎然無係,豈有執守之所。"形物自著。張曰:"形物,猶事理也,事理自明,非我之功也。"其動若水,其靜若鏡,其應若響。張曰:"順物而動故若水,應而不藏故若鏡,和而不唱故若響。"故其道若物者也。若,順也。物自違道,道不違物。中庸曰:"道不遠人。人之爲道而遠人,不可以爲道。"善若道者,亦不用耳,亦不用目,亦不用力,亦不用心。張曰:"唯忘所用,乃合道耳。"欲若道而用視聽形智以求之,弗當矣。瞻之在前,忽焉在後,用之彌滿太虛,廢之莫知其所。張曰:"道豈有前後多少哉? 隨所求而應之。"亦非有心者所能得遠,亦非無心者所能得近,唯默而待之、性而成之者得之。知而忘情,能而不爲,真知真能也。廢無知,何能情? 廢無能,何能爲? 聚塊也,積塵也,雖無爲而非理也。"廢然無知無能,故能忘情而不爲,然亦非形若土偶,心若死灰者也。

或曰:"其應若響"以上五句,爲尹子語,"故其道若物者也"以下,乃列子引申之詞。然亦足發明自然無心之理也。

反身 呂子審己篇云:

子列子常射中矣。請之於關尹子。關尹子曰:"知子之所以中乎?"答曰:"弗知也。"關尹子曰:"未可。"張湛曰:"雖中,而未知所以中,故曰未可也。"退而習之三年,又請。關尹子曰:"子知子之所以中乎?"子列子曰:"知之矣。"高誘曰:"知射心平體正,然後能中,自求諸己,不求諸人,故曰知之。"關尹子曰:"可矣,守而弗失。非獨射也。國之存也,國之亡也,身之賢也,身之不肖也,亦皆有以。聖人不察存、亡、賢、不肖,而察其所以也。"列子說符篇載此章,作"而察其所以然"。

所以者何？反求諸其身也。高誘注云：“求諸己則存，求諸人則亡。”張湛注云：“射雖中而不知其所以中，則非中之道；身雖存而不知所以存，則非存之理。故夫射者能拙俱中，而知所以中者異；賢愚俱存，而知所以存者殊也。”老子所謂“以身觀身”、“自知者明”，胥是義也。列子說符篇又引關尹子曰：

　　關尹謂子列子曰：“言美則響美，言惡則響惡；身長則影長，身短則影短。名也者，響也。名之為言鳴也，與言意同。身也者，影也。故曰慎爾言，將有和之；慎爾行，將有隨之。是故聖人見出以知入，觀往以知來。此其所以先知之理也。……”

老子曰：“多言數窮，不如守中。”故行不言之教，而美惡無論矣。又曰：“修之於身，其德乃真。”故無有身之患，而長短無論矣。又曰：“不出戶，知天下；不窺牖，見天道。其出彌遠，其知彌少。是以聖人不行而知，不見而名，不為而成。”四十七章。尹子所稱慎言、慎行、先知之理，即本於此。

案呂子稱“關尹貴清”，不二篇。莊子以關尹與老聃並稱為古之博大真人，可知關尹之學，全同乎老聃。惜其書久佚，今據莊、列、呂諸家所引述之，亦可窺其大旨矣。

庚桑子史記老子傳作亢桑子，列子仲尼篇作亢倉子，同聲之轉變也。

庚桑子名楚，陳人也。本莊子、列子。或疑為吳人。俞氏樾曰：列子亢倉子，殷敬順釋文云：“音庚桑。賈逵姓氏英覽云：‘吳郡有庚桑姓，稱為士族。’”然則庚桑子吳人歟？老子弟子，獨得老子之道。見莊子、列子。所著書，漢、隋、唐志皆無著錄，至新唐書藝文志始列王士元亢倉子二卷，其注云：“天寶元年，詔號……亢桑子為洞靈真經，然亢桑子求之不獲。襄陽處士王士元謂莊子作庚桑子，太史公、列子作亢倉子，其實一也。取諸子文義類者補其亡。”今世有亢倉子一卷，凡九篇，全道一，用道二，政道三，君道四，臣道五，賢道六，訓道七，農道八，兵道九。蓋即王士元所補亡者，高氏子略稱其“雜而不純，濫而不實”。今但擇其本於莊、列二子者述之。

莊子庚桑楚篇云：

老聃之役，有庚桑楚者，司馬彪曰：“役，學徒弟子也。”偏得老聃之道，以北居畏壘之山。史記作畏累。索隱引郭象云：“今東萊也。”正義引成玄英云：“山在魯。”案此時當在應聘至魯之後。其臣之畫然知者去之，其妾之挈然仁者遠之。司馬云：“言人以仁智爲臣妾，庚桑悉棄仁智也。”擁腫之與居，鞅掌之爲使。居三年，畏壘大壤。壤，讀爲穰，豐也。畏壘之民相與言曰：“庚桑子之始來，吾灑然異之。今吾日計之而不足，歲計之而有餘，庶幾其聖人乎！子胡不相與尸而祝之，社而稷之乎？”庚桑子聞之，南面而不釋然。弟子異之。庚桑子曰：“……吾聞至人尸居環堵之室，而百姓猖狂，不知所如往。今以畏壘之細民，而竊竊焉欲俎豆予於賢人之間，我其杓之人耶？郭象云：“杓音的，爲物之標杓也。”吾是以不釋於老聃之言。”郭云：“老子曰：‘功成事遂而百姓皆謂我自爾。’今畏壘反此，故不釋然。”弟子曰：“……夫尊賢授能，先善與利，自古堯舜以然，而況畏壘之民乎？夫子亦聽矣。”庚桑子曰：“小子來，……夫全其形生之人，藏其身也不厭，深眇而已矣。且夫二子者，又何足以稱揚哉？向、郭並云：“二子謂堯、舜。”是其於辯也，將妄鑿垣牆而殖蓬蒿也。辯，治也。郭云：“將令後世妄行穿鑿而殖穢亂也。”簡髮而櫛，數米而炊，向秀云：“理於小利也。”察察乎，又何足以濟世哉？原作竊竊，茲從崔本。舉賢則民相軋，任知則民相盜。之數物者，不足以厚民。民之於利甚勤，子有殺父，臣有殺君，正晝爲盜，日中穴阫。郭慶藩曰：
"阫與培同，屋後牆也。"吾語汝，大亂之本，必生於堯、舜之間，其
末存乎千世之後。千世之後，其必有人與人相食者也。"南
榮趎蹙然正立曰："若趎之年者已長矣，將惡乎託業以及此
言邪？"庚桑子曰："全汝形，抱汝生，無使汝思慮營營，若此
三年，則可及此言矣。……"

案庚桑子北居畏累，實有無爲自化、清靜自正之效。蓋古聖
人濟世厚民，不以賢智，是以長而不宰，功成而弗居。至其所以
及此者，則在乎全形保生，無思無慮而已。

列子仲尼篇云：

　　陳大夫聘魯，私見叔孫氏。叔孫曰："吾國有聖人。"曰：
"非孔丘邪？"曰："是也。""何以知其聖乎？"叔孫曰："吾嘗聞
之顏回曰：'孔丘能廢心而用形。'"陳大夫曰："吾國亦有聖
人，子弗知乎？"曰："聖人孰謂？"曰："老聃之弟子，有亢倉子
者，得聃之道，能以耳視而目聽。"魯侯聞之大驚，使上卿厚
禮而致之。亢倉子應聘而至。魯君卑辭請問之。亢倉子
曰："傳之者妄。我能視聽不用耳目，不能易耳目之用。"魯
侯曰："此增異矣！增，益也。其道奈何？寡人願終聞之。"亢
倉子曰："我體合於心，心合於氣，氣合於神，神合於無。其
有介然之有。唯然之音，雖遠在八荒之外，近在眉睫之內，
來干我者，我必知之。乃不知是我七孔四支之所覺，心腹六
藏之所知，其自知而已矣。"魯侯大悅。他日以告仲尼，仲尼
笑而不答。張湛云："亢倉言之盡矣，仲尼將何所云。今以不答爲答，故寄
之一笑也。"、

案後世神仙家言,有"煉精化氣,煉氣化神,煉神還虛"之說,與亢倉"體合於心"四語大旨相近。佛家圓覺經云:"若覺遍滿一世界者,一世界中有一眾生起一念者,皆悉能知,百千世界亦復如是。"又云:"如是周遍,四威儀中,分別念數,無不了知。漸次增進,乃至百千世界一滴之雨,猶如目睹所受用物。"頗類亢倉"自知"之義。實則皆本老子所謂"復歸於無物","復歸於無極","不出戶,知天下;不窺牖,見天道"也。較關尹之無心與先知,殆大同而小異矣。

文子

文子,老子弟子。其事略及其著書,世多疑議。略分述之,學者詳焉。

(甲說) 文子,周平王時人,或曰:與孔子並時。 漢書古今人表列文子於幽、平之間,是以文子爲周平王時人也。馬總意林即本此說。又藝文志云:"文子九篇。"注云:"老子弟子,與孔子並時,而稱周平王問,似依託也。"是又疑文子非周平王時人矣。

(乙說) 文子,楚平王時人。 文獻通考引周氏涉筆曰:"文子一書,其稱平王者,往往是楚平王,序者以爲周平王時人,非也。"今案漢志明云,文子書"稱周平王問",此必劉、班二氏所見之文子,原有周字,否則不能決定其爲周王也。且即今所傳本之文子考之,其道德篇末載平王問文子一章,平王有曰:"以一人之權,而欲化久亂之民,其庸能乎?"文子有曰:"天下安寧,要在一人。"又曰:"以道蒞天下,天下之德也;無道蒞天下,天下之賊也。以一人與天下爲讎,雖欲長久,不可得也。"皆不類與楚國平王問對之語。蓋補輯文子者,隱據漢志增加此章,特不敢明稱周平王耳。

(丙說) 文子,子夏弟子,與墨子並時。 史記孟荀列傳索隱引別錄云："墨子書有文子。文子，子夏之弟子，問於墨子。"今案墨子書無文子。惟耕柱、魯問二篇有魯陽文君，國語楚語下有魯陽文子，賈逵、韋昭注並云："文子，楚平王之孫，司馬子期之子，魯陽公也。"汪遠孫云："墨子魯陽文君即魯陽文子也，與墨翟同時人。"國語發正十八。據劉、賈、韋、汪之說，知文子原書稱"周平王問"者，必係託爲問答之詞，莊、列諸子常有此例，其非楚之平王又不俟辨矣。

（丁說）文子，齊威王時人。　韓子內儲說上云：齊王問於文子曰："治國何如?"對曰："夫賞罰之爲道，利器也。君固握之，不可以示人。若如臣者猶獸鹿也，唯薦草而就。"舊注云："獸鹿就薦草，猶人臣歸厚賞，故賞罰之利器，不可示於人也。"據史記田完世家，齊君之"自稱爲王以令天下"，實自威王始，則與文子問對之齊王，必爲威、宣諸王。至其對問之詞，全本老子"國之利器，不可以示人"二語，其爲道家者流，無可疑矣。

（戊說）文子姓辛氏，名研，字文子，亦號計然。　史記貨殖列傳集解引范子曰："計然者，葵丘濮上人，姓辛氏，字文子。其先晉國之公子也。嘗南遊於越，范蠡師事之。"又引徐廣曰："計然者，范蠡之師也，名研。"文選曹子建求通親親表引文子曰："不爲福始，不爲禍先。"案此二語，今本文子十守篇守虛章有之，又符言篇有"不爲福先，不爲禍始"二語。章炳麟菿漢微言云："此書蓋亦附輯舊文，如僞古文尚書之爲者。故曹子建上表已引此二語，其所見當是七略舊本，後人摭拾其文，雜以僞語耳。"李善注引范子曰："文子者姓莘，葵丘濮上人也，稱曰計然。南遊於越，范蠡師事之。"此與裴駰所引小異而大同。自十二卷之文子行世後，唐李暹之訓注，晁氏讀書志疑李暹爲元魏人，然唐書宗室表有兩李暹，又李暹訓注文子十二卷，始見新唐書藝文志，則此李暹非北魏人明矣。宋杜道堅之纘義，李注久佚，杜義僅存七篇。皆以文子、計然合爲一人，清四庫書目提要已斥其謬甚，論證精確，無庸置辯矣。至曹植所引文子二語，則實本於老子"不敢爲天下先"一語，道家之鴻寶也。

（己說）文子姓文，生於楚而官於楚，復仕於越而死於越，蓋即越之大夫種也。　此近人江璚氏之說，所著讀子卮言，論文子即文種，詳徵博辨，四千餘言，而實無一有力之證據。其云"生於楚而官於楚"者，則據杜道堅說以文子爲楚人，而不取其所居之計籌山有計然故跡之說。其云"仕於越而死於越"者，則據孟康說文子越臣也，而又捨其姓計名然之說。惟文種亦稱文子，見於文選陸機豪士賦序及抱朴子知止篇，江氏又未及徵引，然亦必非此道家之文子也。何者？漢書古今人表五等有文子，四等有大夫種，有計然。之三子者，決不能合二人爲一人。江說雖辨，不足徵已。

然則文子究爲何許人乎？曰：從班書之說可也。古今人表既列文子於幽、平之間，藝文志注則云與孔子並時，此與太史公老子列傳兩言"莫知"、四言"或曰"者，用意相類。王充有言："老子、文子，似天地者也。"天地又烏從測其終始乎？

就其著書考之，漢志云：文子九篇。隋志云：文子十二卷；注云：文子，老子弟子。七略有九篇。梁七錄十卷亡。舊唐志云：文子十二卷，與隋志同，皆無注本。新唐志云：徐靈府注文子十二卷，李暹訓注文子十二卷。案徐靈府，唐人，自號墨希子，新志列其文子注於李暹注之前，則此李暹必爲唐人，非元魏人也。宋志文子十二卷，亦無注。據此，則漢時之九篇本，梁時之十卷本，案蓋於九篇外增目一卷。隋代已亡，所存之十二卷本，其爲後人依託無疑。唐時號爲通玄真經，殆亦王士元亢倉子之類耳。通考引周氏涉筆曰："文子一書，誠如柳子厚所云駁書也。然不獨其文聚斂而成，亦黃、老、名、法、儒、墨諸家，各以其說入之，氣脈皆不相應。"清儒陳氏東塾讀書記曰："老子云：'失道而後德，失德而後仁，失仁而後義，失義而後禮。夫禮者，忠信之薄而亂之首。'文子述老子之言則云：'德者民之所貴也，仁者民之所懷也，義者民之所畏也，禮者民之所敬也。此四者，文之順也，聖人之所以御萬物也。君子無德則下怨，無仁則下爭，無義則下暴，無禮則下亂。四經不立，謂之無道，無道不亡者，未之有也。'道德篇。此非老子之言也。老氏之徒，知仁、義、禮之不可無，而爲是言耳。然又恐背老子之旨，故又云：'深行之謂之道德，淺行之謂之仁義，薄行之謂之禮智。'上仁篇。此所謂遁辭也。"據周、陳二氏之說，則今所傳之文子十二篇，道原一、精誠二、十守三、符言四、道德五、上德六、微明七、自然八、下德九、上仁十、上義十一、上禮十二。當係隋、唐間雜家者流所纂輯，決非老子弟子文子之原書也。故不具述。章炳麟菿漢微言曰："今之文子，半襲淮南。所引老子，亦多怪異。其爲依託甚明。文選李注，兩引文子，並引張湛曰云云，則張湛曾注此書。今本疑即張湛僞造，與列子同出一手也。"今案張注文子史志皆未著錄，存以俟考。

引用書目

先君庶丹公（諱焌）所著諸子學述，博觀約取，鉤玄提要，徵引翔實，左右逢源。或引全文詳加注釋，以發明學術奧蘊（如內業）；或引片段加以分析，以辨章學派宗旨源流（全書可見）；或舉某一書名、篇名，以供研究諸子之參考；或錄某子遺言逸事，以助讀者之博識多聞。其平議，或引述近儒之言，或直抒一己之見，注以明之，無一字無來歷。其所引羣經、諸子、史乘、文集，約六百九十餘種，所引書中篇名尚不在此數（書中周秦諸子書目表中所列之書，今未全錄）。

原商務印書館一九三五年出版之本，未附所引書目。今當重印，特輯錄本書引用之書，依四部編次目錄，附於書後，以爲讀者研習之助，且資博稽詳考焉。

所輯必有疏漏或分類不當之處，敬請讀者指正。

一九九三年四月羅書慎

引用書目目錄

一、經　部

二、史　部

三、子　部

四、集　部

引用書目

一、經　部

（一）五經總義類

五經通義　西漢劉向撰（今佚），馬國翰輯一卷。

鄭志　魏鄭小同撰（原書已佚，古經解彙函中有輯本）。

經典釋文　唐陸德明撰。

五經正義　唐孔穎達撰。

經典釋文序錄　唐陸德明撰。

經義述聞　清王引之撰。

羣經平議　清俞樾撰。

鄭氏佚書　清袁鈞輯。

（二）經部分類

1. 易

（1）周易鄭注　東漢鄭康成注（原本散失，清袁鈞鄭氏佚書、馬國翰玉函山房輯佚書有輯本）。

易緯乾鑿度　日本稱漢鄭康成注。

周易注　魏王弼注。

周易正義　唐孔穎達撰。

易九家注

周易鄭注　宋王應麟輯，採諸書所引衰合而成。

古五子十八篇　漢志易家。

易經傳注辯正　清長沙彭申甫撰。

周易古義　長沙楊樹達撰。

易緯稽覽圖（所紀年號至唐元和，疑術家所附益。）

所引易經各篇，有：易乾文言傳，坤文言，小畜初九爻辭，履九四爻辭，謙象辭，觀象辭，噬嗑象辭，坎六四爻辭，損象傳，革象傳，渙六四爻辭，節象傳，繫辭上傳。

（2）歸藏謙卦（歸藏後漢猶存，至宋始佚，茲據馬國翰輯本。）

歸藏初經（羅蘋路史注引。）

2. 書

尚書正義　漢孔安國傳，唐孔穎達疏。

書序

洪範傳　漢劉向撰。

尚書今古文疏證　清孫星衍撰。

古文尚書考　清惠棟撰。

尚書大傳疏證　清皮錫瑞撰。

古文尚書疏證　清閻若璩撰。

尚書緯帝命驗

　　所引尚書各篇有：堯典，舜典，大禹謨，甘誓，湯誓，仲
　虺之誥，湯誥，伊訓，太甲，咸有一德，泰誓，洪範，洛
　誥，君奭，呂刑。

3. 詩

毛詩詁訓傳　漢毛亨撰。

毛傳序　子夏、毛公作。

毛詩正義　漢毛亨傳，鄭玄箋，唐孔穎達疏。

韓詩外傳　西漢韓嬰撰，趙懷玉校。

毛詩箋　東漢鄭玄箋。

毛詩草木虫魚疏　吳陸璣撰。

詩考　宋王應麟撰。

韓詩遺說考　清陳壽祺撰，陳喬樅述。

　　所引詩經各篇，有：周南兔罝，邶風旄丘，鄘風定之方
　中，王風大車，鄭風大叔于田、褰裳，衛風載馳，檜風尸
　鳩、匪風。

　　小雅：皇皇者華、小旻、小弁、巷伯、大田。

　　大雅：文王、大明、旱麓、皇矣、靈臺、文王有聲、抑、桑
　柔、烝民。

　　周頌：周頌序、維天之命、振鷺、載見。

　　魯頌：魯頌傳、閟宮。

　　商頌：商頌箋、商頌。

　　逸詩：貍首之篇。

4. 周禮

周禮注疏　東漢鄭玄注，唐賈公彥疏。

周禮杜氏注　東漢杜子春注（在馬輯佚書中）。

周禮正義　唐賈公彥撰。

序周禮廢興　唐賈公彥撰。

周禮正義　清孫詒讓撰（補正賈公彥書之缺失）。

周禮疑義舉要　清江永撰（中有考工記二卷）。

禮書綱目　清江永撰。

周禮漢讀考　清段玉裁撰。

　　所引周禮各篇，有：天官：太宰、瘍醫。地官：大司徒、
　　鄉大夫、草人鄭注。春官：大宗伯、天府、雞人、太卜。
　　夏官：大司馬、司爟（注）、廋人。秋官：司厲。冬官考
　　工記：輪人、韗人、梓人。

5. 儀禮

儀禮注疏　東漢鄭玄注，唐賈公彥疏。

儀禮經傳通解　宋朱熹、黃榦等撰。

　　所引儀禮各篇有：士昏禮、大射禮。

6. 禮記　西漢戴聖（小戴）撰。

禮記注　東漢鄭玄注

禮記正義　鄭玄注，唐孔穎達疏。

明堂月令論　漢蔡邕撰，清蔡雲輯。

月令章句、月令問答　同上。

中庸解　宋呂大臨撰。

明堂大道錄　清惠棟撰。

禮說　清金鶚撰。

明堂陰陽三十三篇

　　所引禮記各篇，有：曲禮、檀弓、王制、月令、曾子問、文
　　王世子、禮運、禮器、內則、玉藻、大傳、少儀、學記、樂
　　記、雜記、祭法、祭義、仲尼燕居、孔子閒居、坊記、中
　　庸、表記、緇衣、儒行、大學、鄉飲酒義、射義。

7. 大戴禮記　西漢戴德（大戴）撰。

大戴禮記注　北周盧辯撰。

大戴禮記解詁　王聘珍撰。

大戴禮記補注(收入皇清經解)　清孔廣森撰。

　　所引大戴禮記各篇,有:武王踐阼篇、哀公問於孔子
篇、王言篇、禮三本篇、帝篇、五帝德篇、勸學篇、衛將
軍文子篇、政穆篇、孔子三朝記、千乘篇、曾子十篇、禮
察篇、保傅篇、盛德篇。

8. 春秋左傳　周左邱明撰。

左傳正義　晉杜預注,唐孔穎達疏。

春秋左氏解詁　東漢賈逵撰(已佚),有馬輯本。

春秋釋例　晉杜預撰。

　　所引左傳有:隱五年傳,隱十一年傳,桓二年、六年、九
年傳,莊三年、三十年傳,閔元年傳,文元年傳,成二年
傳,襄四年傳、十四年傳,昭二年、三年傳,定九年傳,
哀四年傳,哀十一年傳。

9. 春秋公羊傳　周公羊高撰。

春秋公羊解詁　東漢何休撰。

公羊墨守　東漢何休撰。

公羊傳序　東漢何休撰。

公羊傳疏　唐徐彥撰。

公羊傳隱公第一疏引春秋緯

10. 春秋穀梁傳　周穀梁赤撰。

穀梁廢疾　東漢何休撰。

春秋穀梁傳集解　晉范寧撰。

春秋穀梁傳疏　唐楊士勛疏。

　　　附:

春秋繁露　西漢董仲舒撰。

春秋繁露注　清凌曙注。

春秋繁露義證　清蘇輿撰。

　所引春秋繁露各篇,有:五行對,俞序,循天之道,通

　國身,深察名號,滅國上。

11. 孝經　曾子撰(見史記仲尼弟子列傳)。

孝經正義　唐玄宗注,宋邢昺疏。

孝經鄭注疏　清皮錫瑞撰。

孝經緯鈎命訣

　所引孝經各篇,有:天子章,諸侯章,聖治章,廣要道

　章。

12. 論語

論語孔安國注　西漢孔安國撰。

論語馬融注　東漢馬融撰。

論語鄭玄注　東漢鄭玄撰。

論語序　鄭玄撰。

論語集解　三國魏何晏撰。

論語義疏　南朝梁皇侃疏。

論語正義　宋邢昺撰。

論語集注　宋朱熹撰。

論語說義　清宋翔鳳撰。

論語正義　清劉寶楠撰。

論語通釋　清焦循撰。

論語補疏　清焦循撰。

　所引論語中各篇,有:學而,爲政,八佾,里仁,公冶

　長,雍也,述而,泰伯,子罕,鄉黨,先進,顏淵,子路,

　憲問,衛靈公,陽貨,微子,子張,堯曰。

13. 孟子

孟子章句　東漢趙岐撰。

孟子題辭　東漢趙岐撰。

孟子集注　宋朱熹撰。

孟子正義　清焦循撰。

孟子字義疏證　清戴震撰。

孟子雜記(孟氏譜)　明陳士元撰。

孟子趙注補正　清宋翔鳳撰。

孟子四考(如:孟子出處時地考)　清周廣業撰。

孟子說　宋張橫渠撰。

孟子外書四篇:(宋時僞書)

性善　辨文　說孝經　爲政

所引孟子各篇,有:梁惠王上,公孫丑,滕文公,離婁,

萬章上、下,告子,盡心。

附:四書:

四書釋地　清閻若璩撰。

四書賸言　清毛奇齡撰。

四書考異　清翟灝撰。

四書稗疏　清王夫之撰。

14. 爾雅

爾雅注疏　晉郭璞注,宋邢昺疏。

爾雅正義　清邵晉涵撰。

爾雅義疏　清郝懿行撰。

爾雅釋地四篇注　清錢坫撰。

所引爾雅各篇,有:釋詁,釋言,釋訓,釋天,釋丘,釋

水,釋草,釋畜,釋蟲,釋鳥。

15. 小學類:

(1) 訓詁之類:

　　　小爾雅　漢孔鮒撰，宋咸注。

　　　方言　漢揚雄撰。

　　　釋名　漢劉熙撰。

　　　廣雅　魏張揖撰。

　　　通俗文　漢服虔撰。

　　　字苑　晉葛洪撰。

　　　廣雅疏證　清王念孫撰，王引之續注。

　　　經籍纂詁　清阮元撰。

　　　經傳釋詞　清王引之撰。

　　　新方言　章炳麟撰。

　　　長沙方言考　楊樹達撰。

　　　涇縣方言考證　胡蘊玉撰。

　（2）字書之類：

　　　蒼頡七章　秦李斯撰。

　　　說文解字　漢許慎撰。

　　　說文序　漢許慎撰。

　　　埤蒼　魏張揖撰（已佚，馬國翰輯一卷）。

　　　字林　晉呂忱撰（已佚）。

　　　字林考逸　清任大椿撰。

　　　玉篇　梁顧野王撰，宋陳彭年重修。

　　　說文解字（大徐本）　宋徐鉉等補注補音。

　　　古籀拾遺　清孫詒讓撰。

　　　說文古籀補　清吳大澂撰。

　　　說文解字注　清段玉裁撰。

　　　隸辨　清顧藹吉撰。

　　　文始　清章炳麟撰。

　（3）韻書之類：

廣韻　宋陳彭年等重修。

集韻　宋丁度撰。

音學十書先秦韻讀　清江有誥撰。

二、史　部

（一）史志諸書

漢書藝文志敍　東漢班固撰。

漢書藝文志　東漢班固撰。

漢書藝文志諸子敍錄

晉書藝文志補　文廷式撰。

宋書歷志　梁沈約撰。

隋書經籍志　唐魏徵等撰。

隋書音樂志　同上。

唐書經籍志　後晉劉昫等撰。

新唐書藝文志　宋歐陽修等撰。

宋史藝文志禮志　元脫脫等撰。

明史藝文志序　清倪燦撰。

三史藝文志補　清金門詔撰。

湖南省志藝文志子部儒家

（二）正史

1.　史記　西漢司馬遷撰。

史記集解　南朝宋裴駰撰。

史記正義　唐張守節撰。

史記索隱　唐司馬貞撰。

史記志疑　清梁玉繩撰。

史記考證

所引史記諸篇,有:五帝本紀,周本紀,秦本紀。十二
諸侯年表序。禮書,歷書,封禪書,天官書,平準書。
齊太公世家,魯周公世家,陳杞世家,魏世家,田敬仲
完世家,孔子世家,曹相國世家,陳丞相世家。伯夷列
傳,管晏列傳,老子韓非列傳,孫子吳起列傳,仲尼弟
子列傳,張儀列傳,孟子荀卿列傳,平原君虞卿列傳,
屈原賈生列傳,呂不韋列傳,李斯列傳,樊噲列傳,田
叔列傳,淮南王列傳,汲鄭列傳,儒林列傳,滑稽列傳,
日者列傳,貨殖列傳。太史公自序。

2. 漢書　東漢班固撰。唐顏師古注。

　　漢書補注　清王先謙撰。

　　漢書音義　蕭該撰。

　　漢書疏證　清沈欽韓撰。

　　所引漢書中各篇,有:武帝紀,成帝紀。古今人物表。
律歷志,食貨志,郊祀志,五行志,藝文志序。楚元王
傳,田叔傳,曹參傳,張蒼傳,伍被傳,賈山傳,董仲舒
傳,兒寬傳,杜周傳,司馬遷傳,楊王孫傳,胡建傳,宣
元六王傳,儒林傳,王莽傳,敘傳。

3. 後漢書　南朝宋范曄撰,唐章懷太子李賢注。

　　所引後漢書各篇有:郎顗傳,鄭玄傳,胡廣傳,張衡傳,
馬融傳,黨錮傳,逸民傳,劉陶傳,崔駰傳。

4. 三國志　晉陳壽撰,南朝宋裴松之注。

　　所引三國志各篇,有:蜀志劉巴傳(劉巴答劉先書),魏
志杜畿傳,吳志呂蒙傳及注。

5. 晉書　唐房玄齡等撰。

　　所引晉書各篇,有魯勝傳(墨辨注序),陳壽傳,臨湘鄧
粲傳。

6. 宋書　梁沈約撰。

　　宋書歷志　梁沈約撰。

7. 梁書　唐姚思廉撰。

　　　　所引梁書各篇,有:蕭氏父子(蕭衍、蕭綱)傳,顧越傳,
　　馬樞傳,張譏傳。

8. 隋書　唐魏徵等撰。

　　　　引隋書李德林傳。

9. 唐書　後晉劉昫等撰。

10. 新唐書　宋歐陽修、宋祁同撰。

11. 晉紀序論　東晉干寶撰。

12. 十七史商榷　清王鳴盛撰。

13. 廿二史劄記　清趙翼撰。

(三) 編年史

1. 漢紀　東漢荀悅撰。

2. 竹書紀年　晉汲冢書(宋時佚)。

　　　　所引竹書有魯惠公使宰讓請禮。

(四) 紀事本末

　　　　繹史　清馬驌撰。

(五) 別史

1. 逸周書(或稱周書)　晉孔晁注。

　　　　所引逸周書各篇,有:大匡篇,謚法篇,王會篇。

2. 通志(藝文略)　宋鄭樵撰。

3. 路史　南宋羅泌撰。

　　路史注　羅蘋注。

　　路史後記

(六) 雜史

1. 國語　亦稱春秋外傳,傳爲春秋時左丘明撰,三國吳韋

昭注。

國語韋注發正　清汪遠孫撰。

國語集解　徐元誥撰。

　　所引國語各篇,有:周語,魯語,齊語,楚語,晉語,越
語。

2. 戰國策　西漢劉向編定,高誘注。

戰國策敘錄　劉向撰。

戰國策新注　宋鮑彪撰。

戰國策校注　元吳師道撰。

戰國策補釋　近人金正煒撰。

　　所引戰國策各篇,有:楚策,秦策。

3. 秦事

4. 楚漢春秋

5. 百國春秋(隋書李德林傳引)

6. 太史公太古以來年紀

(七) 傳記類

列女傳　漢劉向撰。

　　所引列女傳各篇,有:母儀傳,仁智篇。

周室三母傳　漢劉向撰。

高士傳　晉皇甫謐撰。

三遷志　明史鶚撰。

宋元學案　清黃宗羲、全祖望原輯,王梓材增補。

明儒學案　清黃宗羲撰。

漢儒通義　清陳澧撰。

國朝學案小識　清唐鑒撰。

儒林宗派　清萬斯同撰。

人表考　清梁玉繩撰。

零陵先賢傳

（八）載記類

世本   戰國時史官所撰，記黃帝迄春秋時諸侯大夫的
　　世、世姓。

越絕書   漢袁康撰，吳平同定。

吳越春秋   漢趙曄撰，元徐天佑注。

讀史兵略（紀前史戰爭之事）   清胡林翼編。

（九）地理類

太平寰宇記   宋樂史撰。

晉太康地記

清一統志   乾隆二十九年官撰。

括地志   清孫星衍重輯。

水經注   舊題漢桑欽撰，後魏酈道元注。

（十）政書類

通典   唐杜佑撰。

唐會要   宋王溥撰。

漢制考   宋王應麟撰。

謚法   宋蘇軾撰。

文獻通考   元馬端臨撰。

談井田   孫蘭。

（十一）目錄類

別錄   漢劉向撰，劉歆輯錄定名。原佚，清洪順煊、
　　馬國翰、姚振東等都有輯本。

七略   漢劉歆撰。

三禮目錄   東漢鄭玄撰。

中經簿   晉荀勗撰。

七志   南朝宋王儉撰。

七錄　南朝梁阮孝緒撰。

崇文總目　宋王堯臣等撰。

郡齋讀書志　宋晁公武撰。

子略　宋高似孫撰。

直齋書錄解題　宋陳振孫撰。

漢書藝文志考證　南宋王應麟撰。

世善堂藏書目　明陳第撰。

中興館閣書目（玉海引）

四庫書目提要

四庫全書提要

四庫簡明目錄

嚴輯全上古三代秦漢六朝文中有秦前諸子約十餘
種。

馬輯玉函山房輯佚書中有秦以前子書共四十一種。

(十二) 金石之屬

鐘鼎款識：晉姜鼎，楚南龢鍾銘，毛公鼎，番生敦，小
子師敦。

殷墟卜辭

殷墟書契考釋　羅振玉撰。

石鼓文

名原　清孫詒讓撰。

兩周金石文韻讀　王國維撰。

(十三) 史評

史通　唐劉知幾撰。

　　所引史通各篇：疑古篇，惑經篇，六家篇。

校讎通義　清章學誠撰。

文史通義　清章學誠撰。

所引文史通義各篇：文集篇，詩教篇，經解篇，博
約中篇。

釋史　王國維撰。

三、子　部

（一）周秦諸子總說類

文心雕龍諸子篇　梁劉勰撰。

新論九流篇　北齊劉晝撰。

諸子辨　明宋濂撰。

學術流別論諸子篇　江慎中撰。

讀子卮言　清江瑔撰。

百子碎金　清衡陽李天旭撰。

諸子闡餘　清平江李自芳撰。

校讎通義原道篇　清章學誠撰。

菿漢微言　清章炳麟撰。

古史鈎沉論　清龔自珍撰。

諸子平議　清俞樾撰。

古今僞書考　清姚際恒撰。

續古今僞書考

諸子學略說　清章炳麟撰。

國故論衡　清章炳麟撰。

古學出於史官論，又補論　劉師培撰。

古學出於官守論　劉師培撰。

國粹報學篇（第十四期）　劉師培撰。

國學真論　劉師培撰。

國學發微　劉師培撰。

周末名學史序　劉師培撰。

論理學史序　劉師培撰。

讀諸子劄記　陶鴻慶撰。

九流學派略說　孫雄師鄭撰。

諸子通誼原始篇、正名篇　陳鐘凡撰。

論諸子　清陳澧撰。

中國哲學史　謝無量撰。

周秦諸子總論　羅敦曧撰。

中國哲學史大綱　胡適撰。

中國古代哲學史　胡適撰。

周秦哲學史　陸懋德撰。

論近人講諸子學者之失　柳詒徵撰。

上古哲學史　鍾泰撰。

中國哲學史　鍾泰撰。

孔子改制考　康有爲撰。

　　分：諸子爭教互攻考，諸子攻儒考，墨老攻儒尤甚
　　考，儒墨交攻考，儒攻諸子考。

先秦政治思想史　梁啟超撰。

周秦諸子學統述　朱謙之撰。

支那思想發達史　日本遠籐隆吉撰。

國學彙編（載胡懷琛駁論遠籐說）

中國哲學史概論　日本渡邊秀方撰。

四庫全書子部總敘

（二）子部　儒家

孔子家語　三國魏王肅輯並注。

孔子集語　宋薛據撰。

孔子集語　清孫星衍撰（就薛據書而推廣之）。

　　　理學宗傳　明孫奇逢撰。

　　　儒林宗派　清萬斯同撰。

　　　孔子門人考　清朱彝尊撰。

　　　戴東原年譜後語錄　清段玉裁編。

　　　理堂家訓　清焦循撰。

　　　孔學真論　劉師培撰。

　　　儒家哲學　陳蓬天撰。

　　　湖南省志藝文志子部儒家

1. 曾子

　　　曾子十八篇　漢志今存十篇，在大戴禮記中，計立事，本孝，立孝，大孝，事父母，制言上、中、下，疾病，天圓。

　　　曾子注釋　清阮元撰。

　　　曾子補注（大戴禮記補注）　清孔廣森撰。

　　　曾子章句　清魏默深撰。

　　　曾子發微　清魏默深撰（見魏氏經學五書稿本中）。

　　　曾子孝篇解詁　王聘珍撰。

　　　曾子家語　清曾國荃、王定安輯。

2. 子思子

　　　子思子　宋汪晫所編（不可據）。

　　　子思子　清黃以周輯。

　　　子思子一卷　清洪頤煊輯（在問經堂叢書中）。

　　　子思子章句　清魏默深撰。

　　　子思表記　清魏默深撰（在魏氏經學五書稿本中）。

3. 孔叢子、漆雕子、世子

　　　孔叢子三卷　託名秦孔鮒編，疑王肅偽作。

　　　　所引孔叢子各篇，有：抗志篇，詰墨篇，雜訓篇，公儀篇，記問篇，居衛篇，巡狩篇。

　　　漆雕子書（佚已久）　　馬國翰輯一卷。

　　　養書一篇　　周人世碩輯（已亡），馬國翰輯一卷。

4. 孟子（見前經部）

5. 荀子

　　　孫卿子三十三篇　　漢劉向校讎中祕定著

　　　校讎孫卿書所上言　　劉向撰。

　　　荀子　　周荀況撰，唐楊倞注。

　　　讀荀子　　唐韓愈撰。

　　　荀卿論　　宋蘇軾撰。

　　　荀子校注　　宋錢佃撰。

　　　荀子跋　　清錢大昕撰。

　　　荀子集解　　清王先謙撰。

　　　荀子補注　　清郝懿行撰。

　　　荀子校注　　清劉臺拱、汪中、王念孫同校注。

　　　荀子通論　　清汪中撰。

　　　荀子哲學　　陳登元撰。

　　　荀子學說　　胡蘊玉撰。

　　　荀子集注　　湘潭胡元儀撰（未刊行）。

　　　荀卿列傳考異　　胡元儀撰。

　　　荀卿列傳論　　胡元儀撰。

　　　荀子議兵篇　　蘇林、張晏注。

　　　荀子正名說　　陳鐘凡撰。

　　　　所引荀子中各篇，有：勸學篇，修身篇，不苟篇，榮辱
　　　篇，非相篇，非十二子篇，儒效篇，王制篇，富國篇，王
　　　霸篇，君道篇，致士篇，議兵篇，強國篇，天論篇，正論
　　　篇，禮論篇，樂論篇，解蔽篇，正名篇，性惡篇，君子篇，
　　　成相篇，賦篇，大略篇，宥坐篇，法行篇，哀公篇，堯

問篇。

6. 晏子春秋　　舊題春秋時晏嬰撰。

辯晏子春秋　　唐柳宗元撰。

晏子春秋音義　　清孫星衍撰。

左盦集七晏子非墨家辯　　劉師培撰。

晏子居喪盡禮　　見左氏襄十七年傳

晏子諫攘彗星　　見左氏襄二十六年傳

晏子春秋集釋　　今人吳則虞撰。

晏子春秋校本　　平江蘇輿撰。

　　所引晏子春秋各篇,有:外篇第八,內篇雜上、下,內篇
　　諫上。

7. 虞氏春秋　　戰國時虞卿撰,今佚,有清馬國翰輯本。

虞氏春秋序　　清馬國翰撰。

虞氏春秋八篇:

　　節義上、下,稱號上、下,揣摩上、下,政謀上、下。

8. 公孫固(書久佚,馬國翰亦無輯本)

公孫子一章　　見荀子強國篇。

9. 子部儒家諸書

內業十五篇　　馬國翰玉函山房輯佚書內業篇序。

新語　　漢初陸賈撰。

新書　　西漢賈誼撰。

　　所引新書中各篇,有:審微篇,修政語篇,過秦論,道術
　　篇,禮篇。

說苑　　西漢劉向撰。

　　所引說苑各篇,有:建本篇,立節篇,復恩篇,政理篇,
　　敬慎篇,奉使篇,權謀篇,指武篇,談叢篇,雜言篇,反
　　質篇。

新序　　西漢劉向撰，宋曾鞏校定。

　　所引新序各篇，有：雜事二，雜事五，節士，義勇。

法言　　西漢揚雄撰，晉李軌注。

法言集注　　北宋司馬光撰。

　　所引法言中各篇，有：吾子篇，修身篇，淵騫篇，君子篇。

鹽鐵論　　西漢桓寬撰。

　　所引鹽鐵論各篇，有：非鞅篇，論鄒篇，燬學篇，國病篇，鹽鐵箴，鹽鐵取下，論鄒篇。

申鑒　　東漢荀悅撰。

　　所引申鑒之篇，有：雜言下篇。

昌言（全名爲仲長子昌言）　　東漢末仲長統撰，大部佚失，存者在後漢書及羣書治要中，又嚴可均輯二卷。

新論二十九篇　　東漢桓譚著，早亡佚。清嚴可均全後漢文輯桓子新論較完備。

中論　　魏徐幹撰

徐幹中論序　　魏人作

　　所引中論各篇，有：治學篇，貴驗篇，修本篇。

聖證論　　魏王肅撰。

傅子　　晉傅玄撰。

孟、荀、楊三子定性辯　　唐杜牧撰。

黃氏日鈔　　宋黃震撰。

太極圖說　　宋周敦頤撰。

皇極經世　　宋邵雍撰。

周子通書志學章　　宋周敦頤撰。

二程全書　　宋程顥、程頤撰。

二程遺書　　程子門人所記，朱子編次亡。

程子四箴　宋程頤撰。

定性書　宋程顥撰。

經說　宋程頤撰。

近思錄　宋朱熹、呂祖謙同撰。

張子正蒙　宋張載撰。

張子通書　宋張載撰。

橫渠語錄　同上。

西銘　同上。

朱子語類　宋黎清德編。

朱子語錄類要　宋葉士龍編。

朱子大學注

朱子中庸注

與邵中孚書　宋陸九淵撰。

心箴　宋范浚撰。

四句教法　明王陽明撰。

舊學蓄疑　清汪中撰。

逸講箋　清毛奇齡撰。

文錄子思孟軻五行說　章炳麟撰。

道學淵源錄　近人黃嗣樂撰。

（三）子部　道家

1. 黃帝

黃帝四經四篇

黃帝君臣十篇

雜黃帝五十八篇

金人之銘（黃帝六銘之一）

黃帝泰素

陰符經解　全稱黃帝陰符經，舊題黃帝撰。

　　　一說唐李筌所僞託,有伊尹、太公、范蠡、鬼谷子、張
　　良、諸葛亮、李筌七家注。

陰符經考異　宋朱熹撰。

黃帝佚文十數條　清嚴可均輯。

黃帝李法(李讀爲理,治獄官)

2. 伊尹

伊尹五十一篇

伊尹書　馬國翰輯一卷,嚴可均輯十一節。

輯伊尹書佚文(尚未刊行)　寧鄉錢維驥撰。

3. 太公

太公二百三十七篇(漢書藝文志)

太公陰符

六韜　舊題周呂望(姜太公)撰。

　　所引六韜中各篇,有:文韜,虎韜,兵道,文啟篇。

六韜直解　明太原劉寅撰。

六韜注　清魏默深撰(見湖南省志藝文志)

太公金匱

4. 鶡子　周鶡熊撰。

鶡子二十二篇(漢志)

鶡子注　唐逢行珪注。

鶡子敘　唐逢行珪撰。

進鶡子表　唐逢行珪撰。

鶡子佚文　湘潭葉德輝輯(觀古堂自刻本)。

5. 管子　周管仲撰,唐尹知章注。

讀管子　宋張嵲撰。

管子補注二十四卷　明劉績撰。

管子識誤　清宋翔鳳撰。

管子校正　清戴望撰。

弟子職集解　清莊述祖撰。

管子校釋　湘鄉顏昌嶢(未刊稿)。

所引管子各篇,有:牧民,立政,乘馬,七法,幼宜,樞言,法禁,重令,法法,兵法,大匡,中匡,小匡,制分,君臣上,心術上、下,白心,四時,五行,正第,任法,明法,治國,內業,封禪,七臣七主,九守,桓公問,地員,弟子職,牧民解,形勢解,立政九敗解,版法解,明法解,海王,國蓄,地數,揆度,輕重甲。

6. 老子

老子注　西漢河上公注。

道德經指歸　漢嚴遵撰。

老子注　後漢馬融注,唐傅奕有校本。

老子注　魏王弼注。

東晉葛洪、陶弘景、鳩摩羅什、惠琳、惠嚴,均有老子注,不盡傳(見隋、唐志)。

老子注　晉臨湘鄧粲撰(見晉書鄧粲傳),書已亡佚。

通老論　晉阮籍撰

崇有論　晉裴頠撰

老子講疏　梁蕭衍、蕭綱父子。

道德經注疏　唐玄宗撰(見新唐志)。

道德經論兵要義述　唐王真撰。

老子注　宋徽宗注。

老子注　宋范應元注。

解老子　宋葛長庚(參以金丹爐火之說)。

老子王注記　宋晁說之撰。

老子集解　金李之純撰(見清金門詔補三史藝文志)。

易老通言　程大昌撰(見經籍考)。

老子校正　元吳澄撰。

道德真經注　元吳澄撰。

草廬精語　元吳澄撰。

老子集解　明薛蕙撰。

老子通義　明朱得之撰(見明史藝文志)。

老子翼　明焦竑(見明史藝文志)。

老子解　明陶望齡(見明史藝文志)。

老子元覽　明陸西星(見明史藝文志)。

老子注　明祁陽鄧球撰(見湖南省志藝文志子部)。

國學彙編論老子學說之來歷　胡懷琛撰。

老子本義　清魏源(默深)撰(桐廬袁昶有校刊本)。

老子本義序　魏默深撰。

老子故　清馬其昶撰。

道德經注　徐大椿注。

老子考異　清畢沅撰。

老子學案　郎擎霄撰。

老子衍　衡陽王夫之撰(在船山遺書內)。

讀道德經私記　清汪縉撰(見四庫存目)。

讀老子札記　清易順鼎撰。

檢論道本篇(以佛解老)　章炳麟撰

老子古義　長沙楊樹達撰。

老莊哲學　陳登元撰。

老子覈詁　馬敘倫撰。

道德經解　善化李文炤撰。

跋孫盛老子疑問反訊　釋道宣。

老莊哲學　日本高瀨武著。

老子之戰爭論　日本高瀨武著。

7. 關尹子

關尹子　相傳爲春秋末關尹喜著。

關尹九篇　漢劉向校定。

8. 文子

文子九篇　東晉張湛注。

辨文子　唐柳宗元撰。

文子注　唐徐靈府注。

訓注文子　唐李暹注（始見新唐書藝文志）。

文子纘義　宋杜道堅撰。

　　所引文子各篇有：道原篇，十守篇，符言篇，上仁篇，道德篇。

9. 莊子

莊子注　魏晉之際向秀注，至秋水、至樂二篇未竟而卒。

莊子注　西晉郭象撰。

莊子注　西晉司馬彪撰。

莊子集釋　清湘陰郭慶藩撰。

莊子疏　唐成玄英撰。

莊子校正　元吳澄撰。

莊子內篇訂正　元吳澄撰。

莊子通義十卷　明朱得之撰（見明史藝文志）。

莊子解五卷　明陶望齡撰（同上）。

南華副墨　明陸西星撰（同上）。

莊子翼　明焦竑撰（同上）。

莊子集解　金李之純撰（見金門詔補三史藝文志）。

莊子說　明湘潭李勝芳撰（見湖南省志藝文志）。

莊子通　清衡陽王夫之撰（在船山遺書內）。

莊子解　清衡陽王夫之撰（在船山遺書內）。

莊子注　清湘潭王壬秋撰（在湘綺樓叢書內）。

莊子集解　清王先謙撰。

莊子天下篇講疏　顧實撰。

老莊哲學　日本高瀨武撰。

　　所引莊子各篇，有：逍遙遊，齊物論，人間世，大宗師，應帝王，馬蹄篇，胠篋篇，在宥篇，天道篇，天地篇，天運篇，刻意篇，達生篇，山木篇，知北遊，庚桑楚，徐無鬼，讓王篇，盜跖篇，漁父篇，天下篇。

10. 列子

列子八篇　舊題周列御寇撰。

列子敘錄　漢劉向撰。

列子序、列子注　晉張湛撰。

列子釋文　唐殷敬順撰。

列子通義　明朱得之撰（見明史藝文志）。

列子釋文考異　清任大椿撰。

　　所引列子各篇，有：天瑞篇，黃帝篇，仲尼篇，湯問篇，力命篇，楊朱篇，說符篇。

11. 抱朴子

抱朴子內、外八篇　晉葛洪撰。

　　所引有知止篇。

12. 鶡冠子　鶡冠子，相傳戰國時楚人，姓名不詳。

鶡冠子解　北宋陸佃撰。

鶡冠子注一卷　湘潭王壬秋撰（在湘綺樓叢書內）。

13. 亢倉子

亢倉子　唐王士元撰。

　　所引有農道篇。

（四）子部　陰陽家

　　鄒子　戰國末鄒衍撰，佚，馬國翰輯一卷。

　　鄒子終始　鄒衍撰，佚，馬輯一卷。

　　鄒衍說考　劉師培撰。

　　張蒼十六篇　見漢書藝文志，今佚。

（五）子部　法家

1. 李子法經　清黃奭輯。

2. 商君書　秦相商鞅撰。

　　商君書解詁　朱師轍撰。

　　商君書集解　長沙王時潤撰。

　　　所引商君書各篇，有：說明篇，算地篇。

3. 韓非子

　　韓子　宋乾道刊本，張文虎校。

　　韓非子注　宋朱瓚注。

　　韓子注　唐尹知章注。

　　韓非子集解　清王先慎撰。

　　韓子集解補正　長沙羅焌撰（未刊）。

　　　所引韓子各篇，有：初見秦，有度，十過，揚權，孤憤，解
　　老，喻老，說林上、下，內儲說上、下，外儲說左上，難
　　一、難二、難三，問辯，定法，五蠹，顯學。

4. 申子

　　申子　韓相申不害撰（亡），馬輯一卷，嚴輯十三節。

　　申子逸文考　長沙王時潤撰。

5. 慎子

　　慎子　戰國時處士慎到撰。

　　慎子注十卷　唐滕輔注，今散佚，存七卷。

　　慎子校釋　錢熙祚校。

中國法學史

（六）子部　名家

1. 尹文子　周尹文撰。

　　尹文子序　東漢末仲長統撰。

　　尹文子上下二篇

　　尹文子校釋　長沙王時潤撰。

　　　所引尹文子有：大道上、中篇。

2. 公孫龍子

　　公孫龍子注　唐陳嗣古撰。

　　公孫龍子注　唐賈大隱撰。

　　公孫龍子注　宋謝希深撰。

　　公孫龍子校釋　長沙王時潤撰。

　　公孫龍子發微　湘鄉譚戒甫撰。

　　　所引公孫龍子有：跡府篇。

　　中國古代名學論略　陳蓬天撰。

（七）子部　墨家

　　墨子十五卷　周墨翟撰。

　　墨辯注六篇　晉魯勝注（今存序一篇）。

　　墨子閒詁　清孫詒讓撰。

　　墨家諸子鈎沉　清孫詒讓輯。

　　墨子章句　清魏默深撰。

　　墨子校注　清王壬秋撰（見湘綺樓叢書中）。

　　墨子箋　曹耀湘撰。

　　墨子箋後評議　曹耀湘撰。

　　墨辯發微　湘鄉譚戒甫撰。

　　墨子正義　湘鄉陳毅撰。

　　墨子學案　梁啟超撰。

所引墨子各篇,有:修身,尚賢,尚同,兼愛,天志,明鬼,非樂,非命,非儒,經上、下,經說上、下,小取,耕柱,貴義,公孟,魯問,公輸。

(八) 子部 縱橫家

鬼谷子三卷 周蘇秦撰,樂臺注,尹知章注。

鬼谷子注 晉皇甫謐撰(見隋志)。

鬼谷子注 梁陶弘景撰。

鬼谷子一卷 江都秦恩復校。

所引鬼谷子各篇,有:揣摩篇、抵巇篇。

(九) 子部 雜家

1. 呂氏春秋 秦相呂不韋輯智略士作。

呂氏春秋注 東漢高誘撰。

呂氏春秋序 東漢高誘撰。

呂子校補 清梁玉繩撰。

呂氏春秋畢校本 清畢沅校刊(見經訓堂校刊本)。

呂覽釋 清王夫之撰(未見傳本)。

呂子輯校補正 湘鄉譚戒甫撰。

呂氏春秋集釋 長沙羅焌撰(未刊)。

所引呂氏春秋各篇,有:貴公,去私,貴生,當染,先己,圜道,勸學,大樂,古樂,審己,安死,當務,士節,序意(以上十二月紀)。應用,聽言,務本,諭大,孝行,本味,慎大,報更,察微,君守,不二,執一,審應,重言,離謂,淫辭,具備,適威,舉難,知分,召類,行論(以上八覽)。察賢,求人,察傳,士容,上農,任地,辯土,審時(以上六論)。

2. 淮南子

淮南子(原名淮南鴻烈) 西漢淮南王劉安撰。

淮南子注(又名淮南鴻烈解)　東漢高誘撰。

淮南子注　清王夫之撰(未見傳本)。

　所引淮南子各篇,有:原道,俶真,天文,精神,本經,主
　術,繆稱,齊俗,氾論,道應,泰族,要略。

3. 尸子

尸子　戰國時尸佼著,已佚。

尸子十三篇　唐魏徵輯,見羣書治要卷三十六。

尸子二卷　清汪繼培輯校。

尸子　清孫星衍輯。

尸子　任兆麟輯(在心齋十種中)。

　所引尸子有:廣澤篇。

4. 子部雜家諸書

白虎通義(又名白虎通德論)　漢班固撰。

　所引白虎通義各篇,有:情性篇,鄉射篇,爵、號、謚諸
　篇。

風俗通義　東漢應劭撰。

　所引風俗通義各篇,有:窮通篇、正失篇。

論衡　東漢王充撰。

　所引論衡各篇,有:本性,書虛,福虛,語增,儒增,藝
　增,問孔,非韓,刺孟,超奇,書解,案書。

七曜論　東漢劉陶撰(見後漢書本傳)。

人物志　魏劉劭撰。

　所引有八觀篇。

顏氏家訓　隋顏之推撰。

　所引有書證篇。

意林　唐馬總撰。

意林序　唐馬總撰。

羣書治要　唐魏徵撰。

日本天明刊本治要

容齋隨筆　宋洪邁撰。

困學紀聞　南宋王應麟撰。

丹鉛總錄　明楊慎撰。

唐人說薈　陳氏編。

潛書　清唐甄撰。

　　所引有尊孟篇。

心齋十種　任兆麟刊。

義門讀書記　清何焯撰。

十駕齋養新錄　清錢大昕撰。

池北偶談　清王士禎撰。

札迻　清孫詒讓撰。

東塾讀書記　清陳澧撰。

癸巳類稿　清俞正燮撰。

讀書雜志　清王念孫撰。

讀書雜志餘編上(王念孫校老子)

日知錄　清顧炎武撰。

白虎通疏證　清陳立撰。

考信錄　清崔述撰。

越縵堂日記　清李慈銘撰。

古今偽書考　清姚際恆撰。

觀堂集林　王國維撰。

　　所引有殷周制度論。

(十) 子部　農家

　　神農二十篇　亡,馬輯一卷

　　野老　六國時人撰,佚,馬輯一卷。

氾勝之書　西漢氾勝之撰。

齊民要術　後魏賈思勰撰。

野老集解　長沙王時潤撰。

（十一）子部　小說家

伊尹說二十七篇

黃帝說四十篇

師曠二篇

天乙三篇

青史子　古史官記事，亡，馬輯一卷。

鬻子說十九篇

宋子　周宋鈃撰，亡，馬輯一卷。

搜神記　晉干寶撰。

山海經　周秦以來古書，晉郭璞注。

所引山海經有：南山經，東山經，西山經，中山經，大荒東經，大荒西經，大荒南經，海內西經，海內北經。

博物志　晉張華撰。

世說新語　南朝宋劉義慶撰，梁劉孝標注。

所引有德行篇。

太平廣記　宋太平興國二年李昉等撰。

輟耕錄　明陶宗儀撰。

（十二）子部　兵家

司馬法　中國古代兵書。

孫子兵法　周孫武撰。

孫子十家注　曹操、李筌、杜牧、陳皞、賈林、杜佑、張豫、梅堯臣、王晳、何延錫等注。

孫吳直解　明太原劉寅撰。

孫子注　　清魏默深撰（見湖南省志藝文志）。

吳子注　　同上。

吳子圖國第一

吳起兵法　　賈詡注。

　　所引孫子各篇，有：行軍篇，用間篇，地形篇，九地篇。

尉繚子　　戰國時尉繚撰。

尉繚子直解　　明太原劉寅撰。

　　所引尉繚子，有：天官篇、武議篇。

（十三）子部　　醫家類

素問　　爲醫書內經之一部分。隋余元起、唐王冰皆有注釋。

神農本草經　　魏吳普等述，清孫星衍、孫馮翼同輯。

本草綱目　　明李時珍撰。

（十四）子部　　天文、算法、術數之類

周髀算經　　爲相傳古本，趙爽注，李籍音義。

九章算術　　不著撰人姓名。

三統曆　　西漢劉歆根據太初曆修訂。

世經

太玄經　　西漢楊雄撰，北宋司馬光集注。

　　所引有玄摛篇。

易林　　西漢焦延壽撰。

五行大義　　隋蕭吉撰，四庫未收，有日本佚存叢書本。

開元佔經　　唐開元中太史監瞿曇悉達撰。

皇極經世　　宋邵雍撰。

曆算全書　　清梅文鼎撰。

（十五）子部　釋道

佛說圓覺經

列仙傳　漢劉向撰。

周易參同契　東漢魏伯陽撰。

周易參同契君臣御政章　元吳澄注。

弘明集　梁釋僧祐撰。

廣弘明集辨惑篇序　唐釋道宣撰。

道藏目錄

終南祖庭仙真內傳　李道謙。

（十六）子部　類書

聖賢羣輔錄　晉陶潛撰。

藝文類聚　唐歐陽詢撰。

初學記　唐徐堅等撰。

元和姓纂　唐林寶撰，原本久佚，羅振玉有元和姓
　　纂校勘記並佚文。

太平御覽　宋太平興國二年李昉等撰。

玉海　宋王應麟撰。

唐類函　明俞安期撰。

永樂大典　明成祖命解縉等撰（正本燬於明亡，副
　　本燬於八國聯軍。一九六〇年中華書局征集七
　　百三十卷影印出版）。

（十七）子部　叢書類

漢魏叢書　三十八種　明程榮編。

　　　　　　七十六種　何鏜編。

　　　　　　九十六種　屠龍編。

抱經堂叢書　清盧文弨校刊。

玉函叢書　清馬國翰輯。

　　經韻樓叢書　清段玉裁輯。
　　經韻樓集與諸同志書　段玉裁撰。
　　守山閣叢書　錢熙祚校刊。
　　問經堂叢書　孫馮翼校刊。
　　湖海樓叢書　蕭山陳氏校刊。
　　平津館叢書　清孫星衍刊。
　　漢學堂叢書　清黃奭輯本。
　　四部叢刊　近人張元濟輯(一九一九年由商務印書
　　　館出版,可供考訂整理古籍參考)。

四、集　部

(一) 楚辭類
　　楚辭　西漢劉向輯。
　　楚辭章句　東漢王逸撰。
　　楚辭敘錄(見隋志集部)
　　楚辭離騷　屈原撰、王逸注。
　　楚辭漁父、卜居　屈原撰、王逸注。
　　楚辭九辯　戰國楚宋玉撰。
　　對楚王問　同上。
　　宋玉賦　同上。
　　藏騷　明湘陰徐搖舉撰(見湖南省志藝文志)。
　　楚辭通釋　清初王夫之撰(在船山遺書中)。
(二) 總集類
　　文選注　梁昭明太子蕭統編,唐李善注。
　　　所引文選中各篇,有:文選序(蕭統撰),兩都賦(後
　　　漢班固撰),二京賦(後漢張衡撰),蜀都賦(晉左思

撰),魏都賦(晉左思撰),羽獵賦(漢楊雄撰),子虛賦(漢司馬相如撰),上林賦(司馬相如撰),雪賦(宋謝惠連撰),月賦(宋謝莊撰),鸚鵡賦(後漢彌衡撰),鷦鷯賦(晉張華撰),思玄賦(後漢張衡撰),恨賦、別賦(梁江淹撰),洞簫賦(漢王褒撰),長笛賦(後漢馬融撰),琴賦(晉嵇康撰),笙賦(晉潘嶽撰),三月三日率爾成詩一首(梁沈約撰),七發(漢枚乘撰),七啟(魏曹植撰),七林(傅毅七激,崔駰七依,崔瑗七蘇,馬融七廣,曹植七啟,王粲七釋,左思七諷),求通親親表(魏曹植撰),於獄中上書自明(漢鄒陽撰),詣建平王上書(梁江淹撰),答客難(漢東方朔撰),解嘲(漢楊雄撰),答賓戲(漢班固撰),王文憲集序(梁任昉撰),貴粟疏(漢晁錯撰),過秦論(漢賈誼撰),王命論(漢班彪撰),六代論(魏曹冏撰),座右銘(漢崔瑗撰),辨亡論(晉陸機撰),演連珠(晉陸機撰),豪士賦序(晉陸機撰),女史箴(晉張華撰),齊安陸昭王碑文(梁沈約撰)。

徐、陳、應、劉文集　魏曹丕撰集。

西漢人集(見隋志)

文章流別集　晉摯虞撰。

全上古三代秦漢六朝文　清嚴可均校輯。

經史百家雜鈔　清曾國藩編。

續古文辭類纂　清黎庶昌編。

(三)　別集類

楚宋玉集

楚大夫宋玉集

荀況集(見隋志別集)

趙荀況集（見新唐志別集）

劉令君集　蜀漢零陵劉巴撰。

諸葛亮集　晉陳壽定。

羅含文集　晉羅含撰。

谷儉文集　晉谷儉撰。

韓昌黎集　唐韓愈撰。

　　所引有：讀墨子篇，原道。

李（文公）集　唐李翱撰。

　　所引有：復性書。

九日登仙臺呈劉明府詩　唐崔曙作。

　　所引崔曙此詩中“關門令尹誰能識”一句。

朱子文集　宋朱熹撰。

　　所引朱子文集中：答楊元範書，論語訓蒙口義序。

淵穎吳先生集　元吳萊撰。

述學　清汪中撰。

大雲山房文稿二集敘錄　清陽湖惲敬撰。

湘綺樓全書王志卷一答問　清王壬秋撰。

（四）詩文評類

文論四首　魏零陵周不疑撰（見零陵先賢傳）。

文章流別論　晉摯虞撰，早佚，清嚴可均有輯佚文。

文心雕龍　梁劉勰撰。

文章緣起　梁任昉撰，明陳懋仁注，清方熊補注。

諸子學述點校後記

　　諸子學述，先君庶丹公（諱焌）所著書也。先君任教湖南大學時（一九二八——一九三二）手編諸子學講稿以授諸生。一九三二年因病辭世。三年後，遺稿由商務印書館出版，題爲諸子學述，曾經商務再版。大學文學系及國學專科學校均用爲教材。

　　一九九一年，余自武昌返湘。湖南師範大學何澤翰教授謂余曰：“尊公覃心諸子，素稱精邃，諸子學述爲當世學者所重。今茲重印，宜爲當務之急。”余深韙其言。因請於華中師範大學教授張舜徽先生爲寫重印序言。先生慨然許諾，爲撰重印諸子學述序。蓋先生早歲即服膺先君之學，尤嘆服其博聞強記，於周秦諸子流別及是非得失洞察靡遺，極力贊成重印諸子學述也。余因持商務原本及張序請楊德豫同志轉請嶽麓書社重印出版。書社領導允以列入出版計劃。社長夏劍欽先生及編審楊堅先生建議由我以商務原版爲底本進行點校。

　　余於諸子，向少涉獵。往讀父書，嘗於商務本諸子學述泛覽一過,成諸子學述提要稿三卷,以資自學而已。間見商務原版文字剖劂之訛,隨手記之,僅十數事,未詳審也。

一九九二年夏,銜嶽麓書社之命,始點校此書,逐字手抄。遵照國家統一規定及嶽麓書社重印近、現代人研究古籍著作之慣例:將原書繁體字易以當前規範化之簡體字;加以新式標點符號;改原書直排爲橫排。*爲時一月有半,寫成三十萬字之點校稿一部。於是反復校對,不斷勘正。爲時較手抄時間更長。其間校訂商務原版文字之訛七十二處,句讀之誤四十二處。蓋初版時係以遺稿付梓,未經先君自校清樣。故剖劂之誤在所不免也。今茲點校,不同於余前此之泛覽與提要,乃字斟句酌,務求允當,不乖原作。

原版文字有訛脫者,每據本書之文以增補之。例如:

周秦諸子書目表中(表見總論第四章諸子書之真偽及存佚),道家"鬻子"一欄,載:"唐志無,小說家有鬻子一卷,新唐書藝文志仍歸入道家而小說家無。"小說家"鬻子說"一欄,載:"唐志一卷,案道家無鬻子,故唐志道家有,小說家無。"慎按,此處兩家鬻子所載唐志矛盾。因參考各論第二章道家(五)鬻子所述:"隋志鬻子一卷列道家,舊唐志鬻子一卷列小說家,新唐志又列道家。"從而知表中小說家"鬻子說"一欄中唐志脫一"新"字,當作"故新唐志道家有,小說家無"也。

又總論第十二章諸子之異同,述道家管子一節中,有云:"正篇之正名,九守篇之督名,皆名家言也。"慎按,管子書中無"正篇"之名。而此節中"正篇之正名"一句注云:"文曰:斷制五刑,

* 編注:本書經羅焌家人授權重印。重排時,以羅先生之女羅書慎女士點校的嶽麓書社一九九五年版爲底本,恢復繁體字,並依商務印書館一九三五年版本作了校閱。標點和格式略有改動。

各當其名,罪人不怨。"此正第篇之文也,從而知原版"正篇"爲正第篇之誤矣。

原版文字有舛誤者,則據經典、故書或他書徵引之文謟正之。例如:

各論第一章儒家首段,引"段氏注云:……大司徒以本俗六安萬民,四曰聯師儒。……周禮謂六德六行六藝爲德行道藝。"注云:"案見大司徒及卿大夫職。"慎按,周禮有鄉大夫職而無卿大夫職。考周禮鄉大夫職:"三年則大比,考其德行道藝。"賈疏云:"考其德行道藝者,德行謂六德六行,道藝謂六藝",從而知原版注中"卿"字爲"鄉"字之誤矣。

儒家,述荀子尚賢使能一節中,引致士篇:"故士之與人也,道之與法也,國家之本作也……"慎按,荀子此處乃承上文"無土則人不安居,無人則土不守,無道法則人不至……"故曰:"故土之與人也……"云云。原版"士"字當爲"土"字之訛。因據荀子本文校正之。

道家管子(乙)論法之用一節,作者引淮南子主術篇:"是故人王之立法,先以身爲檢式儀表,故令行於天下。"慎按,"人王"不詞,疑爲"人主"或"先王"之訛。手頭無書,疑不能定,因請教於何澤翰教授。何教授示以楊樹達師淮南子證聞卷三:"是故人主之立法,先自爲檢式儀表,故令行於天下。"楊師校正云:"今本,身誤爲自,自上又脫以字。"從而知原版"人王"爲"人主"之誤,無疑矣。

原版有因遺稿行草手跡而誤認者,則據文意易之。例如:

儒家(七)李克,作者述:"右一節見說苑反質篇,言刑罰之源起於奸邪淫佚,……欲使民無奸邪淫佚,當禁技巧,則國富民儉,布刑罰之源塞矣。"按此句"布"字無意義。此承上文當作"而刑罰之源塞矣"。蓋"而"字行草與"布"字相似而致誤也。

儒家(二)子思子,述子思作中庸,引鄭玄謂:"子思作中庸,以昭明聖祖之德。"作者評曰:"寶則自述其心得也。"按原版此句"寶"字無意義。據文意,當作"實則自述其心得也"。蓋因繁體字"實"與"寶"二字行草字形相似而誤也。

原版句讀之訛不少,而校正之道多方。略舉數例如下:

據注文校正者,例如:

儒家荀子(乙)尊師一節引禮論篇文,原版作"禮有三本……三者偏亡焉,無安人。"注云:"……史記禮書焉無作則無。案焉猶於是也。焉、則,義亦同。"慎按,依注文,當於"偏亡"處斷,"焉"字下屬。此蓋因"焉"字常用爲語末助詞而致誤斷也。

據所引原書校正者,例如:

述儒家荀子養心之術,引解蔽篇文(二節),原版作:"心者,形之君也,而神明之主也,出令而無所受。令自禁也,自使也,自奪也,自取也,自行也,自止也,……"慎按,"令自禁也……"句,主語(即施令者)不明。觀下文作者解此節云:"人心有自主之權,不受他物之脅制",則此處當爲"出令而無所受令","令"字上屬。徵之荀子解蔽篇文而校正之。

據句意及語法校正者,例如:

述儒家孟子施仁政(甲)保民一節,引孟子篇中言保民之道,作者曰:"雖然保民之道。不僅此也。"按此句"雖然",然上文所引孟子所言保民之道也,當作一逗,"道"字處可不斷。原版"雖然"二字未斷,誤矣。

據語法結構校正長句中多餘句讀,以保存原句氣勢。例如:

道家(一)黃帝後段,作者評議,結句云:"則自秦漢以來方士者流。造爲神仙之說。悉附會諸黃帝者。不待辯矣。"按此句,"流"字、"說"字處均不當斷。"者"字以上爲全句主語,"者"字爲復牒代詞,所代爲者字前之主謂詞組。"則自秦漢以來方士者流造爲神仙之說悉附會諸黃帝者"二十三字一氣呵成,中無停頓(來字處或可稍頓),至"者"字處換氣稍停,然後出以謂語"不待辯矣",則此句之辯也甚明;原版"者"字以上,中間兩斷,語氣不貫,其義轉不明矣。

原版有編排錯出者,則依原作體例校正之。

按諸子學述原作體例:作者以己意評述之文頂格排,引文之段則較評述低一格。原版一般均依此例,然亦有不合者,則編排偶誤耳。如:

各論第一章儒家荀子。作者評述荀子之所謂後王,引楊倞注及俞樾諸子評義之說而評議之一大段,共二十五行,例應頂格排。而原版編排誤與所引儒效篇、王制篇文低一格者平列,此其疏失也。點校稿已校正矣。

以上所述點校經過略例,以見一斑而已。

諸子學述初版、再版,國內外各大學或圖書館猶有庋藏。所知湖南省、湖北省圖書館,北京國立編譯館及湖南大學、湖南師大圖書館均藏有商務初版、再版之書。近悉美國哈佛大學燕京圖書館及漢和圖書館亦藏有商務印書館一九三五、三六年出版之諸子學述(羅焌著),並藏有一九七四年臺灣河洛圖書出版社翻印之本,對商務原版未作任何改動,則其中文字、句讀及排版之訛誤如上例所述者,依然如故也。

近讀錢鍾書先生寫在人生邊上一書(一九九〇年版)重印本序云:"寫在人生邊上是四十年前寫的。……四年前,陳夢熊同志向我遊說,建議重印。……我懶去留戀和收藏早期發表的東西。……柯靈同志對我說:'你不讓國內重印,事實上等於放任那些字句訛脫的盜印本在國外繼續流傳,這種態度很不負責。……'他講來振振有辭,我只好應允合作。"我今點校諸子學述,深喻柯靈同志對錢先生所說,有同感焉。竊以爲諸子學述之點校與重印,誠爲當務之急也。

　　此次點校,以商務印書館初印本爲底本,由嶽麓書社重印。嶽麓重印之本較商務初印本及一九七四年臺灣河洛圖書出版社印本優越之處有四:

　　一、書首除有楊(樹達)、李(肖聃)二位學者原序外,增重印諸子學述序一篇,係我國當代歷史學家、文獻學家張舜徽教授所撰。重印序稱:"昔人鮮有鈎玄提要以辨章學術自任者。有之,則自羅庶丹先生之諸子學述始。先生博治諸子,新獲實多。條理分明,如裘挈領。非有本有源之學,不足以語乎此。"

　　二、改原版句讀爲新式標點符號,便於廣大讀者閱讀理解。

　　三、校正原版文字及句讀之訛共一百餘處。(例見前)

　　四、重印本附加諸子學述引用書目一卷。於書中作者所引經、史、子、集之書六百九十餘種,依四部分類輯錄之,以爲讀者研習諸子學之助,且資博稽詳考焉。

　　更有必要爲讀者特別指出者,厥爲書中作者提出增輯四種子書之設想,對後學從事諸子學研究者有莫大啟迪焉。簡述如下:

　　周秦諸子書目表詳列漢志、隋志、唐志中各家著錄之書,指明現時存佚,並加考證,辨其真偽。表中,作者提出:諸子中有隋、唐亡佚或原無著錄、現時仍缺其書,而其學術思想言行散見於子、史諸籍,可輯錄編纂以成一家言者,厥有四種:

　　一、兵家之大夫種(文種)　作者指出:"沈欽韓云:吳越春秋大夫種言滅吳者有九術,越絕書同,史記作七術。今案種之言行,采輯可成二篇。"

　　二、縱橫家之張子(張儀)　作者案:"依馬氏輯蘇子之例,可採史記、國策,輯張子一卷。"

　　三、小說家之師曠　作者案:"左傳、國語、呂子、韓子、淮南子、說苑、新序，載師曠言行甚多，輯錄可爲一卷。"

四、雜家之伍子胥　作者案："史記及春秋三傳、國語、越絕書、吳越春秋、呂子、韓子、說苑、論衡，載伍子胥言行甚詳，仿前人編纂管、晏之例，可補輯伍子八篇。"

此四家之說，學者誠能輯佚編纂成書，則其拾遺補闕之功，將不讓嚴可均、馬國翰之倫專美於前也。

本書重印過程中，承華中師範大學張舜徽教授及湖南師範大學何澤翰教授解答疑難，湖北省圖書館館長陽海清教授予以藉書之便，又承在臺灣之湖南大學校友伏嘉謨教授聞訊贊助，均特此致謝。

一九九三年八月羅書慎於武漢

附　錄

羅君事述

　　君名焌,字樹棠,一字庶丹。善化羅氏,世居河西望城坡之俳山。家世寒微,君生時,貧甚。讀書過目成誦,塾師張梓雲先生異之,羣經、莊、老,皆令卒業。故君年十二,已能爲詞章,有聲里中。乙未歲試,學使江標,錄爲生員。與同里龔福燾枚長、楊兆麟薰生、彭若衡若衡友善。共爲駢體文,清新典麗,長老嘆賞。

　　君内不自足,乃益覃思於經。始治小學,讀段、桂諸家書,成羣經字詁如干卷、爾雅郝疏補如干卷。繼治孝經,成鄭注疏如干卷。復治詩、易,成詩三家輯說如干卷、周易鄭注疏如干卷。是時,湖南詁經書院月課經史詩賦,君每試必列超等。湘潭王先生闓運、安化黃先生自元,得君卷,嘆爲絕倫。舉壬寅科湖南鄉試,數赴春官不第。時清方行新政,君座師夏修撰同和主廣東法政學堂,招君往助。君居廣州八年,博涉羣書,目盡萬卷。出爲提督李準顧問,領兵瓊州,奮欲以功名自見。後疾發,去職。民國三年,以親老告歸。攜書十餘篋返家,盜疑爲金貨,夜往劫之。

君起拒盜,盜傷其脅。乃移家會垣。友人彭耕、李肖聃皆勸君授徒,君始不許。固請,乃出任商校講師,旋爲省議會秘書。於其餘暇,爲揚子雲年譜若干卷、琴清英箋疏若干卷、列子校釋若干卷。議會既散,閒居著述。九年冬,粵東軍府成,故人某招君往。肖聃念其衰,固請無往。君不可,卒挾其弟炳行。居粵一年,歸。又爲呂覽集釋十餘萬言、石鼓文釋文數萬言。

於是,君年逾五十,不樂遠役。東北大學聘君爲教授,君辭不行,而遊武昌,爲人司書札。十七年,湖南大學聘君教諸子。君首造講疏數卷,命曰諸子通論。次篇則述儒言,鈎通漢宋,究極精微,自造名言,斷以律令,於黟俞氏、瑞安孫氏爲近。至其旁涉道經,研修佛乘,玄思所至,神識宏深,友朋未能測其所至也。

君晚年沉心内照,不樂言文。常語肖聃曰:"觀吾舊稿,似鮮可存者,子爲我定之。"及寢疾,肖聃往候。君曰:"吾向以濁世不可莊語,故詼詭偶俗,常用内疚。子慎無然。"既復嘆曰:"聞道苦晚,而年壽有盡,痛何言矣!"君疾竟不起。遂以二十一年三月十五日,終於長沙寓齋,春秋五十有八。妻楊,前卒。子書肆,年十四,長郡中學生。女書靜,適唐;書慎,含光女校生。其年某月日,其弟將奉君歸葬於河西先塋。肖聃交君三十有五年,規過證疑,恃以無隕。奄遘此變,循省遺言,大懼沒其志業,負吾亡友。用述事行,待學者詳焉。民國二十一年三月,同里李肖聃述。

李肖聃一九三四年序

　　先友羅庶丹先生既沒之三年，予求其遺稿於家。得所爲周易集解纂疏二卷、周易鄭注疏證二卷、孝經鄭注疏證二十卷、孝經敘錄及師儒傳述考一卷、論語集注疏證二卷、大戴禮記集解一卷、爾雅本義疏證二卷、爾雅正字四卷、夏小正經傳考一卷、讀孟子札記一卷、九經古義補二卷、石鼓文集釋一卷、金文隸古定二卷、揚子雲年譜一卷、陸宣公年譜一卷、太玄集解一卷、呂子集釋十卷、韓子補注二卷、列子校注一卷、孫子注集證三十卷、琳琅山館詩文詞鈔三卷。都所著如干卷，皆已成待寫。其諸子學述上、中兩篇爲湖南大學講義，茲以刻行。其孤書肆，請敍其端。

　　惟古儒者治學，非以徇物取容也。內自飾其身心，外善治其倫類，期徵所養而已。周末學分，百家爭鳴，皆思用所獨詣，轉移一世。其術尤精者，傳尤遠焉。自漢迄清，道術一統於經，羣士咸尊夫聖，立教興事，罔或敢踰。乾、嘉之間，魁儒輩興，旁涉九流。張惠言、洪亮吉、汪中輩，相與考論老、墨，探闡古微。吾鄉

則自王而農、魏默深、曹鏡初、郭筠仙及二王諸先生，或衍釋於
墨、莊，或集解乎荀、韓。遺書流傳，士知究習。顧未有鈎沉删
要，辨章流略，如劉子駿、高續古之爲者。庶丹少以詞章獲舉，鄉
人皆譽爲文士。中歲覃思羣經，纂述諸篇，所造益深。晚尤浸淫
於諸子。始治韓、列、老、莊，終詮管子内業及呂氏春秋。精以證
形神之相生，隱以通眹方術。泯末學之紛爭，賡絕甄微，敷㓹厥
旨，凡述十餘萬言。荒齋深夕，稽撰靡休。嘗從容語予：“身丁世
亂，匪遑底息。曩所論著，殺青無期。”蓋深悲其年之將老，而懼
所業之難竟也。及都講嶽麓，乃編講疏以示諸生。言必有徵，博
而不陵。志欲發儒言之精，以通諸子之郵；亦采異家之長，用廣
吾學之路。於曾子、子思子學語，尤思理而董之。而天不假年，
溘先朝露。斯則海内知識所同痛悼，匪第吾黨之不幸也。

　　庶丹之卒也，予既爲事述紀其志行，今復揭其著書微旨，誥
學人焉。民國二十三年八月，長沙李肖聃。

楊樹達一九三五年序

烏呼！此吾亡友羅君庶丹之遺著也。余識君由李君肖聃。肖聃博覽載籍，能爲文章，而君則自音韻、訓詁、校勘，以至儒、墨眇義，無不窮極奧要，得其指歸。有所言，皆如人人意中所欲出。家故貧，又世變多故，衣食奔走於四方者，三十許年。迄不得寧居優遊從事於學。故所撰著，皆屬草略半，未能竟其業。晚乃主講湖南大學，稍得從容理其所治矣。而年不逮六十，遂以疾死。烏呼！豈非其命也與？

往者，余讀漢書，妄有所論述，輒以一帙遺君。君復書累數千言，則言某說甚諦，某說宜削，某條宜併，皆洞中窾要。余於是始服君之精能。十七年秋，余與君偕寓武昌，一日訪君於旅舍。君手杯酒，與余縱談別後事。嗣是南北睽隔，不得會合。及二十一年冬，余省覲南歸，而君則既前卒，不得復見矣。君與人和而介，於並世士少所許可，顧獨阿好余，嘗私爲肖聃言之。烏呼！君死而余欲求一博學通識如君者，殆不可復得。余他日雖有所論著,誰則糾其失而獎其善,俾余有所奮厲者? 烏呼! 此余撫君書而太息不能自已者也。

　　至是編大旨,已見肖聃敘中,茲不具論。而獨論君平生遭遇之不偶,及余與君交誼始末,以志余之私痛云。民國二十四年一月二十五日,楊樹達遇夫敘於長沙清香留寓廬。

張舜徽一九九二年重印序

　　湖湘先正之學,以經史植其基,而旁及諸子百家,規爲浩大,與江浙異趣。王船山經說史論,獨有千古;而於諸子,若老、莊、呂覽、淮南皆有新釋。著述之豐,發明之廣,殆已超越亭林、梨洲及並世諸儒而莫之與京也。後人無以爲繼,習焉各擇其性之所近,僅得其一體耳。其理董周秦諸子者,非校勘字句、采集眾說之難,而出自新悟、暢通大義之爲不易也。自道、咸以來,若魏默深之老子本義、曹鏡初之墨子箋,皆重在闡明指要,主於發幽表微,固勝於爲集解、集注之業者遠矣。顧專說一家尚易,綜論百家則難。故昔人鮮有鉤玄提要以辨章學術自任者。有之,則自羅庶丹先生之諸子學述始。先生博治諸子,新獲實多。此書雖爲講學上庠時所編講稿,而條理分明,如裘挈領。迨上編總論、中編各論寫成,而下編結論(即周秦學說平議)未及屬草,先生遽已謝世。論者惜之。先生既歿,其友朋始取上編、中編之已成者,題爲諸子學述,於一九三五年交商務印書館出版。沾溉士林,爲遠近所誦習。今去出版之時將六十載,久已無從得書,而求之者乃益眾。先生之女書慎女士,優於文學,能讀父書。年近八十,猶抱守遺書,謀所以永壽其親者,亟亟以重印是書爲念。既以紹承家學,亦欲廣其傳以應學者之求,意至善也。書將重印,屬余爲序其端。余因敘及湘學源流與此書之尤不可及處,俾學者知夫綱舉目張、條分縷析之書,非有本有源之學,不足以語乎此。所謂由博返約者,於是乎在。誠能善學而善法之,則治學之道,不俟旁求,豈特諸子之學而已哉! 一九九二年四月,張舜徽書於武昌。

羅焌的生平與學術 *

　　羅庶丹先生，名焌（1874—1932），原湖南大學教授，是近代
著名學者和詩人。湖南長沙人，世居長沙河西望城坡（現屬長沙
郊區望嶽鄉）。先世經商，其父始兼習儒業。家境清貧。幼年即
聰穎好學，十二歲已能爲詞章。稍長從師學於省城。弱冠即從
事著作，自題書室爲“湘中琳琅山館”。乙未（1895）年歲試，錄爲
生員（秀才）；壬寅（1902）年鄉試，錄爲舉人。

　　1904 年赴廣東，從政擔任幕僚，於 1906 年奉派去臺灣考察
憲政。此時臺灣已割讓給日本，先生激於愛國之情，深爲痛惜，
後在麓西雜志序一文中述及此情，有“覽故國之河山，羈氓淚墮”
之句。1907 年，協助其師夏同和創辦廣東法政學堂，主講法律
政治學。博覽羣書，目盡萬卷。教學之餘，從事著作。

　　與此同時，先生傾心於孫中山領導的民主革命，參加同盟會

　　＊　標題係編者所加。

的活動。1907 年女革命家秋瑾被捕壯烈犧牲,先生與朱執信先生同作悲秋詩八首表示深切悼念。1911 年 3 月 29 日廣州起義,死難烈士七十二人,同葬黃花崗。當時先生親歷其境,倖免於難。後有自述詩追記甚詳:"巷語街談出稗官,偶聞國故輒心酸。千年碧血嗟多士,三月黃花感百端。"並自注云:"時港滬各埠有以此演爲新劇者,余見之輒爲流涕,蓋余亦此役中倖免之一人也。"1911 年 10 月,武昌起義成功,民國成立,先生在廣東政府專司民政。當時朱執信任綏靖司令,先生承命至瓊州(今海南省)辦理瓊崖綏靖民政事務。

1913 年參加"二次革命"反袁,失敗。袁軍在粵搜捕民黨,遂與同志去香港集議收復省城。後聞港方有將民黨引渡之說,諸同志乃分投海外。先生與一二同志改姓名逃上海,輾轉經福建回湘。1916 年,出任湖南省議會秘書長。黃興、蔡鍔相繼逝世,先生撰祭文、輓聯致悼。

1921 年應廣東古應芬電召,往廣州主管全省實業,與廖仲凱、朱執信等共事。次年,陳炯明叛變,政局動蕩。先生深感時事多艱,乃退出仕途,專心治學。回湘後,初任中學、商專等校教師,並潛心著書,從事周秦諸子及金石文字的研究。1925 年,東北大學曾聘先生爲教授,因體衰道遠,辭而不行。1928 年,出任湖南大學中國文學系教授,直至逝世。

1929 年余進入湖南大學,習中國文學,有幸得受先生之教誨,使我得窺諸子百家學說之門。於此,謹述先生在學術方面的著作及對先生學術思想的粗淺認識如下:

先生弱冠時即著孝經鄭注集解附敘錄考證共二十卷。後見同邑皮鹿門先生孝經鄭注疏較爲簡要,遂未寫定。今存部分手稿及孝經敘錄及師儒傳述考。

先生讀文選,酷好楊子雲之文,於是采全漢文中楊雄數卷,

更旁及楊雄所著方言、太玄、法言、訓纂篇及琴清英等,加以考
證,輯爲楊子全書。惜舊稿已散失不全。今存楊子全書總目、楊
子雲年譜、楊子師友徵略、楊子訓纂篇集釋等稿。

　　早年習爾雅,即留意故訓,著有爾雅正字、爾雅本義疏證、爾
雅郝疏補正、古訓纂、通俗文義證等。舊稿散失不全。現僅存爾
雅正字、古訓纂殘稿。

　　讀管子書,篤好內業一篇,以爲儒、道二家修身養心之學皆
基於是,乃仿阮元曾子注釋之例,著作內業注釋十五章。在諸子
學述出版時已收入該書儒家一章中。

　　關於諸子各家的研究著作,還有呂氏春秋集釋十卷(亦名呂
子集釋、呂覽集釋),現存有工整手稿,部分完整,部分散失。其
他韓非子補注二卷,列子校注一卷,孫子注集證三十卷,則均已
散失。近發現湖南省圖書館珍藏有庹丹先生藏書韓非子評注一
册共四本,該書經先生悉心詳校批注,書眉上批語行楷端正,考
證詳實,印章朱色燦然,彌足珍貴。

　　先生受湖南大學文學系聘,講授先秦諸子學,乃綜其對諸子
百家的研究,撰述講義,以授諸生。1935 年遺著講義由商務印
書館出版,書名爲諸子學述。有楊樹達、李肖聃兩位先生作序,
極稱先生博學通識,造詣極深,"其書言必有徵,博引而不陵越。
自音韻、訓詁、校勘,以至儒、墨眇義,無不窮極奧要,得其指歸"。

　　該書原擬分三編,首編爲總論,即子學概論亦即國學概論的
一部分;次編爲各論,即周秦諸子學史;末編為結論,即周秦學說
平議。惜末編未成稿而先生卒。總論中諸子之異同一章,述及
周秦之世,百家之學蜂起,各引一端以立說,分道而馳。有的同
出而異名,有的同源而異流。甚至一家之中亦且一人一義,十人
十義,不能強合。先生對於諸子百家的流派、分合、異同、得失,
均洞察無遺,論據詳審,客觀地表述了諸子百家在當時的"百花

齊放,百家爭鳴". 此章中對孔子學述之同於諸子者,闡述頗詳。儒家以孔子爲宗師,但書中並未將孔子列入儒家諸子之中,因孔子的學術可以容納十家九流,孔門弟子之學就各有同於十家九流的。孔子決不專屬於儒家,所以不在諸子之列。孔子的著作(删詩,訂禮,作春秋)在四部中屬於經部。

　　作者用演繹法和歸納法綜論周秦諸子,謂:周秦之際,由一家之學,支分派別,可紬繹爲百家者,惟黃、老之道學,孔門之儒學;采百家之學,捨短取長,能綜合而成一家者,惟雜家之呂氏春秋。以儒學言,作者志在發掘儒學的精義,而從諸子百家中找出與儒學相通之處,同時又采取諸子百家所長,來充實和擴大儒學的内容。

　　該書各論部分,述說最詳的是孟子和荀子。孟、荀雖同屬儒家,但關於人性善惡的理論是相反的。書中對孟、荀的優劣、異同及性善性惡的原理,分辨極詳。孟子主"天人合一"論,認爲人性本之於天,天是至善無惡的,故人性是善的,主張人要"安命聽天"。荀子則認爲天不是至善無惡的,人性也不是純善無惡的,主張勸學、尊師、懂禮,以化人之性而勉於善。荀子主張"人定勝天",而不是"安命聽天"。荀子對古今陰陽五行、吉凶災異之說,全加駁斥,祇注重人事。作者的思想明顯傾向於荀子。

　　在研究古文字學方面,有金文隸古定、石鼓文集釋、兩書都存有手稿。金文隸古定收集商周時期鐘鼎、彝器上的銘辭 160多種,詳細考證銘辭的文字(金文),這種文字和甲骨文相近。銘辭字數不等,少至四五字,多至四百餘字,作者通過考證,以隸定之。從其中文字的結構形式,可以看到古代字體的奇特工美,從而尋求漢字的源頭,研究漢字從古到今在形、音、義上的變化。還可以從銘文的内容,了解古代的文化,從而爲研究商周時期的歷史提供資料。本書可供考古學家和文字學家研究與參考。

　　石鼓文集釋的學術價值與金文著作大致相同,石鼓文的字體爲秦代統一文字以前的大篆即籀文,書中,作者對前人關於石鼓文字的解釋,提出了肯定或否定的意見。在提出自己的見解時,多引金文或商卜文進行考證,或博引經、史、子、集中的文詞和注釋以論證己見。其中對許氏說文解字頗多糾正補充之處。先生又嘗集石鼓殘字用來撰寫詩、銘等。

　　先生在文學方面,精於駢文、古近體詩詞和聯語。這些都是中華民族優秀傳統文化的一個重要部分。過去雖有部分作品流傳,但從未結集出版,最近才由先生家屬收集殘留存稿,經長沙郊區政協協助編成琳琅山館詩文聯集出版(1991 年)。該書的出版,寄託了我們對羅老的深切懷念。

　　先生治學非常嚴謹,從不追名逐利。如著孝經鄭注集解,後見皮鹿門先生所著較爲簡要,“遂未寫定”自己的著作。著呂覽集釋時,與楊樹達先生以書信討論:認爲孫某所著呂氏春秋舉正“足以補鄙陋者甚多,而亦多與鄙見不同者。將來與先生商定,捨短取長,改訂拙稿。弟之所以不敢持以問世者,職此故耳”。

　　先生寫金文隸古定,多參考薛尚功、阮元、吳大澂、孫詒讓等之說,不苟同,亦不掠美。例如:在楚公鎛鐘銘釋文的後記中這樣寫道:“頃見孫詒讓古籀拾遺讀‘逆’爲‘𦣞’,與余說正同,將來寫定時,可全錄孫說,刪去余說可也。”又寫道:“讀雨䨮爲一字,孫說亦與余同,惟釋‘夜’字乃愚之一得。(銘中有‘夜雷鎛’,作者釋曰:‘夜與射古字通,謂此爲律中無射,而刻爲雷形之鐘也。’)何貞老釋‘吷’爲‘昊’,於文不順,不敢從也。”(均見金文隸古定楚公鎛鐘銘。)先生治學的嚴謹態度和創新精神,於此可見一斑。

　　先生與友朋論學,既善於汲取他人之長,也敢於提出自己不同的意見。楊樹達先生讀漢書有所論述,曾以書札與先生討論。

先生復書累數千言,則言:"某說甚諦,某說宜削,某條宜併,皆洞
中竅要。"楊先生服其精能。先生之卒,楊先生痛惜曰:"君死而
余欲求一博學通識如君者,殆不可復得。余他日雖有論著,誰則
糾其失而獎其善,俾余有所奮屬者?"

　　先生不但學而不厭,而且誨人不倦。居嶽麓書院時,有時夜
深還與學生談詩論文、析疑解惑。逝世後,學生追思不已,有生
輓詩曰:"最是夜闌還侍坐,滿窗松月映疏櫺。"先生素體弱多病,
1931年秋疾發,自嶽麓山湖南大學移居南門碧湘街家中就醫,
仍帶病編寫教材講義,因恐有誤學生學業,乃約諸生來家,以臥
室代課堂,爲學生講授(當時該班學生不足十人),學生無不感
動。由此可見先生認真治學和誨人不倦的崇高精神。

　　1932年3月,先生病逝於長沙碧湘街寓所,享年僅五十八
歲。其子書肆字翼如(1918—1983),1940年畢業於武漢大學外
文系。曾在武漢大學任教。後調北京中國社會科學院外文研究
所工作。爲中國作家協會會員,中國民主同盟盟員。有譯著行
世。其女書慎字真如,1915年生,畢業於湖南大學中文系,曾留
湖大擔任助教。後在武漢等地中學任教。已退休,今尚健在。
其孫紹丹,北京外語學院畢業,學英美文學,現留學美國深造。

黃曾甫

圖書在版編目(CIP)數據

諸子學述 / 羅焌著；羅書慎點校.
—上海：華東師範大學出版社，2008.5
(中國傳統 經典與解釋)
ISBN 978—7—5617—5916—5

I. 諸… II. ①羅…②羅… III. 先秦哲學—研究 IV. B220.5

中國版本圖書館 CIP 數據核字(2008)第 029204 號

上海六点文化传播有限公司
Shanghai VI Horae Publishers, Inc.

企划人　倪为国

特约编辑 / 欧雪勤
美术编辑 / 吴正亚

中國傳統 經典與解釋

諸子學述

羅　焌　著
羅書慎　點校

统　　筹　储德天
责任编辑　审校部编辑工作组
责任制作　肖梅兰

出版发行　华东师范大学出版社
社　　址　上海市中山北路 3663 号　邮编　200062
电话总机　021—62450163 转各部门　行政传真　021—62572105
客服电话　021—62865537(兼传真)
门市(邮购)电话　021—62869887
门市地址　上海市中山北路 3663 号华东师范大学校内先锋路口
网　　址　www.ecnupress.com.cn

印 刷 者　商务印刷馆上海印刷股份有限公司
开　　本　890×1240　1/32
插　　页　2
印　　张　13.5
字　　数　250 千字
版　　次　2008 年 5 月第 1 版
印　　次　2008 年 5 月第 1 次
书　　号　ISBN 978—7—5617—5916—5/B·403
定　　价　34.50 元
出 版 人　朱杰人

(如发现本版图书有印订质量问题,请寄回本社客服中心调换或电话 021 - 62865537 联系)